晋善晋美：
中小学名校长培养对象办学治校的坚守与超越

贾俊敏　樊平军　于维涛　**主编**

中国海洋大学出版社
·青岛·

图书在版编目(CIP)数据

晋善晋美:中小学名校长培养对象办学治校的坚守
与超越 / 贾俊敏,樊平军,于维涛主编. —青岛:中
国海洋大学出版社,2021.3
ISBN 978-7-5670-2800-5

Ⅰ.①晋… Ⅱ.①贾…②樊…③于… Ⅲ.①中小学
—校长—学校管理—经验—文集 Ⅳ.①G637.1-53

中国版本图书馆 CIP 数据核字(2021)第 065751 号

出版发行	中国海洋大学出版社			
社　　址	青岛市香港东路 23 号		邮政编码	266071
出 版 人	杨立敏			
网　　址	http://pub.ouc.edu.cn			
电子信箱	appletjp@163.com			
订购电话	0532—82032573(传真)			
责任编辑	滕俊平		电　　话	0532—85902342
印　　制	日照日报印务中心			
版　　次	2021 年 4 月第 1 版			
印　　次	2021 年 4 月第 1 次印刷			
成品尺寸	185 mm×260 mm			
印　　张	25.5			
字　　数	616 千			
印　　数	1—2000			
定　　价	89.00 元			

发现印装质量问题,请致电 18663037500,由印刷厂负责调换。

序

山西历史悠久,山川秀美,文化灿烂,崇文重教。晋祠唐碑亭的楹联"文章千古事,社稷一戎衣",言简意赅地概括了晋人"亲仁、尚礼、志学、善艺"的品格和传统。

近年来,山西省委省政府把教育摆在优先发展的战略位置加以推进,全省教育呈现出蓬勃向上的新气象。山西省教育厅着眼于"教好""学好""管好",从改革治理方式、提升校长办学能力两方面下功夫,不断健全治理体系,提升校长、教师队伍素质,增强了各级各类学校的发展活力。为贯彻落实《中共山西省委 山西省人民政府关于全面深化新时代教师队伍建设改革的实施意见》,建设一支政治过硬、品德高尚、业务精湛、治校有方的校长队伍,山西省教育厅协同国家教育行政学院在全省范围遴选出 120 名办学成绩突出、有较大发展潜力的优秀中小学校长,通过理论学习、专家指导、名校跟岗与课题研究等形式进行重点培养,使其教育思想、教育理论素养和实践创新能力得到全面提升,特色风格更加鲜明,为其成长为区域教育领军人才和专家型校长奠定了基础。

《晋善晋美:中小学名校长培养对象办学治校的坚守与超越》一书,选录了山西省 115 位中小学校长关于办学治校研究的文章。这些文章既是校长们在学习中积淀、在培训中提升的成果,也是他们长期从事学校管理实践的经验总结和智慧凝练。校长们力图从价值导向力、教学领导力、组织感召力和社会协调力等维度来呈现他们对于教育的思考,以凝聚人心、完善人格、开发人力、培育人才、造福人民为工作目标来推进学校教育和管理实践,形成了一批具有典型意义和借鉴价值的经验案例和思考成果,值得同行研读。

国家教育行政学院副院长　于京天

2020 年 12 月 28 日

目 录

教学领导力:课堂育人

组织感召力:服务育人

社会协调力：合作育人

价

值导向力：思想育人

文化引领艰辛路,绿色发展耀河东

——浅谈一所普通高中的嬗变

芮城县陌南中学　冯建平

巍巍条山脚下,九曲黄河之畔,坐落着一所文化底蕴深厚、与共和国共成长的普通高中——芮城县陌南中学。在 60 余年的办学历程中,陌南中学几经风雨,历尽沧桑,近年来办学声誉日益向好,来校交流学习人员达 100 余人次。2019 年 8 月 26 日、2020 年 4 月 2 日,《山西日报》分别以"一所乡镇中学的逆袭"和"学校有温度,教师有情怀"为题对学校进行了专题报道。十年艰辛努力,十年砥砺奋进,十年树碑河东,现在,学校发展逐步稳健,学生满意,家长叫好,社会认可。这些成绩的取得,得益于学校文化的创新引领,得益于学校文化的厚积薄发。

文化是指由某种因素联系起来的一个群体所持有的生活方式与工作方式,可简单地理解为集体习惯。我们结合学校发展的历史与现实,初步形成了学校的文化体系,并不断实践,继续完善。核心文化是"朴"。《道德经》中有"敦兮其若朴","为天下谷,常德乃足,复归于朴","见素抱朴,少私寡欲,绝学无忧";现代词语中有"朴素""朴实""朴厚"。"朴"原意为没有加工的原木,比喻不加修饰,象征万物的本初,可以引申为真实。为什么我们要打造"朴"文化? 主要是基于以下三点认识:

(1)学校定位准确,发展才能实事求是;

(2)教育尊重规律,教学才能科学合理;

(3)教师当好教师(家长当好家长),学生才能茁壮成长。

下面,从与学校密切相关的教师、学生、家长三个方面和大家交流如何在实践中实现文化引领。

一、温文尔雅,才高行洁,学术浓郁,名师荟萃

我们以"四有"教师为根本,提出了"温文尔雅,才高行洁"的教师形象标准,抓实名师工程建设,用浓郁的学术氛围濡润教师的气质魅力,围绕师德、学术、行为、技能大力促进教师队伍"提档升级"。

(一)师德师风,纯洁操行

教师精湛的业务能够赢得学生对教师的好感与信赖,而良好的师德形象则能坐实"亲其师,信其道"的千古良训,获得学生的尊重。"没有爱就没有教育",我们提出"和谐的师生关系是教育教学质量的保障"的口号。为落实这个号召,我们采取了师德提升三实践方案:一是用身边的人影响身边的人。每年至少组织三场次师德专题报告会,从本校教师中遴选出优秀教师讲体会、谈感受、摆事例,身正为范。二是用身边的人感动身边的人。连续七年组织"感动校园人物"评选活动,挖掘身边教师的感动事迹,在开学典礼上予以表彰,为他们戴红花,写颁奖词,传递正能量。三是用身边的人促进身边的人。定期组织有关师德师风方面

的大型专题演讲会,人人讲,人人参与,先以处室为单位进行比赛,最后在全校范围内进行演讲,激发教师干事创业的激情。

(二)学术建设,功底扎实

在不少学校的管理中,学科组长队伍往往是被忽略的群体,而他们恰恰是教师队伍建设的中坚力量。为此,我们大力开展学科组长"三力"建设,即增强凝聚力——做全组教师的伙伴、知己,提升感召力——成为学科的领袖,扩大影响力——成为本学科的专家、学科水平的标杆。实施学科组长"亮、讲、担"行动计划:一是让他们的身份从队伍中"亮"出来。我们专门组织学科组长外出学习,拓宽视野。各级部门组织的赴外培训中,必包含学科组长,以提升其素养。在听评课、赛讲课等活动中,让他们担任评委。要求学科组长时刻关心组内教师的家庭情况,以凝聚人心。二是让他们的思想在活动中"讲"出来。鼓励他们主动举行公开示范课,展示课堂艺术,供大家观摩、鉴赏。开展学科组学术报告会,让他们带头发言,营造浓厚的学术氛围。组织他们作教育教学方面的专题讲座,分享成功经验和外出学习的心得体会,共同进步。三是让他们的责任从考核中"担"起来。一个高质量的学科组离不开一位高素质的学科组长。在每次大型考试后的质量分析会上,学科组长从多次数据统计与数字分析中找出本学科存在的问题,想出解决的办法,保障教学质量。让他们担任青年教师的辅导教师,帮助青年教师迅速成长。

(三)斯文有礼,德行高雅

教师的一言一行对学生有着深远的影响,我们应创设三个环境,使教师的德行高雅:一是人文关怀环境。成立红白理事会,在教职工办理婚丧事宜或生病住院期间,校领导看望慰问,组织理事会成员上门服务,互助互爱。举行三八节联欢座谈、教职工元旦文体活动等,和谐干群关系、师师关系,进一步打造和谐的师生关系。二是正本清源环境。在春意盎然或秋高气爽之际组织教师爬山,大家在轻松、愉悦的氛围中强身健体,感受自然,交流感情,涤荡身心。组织观看《老师!好》以及红色经典影片等,净化教师的心灵,涵养德行。三是内涵发展环境。我们创新教师聚餐形式,改以往的谈心式聚餐为喜庆但不落俗套的冷餐会,以"拾起民族的优雅"为主题,使大家在自由和谐的气氛中尽显高雅风采,感染并带动莘莘学子养成高雅之气质。

(四)课堂改革,开创未来

我们实施富有特色的课堂教学模式,坚持"三个理念":以问题导学案为引领,以自主、合作、探究为学习方式,以提升学生核心素养为目标。实施过程中全力落实"两学两展一测评"课堂流程,包含自学、互学、组内展示、课堂展示,测评整理五个环节。新课改解放了师生,提高了课堂效率,让学生去探索、去体验、去自信地解决问题,强化了学生核心素养的培养。教学中要求教师做到全盘推进,树立"陌中无差生"的理念,让每一位学生成为教师的"掌上明珠"。"自主合作,切问近思"的学风在学校蔚然形成。

(五)先锋岗牌,引领发展

学校为全体党员干部制作党员先锋岗牌,把党员姓名、工作岗位、相片和先锋岗标准悬挂于办公室或教室门外的墙上,在五个方面发挥先锋作用:一是信念坚定跟党走;二是遵纪守法当楷模;三是服务师生做表率;四是教书育人争一流;五是质量提升立潮头。这不仅是对党员的一种警示,还是一种鞭策,让党员在全体教职工中树立榜样,同时接受群众监督,用坚强的"战斗堡垒"引领学校创新发展。

二、朝气蓬勃,奋发图强,青春活力,爱党爱国

学校坚持落实立德树人的根本任务,塑造"朝气蓬勃,奋发图强"的学生形象,贯彻执行"干净、文明、活力"的德育理念,打造国之重器、民族精英,遵循"规范、引领、升华"的规律,大力培养合格的社会主义建设者和接班人。

(一)养成教育,规正发展方向

(1)制度约束培育习惯。制定《陌南中学学生行为习惯管理实施细则》和《陌南中学学生"十要""十不要"》标准,实行量化管理,从着装、发型、文明用语等细节入手,强化制度约束,狠抓跑操、清洁卫生、课间活动等常规管理,促使学生养成良好的行为习惯。于秋季开学之际组织学习校本教材《青春的舞步》,进行安全、励志、生活、心理、学习方法、制度等方面的学习,为学生播下文明的种子,打好高中学习生活的"预防针"。

(2)导师制精准把脉方向。人人参与管理,所有任课教师都是学生的导师,每位导师负责大约12名学生的生活指导、学习跟踪、习惯培养、心理疏导等方面的工作。组织开展户外和家访活动,融洽了师生关系、家校关系。此项活动于每年4月至5月集中开展。

(二)引航理想,追梦出彩未来

(1)主题教育贯始终。一是开展红色主题教育。以中华人民共和国成立70周年等重大节日为节点,对学生进行爱党爱国教育,让实现中华民族伟大复兴的中国梦植根于学生心中。二是进行激情教育。举行运动会、零距离跑操比赛、军训等相关活动,让学生体会团结奋斗、顽强拼搏的团队精神,让满满的荣誉感溢于学生内心。三是感恩励志教育。举行高三学生成人礼仪式,进行"感恩父母,感恩师长,感恩祖国"的感恩教育和责任担当教育。举行百日冲刺誓师大会、50天动员大会,鼓舞士气,帮助学生树立自信。

(2)先进引领新风尚。迄今为止,我们共举行了十届"十佳学生"和"文明班级"评选活动,二者分别代表了对学生本人和班级的最高褒奖,在全校范围内掀起争优创先、你追我赶的热潮,有力地带动了学风和校风向好。我们还举行了六届"校园之星""文明宿舍"评选活动,取得了异曲同工的效果。

(三)润泽修养,坚定人生信念

(1)艺体模块教学奠基幸福。以选修的形式开设美术、书法、声乐等十个教学模块,陶冶学生情操,培养学生高雅的生活情趣,为学生未来20年甚至终生幸福奠定基础。

(2)阅读进校园明理修身。在世界读书日,开展主题征文、读书交流、诗朗诵、经典古诗文鉴赏等活动。在校园文化艺术周,通过吟诵展示、课本剧等让学生感受语言的魅力,让经典焕发出时代生机;英语风采展示让大家在轻松愉悦的氛围中感受英语的魅力;语文组牵头组织经典诵读活动,浓厚的书香氛围,坚定了师生的民族文化自信,激发了师生的文化创新创造活力。

学校设置各类橱窗、版面、条幅、标语、楹联等300余处,浓浓的文化气息让师生享受着春风化雨般的滋润,"和畅共生,积极向上"的校风得到有力诠释。

三、家校携手,规划生涯,三位一体,美美与共

教育是国之大计、党之大计。教育事业的发展离不开全社会的共同参与,我们着力促进

家风建设和家庭教育事业发展，家校双方共同规划学生的学习生涯和未来发展，做到有组织、有活动、有收获。

(一)成立家长委员会及家长学校

构建三级家长委员会，学校、年级、班级三个层面都设立家长委员会。家长委员会根据章程积极组织开展家校合作相关事宜，让家庭教育和学校教育的优势充分发挥、结合，达到"美美与共"的效果。

(二)活动丰富，共荣共建

(1)举行家长会。每学期学校和家长委员会适时组织家长会，共同分享家庭教育经验和方法，教师、学生、家长三方一起沟通交流，表达心声，发掘学生的闪光点，张扬学生的个性，共谋未来，点燃学生内心的火焰，架起家校沟通的桥梁。

(2)举行家长开放日活动。每天约40名学生家长轮流走进校园，走进课堂，走进教师教研室，了解学生在校表现，积极互动交流；组织家长观看专题片，了解学校发展动态；以座谈、问卷等形式与家长交流互动，让家长参与学校管理，实现家校合作的双方用心和双向发力。

(三)落地生根，硕果飘香

(1)举行家庭教育交流会。召开全校学生家长家庭教育交流会，六位讲师从家庭教育的重要性、亲子沟通方法、培养生活学习习惯、如何与异性交往、上网利弊分析等方面与家长学习交流。学校参考家庭教育最新成果，结合平时管理中发现的问题，编撰了《家庭教育读本》，从理论和案例两方面进行了详细的阐释，为高中家庭教育提供了有力指导。该书使家长明确了教育方向，掌握了科学的家庭教育技巧，提高了素养，产生了良好反响。

(2)举行"家长读书汇"。以中华优秀传统文化教育为核心的"家长读书汇"，缩短了家校之间的距离，家校齐心，紧密配合，共助学子健康成长。

经过数年的调研，我们逐步形成较为成熟的校园文化体系，办学理念、校训、管理思路等科学明确，体现了全校师生共同的价值理念和追求。学校先后荣获省市级各类表彰20项，连续三年荣获"运城市教育教学质量先进单位"荣誉称号。

回首十年征程，奋进中收获丰硕；展望时代未来，实干中笃定前行。在接下来的三年中，我们将科学谋划，厉兵秣马，提档升级，使学校升学率由现在的40%提升到70%以上，向省级一流学校迈进，谱写陌南中学教育教学的壮美篇章。

传承红色基因，扎牢红色之根

——武乡中学创新德育案例

武乡中学　郭建军

习近平总书记在全国教育大会重要讲话中强调必须坚持社会主义办学方向。坚持社会主义办学方向，就要准确把握立德树人这一根本任务。同时，总书记也多次强调，要把红色资源利用好，把红色传统发扬好，把红色基因传承好，让红色基因代代相传。特别是 2017 年，总书记视察山西时指出，一定要发扬好太行精神，一定要把《在太行山上》再唱响。这些论述，给我们的创新德育实践指明了方向。

近年来，武乡中学认真学习贯彻习近平总书记的系列重要讲话精神，全面贯彻党的教育方针，落实立德树人的根本任务；立足武乡实际，充分利用"两部一馆""三园一剧"等得天独厚的红色资源优势，确立了"扎红色之根，铸民族之魂"的德育理念和"传承红色基因，弘扬太行精神"的德育主线，坚持思想引领、课程渗透、活动承载、文化熏陶、实践提升、组织保障的德育工作思路，努力构建立德树人德育工作体系；在教育实践中，紧紧盯住坚定理想信念、厚植爱国情怀、加强品德修养、增长知识见识、培养奋斗精神、增强综合素质这六个方面的培养目标，认真开展德育创新实践，取得了一定成绩。

一、坚持思想引领，强化政治学习

坚持正确的办学方向，政治为先导，思想引领是关键。在追求分数与升学的大环境下，我们坚定社会主义办学方向，坚持政治教育、学习、实践，坚持立德树人，组织教职工定时定地、认真学习习总书记系列重要讲话精神和治国理政新思想、新理念、新战略，尤其是对习总书记历年来在教师节的讲话和李克强总理在全国"两会"上对教育工作的论述以及国家、省、市教育工作会议精神，要求大家领会精神实质，确保党政班子和全体教职工能够站在时代前沿，以更高远的历史站位、更宽广的国际视野、更深邃的战略眼光，谋划学校工作布局和长远发展，使学校的教育工作与党和国家的教育事业同向同行、同频共振。

二、抓实学科教学，有机渗透德育

按照国家课程标准，学校完善了三级课程设置。实施分年级德育系列课程，根据学科特点渗透相关的德育内容。文科课程渗透情感、态度、价值观等人文情怀和哲学思辨教育，理科课程渗透科学精神、科学态度、科学方法的世界观、方法论教育，艺体课和社团课程渗透能力、团队意识、意志培养和热爱生活、美化生活的情感教育，信息课程渗透网络道德和网络免疫力教育，心理课程渗透自我管理、人际关系、品德发展和人格完善教育，劳动和社会实践课程渗透孝悌忠信、礼义廉耻、勤劳质朴、担当奉献、服务社会的责任意识。学校通过系统化的课程体系，提升学生素养，培养全面发展、学有所长并具有未来视野和责任担当的合格建设者和接班人。

三、创新主题活动，增强德育实效

为传承红色传统，提升思想修养，学校依托我县"两部一馆""三园一剧"等红色资源，结合时事、节庆、纪念日开展丰富多彩的主题教育活动，对学生进行爱国主义和革命传统教育，加强学生的情感体验和道德认知。积极开展道德讲堂、法制教育、国防教育、卫生健康教育，开展"新时代好少年"评选、"星级学生"评选，举办社会主义核心价值观讲座，组织"中华魂"读书演讲比赛、中国梦歌曲展播、校园法制广播等系列主题活动。特别是在全校开展八路军英雄模范团队的班级认名、命名、铸名等活动，让学生了解英模团队的历史事迹，学习英模团队的精神和作风，从而内化为班级精神作风，引领学生成长。学校通过创新活动形式，增强了活动实效，做到了主题活动常态化、制度化。

四、营造育人文化，彰显育人功能

学校借国家义务教育均衡验收的契机，打造红色校园文化。学校重新凝练了办学理念、发展理念、教师发展目标、学生培养目标，重塑了以"砥砺奋进的五年"为主题的国情文化、以"爱我家乡"为主题的省情文化、以"太行精神亮剑之魂"为主题的县情文化、以"中华经典"为主题的传统文化和道德文化、以"专业引领"为主题的科室文化和活动室文化以及"勿忘国耻，强军兴军"的国防文化，让校园时时处处体现文化内涵，进行文化熏陶，彰显育人功能。中华传统文化孕育和滋养学生的心灵，道德楷模的价值理念和道德规范引领学生人格形成，春风化雨，润物无声，在常态化的活动与氛围中，引领、熏陶师生踏踏实实修好品德，成为有大爱、大德、大情怀的人。国情、省情、县情和国防文化培养了师生的家国情怀、品德素养、未来视野和责任担当精神，教育引导学生树立共产主义远大理想和中国特色社会主义共同理想，增强学生对中国特色社会主义的道路自信、理论自信、制度自信、文化自信，使其立志肩负起民族复兴的时代重任。此外，学校坚持以美育人、以文化人，提高学生的审美和人文素养，定期举办名家讲座或师生社团竞赛、高雅艺术进校园活动、校园艺术节、体育节、教育教学公开周以及教职工文体活动等，让师生有展示自己的爱好和兴趣的舞台，让师生与文学经典和高雅艺术对话、与自主和自信相随，提升师生的人文素养，走内涵发展之路。

五、开展社会实践，致力知行合一

利用寒暑假，学校积极开展爱国主义教育主题实践活动、拓展训练活动、八路军文化旅游节系列活动、研学旅行、日行一善活动、社区志愿服务活动，围绕科技、工业、农业、军事、环保、交通、安全等主题走进企业、社区、农村、机关开展冬、夏令营活动和主题调研实践，让学生体验各行各业劳动者的艰辛与社会价值，弘扬劳动精神，教育、引导学生崇尚劳动、尊重劳动，懂得劳动最光荣、劳动最崇高、劳动最伟大、劳动最美丽的道理，以使其长大后能够辛勤劳动、诚实劳动、创造性劳动。在劳动过程中，培养学生分析问题、解决问题的能力，培养学生积极主动融入社会、改造生活的人生态度和责任意识，加强学生的情感体验和道德认知，教育、引导学生树立高远的志向，培养学生敢于担当、不懈奋斗的精神，使其拥有乐观向上的人生态度。这些活动使学生增长了见识，丰富了学识，在一定程度上具有了求真理、悟道理、明事理的能力和基础。通过劳动和社会实践活动，也使学生达到了学思结合、以知促行、知行合一、实践提升的目的。

六、强化组织保障,构建德育网络

学校在原来只设有党支部、团委建制的基础上组建成立了少先队大队部,并完善了党小组、班委、团支部的建制,加强了各级基层组织建设,紧紧依托各级组织,常态化开展党支部的"三会一课"、团会、党总支会、班会,举行晨誓、升旗、国旗下讲话,编辑校报、校刊,开展"星级学生"评选、红色团队命名、铸名等德育常规工作以及各类主题教育和社会实践活动。开办家长学校,开展家庭教育培训,成立家委会,营造学校、家庭、社区网格化育人模式,开发社会资源,拓展学习空间,创新德育途径,增强德育实效。

紧紧围绕立德树人的根本任务,秉持"扎红色之根,铸民族之魂"的德育理念和"传承红色基因,弘扬太行精神,铸就亮剑之魂"的德育主线,学校结合县情、校情,对思想体系、课程体系、学科体系、文化体系、组织体系进行整体设计,建构了学校、家庭、社会协同育人的德育机制。学校通过中华传统文化浸润学生心灵,通过"太行精神亮剑之魂"培育学生的奋斗精神,通过主题教育活动涵养学生的品德修养,通过学科教学增长学生的知识才干,通过劳动实践提升学生的综合素质。学校用扎扎实实的德育举措和实实在在的德育效果,真切地回应了"为谁培养人、培养什么人、怎样培养人"和"让红色基因代代相传""把《在太行山上》再唱响"的育人使命。

新时代、新形势、新征程、新使命,武乡中学将高举中国特色社会主义伟大旗帜,坚持社会主义办学方向和立德树人的根本任务,全面增强"四个意识",坚定"四个自信",带头落实"两个维护",把党的教育方针全面贯彻到学校工作各方面。带着热情、感情和激情,心怀责任感、使命感和荣誉感,尊重规律办教育,以人为本育英才,砥砺前行,奋勇前进,为实现"两个一百年"奋斗目标和中华民族的伟大复兴,培养中国特色社会主义合格的建设者和接班人。

立而力行

——让服务理念在学校管理中释放活力

大同市云冈区口泉中学　郭　双

一、凝练服务理念

办学理念是学校办学的理想、信念、价值观,是学校的灵魂,包括学校的办学宗旨、办学目标、办学策略,具体体现在校训、校风、校规、教风和学风诸多方面,可以说是整个学校精神文化要素的提炼、概括与升华。先进的办学理念对内是凝聚力、向心力,对外是核心竞争力和品牌,带有标签色彩的完全属于学校自己的办学理念是学校文化的基础、中心和灵魂,是彰显学校特色,指引学校建设、教育教学与管理活动的最高价值标准,更是引领全校师生行动的共同价值追求和理想信念,让学校在发展的道路上有更为明确的目标和方向。

我所在的大同市云冈区口泉中学,有 62 年办校历史,有深厚的人文积淀,内涵丰富而又活力充盈。几代人励精图治、拼搏进取,形成了优良的办学传统,为口泉中学稳步前进、实现内涵发展扎牢了根基。

2017 年 2 月调任口泉中学校长后,我从宏观、全局的高度,在分析学校内部与外部、历史与未来各种矛盾的基础上,从学校整体构建的角度,理顺各种关系,分析各种矛盾,找出决定学校发展走向的主要矛盾,完善学校的顶层设计。我带着中层干部和教师团队,对学校的办学文化、教育理念、管理机制等进行了梳理,重新定位和拓展,提出并建构"培养每一位学生成为有教养的孩子,成为有责任感的人""校长服务教师,教师服务学生,后勤服务一线"的办学理念。这一理念,是对我校建校以来师生代代传承的精神特质的薪火相传和再培养、再传播的过程;最能概括口泉中学的历史特征和现实特点,更能体现口泉中学教师、学生的特点,还能体现口泉中学育人、教学的特点,也是口泉中学应该追求的美好未来。

二、在管理中释放服务活力

教育是培育生命成长的过程,也是提升生命价值的过程。因此,教育无小事,教育无小节,处处是细节,处处是关键。学校管理者应该成为有心人,着力于微观精细化管理。口泉中学坚持"常规＋细节＋过程"的管理模式,力求将精细化管理工作思路落实到学校的每一个方面;狠抓常规,着眼细节,注重过程;精雕细刻,精益求精,在教育、教学、管理等方面实现精细化。在学校的常规管理和特色管理中,多措并举,积极创造条件满足教师的合理需求,力求落实、做细对教师的服务,注重教师在学校改革发展中的获得感,营造尊重教师、服务教师、成就教师的良好氛围,实现学校发展与教师成长的和谐统一,赢得教师对教育的忠诚、对学校的认同;以学生为本,以活动育人,力求为每一个学生的个性化发展搭建成长平台,成就每一个学生成人、成才的梦想。学校通过在管理方面的深刻变革,为构建和谐、人本的校园奠定扎实的基础。

(一)学校为教师服务

民族的希望在于教育,教育的希望在于教师,教师是学校的中心。学校为教师服务,应该基于教师的主动合理需求,这才是教师需要的学校服务。作为校长,我一直坚持没有等级观、对事不对人、有话直说的管理文化,与一线教师平等交流,在交流中思考教师究竟需要什么样的学校服务,并通过学校制度确立一些底线标准和原则,积极创造条件满足教师的需求。在这里,着重分享两个方面。

1. 尊重教师,关爱教师,温润心灵

从关爱教师的身体和家人、舒缓心灵、荣誉激励三个方面加强对教师的人文关怀,增强学校的凝聚力和向心力。如改善校舍住宿条件,提高食堂饭菜质量;利用节日契机给教职工以暖心的问候,如在三八妇女节给占全校80％的女教职工每人一束玫瑰花;根据教师的特点亲笔寄语一本书;在新年时慰问家庭困难和已退休的老教师。

2. 服务教师,成就教师

美国管理学大师韦尔奇曾说,成为领导之前,成功在于完善自己;成为领导之后,成功就在于推动他人成长。对此,我的理解是要让自己成为成就教师平台的策划、编导,肩负起领跑与服务的双重任务,让教师在专业发展上有所提高、有所收获。第一,制定教师成长的三年规划,请专家讲教育教学常识,通过听名师的课、外出培训,让新教师看到外面的精彩世界。第二,形成同课异构与大教研相结合的校本教研机制。在同课异构中,向教研组长放权,让他们根据研修的主题,定期请相关专家来指导。在每周五的集体备课大教研中,开展跨学科的组级研修,同时在日常教学中,使跨学科听课、评课常态化。例如,理化生与数学学科同场研修,政史地与语文学科同场研修,体育组和综合组同场研修,引领教师围绕某一"问题域"去研究,慢慢地在无形中打开每个人的盲区、未知区,让问题得到有效的解决。第三,实施教研引领科研、科研促进教学战略。积极鼓励各学科教师向市区申报优秀课题,强调要通过科研来解决教学中的实际问题,全力为课题的开展创造条件并将课题的研究作为学校工作的重点之一。

3. 推动教师专业发展

专业发展中的高原现象,几乎是每一位教师在职业生涯中都可能遭遇的阶段性焦虑,也是学校管理者不得不面对的队伍建设难题。曾经意气风发的青年教师,40岁左右评上了高级职称就再也没有当初的激情了。引领教师克服这种职业倦怠,让他们走出高原,走向高峰,不仅关涉教师个人的可持续发展,而且事关学校的整体发展。针对这部分教师的专业发展问题,我始终予以关注。我记得曾经有一位校长说过:"35岁以上的教师,随着教龄的增长,容易放松对自己的要求,但是学校不能降低对他们的要求,社会也不会以年龄为标准而降低对任何一位教师的要求,学校一定要为这部分教师的专业发展搭建更多的平台。"为此,为了让他们认识到自己的价值并感受到作为教师的自豪感,学校特别制定了老教师每个学期上教学观摩课的方案,要求体现个人的教学主张,践行"有尊重、有思考、有效率、有趣味、有激情"的课堂理念;推动中青年教师的发展,解决任课教师年龄结构不合理的问题。

(二)学校为学生服务

1. 以生为本,多彩活动提振精气神

捷克教育家夸美纽斯称,学校是"造就人的工厂",学校是学生成长成才的殿堂。那到底该培养什么样的学生呢? 我很认同苏联教育学家苏霍姆林斯基的一句话,并非所有的学生将来都会成为工程师、医生、科学家和艺术家，可是所有的人都要成为父亲和母亲、丈夫和妻子。因此，学校教育的首要任务是培养人，培养丈夫、妻子、母亲、父亲，而放在第二位的，才是培养未来的工程师或医生。针对我校地处城乡接合部、生源情况较为特殊的实际，必须把学生放在中心地位。为此，我提出了"培养每一位学生成为有教养的孩子，成为有责任感的人"的办学理念。我校以校园文化活动为载体，以学生为本，开展丰富多彩的主题活动，促进学生"德智相扬"，多元发展，提振学生的精气神。例如，高一新生通过军训培养自律意识；高三学生在走出校园前参加"成人礼"，使其懂孝道、知感恩；全校开展德育论坛、"永恒的敬仰——抗美援朝"爱国主义教育报告会等活动，通过优秀的传统文化教育培养学生的家国情怀；开展学习党的十九大精神征文、书法比赛以及迎新文艺汇演，让学生各展其才。

2. 定标引航，文化育人润物无声

为营造良好的学习环境，我校每周四下午开展第二课堂，培养学生的兴趣特长。开设多功能教室，创办图书馆和校史馆，发挥校园文化潜移默化的文化浸润功能，提升我校的办学品质。

3. 后勤保障，服务育人

为了强化后勤部门的服务意识，总务处提出"全力为教育教学一线服务"的口号，强调后勤人员既是服务者，又是教育者，不仅管物，还要服务人，为师生提供更加安全、舒适的工作、学习环境。在做好日常后勤工作之外，学校充分挖掘内部可利用的一切资源，让学生在温馨愉悦和富有教育内涵的环境中健康成长，用润物无声的方式感染、陶冶学生的心灵。如开办健康教育专栏，楼内的墙壁上悬挂《中学生日常行为规范》《社会主义核心价值观》等，将静止的、无生命的建筑，美化成富有内涵和人文气息的教育园地，使之发挥育心、育身、育德的作用。同时，筹建了"心语小屋"，彻底改造了两个食堂，更新了厨房设备，为学生的心理辅导和师生就餐创造了很好的条件。

三、收获服务之兴，彰显服务效益

在"校长服务教师，教师服务学生，后勤服务一线"的办学理念指导下，我校师生变化显著，我们的教师感受到被尊重、被信任、被欣赏，在专业成长的道路上走得更加坚定，既能清晰地明确在技术层面怎么做，也在变职业为志业方面完美切换；我们的学生在这样的氛围里，更加自信、健康、乐观、向上。共同的价值认同与追求，向上向好的教风、学风，推动着我校的教育教学工作良性运转，生态环境越来越和谐。

以李林精神聚师生之心，以红色文化助五育并举

——李林中学以人为市的校园文化建设纪实

朔州市平鲁区李林中学　胡　策

出生于教育世家的我，从小就对教育事业心怀敬畏且向往之。1992 年参加工作时，我主动请缨，到乡村小学任教，从此扎根农村教育 19 年，把青春献给了最需要我的乡村教育。1996 年伊始，我先后任多所学校校长。29 年的从教经历，25 年的治校经验，我感受最深的是要用一种进取向上的精神塑造学校、培育文化，让师生展现健康的、积极的精神风貌。

近年来，李林中学从一所普通中学发展为山西省示范高中，连续五年被朔州市、平鲁区政府与教育部门评为"综合目标考核评估先进集体"。这更强化了作为实践者和掌舵人的我对以精神聚心、以文化育人的教育理念的自信。现以"以李林精神聚师生之心，以红色文化助五育并举"为题，浅谈我在治校中用精神滋养人、用文化提升人的思考与实践。

一、传承李林精神，奠基幸福人生

抗日战争时期，平鲁是晋西北敌后根据地的重要组成部分，涌现出许许多多的革命志士，而年轻的李林就是其中的杰出代表。李林，1915 年出生于贫苦农民家庭，幼年侨居印度尼西亚。1929 年回国进厦门集美学校读书。1937 年抗日战争爆发后，任牺盟会大同中心区委宣传部部长；11 月任雁北抗日游击队第八支队支队长兼政治主任，率部深入敌后与日伪军展开斗争。1940 年 4 月 26 日，日伪军集中 1.2 万兵力，对晋绥边区进行"扫荡"，晋绥边区特委、第十一行政专员公署机关和群众团体等 500 余人被包围。为了掩护机关和群众突围，她率骑兵连勇猛冲杀，将日伪军引开，自己却被围困于平鲁向阳堡乡小郭家村荫凉山顶。被日伪军包围后，她宁死不屈，壮烈牺牲，年仅 24 岁，腹中还怀有三个多月的胎儿。李林以她巾帼不让须眉的宏大气魄和视死如归的革命精神，谱写了一曲英雄主义的赞歌，她勇于奉献的革命精神成为我们今天宝贵的革命遗产。

为了纪念李林，1985 年，经山西省人民政府批准，平鲁一中更名为李林中学。2009 年，李林入选"全国双百英雄人物"；2014 年 9 月，国家民政部公布首批 300 名著名抗日英烈和英雄群体名录，李林烈士名列其中。我们这所以英雄命名的学校，肩负着传承烈士精神、培养合格人才的重要使命；需要紧扣时代发展的脉搏，脚踏实地，迈开学习李林、办好教育的新步伐。

李林精神具有深刻而丰富的内涵，其所体现的不畏艰险、勇于奉献的历史使命感和民族责任感，正是中华民族百折不挠、顽强拼搏、自强不息的象征。在和平建设年代，李林精神不仅具有凝聚向心价值、感召激励价值，还具有教育塑造价值、规范导向价值，对于培养新时代的建设者和接班人具有深远意义。

2016 年，根据新形势的要求，我校把办学理念确定为"传承李林精神，奠基幸福人生"，为学校的立德树人工作发挥导航作用。

　　幸福人生既是教师充分挖掘自身潜能、勤于教书、乐于育人的奉献人生,又是学生德、智、体、美、劳全面发展的进取人生,而师生实现幸福人生的必要条件就是要有李林烈士的家国情怀和甘于担当、乐于奉献的精神。为教师的幸福人生奠基,主要通过提升教师的专业精神和专业素养,进而提高教师的人生目标和职业成就的高度。为学生的幸福人生奠基,即使学生学会知识技能、学会动手动脑、学会生存生活、学会做人做事。而"传承李林精神,奠基幸福人生"与体现这一理念的"爱国、奉献、自强、进取"的校训、"树德、敬业、严谨、创新"的教风和"勤勉、善思、立志、笃学"的学风构成李林中学完整的办学思想体系。"颂英雄、塑精神"已成为李林中学独有的校园文化。

二、构建优秀的学校文化,让校园洋溢进取之风

　　为了传承、凸显李林精神,我们始终把提升师生的人生目标和精神追求,把构建优秀的学校文化和正确的价值取向作为最根本的使命,引发师生的思与想,触及灵魂,沉淀思想,将其转化为积极进取的人生观、价值观和世界观。

　　在构建学校文化的过程中,我们主要通过创设精细的管理文化、打造多彩的书香文化、凸显特色的环境文化三个维度,以建设良好的校风、班风、教风、学风为核心,以优化人文环境、美化校园环境为抓手,以丰富多彩、积极向上的校园文化活动为载体,使学生受到先进文化的熏陶和文明风尚的感染,实现全面发展和个性成长的目标,也使广大教师享受事业成功的快乐,感受学校大家庭的温暖,使学校各项工作在继承中发展、在守正中创新、在创新中升华。

(一)精细管理

　　"好的管理就是一粒萌芽的种子。"学校管理重心下移,实行处室领导下的年级组、教研组、备课组扁平化管理架构。校级决策,出思想,明思路;科室督导,定措施,抓督查;年级执行,定制度,抓考核;班级实施,抓落实,出效果。落实尊重、关爱、服务的文化理念,让制度管人,按规矩办事,建立起一套机构设置合理、运行顺畅高效、管理民主规范、尊师重教氛围浓厚的管理机制和运行模式,力求将学校建成学生喜爱的乐园、教师热爱的家园、家长满意的校园。

(二)书香阅读

　　我校积极倡导组织师生爱书、惜书、读书。重新改造了图书馆,增加图书数量;与新华书店合作,建立全省首家"校园新华书店";通过分年级制定读书篇目,写读书心得,进行读书交流,在阅览室、校园书屋、班级图书角开展"悦读"活动,举办读书节、读书演讲比赛等,激发师生的阅读兴趣,营造良好的读书氛围。

(三)社团活动

　　全校有文学社、广播站、记者社、篮球队、健美操队、腰鼓队、摄影社、军乐队、志愿者协会等近30个学生社团,开展以读书节、体育节、科技节、艺术节、英语节和校外实践、研修旅行以及书法、绘画为主线的一系列丰富多彩的活动,如"学雷锋,见行动"活动,"感悟人生,历练成才"励志讲座,"实现中国梦,珍爱生命,热爱生活"知识讲座,"爱要大声说出来——感恩母亲"主题教育活动、主题运动会、"李林杯"好声音校园歌手大赛。组织学生进社区、进企业、进敬老院、进福利院、进家庭的"五进"活动,带领学生参加社会实践活动。把"动"的教育辐射到全校教学实践中,把培养学生独立选择的能力、自由思考的能力、创新意识与实践能力

等核心素养当作学校的首要任务。

(四)多元课程

一是创设活力课堂。在广泛开展与山西大学附属中学(简称"山大附中")战略合作的基础上,李林中学打造高效学、高效练、高效讲和有激情的高效课堂,通过三年的积极推进,关于学生自主课堂的教学研究颇见成效,教师尤其是青年教师积极参与课改,改进教学方法,真正实现了减负增效的课堂教学改革目标。二是开发多元校本课程。学校以全面推进素质教育为指导,以培养学生的创新精神、实践能力、社会责任感及良好个性品质为目标,为学生搭建张扬个性、展示特长的平台,满足学生全面发展的需求,开设体系完整、课程计划规范及形式多样、内容丰富的校本课程,由学生自己选课。三是班级文化的建设。学校以班级"四项创新活动"为抓手,即班级目标让学生参与制定、班规班纪让学生参与制定、班级"大事"让学生参与谋断、班会活动让学生自己设计组织,以争创文明学生和优秀班集体为追求,以多元评价为手段,以班、团队会/课为主阵地,以主题教育活动为载体,完善多元激励评价手段(赏识卡、星级学生评比、十佳学生评比等),实施成长追踪制度,培养学生守纪、明礼、诚信、进取的品质,规范行为,带动了班风、学风、教风、校风的好转。

(五)阳光心理

李林中学作为省级示范高中,软、硬件都具有引领、示范作用。学校设立心理健康教育室,配备三名心理教师,为学生、家长、教师的心理健康发展提供了硬件保障;通过心理课、团体心理辅导、个体辅导等形式,帮助学生认识自己、接纳自己、喜欢自己,促进学生赏识、包容、悦纳、宽容的健全人格的形成;实现学生心理档案的动态化,形成心理普查、心理课普及、班主任重点关注、心理教师重点辅导的动态化心理工作体系;并把心理学知识与其他学科进行跨学科融合,有效促进学生积极、阳光心理的形成,提升心理健康水平。

(六)红色教育

多年来,我校坚持以李林精神育人,坚持开展以李林事迹为核心的爱国主义教育,在构建科学高效的管理机制、造就学高身正的师资群体、建设尽善尽美的育人环境、推进广泛深入的德育工程、开展丰富多彩的校园文化活动等方面,取得了长足的发展。高一新生入学第一课是由班主任讲述李林烈士的生平事迹;发的第一套书是记载李林烈士事迹的《抗日民族女英雄——李林》;写的第一篇作文是《李林在我心中》;学唱的第一组歌是《李林颂》和《李林中学校歌》;参加的第一次活动是瞻仰李林烈士陵园。在以军训为主要内容的新生学前教育活动中,发放学前教育读本,并充分利用板报、广播、校刊、主题班会等形式来宣传、讨论、学习李林烈士的英雄事迹。与此同时,开展以"李林在我心中""我爱李林"为主题的征文活动和"李林颂"歌咏比赛。这种立体化、多功能的教育形式,使学生受益匪浅。英雄的事迹拨动了每一位学生的心弦,强化了他们对英雄的认同感和在李林中学就读的自豪感。

每年清明节,到李林烈士陵园扫墓、参观成为学生德育的必修课,烈士墓前宣誓成为李林中学德育的一大亮点。这些活动的开展,使广大师生得到了文化熏陶,提升了精神境界。通过这些活动,李林精神已经内化为全体教师的精神追求:不计得失的奉献精神、乐于从教的敬业精神、爱生如子的园丁精神、锐意创新的进取精神。

三、上下齐心、团结一致,以情暖心,构建温馨教育家园

管理学认为,要想更大限度地激发、调动员工工作、学习、进步的热情和潜能,就必须将

大家拧成一股绳。

　　在多年的治校理教实践中,"营造一种家的氛围"是我在学校管理中所追求的目标。为实现这一目标,我注重建立"以情导行,以真诚换真诚,以自己独特的人格魅力去感染他人"的管理风格,切实落实以人为本的管理理念,与教师坦诚交流,热情为教师搭建发展的平台,真诚地帮助教职工解决困难和问题。例如,关心大龄青年的婚姻,为大病职工捐款,在教师生日当天送上亲笔签名的"礼物"。除了人文关怀外,"喊破嗓子,不如做出样子",要求别人做到的,我首先做到;校内规章制度不允许做的,我坚决不做,真正做到了用制度规范人、用情感凝聚人、用环境陶冶人、用体制激励人,使教师在三尺讲台传道授业的同时享受到职业幸福,从而教育、引领学生成长、成才,并在这一良性循环中促进学校的可持续发展。

　　2021年,李林中学将迎来建校65年华诞。65年历史为鉴,解读昨天,立足现在,展望未来,李林人不忘初心,继续以精神聚心,以文化育人,齐心向着更高、更远的目标大步迈进!

基于情境体验的高中学生人文精神养育实践活动探索

太原市第五十九中学校　陈文斌

教育的要义,就是让每个学生获得适合自己的教育和发展;不断提高学校的可持续发展能力,提升学校的教育教学品质,更好地满足广大人民群众对优质教育的需求。

高中生在校期间的学习任务非常繁重,高考指挥棒下高中生的学习压力也非常大,但高中是学生由未成年人向成年人过渡不可或缺的时期。这个时期,学生的人生观、价值观、世界观等基本的价值体系正在形成,学生的人文精神养育问题成为无法回避且必须要去面对的问题。学生长时间生活的"主战场"——学校势必要通过营造真实的情境体验,让学生在情境中感受、体验、感悟。

一、案例背景

长期以来,学生在"唯智主义"的束缚下,过度地看重分数。这种状况不仅严重损害着学生的身心健康,还背离了基础教育的性质和任务。机械地重复操练,消磨了学生在教育过程中的主体精神和积极性。同时,在师长们的过度呵护下成长起来的独生子女,缺乏对真正的学习与生活意义的理解,面对严酷的升学压力和现实的生存竞争,滋长了"个人主义""拜金主义"等不良价值观念和行为。

在一段时期内,学校德育已异化为"智育的附属",教师用灌输的手段和方法进行思想和道德教育,忽略了学生的认知水平和内在需要。在这种单向的强制性的灌输模式下,学生完全成为被塑造的客体,只需要听话、服从。这样的德育效果是外在和短暂的,因为不让学生主动参与,必然导致学生厌烦,培养的学生"知道什么是应该做的,却仍不这么做"。因此,在现代发展性的德育中,我们必须注重对学生人文精神的培养策略,切合学生的实际,让每一个学生在受教育的过程中得到同等的发展机会,让学生获得基本的观念、方法和能力;要充分体现以学生为主体、以学生发展为本的德育理念,使我们的德育目标升华为学生自我发展的需要,使学生"学会做人",达到德育所追求的最高境界。

太原市第五十九中学校(简称"太原五十九中")是一所普通高中,属企业改制回归社会管理的学校。学校地处城乡交界地区,生源状况相对较差,学生的自信心不足,自觉性不够,自控能力不强。提升学校办学质量的关键是激发学生的自信心,提高学生的自觉性和自控能力。学校非常重视学生的人文精神养育,创设了多种情境,开展了丰富多彩的实践活动,让学生在体验中使人文精神得到养育。

二、案例描述

太原五十九中一直坚持以创新节、阅读节、关心节、健康节、克难节、电影节六大节日为依托,让学生在真实的情境中体验成功的喜悦,以此加快学校文化的建设,营造充满人文关怀、艺术感染力的高品位的现代化育人环境。

(一)3 月创新节

学校专门搭建露天影院,组织专业人员放映《海洋》《迁徙的鸟》《微观世界》等世界著名的科普电影;聘请中科院和省科协的专家进行了"南极和北极的故事""发挥潜力,成就精彩人生""做好发明和创造"等科普讲座;邀请太原市科协组织的最新科技发明即科技大篷车进入校园展演;在全校学生中征集体现科技创新的小制作、小发明;组织创意环保金点子比赛和科普趣味比赛等,学生展示的用报纸、光盘等废旧物品制作的环保时装令人眼花缭乱。学校在山西省创新科技大赛中获得一等奖,在全国未来工程师科技大赛中连续两年获得一等奖。

(二)4 月阅读节

阅读节包括诵读、演讲、征文、讲座等活动。为鼓励学生积极阅读,使阅读成为生活的组成部分,学校专门在校园的每一楼层放置图书,构建校园内的开放式图书馆,为学生营造爱读书、读好书的氛围,使学生的人文精神得到养育。

(三)5 月关心节

全校学生都要参与关心节。高三年级举行主题为"心怀感恩,铭记责任"的毕业典礼。在毕业典礼上,每一个高三学生都要身着五十九中特制的毕业礼服,踩着红色的地毯,逐一走过由他们的任课教师所组成的拥抱"长廊";每一个高三学生都将从校长手中接过毕业证书,得到学校赠予的《宪法》并与国旗留影纪念;每一个高三学生都要给五年后的自己写一封信。离别前的深情拥抱唤起依依不舍的师生情义;而《宪法》和与国旗的纪念是对学生做一名好公民的无言激励;五年之后的期盼则是鼓励学生走向未来、憧憬未来、规划未来。毕业典礼的每一个镜头让每一个毕业生永生铭记。

学校于 2017 年、2018 年连续两年组织全体高二学生赴太行山进行红色研学旅行。参观武乡八路军纪念馆、左权将军殉难处、小寨冀南银行、左权八路军总部纪念馆、黄崖洞兵工厂旧址等红色文化基地,让学生从政治、军事、经济、文化等方面全面、详细地了解山西人民为抗日战争做出的伟大贡献,既提升了学生的自理能力、创新能力、实践能力,又增强了学生的民族自豪感和自信心。为开展好太行山红色研学旅行,学校特地开发和设计了太行山红色研学旅行课程。该课程围绕太行山红色革命旧址和史料,将研学旅行作为中小学生理想信念教育、爱国主义教育、革命传统教育、国情教育、学科实践教育的重要载体,依托独有的红色教育资源,结合学生的身心特点、接受能力和实际需要,开发了红色圣地、红色记忆、红色金融、红色军工、红色传奇五个主题活动课程。研学课程丰富多样、主题鲜明、特色突出,涵盖了政治、历史、地理、文化、军事等多个领域。

高一年级学生分组到太原市盲童学校和太原市聋人学校,与他们一起学习、一起交流、一起体验,并承担一天的慈善义工工作。这种体验是深刻的,不一样的身体,却有对幸福生活的相同追求与渴望,其中的艰辛与不易使学生更加理解他人,也更加珍惜自己的生命。

(四)9 月健康节

健康节着重围绕趣味健身项目和校园运动会而开展。踢毽子、转呼啦圈、跳大绳、投篮等喜闻乐见的健身项目要求全员参与;校园运动会的内容则更加多姿多彩,参与与竞争同步,凝聚与挑战并存,切实落实了我校关注学生健康、引导健康生活的教育理念。

(五)10 月克难节

克难节的设置,旨在营造真实的困难情境,让学生在面对困难时,学会担当、学会合作、学会坚持。2012年，学校组织了18千米徒步行；2013年到2018年，徒步行拓展到30千米。徒步行期间，学生互相帮助、互相鼓励、互相扶持着坚持走到终点。克难节是我校的特色节日，学生的参与率达到100%。徒步行的选址、沿途安全指引路标的设定、行进过程中活动的组织、饮食的安排和医务保障等诸多工作，对学校来说都是很大的挑战，但是，为学生创建实践的情境，让学生获得在困境中咬牙坚持、攻坚克难的体验，是学校工作的重要内容，也是送给学生最好的礼物，学生今天的体验将带来未来战胜困难的勇气。

（六）11月电影节

电影节是集文学、艺术、表演、美工等多种才艺于一体进行展示的综合平台。电影节的五大主题活动——优秀电影展评、电影插曲比赛、电影配音比赛、电影海报创作比赛、电影历史讲座，给学生留下了美好而难忘的印象。活动期间，学生可以尽情展示舞蹈、器乐、朗诵、配音、话剧、演唱、课本剧等，有效地丰富了他们的生活，挖掘了他们的才智，促进了他们的成长。2013年的电影节开始增设学生用手机自拍的微电影展播。学生自编、自导、自演、自拍，把发生在自己身边的不文明礼貌现象展示出来，教育也在潜移默化中发挥作用。

三、案例反思

基于情境体验的高中学生人文精神养育实践活动的基本内涵如下。

人文是人性中最闪光的东西，是以博大的胸怀去追求真、善、美的思想，是发自心灵深处的对生活、对自然、对社会、对他人的关怀。所谓人文精神，是人类文化生活的灵魂，体现了人类文化最根本的素质。人文精神是通过人的精神面貌、言谈举止和文化修养等方面体现出来的。具体体现为：懂得尊重自己——主动积极不苟且，有品位；懂得尊重别人——不蛮横霸道，有道德；尊重自然——不掠夺，无贪念，有价值。它是人的内在品质，一旦形成，可以决定人的人生观、价值观、世界观，让人自觉地发现自己的优越性，找到自己的动力源，以积极的心态善待生命，以得到幸福感。

周国平教授在国家行政学院演讲时指出，人文精神的基本内涵分为三个层次：人性，即对人的幸福和尊严的追求，是广义的人道主义精神；理性，即对真理的追求，是广义的科学精神；超越性，即对生活意义的追求。简单地说，就是关心人，尤其是关心人的精神生活；尊重人的价值，尤其是尊重人作为精神存在的价值。人文精神的基本含义就是尊重人的价值，尊重精神的价值。

情境体验在学生人文精神养育中的作用早已得到人们的重视。学者潘月俊提出了"情境德育"的概念，指出"情境德育"是一种"在情境之中，充分利用情境的激情、明理、启智、导行、悟德等功能，充分尊重学生的主体体验和自我成长的德育模式"。刘惊铎提出了"体验"的概念："体验是一种图景思维活动，道德体验是一种含有价值判断的关系融通性体验。道德体验论将教育者改称为'导引者'，受教育者改称为'体验者'，凸显道德教育的主体性、情境性和生成性，从体验活动和体验课程的融合上展开实践探索"。

所谓情境体验人文精神养育实践活动，是指在学校教育过程中，由学校创设真实的实践活动情境，让学生通过自己的体验，由学生自己积极思考，引发对具体实践活动情境的感悟而获得人文精神成长的教育实践活动。情境体验人文精神养育实践活动的根本是让学生在情境体验中实现人文精神养育和成长。情境体验人文精神养育实践活动突出人文精神教育的主体性、生活性、情境性和生成性，创造和丰富能让体验者置身其中的道德关系、活动和情境,诱发和唤醒其丰富的人文精神体验。

科学使人求真,人文使人求善,艺术使人求美。六大节日的举办就是围绕求真、求善、求美的人文精神养育最高境界,使学生的人文精神养育更见实效。通过六年的实践活动,可以说太原五十九中人文精神养育基本达到了预期效果,但在实践中也要注意处理好以下几个关系。

(一)处理好情境体验实践活动与学校正常教学活动之间的关系

高中阶段,学生的学习任务非常重,学习时间也非常紧,情境体验实践活动要占用一定的学习时间,学校需要对教师、家长、学生做好工作,提高他们对学生人文精神养育的认识,避免他们误会学校开展"不务正业"的活动。实践中,我们通过教职工大会和家长培训会等宣传学校组织学生人文精神养育实践活动的意义,使教师、学生和家长理解举办活动的宗旨。许多家长不仅赞成学校的实践活动,甚至义务帮助学校完成实践活动。

(二)处理好情境体验实践活动与学生安全之间的关系

由于许多情境体验实践活动需要离校外出进行,学生的安全问题也是无法回避的现实问题。许多学校为了学生安全选择放弃外出活动,但我们认为安全与活动不是对立的。对每年的克难节户外徒步拉练活动,我们制定了详细的活动方案及安全预案。为了选择一条人少、车少、干扰少的行走路线,校领导数次踩点,将18千米的路程走了六七次。起点在哪儿,终点在哪儿,谁开道,谁断后,谁负责中间,谁来应急……对所有能想到的细节全部安排了专人负责,甚至连路途中学生的如厕问题都想到了,在沿路搭建了几座临时"厕所"……

学校的安全责任的确重大,但安全与组织活动不应该是对立的,我们不能因为怕出问题就把所有活动都取消。作为校长,该承担的责任和风险一定要承担,我们应该把安全与活动统一起来,只要把安全预案做得详细、扎实,我们完全可以安全地组织学生多参加各种活动。

(三)处理好情境体验实践活动与学校德育常规管理之间的关系

学生的人文精神养育是一项长期工程,情境体验实践活动在学生的人文精神养育方面作用非常大,但我们不能夸大其作用,更不能忽视学校的德育常规管理工作。学生的人文精神养育体现在学生高中学习生活的全过程中,体现在上好每一节课、做好每一件事、参加每一个活动中。在实践中,我校按照"严爱有加的教育才是真正的教育"这一原则,严格常规管理,制定严格的学生行为规范标准并狠抓落实,同时采取办实事、解难事等措施,为学生解决诸如直饮水、太阳能热水洗漱、开放式图书馆建设等难题,把更多的关爱给予学生,让学生快乐地学习和生活。

基于情境体验的高中学生人文精神养育实践活动实施六年来,一届一届的学生毕业了,他们离开母校后最留恋的就是那难忘的一个个"节"。

我们相信,教育是基于人格平等的相互促进和共同提高,努力办一所照亮学生内心的学校是我们不懈的追求,我们必将为之不断努力!

立德树人,推进高中思想政治教育

昔阳县中学校 李保荣

习近平总书记在 2016 年教师节前夕视察北京市八一学校时强调,基础教育是立德树人的事业,要旗帜鲜明地加强思想政治教育、品德教育,加强社会主义核心价值观教育,引导学生自尊、自信、自立、自强。高中教育要坚持把立德树人作为中心环节,把思想政治工作贯穿教育教学全过程,实现全程育人、全方位育人。通过不断学习、领悟习近平总书记的教育思想,我深切感受到,高中的一切工作必须紧紧围绕立德树人这一根本任务展开,不断加强学生的思想道德建设,提高学生的综合素质,把优秀的传统文化教育贯穿学生培养的全过程,坚定不移地走中国特色高中发展道路,努力办好中国特色社会主义高中。

一、立德树人首在立志

我们知道,中国传统的教育是一种为己之学,即"古之学者为己,今之学者为人",通过圣贤经书的学习,达到道德的自我完善,从而实现外在的事功。宋代思想家张载认为只有"圣人"才具有天地之性的最高尚的人格,因此"立人性""学所以为人"就是教育的目的。他认为教育就是要力争使学生能够变化气质,学习圣人的修养。毛泽东同志把读书和现实需要结合起来,读书为己所用,早年接受马克思主义后,就把个人的人格追求转变为对广大人民群众利益的追求,此后终生不渝。习近平在梁家河从来没有放弃过读书与思考。习近平曾经指出,青年的价值取向决定了未来整个社会的价值取向,而青年又处在价值观形成和确立的时期,抓好这一时期的价值观养成十分重要。这就像穿衣服扣扣子一样,如果第一粒扣子扣错了,剩余的扣子都会扣错。人生的扣子从一开始就要扣好。这个"穿衣扣扣子"的理论生动准确,内涵丰富,道出了青少年时期价值观养成的重要性。他曾说:"七年上山下乡的艰苦生活对我的锻炼很大……最大的收获有两点:一是让我懂得了什么叫实际,什么叫实事求是,什么叫群众。这是我获益终生的东西。二是培养了我的自信心。"随着现代社会经济的快速发展及各国交往的密切,各种文化思潮不断涌现,各种文化冲突不断互撞,对世界各国带来了广泛而深刻的影响。高中生极易受到各种思潮的干扰,因为高中生缺乏定力和思辨能力,所以亟须树立一种符合历史唯物主义和辩证唯物主义的马克思主义哲学观,并从中国传统文化中汲取有益成分,强化自身文化素养和担当意识,提升自己的思想境界。一代圣贤王阳明从小立志要成为"圣人","夫苟有必为圣人之志,然后能加为己谨独之功",他的行为以"圣人"为榜样,是道德的楷模。中国知识分子向来有一种天下情怀,总是能够看到社会中不好的方面和人性中恶劣的方面,希望通过自己的努力去改造它们。因此,在现代发展性教育的德育中,我们必须注重对学生道德素质的培养策略和以学生发展为本的德育理念,使我们的德育目标能升华为学生自我发展的需要,使学生"学会做人",达到德育所追求的最高境界。

二、立德树人重在立心

任何事情的成功都要靠始终如一地去践行。如果知道而不去践行,就不是真正的知道。

高中生学习基础欠缺，对所学课程可能不感兴趣，可能还会犯"坐而论道"的毛病，这就需要教师做"春风化雨"般的思想道德教育工作，以浸润其心，让其不断砥砺心性，始终如一地坚持做事。"教育是唤醒，是发现，是让人自由生长而成为他自己！"高中生来自不同的地方，带有不同地方的印迹，每个人的成长经历不同会导致不同的性格特征，而我们的教育就是要"顺木之天"地诱导其心性良性发展，使学生成长为综合素质全面、人格结构健全的"大写的人"，成为有责任、有担当的社会主义建设生力军。北宋哲学家张载在《西铭》中言："富贵福泽，将厚吾之生也；贫贱忧戚，庸玉汝于成也。"说的是一个人心性的砥砺是从艰难困苦中而来，如同精美之玉"如切如磋，如琢如磨"的打磨。钱穆在《人生十论》说："心则是人之主宰。欲知如何为人，须先知如何'养心'。人生不专为生，更要乃在生而为人。""不忘初心，方得始终"，对于我们高中教师而言，应该对党的教育事业无比忠诚，用自己的言行去不断感化学生，"见贤思齐焉，见不贤而内自省也"。学生心中有榜样，在学习中就会对自己有要求。

三、立德树人本在笃行

"耳闻之不如目见之，目见之不如足践之"，一个人的见识、经验除了加强学习、提高修养之外，重在实践。习近平同志多次强调要加强实践，教师只有深入班级、深入宿舍、深入服务学生的最前沿，才能砥砺品质，提高本领。清晚期名臣曾国藩对其家人十分严格，子孙们要下田劳作，妇人们则要纺线织衣、浇园种菜，这在《曾国藩家书》中有明确记载。曾氏的做法就是让其后代子孙记住农业劳作的艰辛。2013 年 3 月 17 日，李克强总理在会见采访十二届全国人大一次会议的中外记者时称："我是在田头锄地时得到高考录取通知消息的。"他还说："我曾经是安徽凤阳的插队知青，很难忘那一段和乡亲们度过的艰难岁月。"习近平同志在陕北梁家河的七年知青岁月，成为他一生中最宝贵的财富。这些都应该成为我们笃行的榜样。有句农谚说，"头伏耧田满灌油，二伏耧田半灌油，三伏耧田瞎秋耧"，若非一个非常熟悉农活的把式，则全然办不到。农家锄田都包含着如此深刻的道理，更何况面对鲜活的生命个体的教师。习近平同志曾经说："我的执政理念，概括起来说就是：为人民服务，担当起该担当的责任。"教师工作是一种琐碎而劳心的工作，需要事无巨细地替学生操劳，只要在落细、落小、落实上下功夫，就一定能够达到水滴石穿的境界。

和学生一起成长

——阳泉三中办学理念和实践创新

阳泉市第三中学校　刘宏彬

阳泉市第三中学校（简称"阳泉三中"）是阳泉市城区唯一一所完全中学。学校于 1973 年建校，47 年来，始终坚持全面贯彻党的教育方针，坚持社会主义办学方向，不断更新办学理念，进行实践探索，最终成为阳泉市的品牌学校。

在新的形势下，学校发展面临新的机遇和挑战；新的时代，需要我们为办学理念注入新的内涵，从而引领学校实现新的发展。

一、学校的发展背景

（一）政策层面对学校办学理念形成的影响

党的十八大报告指出，坚持教育为社会主义现代化建设服务、为人民服务，把立德树人作为教育的根本任务……

2014 年 3 月 30 日，教育部《关于全面深化课程改革落实立德树人根本任务的意见》出台。

2017 年 10 月，党的十九大报告明确指出，要全面贯彻党的教育方针，落实立德树人的根本任务……

纵观这一系列政策，立德树人始终是贯穿其中的主线，也是教育的初心和使命，更是教育发展的最大背景。

（二）学校层面对学校办学理念形成的影响

1. 阳泉三中高中办学现状

一直以来，阳泉三中招生规模为 200～300 人，在没有扩招以前，阳泉三中高考生的最好成绩是达二本线以上将近 100％，可谓实力不俗，为社会所公认。但随着许多优质高中招生规模的扩大，阳泉市又采取分批次招生、明显倾向于示范高中的招生政策，学生生源状况发生重大变化。从 2015 级开始，阳泉三中录取的高一新生无一人能够进入全市前 3000 名（高考二本目标线人数）。随之而来的是普通高考达线人数日益萎缩，社会评价日益降低。加之阳泉三中的高中教师由于缺少升学率带来的成就感，自我发展目标不明，动力不足，办学陷入困境。

2. 阳泉三中初中办学现状

由于阳泉三中有利的地理位置，初中生源人数一直居高不下，进入 2000 年以后，初中教学质量基本稳定在全市前三名。尤其是规范办学以后，初中采取划片招生，教学成绩更是多年位居全市第一。但不可否认的是，阳泉市学生人数总量较小，初中教学质量距离全省一流初中尚有不小的差距。尤其是在学生综合素质提升、尖子生培养、学生创新能力培养等方面需要提高层次，阳泉三中初中办学进入高原期。

二、学校办学理念的内涵解读及凝练过程

学校发展面临的一系列问题应如何解决？如何走出困境？教育终究是人的教育，让每个学生过上幸福而完整的生活才是教育的终极追求。因此，解决问题、走出困境要靠教育价值观的重塑，要卸下分数，重释教育！这是新时代对学校教育价值观的追问，更是学校走出困境的必然选择。

学校审时度势，为办学理念注入新的时代元素，提出以人为本，关注生命，师生共同成长。

（一）办学理念的基本内涵解读

1. 教育就是以人为本，让学生成为独一无二的、最好的自己

德国教育家福禄培尔说："一切事物的命运就是展现它们的本质。"教育也是如此。在日常教学中，教师要通过观察学生，研究制定适合学生的教育目标，并与学生共建有益的教育活动，使学生在符合他们身心特点和年龄阶段的活动中，学会学习，学会做人，学会创造，从而在未来的社会生活中展现他们各具特点的为人的本质。

2. 教育就是关注生命，让学生拥有幸福生活的能力

陶行知提出"生活即教育"，有怎样的生活就有怎样的教育，生活决定教育，但教育可以改造生活。"生活即教育"是教育的本来面貌且随着人类的生活改变而改变。我们要让教育走近生活、拓宽学生的生活体验、激发学生的生命活力，让学生拥有过上幸福而完整生活的能力。

3. 教育就是教师为学生点亮心灯，和学生共享生命成长

教育的最高境界是爱，爱的真谛是尊重和信任。教育一定不是灌输，而是点燃，是引领，是陪伴，是等待。教育的着眼点是学生，着力点是教师。要通过发展教师来发展学生，核心就是构建平等合作的、和谐的师生关系，师生共享生命成长。

（二）办学理念的凝练过程

学校办学理念的凝练主要基于三次对于教育价值定位的思考。

（1）第一次是 2001 年开始的课程改革，唤醒了思想，解放了教师，"人"终于成为教育的核心。2001 年开始的课程改革，对教育价值定位最大的贡献就是教育开始关注人的发展，追求人的全面发展、终身发展和个性发展，学习也以更加道德和人性化的方式展开。阳泉三中审时度势，提出了"以人为本，追求卓越"的办学理念。学校在此理念引领下，坚持以提高教育教学质量为中心，以创新教育教学为主线，全面工作讲规范，个性工作创特色，外塑形象内强素质，全力打造阳泉三中教育品牌，学校整体工作取得一定成效。

（2）第二次是 2012 年党的十八大提出教育的根本任务是立德树人，教育的终极价值是实现人的精神完整成长。随着党的十八大提出将立德树人作为教育的根本任务，再一次让我们对教育的终极价值进行了思考。升学应是教育应有的价值之一，是实现终极价值的一个过程，只是不应是第一位的。所以，要实现教育的终极价值不能将升学这个过程排斥在外。

阳泉三中再次对办学理念做出调整，提出"以人为本，关注生命，为学生成长奠基"的办学理念，朝着办适合每个学生的教育的方向不断探索。在此理念引领下，积极探索素质教育之路，努力尝试提高教学质量之法，认真提炼和反思学校育人之效，大胆进行课堂教学改革，逐渐形成初中优质、高中特色的办学品牌。

(3)第三次是《中国学生发展核心素养》提出要培养学生的必备品格和关键能力。立德树人这一根本任务,解决的是培养什么样的人和怎么培养人的问题。多年来,我们没有找到很好的实现方式,立德树人缺少具体内容的支撑。而必备品格与关键能力正是对这两个问题的回答。培养必备品格和关键能力指以道德品格为导向的学生核心素养的培育和发展。能力需要道德品格的价值判断和引领,道德品格也需要能力的支撑。

道德品格的养成和能力的提高都离不开实践。因此教育不应简单地理解为为学生成长奠基的过程,而是要创设丰富的、真实的、复杂的情景,让师生在这样的情景中互动,探求真理,传承文明,共同进步;要让全体师生都能在教育中品味成长和进步的喜悦、成才与成功的幸福。

在新时代,"以人为本,关注生命,师生共同成长"成为我们新的价值追求。

三、学校办学理念引领下的教育实践

学校坚持人和治校,将发展教师放在第一位,不断激发教师的内驱力,实现对教师的精神塑造,从而引领学生的生命成长。

(一)激发教师的价值认同感

(1)"坚车能载重,渡河不如舟。"在学校这个教育场域中,只有扬长避短、量才善用才能凝聚人心,让广大教师人尽其才,成就一番事业。学校对那些能挑重担、敢于创新的青年教师在课堂上千锤百炼、精心培养,同时也结合个人所长,不拘一格地为他们发挥特长搭设平台。

(2)一个人走得快,一群人才能走得远。学校倡导专业带领、全员参与、成员互助、分享交流、实践反思、共同成长的教科研理念。积极聘请校外专家、学者举办讲座,更新教师的教育观念,引导教师进行职业、专业发展规划,为教师专业发展搭建平台。教师由此开阔了眼界,教学效果事半功倍。学校因此涌现出全国化学课件制作特等奖获得者魏凡博、山西省语文金钥匙大赛一等奖获得者赵桂桢、山西省教师技能大赛二等奖获得者轩晓敏、阳泉市拔尖人才吕遥等一批优秀青年教师。

(3)"三类高中"要做"培育一流学生"的事业。学校在德、智、体、美、劳全面发展大背景下,从职业生涯教育入手,帮助学生做好规划,为学生提供更多的享受优质高等教育的机会。对于文化课基础较好的学生,学校狠抓教学质量,为他们升学铺基筑路;对有艺体兴趣的学生,学校提供场地,投入优秀师资帮助他们实现专业发展。学校也抓住高职院校扩招的机遇,在普高与职业教育相融合的道路上不断摸索。

(二)提升教师的专业成就感

教师从事的是学科教学,具有一定的专业性,在学科教学中取得成绩、在教科研工作中有所建树,往往使教师成就感倍增。因此,学校积极引导教师在认同教师角色的基础上构建自己的专业身份。

2018年,学校组建了宣传报道工作室。工作室利用新媒体平台,让教师撰写教学反思和教育故事并帮助他们修改、发表。至今已经有数十人次在公众号上发表了自己的教学随笔。

学校大力鼓励和支持有条件的教师成立名师工作室,开展教师间的互帮互助活动,以"青蓝工程"、结对子的方式帮助每位教师进步。有组织、有目的的教研教改活动在促进青年教师素质全面、快速提高的同时也帮助他们找到了专业快速发展的成就感。

其实，每一位教师内心都有一个职业发展的梦想，校长要善于运用文化管理引导他们把梦想变成现实。点亮一名教师，也就点亮了一群孩子。

(三)增强教师的团队归属感

职业认同的重要基础和前提应该是对于所处团队的归属感。合作、平等、有温度的团队文化能够让成员为了团队目标不懈努力，也能够让立志于从教的教师坚定自己的选择，并在工作中找到自己的位置。

学校成立红白喜事理事会，力图为教师解决燃眉之急。任班主任的徐红梅老师说："我和我们的校长以前是校友，从1989年开始成为同事。校长管理人性化，对教师的生活特别关怀。我家女儿结婚，学校领导还去家里帮忙，我真的很感动。我们之间的情感就像姐妹兄弟一般。在三中工作的30多年间，我早已经融入了三中，三中就像自己家一样。所以，我虽然50多岁了，依然愿意奋战在教学第一线，奋战在班级工作当中！"

学校成立了合唱团，鼓励教师谱写展现心声的歌曲。

新建立的瑜伽室则让平时各自为战的教师在运动中增进了了解。这些举措对学校团队文化的建设起到了推动作用，强化了教师的向心力。

四、关于办学理念实践的一点思考

(一)实现办学理念的核心是教职工的价值认同

办学理念是校长基于"办什么样的学校"和"怎样办好学校"等问题进行深层次思考的结晶，更是全体师生在长期工作中相互磨合、持续积累逐渐形成和达成的关于教育价值观和方法论的共识。所以，办学理念真正内化于心、付诸实践需要教职工的认同。

教育实践中，要努力营造核心价值的认同氛围。要让办学理念不仅体现在校训、校风、校规、校歌、校容上，更要体现在办学宗旨、培养目标、育人途径、学风建设、教师形象、校园文化等方面，还要让办学理念落实在教育教学工作的细节中，成为学校工作的灵魂。

(二)实现办学理念的关键在于教师的发展

2017年11月20日，第十九届中央全面深化改革领导小组第一次会议审议通过《全面深化新时代教师队伍建设改革的意见》。

2018年9月10日，全国教育大会召开。习近平总书记强调，建设社会主义现代化强国，对教师队伍建设提出新的更高要求，也对全党全社会尊师重教提出新的更高要求。

这一系列举措是以习近平同志为核心的党中央高瞻远瞩、审时度势、立足新时代做出的重大战略决策，将教育和教师工作提到了前所未有的政治高度。我们一定要抓住有利时机，切实把教师队伍建设作为基础工作，作为学校发展的第一要务，让每位教师承载着传播知识、传播思想、传播真理，塑造灵魂、塑造生命、塑造新人的时代重任，在师生共同成长的过程中实现人生的价值。

(三)实现学校办学理念的前提是校长的领导力

我们正处于一个变革的时代，教育的方方面面也在进行着深刻的变革，但是无论如何变化，学校管理系统体现教育本质的规律性的内容是不变的。这些本质的、规律性的东西，就是正确的教育思想，学校办学理念就是教育思想的体现。所以，校长要努力提升领导力，才能将学校的办学理念由蓝图变为现实。

1. 校长要做有效的交流者

善疏则通,能导则安。校长不能把自己看成一名管理者,而要把自己看成一名交流者,主动走近师生。只有真正和师生实现心与心的交流,才能民主决策、科学管理,激发出广大师生工作与学习的积极性。

2. 校长要做忠实的服务者

校长应该以人为本,更多地关注师生的切身需要,既要做到锦上添花,又要做到雪中送炭,用真情感化他们,用真心凝聚他们。校长在教师心中,教师在校长心中,是校长智慧管理的不二法宝。

3. 校长要做成长的激励者

学校管理需要必要的制度作为保障,但绝不能将管理奉为圭臬。在学校管理中,校长更应该做的是用政策暖人、用感情留人、用管理激人。

教育是一个"良心活",是"用己心换人心"的事业。有人情味的校长在实践中表现出来的是关心和鼓励、宽容和赏识,从而最大限度地通过调动师生的积极性,让学校步入可持续发展的轨道。

做杰出人才后备军成长的沃土

——基于山西大学附属中学办学实践的思考

山西大学附属中学   刘 伟

我的职业生涯始于山西大学附属中学(简称"山大附中"),已近 20 年。这期间,我担任过高中、初中的任课教师和班主任,也担任过各种行政职务,始终奋斗在我热爱的这所学校。因此,我的成长特别是对教育的理解,主要是伴随着山西大学附属中学的发展形成的。这让我的教育经历显得不够丰富,但也不能不说是一种幸运,特别是近十几年来,山西大学附属中学从一所当地的二流中学发展为在全国有较高知名度的学校,我就是见证者和参与者。这其中所蕴含的变化发展之理,深化了我对教育的思考,也成为我办学的财富。

担任校长后,我对教育的理解更加深入,也满怀希望带领学校向理想的教育不断迈进。在传承与发展之间,我守护着今天,也在不断展望明天。我常常想,一个时代的教育有一个时代的使命与特点,一所学校也有一所学校的使命与特色,对于一所迅速发展起来的学校而言,应该如何定位这所学校的发展? 学校的办学目标到底应该如何确立? 如何才能实现可持续的优质发展?

20 年来,在山大附中的教育经历让我深深地感觉到这所学校就像一片沃土,无论是我个人的成长,还是学生的不断成长,抑或是身在这其中的每一个人的成长,总和这片沃土给我们提供的养分息息相关。

做教育,办学校,就是要做人才成长的沃土。不同的学校有不同的定位,但做泥土的使命大致是一样的。我们用心做一片沃土,而学生就像是一颗颗种子,落到我们精心培育的沃土上,然后生发生长,逐渐成材。

一、做沃土是学校教育实践的底层逻辑

任何学校教育都离不开为学生的成长创造条件、优化环境、提供"土壤"。因此,做沃土实则是学校教育实践的底层逻辑,这既是我们思考教育问题的出发点,又是进行教育实践的着眼点。

有人问诺贝尔奖获得者、美国政府能源部原部长朱棣文,中国为什么出不了诺贝尔奖获得者,朱棣文回答说:那儿缺乏土壤。

鲁迅先生 1924 年 1 月 17 日在北京师范大学附属中学校友会上说:"就是在座的诸君,料来也十之九愿有天才的产生罢,然而情形是这样,不但产生天才难,单是有培养天才的泥土也难。我想,天才大半是天赋的;独有这培养天才的泥土,似乎大家都可以做。做土的功效,比要求天才还切近;否则,纵有成千成百的天才,也因为没有泥土,不能发达,要像一碟子绿豆芽。"鲁迅先生关于人才培养的演讲,让我们可以想象出那个动荡的时代对天才的迫切呼唤,然而时局的艰危并没有让人们失去理性,反而让天才的成长多了一份从容。巧合的是,钱学森就是在这次演讲的几个月前,即 1923 年 9 月进入北京师范大学附中,开启了他六

年的中学生活。而今天依然让我们津津乐道的吴大猷、杨振宁、李政道、季羡林等许多科学巨匠、国学大师，也大都是在那个时代度过了他们的中学时光。

鲁迅先生的演讲，在今天至少能被解读出几重含义：一是天才的产生很难，产生天才的泥土也难有；二是天才大多是天生的，有就是有，没有就是没有，天赋就意味着非人力可以轻易改变；三是纵使有了天才，也还要有合适的泥土才能发展，否则就会夭折；四是做泥土相比于天才的产生而言，虽然不足挂齿，但却是我们学校教育大有可为的事情，而且做泥土也还是很有挑战性的，要耐得住寂寞，吃得了苦头才能做好；五是做泥土不能等有了天才再做，而应该先做好泥土，天才才能不断地涌现出来。

人才成长的土壤到底应该是个什么样子？这个基础性的问题在教育变革的大潮中不能不引发出我们的思考。如果我们梳理一下这些令人仰慕的科学巨匠和国学大师的成长经历，会发现他们大多有着良好的家庭教育背景，也多是在南开中学、北京师范大学附中、苏州中学等这些当时就十分知名的学校度过了宝贵的中学时代，林砺儒、张伯苓、叶圣陶等老一辈教育家，以强烈的民族救亡意识，以他们的教育智慧和从容追求，为后来的一大批杰出人才的成长培植了一方沃土。

做沃土，从社会的宏观视野看，就是要搭建实现人才价值的舞台，形成有利于人才脱颖而出的社会机制；做沃土，从教育制度的层面来审视，就是要构建完善的学校人才培养体系，建立科学的人才评价选拔制度，让各类蕴含潜能的人才都能够脱颖而出；做沃土，从学校教育的微观去实践，则重在确立正确的教育价值追求，创设因材施教的教育环境，以昂扬的学校精神和充满魅力的教育，引领学生在自主发展中形成鲜明的个性和崇高的人生追求。

当今时代与社会中，利益至上和功利主义的影响使人才培养也多了一份躁动和功利，少了一份从容和理性。在我们期待杰出人才辈出的时候，是不是应该首先沉下心来，齐心协力做沃土呢？

二、做沃土对当今教育实践的启示

"教育不是工业，把产品以固定的模式和流程批量生产出来；教育是农业，给予作物适当的土壤、养分和阳光，它们就能自己成长。"著名教育家叶圣陶老先生曾用这样形象的比喻道出了教育的真谛。

叶先生的这句话中，既有对我们传统教育行为中违背学生成长规律的批判，又有对人才培养规律的把握。至少可以给我们以下启示。

(一)尊重个性

做沃土要尊重个性。共性指不同事物的普遍性质，教育从功能、目的和培养方式上均具有共性，例如，教育要为国家和社会培养有用的人才，要为学生的发展负责，普遍采用课堂传授等方式进行，这些都是共性。然而，由于学生个体的不同、学校生源构成的不同、环境的差异，教育本身具有差异性和个性。只有共性的教育会使个性泯灭。只有共性教育和个性教育完美结合才能发挥教育的最大能量。因此，教育不是工业，而是农业，要给予作物适当的土壤。何谓"适当"？适合不同作物生长，适合同一种作物不同的生长。

做沃土，就是要为不同的学生提供不一样的沃土。一是学校环境和学生的差异决定了不同学校的教育目标和教育方式应当有所差异。二是在同一所学校内，我们依然需要为不同学生提供不同的沃土。

【案例】我们学校有一位学生，对物理非常痴迷。高一就拿到了省物理竞赛一等奖。然而这个学生偏科严重，引起了班主任老师和任课老师的不满。学校多次对学生做工作无果后果断为这个学生制定了"特殊政策"，"量身定制"了学习时间和学习科目，专门在学校为这个学生安排了一个地方学习。后来这个学生在高三时由于物理成绩突出被保送到清华大学，毕业后被保送到中科院继续攻读物理学博士学位。

（二）学会守望

做沃土要学会守望。做教育，做沃土，需要我们学会守望，在守望中唤醒、引导人的发展。教育的终极目标是要培养完整的人，而不是通过统一的技术生产机器或产品，更不是争相售卖自己的产品。因此，在办学过程中，我们要思考如何让我们的教育更少地被"工具理性"异化，少一些急功近利，多一些安静从容。特别是基础教育，更需要扎实的基础，而不是"轰轰烈烈地拔高"。学会安静地守望学生的成长，本身就是教育的美好。

在山大附中的办学过程中，我始终在思考，以人为本在我国教育领域中已成为一种主流观念，但为什么在实践中却千差万别？我理解，作为校长，很多时候我们会不由自主地被裹挟着追求学校"现实的"成功和学生"现实的"成功，问题在于，这种成功的标准太单一：把学生送入最好的大学。由此，学校的功能指向就发生了根本性改变。在此思维方式主导下，中国基础教育中的一些怪现象层出不穷，这些光怪陆离的现象背后有辛酸和无奈，不能不引起我们每位校长的警惕和反思。从办学的角度看，依然需要我们回归教育的常态，重新寻找教育的本真。

哲学家陈嘉映说："我梦想的国土不是一条跑道，所有人都向一个目标狂奔，差别只在名次有先有后。我梦想的国土是一片原野，容得下跳的、跑的、采花的、在溪边濯足的，容得下什么都不干就躺在草地上晒太阳的。"在我的理想里，这才是真正的学校常态。当然，容得下不是放纵，不是纵容学生随意发展，而是一种承认学生个性差异、不拿一把尺子量学生的态度，只有先容得下，才有教育行为的发生，只有先容得下，才能学会安静地守望，静心地研究。

【案例】在学校发展的过程中，有段时间我常听教师抱怨说："为什么这些问题我讲了几遍学生还是不会？""为什么学生总有这样那样的问题出现？"我就在不同的场合对教师讲："我们要像农民一样守望自己的庄稼，而不是总抱怨庄稼为什么长得不好。"教师抱怨学生总是学不会，那我们就去研究学生学不会的原因。我对教师讲："教育之所以幸福，就是有一些这样那样的问题需要我们去研究，通过问题的解决实现学生的成长。"

（三）懂得给予

做沃土要懂得给予。教育是一种"有为"的行为，尊重学生的差异并非放任学生发展，我们尊重学生的个性差异，并为学生的发展提供优质的土壤，提供优质的阳光、空气、水分、营养，学生不管是一颗多么不同的种子，落到这片土壤上都能比落到别的土壤上生长得更好。这是山大附中追求以人为本，强调多样化发展，围绕学生自主发展、特长发展、卓越发展构建办学体系的出发点。

因此，我们要以一种做沃土的心态做教育。做沃土追求的是一种根基上的扎实，不是扼杀学生天性和自由的过度要求和命令，而是一种为学生搭建各种平台、提供各种养分、顺应学生天性发展的"自然给予"。

无论在哪个时代，学生必然是多样的，中国的学校也应当是多样性的，因材施教，不仅是知识和能力上的因材施教,还是促进学生人格完善、品德修炼、精神成长的因人施教。我想,这样的学校才会让学生真正健康地成长,并为学生的终生发展奠定扎实的基础。

我想,做好一所学校,就是做好一片沃土。

三、学校的使命:做杰出人才后备军成长的沃土

对于中学而言,做杰出人才后备军成长的沃土,既是国家对人才培养的需求,也是学生自身成长的需求。

21世纪国家间的竞争主要是科技和人才的竞争,归根结底是人才的竞争。竞争迫使各个国家在教育上实行改革,以建立更加科学的人才培养和选拔机制。2010年《国家中长期教育改革和发展规划纲要(2010—2020年)》指出,要培养数以亿计的各类人才,培养千百万的专门人才,培养一大批创新拔尖人才,这些人才培养目标都和基础教育的使命息息相关。

人才的成长不是一蹴而就的事情,而是一个逐步成长的过程。不管是培养何种人才,都需要为人才的成长提供优质的土壤。从人才培养的角度而言,中学要培养人才所需的必备品质和关键能力,为学生成人、成才打下良好的基础。中学要注重学生的人格、知识储备、人文素养、健康生活、创新能力等各方面的培养,这些都将为学生的成才起到关键性的作用。大学在继续为学生的成长提供各种要素的同时,更进一步完善了学生所需的知识结构,在"高、精、尖"上下功夫,在"宽、厚、博"上做文章,促进学生由后备军向人才转化。这样,中学教育和大学教育才能在人才培养方面有效衔接,促进人才的有效成长。

高中是学生个性形成、自主发展的关键时期。在这一关键时期,如何为学生的成长奠定宽厚的基础、创造有利于学生成长的环境至关重要。做沃土的核心就在于给学生的卓越成长提供所需要的要素。

事实上,有一部分质优学生在高中阶段已经具备了卓越发展的潜力,但如何把学生的这种潜力有效地开发出来,是学校在教育实践中必须面对的问题。学校首先要对学生的发展进行定位,即应当把这样的学生培养成什么样的人、为他(她)们提供什么样的成长土壤。

如果我们还是按照中学统一的标准去制定培养目标,采取相同的模式去培养,必然导致一部分学生丧失潜力。因此,杰出人才后备军的培养,实则是针对学生发展所做出的一种回应。山大附中的学生在学习能力、创新能力等各方面属于学生中的质优群体,那么,就必须按照杰出人才后备军的目标去进行培养,这是山大附中学生成长的实际需求。

以上是我基于山西大学附属中学办学实践的一些思考。当然,学校教育本来就是多元的,也是多彩的,山大附中的历史使命是"做杰出人才后备军成长的沃土"。作为校长,我们有责任在中国教育的实践中探索、创新,并为国家的人才强国事业、为学生的卓越成长鞠躬尽瘁、不断求索。

"三融"筑基,"三人"铸魂

——以长治五中为例浅析弘扬和践行社会主义核心价值观如何与校园文化建设相结合

长治市第五中学校　王月书

一、实施背景

长治市第五中学校(简称"长治五中")兴建于 1965 年,已走过了半个多世纪的风雨历程。2009 年,学校由原来占地面积不足 19 亩的小校园搬迁至现在占地面积 175 亩、设施一流的标准化、规范化校园。虽然学校硬件一流,设施设备齐全完备,但缺乏文化沉淀,环境育人的功能没有得到发挥,校园软环境育人氛围有待进一步营造。

中共十八大报告提出了积极培育社会主义核心价值观的要求。习近平总书记指出:"人类社会发展的历史表明,对一个民族、一个国家来说,最持久、最深层的力量是全社会共同认可的核心价值观。"社会主义核心价值观承载着中华民族的精神追求,体现着我们国家评判是非曲直的价值标准。现实中,一些高中忽视价值观教育,陷入了"重教书轻育人、重智力轻德育"的培养误区,学校肩负的道德培养重任因升学应试被忽略。这些学校作为文化传承中重要的机构与环节,没有承担起学生的道德品质培养与人格完善的重任。因此,坚持德育为先,坚持以文育人,引领学生"扣好人生的第一粒扣子"的教育应该是学校迫切需要的。我们思考,如果能在校园文化建设中将核心价值观的内容融入,再对学校的文化园地内涵进行深入挖掘,使之形成社会主义核心价值观背景下的长治五中校园文化建设,这既是对国家、民族文化的弘扬,又是学校文化建设的传承与创新。

学校深入挖掘,广泛论证,在校园文化建设中提出了"三融三人"发展理念,即融文化入脑,将核心价值观教育融进校园文化建设;融课堂入心,做到周周有主题班会,班班有核心价值观展板,课堂节节渗透核心价值观;融实践入行,将核心价值观融入"八礼八仪"养成教育、志愿服务和课外实践等各种活动中,真正让核心价值观显于形、见于心、践于行。

二、具体做法

(一)营造氛围,挖掘丰富内涵,融校园文化入脑

社会主义核心价值观的培养和践行,离不开良好环境的熏陶和影响。校园是师生学习、生活、活动的场所,校园育人环境的创设在融文化入脑活动中具有无比重要的意义。学校致力于让每一面墙壁都说话,使每一幢建筑能育人,令每一处园地能表达,充分利用宣传栏、内墙外饰、校园文化园地营造氛围,对核心价值观和传统文化内涵进行表达,融入师生头脑中。

1. 传统文化教育树人

传统文化是社会主义核心价值观的精神之源,社会主义核心价值观与传统文化的精髓是一致的。我校的文化园地按照道家、儒家思想进行整体布局、建设规划、内涵释义,使之更

好地被师生所接受、所内化。

儒家文化中将个人追求与家国情怀和谐统一的理念，需要师生去理解、去感悟。校园中设置了仿孔子讲学的杏坛，高大耸立、充满无限力量的拼搏石，"知其然更要知其所以然"的知然湖，雕刻有历代教育名人的名人墙，反映人生曲折的九曲桥等儒家文化景观，希望全体师生在儒家文化景观的濡染中见善思齐，向美向上，内省自律。

道家思想的核心在于"道"，就是遵从规律、规则，不做人为的过度干预乃至破坏，顺其自然，按规律办事，不断叩问自己的心灵，心中是否有"道"，是否育化为"道德"。学生在优越的生活条件下，难以经受挫折，遇事稍有不顺就牢骚满腹、意志消沉，这些痼疾的治疗需要在传统道家文化中汲取养料。为此，我们在校园中设置了开卷有益道德经展台、反映天圆地方思想的望天台、利用日光计时的日晷、亦静亦动的灵璧石、太极八卦图等道家文化景观，用以传达顺其自然、摒弃功利、淡定从容的价值观内核，纠正师生中存在的浮躁之气、功利之气。

校园文化中的园地景观是传统文化的深层表达，而在教育实践中更需要直观、接地气的文化表述。我们设置了中华传统美德展板，对中华传统美德进行诠释，让学生获得受用一生的思想情感启迪；校园内的楼宇、道路名称用传统文化中的核心词汇进行命名，如"明德""正德""厚德"教学楼与"知新""知远""知行"公寓楼。学校在传统节日会安排各种活动，对学生进行传统文化的浸润。校园中的传统文化表达使五中校园处处显示出历史的厚重与人文精神的积淀，学生漫步于校园中，爱国情感与道德情操在耳濡目染中得以深化、增强。

2. 革命传统文化铸魂

24字核心价值观只有融入本地特有的文化中，才能生根发芽，枝繁叶茂。只有民族的才是世界的，本地域的优秀文化也是社会主义核心价值观文化中重要的一部分。山西长治是红色文化宣传教育基地。有人说，长治是一座没有围墙的红色博物馆，也是太行精神的孕育之地。然而，学生对此了解不清、辨识不明，根植于本地域的革命传统教育极其缺失。一屋不扫何以扫天下？对家乡不热爱，何以再谈论家国情怀的深层次问题？鲁迅说，一个没有英雄的民族是可悲的民族，而一个拥有英雄却不知道爱戴他、拥护他的民族更为可悲。为此，我们将英模挂像在校园内进行展示，让学生感受到英模们为国捐躯、为民造福的革命精神。

我们还将革命传统文化教育融入学校的各种活动中，在每周升旗仪式上进行弘扬英雄事迹教育，在清明节、"一二·九"运动纪念日、南京大屠杀死难者国家公祭日等重要时间节点开展形式多样的主题活动，弘扬太行精神，传承红色基因。

3. 理想信念教育凝魄

陌生的地方有风景。学生通过读书可以感受时间的悠长与空间的广阔。开展理想信念教育的基础是阅读。阅读能开阔学生的眼界，让学生的思想不再拘泥于眼前的凡俗世界，变得高远与广阔。为此，各班建立图书角，学校每年投入固定资金购买图书，丰富图书馆书籍的品类与数量，举办师生专题读书交流活动，激发师生的阅读兴趣，建设"书香校园"。学校要求班主任要将理想信念教育贯穿于班级管理的每一个环节，要时时讲、日日讲，将学生的三分钟热度变成改变人生的一种习惯。

（二）加强引领，发挥阵地作用，融课堂教学入心

课堂是学校进行教育的主阵地、主渠道，在课堂教学中应有核心价值观的渗透。学校把社会主义核心价值观纳入教师培训与考核的全过程，强化教师立德树人的使命感。教务处

在教师的教案、作业批阅检查中加入了考核价值观教学目标的落实情况；政教处、团委每周安排主题班会，对学生坚持不懈地进行核心价值观教育；初中部结合学生的身心特点，将反映核心价值观的歌曲融入课间操；有效地发挥教师在课堂上对学生的引领作用。

班级文化是融课堂入心的重要组成部分，我校的班级文化建设主要有班级内的图书角、黑板报、宣传栏、励志标语等途径；我校为每个班级配备了电子班牌、外墙宣传栏等宣传媒介。电子班牌可以展示班级理念、活动资料、影像图片等资源；每班外面的宣传栏各有一个宣传主题，例如"孝"文化、"和"文化、"廉"文化，最终形成一个年级的教育宣传集成阵地。

(三)规范行为,开展多样活动,融主题实践入行

教育是对生命的一种润泽，而不是灌输和强制。一个好习惯往往会孕育另一个好习惯，好的礼仪规范是有生命、会自行生长的。经过探索与实践，我校的核心价值观主题教育日臻完善。学校在重要时间节点依规、有序开展主题教育与主题活动。

1. 文明礼仪教育

我校是封闭寄宿制管理学校，比起其他非寄宿制学校，我校学生间的交往、交流更加频繁。如果没有规范的礼仪、文明的素养作为后盾，必然会引发不必要的摩擦乃至恶性事件，影响我校平安校园的建设。为此，我校对学生进行了文明礼仪教育。我们在全市中小学中率先举办了文明礼仪教育启动仪式；每周进行程序规范的升旗仪式，每日升降国旗，成为全市中小学的标杆；在高一学生军训期间进行入学教育；五四青年节进行入团测试，举行入团仪式；高考前夕举办成人礼、毕业典礼等。通过举办各种主题实践活动，引导学生了解文明礼仪规范，养成"讲文明、懂礼貌、有道德"的良好习惯。

文明礼仪教育重在"养成"。除了各种仪式的激励巩固外，行为规范教育、养成教育还要有连续性，要常抓不懈。学校实施了《长治五中学生校内管理细则》，并对手机入校园、校园霸凌等行为进行专项整治，对学生在校的各种行为进行规范要求与积分量化奖惩。

2. 青年志愿服务

学校团委成立了"春雨"青年志愿者服务队，在重要时间节点开展各种志愿服务活动。例如，3月学雷锋活动；5月"争做环保达人"志愿活动；定期组织队员深入敬老院、社区开展志愿服务；在各种传统节日，在校内外发放宣传资料，帮助大家了解节日的由来和纪念意义；开展以"青春色彩"为主题的路面绘画活动，丰富了我校文化艺术生活，展现了青年学子有激情、有活力、有思想、有新意的精神风貌。学校荣获首批"全国青年志愿服务示范校"荣誉称号。

3. 公民意识教育

公民意识教育是社会主义核心价值观培育的重要课题之一。公民意识含义丰富，我们在践行过程中重点强调了环境保护与感恩教育。在环境保护教育中，我校致力于建设绿色低碳环保校园，澡堂、宿舍内使用的热水皆使用太阳能获取。积极响应垃圾分类的号召，指导学生进行垃圾分类、回收工作，设置了废旧物品捐赠处，对捐赠学生给予一定的奖品作为补偿。每个学期组织学生开展校园"跳蚤市场"，实现废旧物品的二次利用，逐步实现了校园垃圾的源头减量、科学分类、循环利用、无害处理，增加了绿色校园建设的深层内涵。学校为植物制作标牌，对植物属性进行详细介绍。在植树节举行了"涓涓细流滋润树苗"校园树木浇灌活动。感恩教育是学校公民意识教育的一个重要方面，也是核心价值观教育的重要内容。我校连续五年为高中生举办隆重的18岁成人仪式与毕业典礼，引导学生感恩父母，回

报社会,增强公民意识,勇担社会责任。

三、办学成效及发展愿景

用"三融三入"奠定学校发展之基,凝聚学生砥砺之魂,而今,长治五中校园绿树成荫、内涵丰富,潜移默化地影响着学生的身心;各种主题实践活动多姿多彩、门类繁多,润物无声地滋养着学生的精神;中考、高考成绩逐年跃升,办学声誉逐步向好。在今后的工作中,我校将进一步在贯彻、结合、融入上下功夫,从落实、落细、落小中促提升,努力形成核心价值观培养践行模式,力争将长治五中建设成党和人民满意的特色学校。

筑牢立德树人根基,探索学校高品质发展新路径

太原市第五中学校　杨向东

一、固本溯源,筑牢立德树人根基

蔡元培先生说,教育是帮助被教育的人给他发展自己的能力,完成他的人格,于人类文化上能尽一分子的责任,不是把被教育的人造成一种器具。的确,教育的目的就是培养人、发展人。太原市第五中学校(简称"五中")从建校之初就把"德育为首,为社会培养德、智、体、美诸方面全面发展的有用之才"作为教育目的。在全面提升育人能力的新时代,学校立足校史、校情,深植历史根脉,让百年老校永葆不竭动力,焕发熠熠生机。

(一)深厚的底蕴,形成良好的育人环境

五中的前身是山西公立中学堂,创办于清光绪三十二年(1906年),是山西省第一所官办中学。从山西公立中学堂、山西省立第一中学校、太原中学到现在的太原市第五中学校,学校走过了110多年的沧桑岁月。她是三晋点燃革命火种与传播现代文明的摇篮。中共山西省第一个党小组、第一个党支部和太原社会主义青年团都诞生在这里;中国共产党的创始人之一高君宇,革命先驱贺昌、王振翼,老一辈无产阶级革命家彭真等,都曾在这里就读。

学校深厚的文化底蕴和严谨的教风、学风影响了一代又一代学生,从这里毕业的大多数学生都德才兼备、成绩优异并具有爱国主义思想和社会责任感。雄厚的师资力量、现代化的教学设备、团结进取的教师团队,创造了一次又一次令人瞩目的成绩。山西省文明单位、太原市爱国主义教育基地、高校优秀生源基地等荣誉的获得激励着全校师生意气风发,砥砺奋进。

(二)鲜明的育人目的,形成坚定的育人初心

树人以立德为先,立德以坚定信念为首。厚重的红色基因成为一届届五中学子奋发向上的源泉;优秀的办学品质更加坚定了一代代五中人的育人初心。学校建校初就确立的"为学生一生发展奠基"的办学理念,"为社会培养德、智、体、美诸方面全面发展的有用之才"的办学目的以及"接受先进文化和科学,面向现实、面向现代化、面向世界、面向未来"的办学视野,成为学校持续奋斗的不竭动力。

公平和质量是基础教育发展的永恒主题。在促进教育公平、提升教育质量的要求下,很多学校创新思变,寻求高质量发展新路径。在笔者看来,创新的基础是坚守,是始终如一地尊重教育规律,是始终如一地坚定育人理念。学校秉承"为学生一生发展奠基"的办学理念,坚守教育阵地,为办好人民群众满意的优质教育而不懈努力。

二、探索实践,凝聚和谐发展内生动力

叶澜教授在《关于教育优质公平发展的三重思考》一文中说:"学校不是工厂企业,不是超市,学校是以育人为宗旨的教育机构,学校的发展主要依靠内生力的增长。"学校要激发发

展的内生动力,回归教育本真,进行内生的、基础的、全面的探索实践;要集众之智,努力营造学校、教师、学生共同发展的教育生态。

(一)回归教育本真,形成育人合力

参加"名校长工程"学习,是自我修炼和成长发展的过程,听课、培训、研讨、考察……不知听了多少节课,走访了多少学校,这个过程使我提高了认知水平、提升了能力。教育要有态度,要有温度,不能只有升学、只有分数,教育的高品质发展,一定要回归教育本真。于维涛老师在《把脉高品质学校发展》一文中指出,人的成长离不开品格、能力、修养、意志,升学是高品质学校成功的因素之一,但不是成功的全部因素,健康成长远比升学率更重要。为此,高品质的教育,一定是回归"培养什么样的人"的教育本真的教育,一定是把理想信念、家国情怀和道德品质放在首位,学校、社会、家庭形成育人合力的教育。

(二)集众之智,探索实践,营造教育生态

当前,教育投入的持续加大和师资队伍的不断优化、壮大把百年五中推向高速发展的快车道。在综合考虑传承与创新、基础与特色、管理与服务、竞争与合作、科技与未来等因素的基础上,学校集众之智,秉承"为学生一生发展奠基"的办学理念,把培养基础宽厚、有家国情怀、全面发展、个性发展、拔尖创新的高素质人才作为办学特色,营造"1445"教育生态,在红色基因传承、拔尖人才培养、社团活动、课程建设等方面进行探索实践,向国家一流高中的目标迈进。所谓的"1445"教育生态,具体内容如下。

1. "一个领先",信念坚定

一所学校有一所学校的精神,校训是一所学校的办学之魂、育人之纲。"一个领先"即以德为先,铸魂育人,表现为学校历经沧桑形成的学校精神润物无声地贯穿于教育教学的全过程中,也渗透在师生立身处世的每个细节中。

2. "四路发力",夯实基础

清华大学校长梅贻琦曾说:"大学者,非大楼之谓也,大师之谓也。"对中学来说,名校者,名师之谓也。师资队伍建设是学校的主体工程。学校要通过多渠道的培训、学习,鼓励不同阶段的教师进行更专业的发展,让他们凝聚起"四路"力量,夯实基础,给学生提供终身受益的教育。这"四路"力量具体为:以改革创新激发动力,以开放交流释放活力,以课程改革锻造实力,以师资建设固本增力。学校在做好教学常规、习惯养成的同时,建立了校区统筹发展、联动学习的机制。通过"走出去、请进来"、培训、学习、参观、交流、专题讲座、主题报告、现场指导等形式和国家课程、拔尖人才课程、思政课程、选修课程的开设,加强团干部队伍、学科组长队伍、班主任队伍、中青年教师队伍、名师骨干教师队伍等的建设,搭建异彩纷呈的平台,不拘一格地留住人才。

3. "四方协同",合力育人

普通高中教育承担着为学生适应社会生活打基础、为高等教育和职业发展储备和输送人才的重要任务。因此,普通高中在倡导五育并举、全面发展的育人思路的同时,还要关注人才的培养。在打造高品质学校的道路上,一些学校做了扩大规模、实行集团化办学等的改革与尝试。在笔者看来,这些都是为了激发办学活力,做大做强学校,但比强和大更重要的是质量和品质。太原五中始终把激发内生动力当作内涵发展、品牌过硬的必要环节,充分利用校本选修课、班会课、社团活动等激活学生的集体意识,让学生融入学校。

第一,以红色基因传承人。学校通过开学典礼、参观学校旧址、主题队会教育等活动植

"红"色，通过团课、党课、思政课等课程"红"苗，通过话剧、课本剧、音乐剧等社团活动护"红"校，通过升旗讲演、主题演讲激"红"情，通过团校建设培"红"干，通过主题研学结"红"果，赓续红色血脉，让学生争当新时代红色传承人。

第二，以优质课程滋养人。学校开设的思政课、专题讲座课、劳动课等，课课精彩。

第三，以"三全"育人塑造人。学校从课内到课外，从管理到活动，时时关爱学生，处处服务学生，营造"三全"育人氛围。形成以班主任为圆心，年级组、政教处、其他教职工层层深入的"全员"育人核心圈；开展周周有活动、月月有主题的八大主题教育"全过程"育人风景线和从课堂到课外，从教室到楼道、阅览室、自习室等的班级文化、板报文化、楼道文化、墙壁文化等"全方位"育人生态园。

第四，以"三自"教育成就人。

学生是国家的希望、民族的未来。中学阶段是他们最活跃、最有生气的阶段，培养自律、自立、自强的"三自"品质，是百年五中的传统，也是时代赋予的责任。

（1）自律，通过校训文化、经典诵读、主题活动等让学生养成良好的学习习惯、敏捷的思维品质和诚信友善的优秀品质。

（2）自立，通过课堂内外的实践活动，打通学科界限，注重学科融合，培养学生的思考力、判断力和决策力。

（3）自强，通过学科竞赛、社团、研学拓展和社会实践活动，积极创造机会，让学生走出课堂，学会合作，体验创新与挑战，相互影响，相互学习，在榜样的激励中追求卓越、开拓进取。

4."五大目标"，培育人才

学校从校训中挖掘教育资源，并把校训与社会主义核心价值观结合起来，形成新时代五中的培养目标，即培养爱国爱党接班人、明德高品有心人、德才兼备有为人、综合素养优秀人、领军时代未来人。

三、创新发展，探索未来发展路径

当今世界，随着大数据、云计算、5G技术的广泛应用，互联网迎来了更加强劲的发展势头和更加广阔的发展空间。协作开放、创新发展成为未来教育的主旋律。

首先，要树立终身学习的思想。通过学习改变现状，通过学习得到更大的发展空间，学习是通向幸福人生的捷径。

其次，要注重呵护学生的好奇心、创造力。未来，学生的创造能力、自主学习能力、学科交叉能力、社会实践能力和信息应用能力将变得越发重要，学校要为学生创设适合未来发展的自由、开放的空间环境，鼓励学生发展个性，鼓励他们参与各种赛事，使学校成为学生发挥团队优势、培养创意、体验自尊、展示才华的精神家园。

最后，努力办开放的教育。关起校门是办不成高品质学校的。我们要在坚守本真、深耕教育的同时，多为学科发展和校际交流搭建平台，让先进的文化和科学融入学校，使学校成为生命健康成长的土壤。

"半亩方塘一鉴开，天光云影共徘徊。"站在我国社会发展的新起点上，五中将继续秉承传统，坚守初心，与民族共命运、与时代同步伐，在高质量发展的教育征程中收获累累硕果，为办好人民满意的教育做出贡献。

适性扬才谋发展,立德树人谱新篇

——乡镇高中育人模式的探索与实践

闻喜县东镇中学　张自秀

教育是民族振兴、社会进步的重要基石,是功在当代、利在千秋的德政工程,对提高人民综合素质、促进人的全面发展、增强中华民族的创新创造活力、实现中华民族的伟大复兴具有决定性意义。教育是国之大计、党之大计。2018 年 9 月 10 日,全国教育大会在北京召开,中共中央总书记、国家主席、中央军委主席习近平出席会议并发表重要讲话。他强调,要坚持社会主义办学方向,立足基本国情,遵循教育规律,坚持改革创新,以凝聚人心、完善人格、开发人力、培育人才、造福人民,培养德、智、体、美、劳全面发展的社会主义建设者和接班人为工作目标,加快推进教育现代化、建设教育强国、办好人民满意的教育。

新时代呼唤新教育,普通高中责无旁贷,义不容辞。它下接义务阶段教育,上承高等阶段教育,承担高考选拔的重大责任,最受群众关注,也最容易被人诟病。如何凝聚人心,完善人格,开发人力,培育人才,造福人民? 如何培养德、智、体、美、劳全面发展的社会主义建设者和接班人? 这是每一所学校、每一名校长、每一名教师需要用实际行动来回答的问题。东镇中学办学历史悠久,但因地处乡镇,经费不足,师资受限,生源薄弱。为了适应新时代人民群众对优质高中教育的需求,学校更新办学理念,探索育人模式,优化办学环境,创新管理机制,度过生存危机,步入良性发展。

一、立足实际,研判县情、校情、学情、教情,准确定位,凝练办学理念和育人目标

(一)县情

(1)文化悠久,崇尚教育。闻喜县位于山西省西南部,运城盆地与临汾盆地的交界处,古称桐乡,秦时名为左邑县(汉武帝刘彻在此欣闻平南越大捷而赐名"闻喜"),隶属山西省运城市。闻喜县,已有 2100 余年历史,文化悠久,名人辈出,有魏晋地图之父裴秀,有唐中兴贤相裴度,有宋抗金名相赵鼎,有清"戊戌六君子"之一杨深秀。

(2)县域较大,人口较多。闻喜县辖区总面积 1167.1 平方千米,辖七镇六乡、342 个村,户籍人口约为 43 万人。

(3)人均收入不高,经济比较落后。闻喜县的经济发展程度远比不上东部沿海地区,与省会城市差距较大,也比不上运城、临汾等地级市,曾是省级贫困县,2018 年政府公布城镇人均可支配收入不足 3 万元。

(4)高中教育现状。县域内现有四所普通高中,分别是闻喜中学、闻喜二中、东镇中学、红旗中学,其中闻喜中学是省级示范高中,闻喜二中是市级示范高中,红旗中学是民办高中。除我们东镇中学外,其他三所学校都位于县城。

(二)校情

(1)建校较早,底蕴深厚。东镇中学建设几经变迁:始建于 1956 年,其址在东姚;1958

年，迁址于东镇北郊。学校初为高小，再为初中，1971 年升为高中。学校 60 余年来积淀了深厚的底蕴，形成了一定的办学特色。

（2）校舍完备，条件较好。校园占地 68 亩，现有三栋教学楼、一栋行政楼、一栋实验楼、两栋学生公寓楼、一栋教研楼、一栋艺术楼、一栋综合服务楼，建筑面积达 4 万多平方米，还有标准化操场一个，各项教育教学设施俱全。

（三）学情

（1）学生数量有保障，但文化课成绩不佳。东镇中学现有教学班 32 个，学生 1700 余名。每年都有大量学生请求就读。但生源质量不高，基础薄弱，连续三年录取分数线都在 500 分以下。

（2）留守子女多，家庭教育缺失。学生多为农家子弟，其父母大多外出务工，只有爷爷、奶奶照顾其生活，家庭监管和教育非常缺失。

（3）行为习惯散漫，理想目标不明。因家庭、社会等主客观原因，我校学生的人生理想、目标不清楚，学习缺乏主观能动性，内驱力不足，大多是为上学而上学，行为散漫，是非观念模糊。

（四）教情

（1）教师数量充足，满足需求。学校现有教职工 184 人，本科学历达标率 100%，具有研究生学历的有 7 人；有高级教师 41 人、中级教师 72 人；有国家及省市级荣誉获得者 34 人。

（2）教师年龄偏大，后劲不足。教师平均年龄为 43 岁，30 岁以下的仅有 4 人，近 6 年没有补充新教师，而且 3 年内将有 10 余人退休，后续力量严重不足。

（3）教师敬业爱岗，师德高尚，但知识、理念、方法有待进一步提升。我校教师大都师德高尚，热爱学校，积极工作，干事创业劲头十足；但因时间和经费限制，培训学习人数和频率太低，知识充电、观念更新、方法创新难以普及全面。

根据县情、校情、学情、教情，我们凝练办学理念为"适性扬才，立德树人"，育人目标为培养"大气开放东中人"。

二、办学理念与育人目标的解读

（一）办学理念是学校的灵魂

办学理念是对办什么样的学校和培养什么样的人以及通过什么样的途径培养这样的人的高度凝练和概括，包括学校的办学宗旨、办学目标、办学策略等。它对内是凝聚力、向心力，对外就是核心竞争力和品牌。

（二）适性扬才

适性扬才，就是根据学生的天赋秉性因材施教，使其天赋秉性得到充分发展，进而能够内化为一种可以实现个人生命价值和完成社会责任的品质。学校适性扬才，目的就是让基础较差的学困生能够扬长避短、差异成才。

立德树人。在习近平教育思想中特别突出和特别强调的是立德树人。从教育的本质理解，立德树人是教育的根本任务，这是我们党对教育本质认识的进一步深化。立德，就是坚持德育为先，通过正面教育来引导人、感化人、激励人；树人，就是坚持以人为本，通过合适的教育来塑造人、改变人、发展人。但立德树人同时又是一个抽象的大概念。东镇中学结合学校的办学特色、教师队伍特征,将其细化为七个方面,通过志、学、俭、洁、礼、勤、思七方面的品德教育,培养大气开放东中人。

(三)育人目标:"培养大气开放东中人"

"大气开放东中人"包含四项品质:家国情怀、乡土情结、阳光心态、书卷气质。第一要爱国;第二要爱家乡、爱闻喜;第三要心理健康,阳光向上;第四要具有浓厚的书卷气质。当然,胸怀宽广和境界开阔也蕴含其中。

三、四条育人途径,阐释办学理念,实现育人目标

(一)育人途径一:创建开放课堂,培养能动人才

开放课堂是指广大教师在课堂教学中要开放学生手脚,开放课内课外,开放展示形式,开放评价办法。能动人才是指让学生做课堂的主人,自主学习,身动心动,师动生动,主动互动,让每一节课都充满活力,启迪智慧。

开放课堂实行"12345"制,即"一个流程""两维考核""三个严禁""四来目标"和"五环节"。"一个流程"就是在课堂流程上,实行先预习、后展示,使每个知识点都来自学生的自主探讨和自信表述。"两维考核"是指课堂评价方面,采用学生评价和学校评价两条线进行考核。"三个严禁"是指在规范教师的教学行为方面,力争做到"禁讲解、重点拨;禁板书、重规范;禁批评、重表扬",教师避免多讲,从而真正发挥学生的主体能动作用。"四来"是开放课堂要达到的目标,让学生在教室内布满的小黑板上讲解板书、表达、演讲、作图、总结、训练,呈现教学情境,让学生"说起来、写起来、走起来、做起来"。"五环节"是指课堂上有读、议、讲、展、练五个环节。

学校在开放课堂实践中把"五环节"、小组合作和学案引领有机结合起来,并采取"三人人"知识落实制,既激发了学生主动学习的兴趣,也检验了课堂教学的时效性。

开放课堂建设中,小组合作学习提高了学生学习的内驱力。学校从小组合作学习抓起,依据同组异质、异组同质分组,组内学生分工合作,提高了学生的集体观念,树立了学习的自信心,形成了学生自我管理、自我约束、自我激励的良好氛围。教师使用学案上课,以小组为单位,根据学生小组合作学习情况进行打分。小组内人人有责任,人人有担当,培养了学生的创新精神和实践能力。

"三人人"知识落实制要求早读人人过关、课堂人人发言、课后人人交卷,重点强化知识落实,做到堂清日结,促进了学生的课堂学习效率,提升了教学的针对性。

开放课堂,促使学生积极主动地、富有个性地学习,激发了学生学习的兴趣和热情,提高了教育教学质量,达到了"给学生话筒,学生就会演讲;给学生舞台,学生就会歌唱;给学生阳光,学生就会闪亮;给学生自主,学生就会自强"的效果。目前,课改热潮遍及校园的每个角落,教师不断更新教育理念,研究开放课堂,学生认真思考,大胆探究,涌现出一大批积极参与、勇于创新的教师课堂明星和学生课堂先锋,使得学校教育教学质量稳步提升。

(二)育人途径二:开展师生全覆盖的社团活动

大力开展第二课堂和社团活动,创设多种渠道,实现以多种方式发展学生特长。学校先后成立了考古、舞蹈、音乐、美术、书法、影视编导、播音主持等17个社团,以适应新课改的要求,发展学生个性,陶冶情操,美化心灵,使学生多元化发展。

社团活动放飞了学生的理想和个性,使学生的兴趣和特长得到充分的发展。通过开展形式多样的社团活动,丰富和活跃了校园文化生活,形成良好的校园文明,创建了积极向上的校园氛围,有力地推进了素质教育的深入实施,推进良好校风、教风、学风的形成。

学校在社团建设的基础上,相继开展了系列"阳光体育"活动,如校园乒乓球、排球、篮球比赛等健身活动,组织全体学生参与,培养了学生的集体荣誉感和责任心。国旗下的演讲、中华经典诵读、"三爱"演讲比赛和社会主义核心价观歌唱比赛,催发了师生的爱国热情。在运城市中学生运动会、闻喜县高中篮球比赛、闻喜中学生长跑比赛中,学校都获得了较好名次,这些活动增强了师生的体质。各种丰富多彩的课外活动在欢快、激烈的氛围中充实着学生的生活,愉悦着学生的身心,发展着学生的个性。

(三)育人途径三:实行家校牵手、学生自治的管理模式

我们开办家长学校,让家长入校为学生讲解丰富实用的社会知识;组织家长护校队,每周五在校门口值勤护校;开展学生自治活动,各管理部门都有学生督察队,参与学校管理。这些措施使学生增长了课本之外的社会知识。

为使学生全面发展,学校与家长达成教育共识,形成家校共管局面,学校假期家访制度化、家长通报日常化、家长来校周期化,即在寒假和暑假,制定假期家访工作方案,详细安排家访过程和名单,入户家访,征求家长对校意见和建议。同时,各班级建立家长微信群,及时向家长通报学生在校学习和生活情况。每周五由保卫科牵头安排学生家长轮换到校参与护校工作,并与班主任、任课教师对接,详细了解孩子的在校情况。

为实现学生的自治成长,让学生成为自我约束、自我管理、自我成长、自我激励、自我成人成才的有为青年,学校鼓励有管理能力、热心服务的学生通过参与各类活动,享受快乐,掌握方法,管人管己,并成立了配合教导处考核开放课堂实效的课堂考核队,配合政教处检查纪律、卫生、学生礼仪行为的纪律卫生督查队和青年志愿者队,配合公寓晚休查铺的公寓督查队,配合总务处管理餐厅纪律的餐厅督查队和伙管会,等等。这些学生团队的督查从早操开始到晚休熄灯,贯穿教育教学全过程,处处、环环都有他们的身影。他们走成行,站成列,服装整齐,执勤文明,行为端正,起到了示范和榜样作用。学生通过参与考核督查实现了"自治",大幅提高了学生的约束能力和素养。

(四)育人途径四:养成良好的行为习惯

学校坚持以人为本,立德育人,通过健全德育制度、优化德育环境、丰富德育载体、开展德育实践,全方位、多角度地对学生进行德育渗透,在润物无声、潜移默化中培养学生的行为习惯,提升学生素养。

学校凝练出极具特色的东镇中学"八荣八耻",在全校形成共识,以此为标杆,严格要求,促使学生养成良好习惯。"八荣八耻"内容为:以刻苦学习为荣,以荒废时光为耻;以勤俭节约为荣,以讲究吃穿为耻;以尊师敬友为荣,以傲慢无礼为耻;以干净整洁为荣,以随手乱扔为耻;以团结互助为荣,以打架斗殴为耻;以拾金不昧为荣,以贪人财物为耻;以服饰高雅为荣,以奇装异扮为耻;以举止文明为荣,以口吐脏话为耻。

全面落实"四个行为规范",培养学生做守规矩、知礼仪的新时代青年的意识。学校将已有的零散制度、规范、细则,结合《中学生守则》《中学生行为规范》的要求,集广大师生的智慧,反复讨论和归纳,形成了指导学生教室学习、校园生活、公寓住宿、餐厅就餐和超市购物方面的行为规范:《东镇中学学生课堂行为规范》《东镇中学学生校园行为规范》《东镇中学学

生公寓行为规范》《东镇中学学生就餐购物行为规范》。这些规范从课堂要求、待人接物、与人交往、安全住宿、文明购物等方面对学生进行了明确的要求与引导，同时做成大幅喷绘，张贴在教学区、公寓区和购物区，让学生时时学习和遵守。在实际运行中，学生真正养成了惜时光、尊师长、知对错、讲礼仪，互谦让、懂珍惜的良好学习生活习惯。

学校在养成教育中还把学生的智、情、意、行有机结合了起来，陶冶了学生的情操。3月学雷锋活动向全社会播撒了爱的种子；五四青年节期间举行了大型表彰会，表扬了一大批优秀班集体、优秀学生、优秀学生干部，给学生树立了身边的榜样；大课间操、"小苹果"舞蹈比赛，朝气蓬勃，展现自我，培养了学生的团队意识和集体主义观念。学校开展"捐出一张废纸，奉献一份爱心"等公益活动，激发了广大青年学生关心社会、关心他人的热情；努力践行社会主义核心价值观，在全校开展为核心价值观代言活动，寻找最美代言人，并组织学生干部进福利院、敬老院献爱心，让学生树立了正确的人生观和价值观；开展"拒绝零食，关注健康，净化校园"手抄报比赛等活动，从日常生活中的小事入手，让学生身体力行地参加环保行动，培养学生良好的环境意识、环境情感、环境道德和环境习惯。师生自编、自导、自演的历年主题元旦联欢会，丰富了师生的业余生活，融洽了师生关系，营造了文明祥和的节日氛围，提升了学校的社会口碑。

七年来，东镇中学领导班子负重奋进，真抓实干，不断探索乡镇高中办学经验，确立了以办好人民满意的教育为宗旨，以培养"大气开放东中人"为目标，适性扬才，立德树人，为学生终身发展奠定了坚实的基础，不断开创学校教育教学工作的新局面。

教育是一场与幸福的相遇

大同市云冈区杨家窑学校　范丽娜

　　"我在乡下教书，那是离城市很远的地方。没有霓虹灯的院落，如同没有知识的眼睛。乡村的田野贫瘠而清秀，当然没有饱满的粮食和凤凰的飞翔……"这是20多年前我刚参加工作时读过的一首诗，它一直印在我的脑海里。我在乡下当校长，那真的是离城市很远的地方，不同的是这里一点儿也不贫瘠，我所在的学校是建立在农村土地上的一所现代化学校。江南建筑风格显示着她的优美典雅，一流的设施设备彰显着她的卓越不凡，高学历、结构合理的教师队伍更印证着她的美好未来，教育部前副部长李卫红参观学校后说："我国际、国内走了那么多的学校，你们的学校可一点儿也不落后……"

　　这片孕育生机的土地，虽然不可避免地因为城镇化进程有着所有农村学校都面临的困境，但我坚信，只要努力自然会有硕果累累和凤凰飞天。我常常想，在接受了十几年的学校教育后，孩子们该以怎样的姿态飞天才算美丽？

　　我曾作为一名高中教师陪高三学生一起跌打滚爬。现在作为一名九年一贯制并有附属幼儿园的学校的校长，有20多年的教育经验，我反复思考，教育到底能给孩子们些什么？孩子们受到教育对他们的人生有何意义？教育的价值何在？教育有没有让孩子们的人生更有价值、让社会更美好、让国家更有未来？我们到底该给孩子们什么样的教育？

　　梁启超先生说教育就是使人成为人。无论在城市还是在农村，教育指向的都是人，只有地域上的农村，没有教育上的农村，因为每个孩子都是走向未来、走向世界的。农村的孩子，也不是为农村而培养的，而是为未来而培养的；无论是在高中、初中、小学还是在幼儿园，孩子们都不是为考试而来受教育的，而是为了成为一个更好的人而来受教育的。他们不应被当作考生来培养，而应被作为纯粹的人被理解、尊重和教育，让生命启蒙并绽放。

　　德国文学家赫尔曼·黑塞说过，"人生的义务并无其他，仅有的义务就是幸福，我们都为幸福而来"。教育就是一场与幸福的相遇。教育，应该使孩子们不仅能够拥有创造幸福未来的能力，更应该拥有幸福的当下和感知幸福的能力。

一、幸福的教师才能培养出幸福的学生

　　教师是学校最重要的人力资源，学校的师资队伍直接决定着学校的发展。我们相信，没有幸福感的教师是不能培养出幸福的学生的，幸福快乐的教师才能更容易教出幸福快乐的学生，所以让教师感到幸福是我们学校工作的重中之重。教师幸福工作的前提是学校不用制度来约束教师，而用共同的文化和愿景引领教师共同向前，让教师在轻松、快乐、和谐的环境氛围中，在专业成长前景光明美好、待遇条件好的状态下快乐地度过每一天。我们努力创设有利于教师进步成长和同事关系和谐的氛围，让教师走出去参加国家、省、市各级各类培训，去上海、南京等地学习；请名师来做示范课、听评课，提高教师的教育教学水平，开阔教师的眼界；通过读书沙龙、教学研讨论坛、班主任交流论坛等调动教师的积极性，激发教师的潜能，促进教师成长；通过开展各种演讲、教学比赛，给自己的职业写情书等活动，为教师搭建展示自我成长的平台，鼓励优秀教师脱颖而出，并充分发挥其示范引领作用，让教师在教学

成长的路上有快乐感、成就感；通过"夸夸我的好同事""这一年有你真好"等活动让教师发现同事身上的闪光点并互相赞美，让教师有获得感、满足感、公平感、追求感；通过"校园风云人物""年度最美教师""爱心教师"等的评选，树立榜样，营造良好的校园风气。

我们关心教师成长，也关心教师的身心健康和生活问题。我经常与教师在一起聊生活、谈工作，请他们为学校的发展出谋划策，让他们树立自己就是学校的主人、自己在学校很重要的意识。我们主动关心教师的生活，尽力解决其后顾之忧，经常组织教师召开民主座谈会，举办各种文体活动、心理健康讲座，在重要节日、教师生日、结婚日送礼物、送问候、送祝福，让教师充分感受到学校的关怀、集体的温暖、诗意的浪漫，让他们有团队感、幸福感、归属感。教师是幸福的，自然会为学生的幸福竭尽全力。

二、身体健康、读书致远、厚德至善、多才至美的学生才是幸福的

拥有健康的身体是拥有一切的基础，学生每天在阳光下一小时的锻炼，在清晨在寒风中坚持跑步的执着，在足球二课堂上随着外教跌打滚爬的快乐，汇聚成他们能走向未来的强健体魄。

"最是书香能致远，腹有诗书气自华"，良好的学识是学生安身立业的基础，我们通过举办"知识大比拼""睿智达人""勤学少年"等活动激发学生的学习兴趣，让他们提高学习能力。为拓展学生的能力，我校在学科作业上做"减法"，在实践类作业上做"加法"。在周末和假期，学校经常为学生设计一些实践性、创新性、体验性和与社会时政新闻联系的作业，如智慧作业、家务劳动、角色扮演、游戏活动、民俗了解、亲子交流、社会调查，让学生在活动中潜移默化地受到教育，让学生体验学习过程的快乐，体会成长的幸福。

正如陶行知先生所言，"道德是做人的根本。根本一坏，纵然使你有一些学问和本领，也无甚用处"，所以我校尤为重视学生品德的培养，大力抓养成教育，经常进行各种爱国、守法、注重礼仪、感恩、孝老敬亲、环保节约等宣传教育活动，促使学生从小就形成正确的世界观、人生观；充分利用传统节日、纪念日开展主题教育活动，还开展专题教育活动，如21天养成良好的行为习惯，让学生在活动中养成良好的行为习惯。合理利用周边教育资源，让学生走进孤寡老人家中、兰花木瓜实践基地、牧同牛奶加工基地等开展社会实践活动，走进现实社会体验生活、服务他人，让学生领略融入社会的幸福。

此外，学校通过开展丰富多彩的二课堂，培养学生广泛的兴趣爱好，让每个孩子的天赋秉性得到最好的释放、发展，如足球二课堂、音乐二课堂、美术二课堂、沙画二课堂、茶艺二课堂、信计二课堂创客教育。还通过校园艺术节、体育运动会的举办，给所有学生提供展示自我的平台，让校园"乐"起来，让教育"活"起来，让学生感受全面发展的愉悦，使他们能在以后的人生道路上，忧伤的时候可以唱一首歌、画一幅画、弹一首曲排解郁闷，激动的时候可以煮一盏茶让心情平静下来，顺境时安然、逆境时坦然就是幸福的人生。

教育就是一场与幸福的遇见。教师从事了教育，为了学生的明天，不断地完善提高自己，通过成就学生让自己的人生更有价值，就是幸福。学生经历了教育，在学校的每一天都拥有着成长的快乐，就是幸福。接受了教育，学生变得更加仁爱、善良、体魄健康、博学多才、品格高尚，就是幸福。学生走向社会、走向未来，社会会越来越好，未来会越来越好，国家就会越来越好。教育，让一切都变得越来越好，这就是一场幸福的遇见！打造幸福教育的征途，你我都在路上！

做教育的追梦人

李寨中学　冯刘庆

　　李寨中学创建于1970年，到2020年已整整走过50年。作为李寨中学第五任校长，我和所有历任校长一样，从踏上去李寨的路开始，对李寨中学就充满着无限的憧憬与向往……时光荏苒，从2009年8月21日我被任命为李寨中学校长至今已有10多年。10多年来，每一天我都深感责任重大，使命光荣。10多年来，我带领全校师生不断追逐自己的梦想。

　　追逐梦想的过程是一代一代李寨教育人改革创新的过程。李寨中学有着辉煌的过去，早在1983年共青团山西省委在李寨中学召开了"第二课堂"现场观摩会，与会人员就被当时学生开拖拉机、修剪果树、培育种子等场景深深吸引，会后有关材料被报送至共青团中央。1984年5月21日，李克强率领部分省市的共青团干到李寨中学观摩第二课堂活动，对陈有瑛校长提出的"不求人人升学，但求人人成才"的办学理念，"学理论在课堂、搞实践在站上、寒暑假做文章、育人才富山庄"的具体做法予以充分的肯定，并指出李寨中学所开展的第二课堂活动属于实践教育。2014年共青团中央出版的《共青团使用工作手册》在追述实践教育的来源中写道："山西省晋城市泽州县李寨中学堪称实践教育的发源地之一。"20世纪90年代第二任校长张洛书继续坚持文化课和实践课相结合，李寨中学连创中考佳绩。1996年共青团中央绿色证书首发仪式在李寨中学举行。同年9月李寨中学被山西省委省政府授予"红旗单位"，时任校长赵元龙到太原领奖。1998年9月时任团中央书记处书记的胡春华到学校观摩实践教育活动并指出"李寨中学的实践教育活动之所以开展得有声有色和各级党政团社会团体的支持是分不开的"。进入新世纪，段永刚校长紧跟时代发展的步伐，坚持深入开展课程改革，李寨中学于2009年荣获山西省"先进教育集体"。我在2014年教师节有幸参加了全国教师节表彰大会，亲手接过"全国教育先进集体"的奖牌，深感这块奖牌的分量和几代李寨教育人的艰辛和不易，也深深感激多年来各级党政团体对学校的支持和帮助。

　　马克思指出，问题与解决问题的方法同在。李寨中学办学的过程，也是基于每个历史时期解决问题、改革创新的过程。一所学校催生学生学习能力特别是持续学习能力的两个要素就是课堂和课程，而在这中间起关键性作用的是教师。如何为一所乡村学校注入强大的改革动力，如何创建学习型学校是我作为校长一直思考的问题。2010年我们建立了乡村图书馆，通过网络向全国高校招募优秀志愿者到李寨中学开展乡村阅读推广活动，从2010年到2015年来自北京大学、西交利物浦大学以及山西大学、太原外国语学校等的130多名志愿者，分别开展了暑期夏令营、冬令营等活动，真正打开了学校的大门，让学生对升学、求知、阅读和终身学习的能力有了全新的认识。另外，我们还邀请全国名师到学校开展语文的同课异构活动。

　　追逐教育梦想的过程是李寨中学莘莘学子磨炼意志、形成品格、形成李寨中学独有基因与气质的过程。近半个世纪以来，李寨中学培养了一批又一批优秀的学子。

　　追逐教育梦想的过程更是李寨中学一代又一代教育人传承李寨中学精神的过程。我作为一名教育系统的基层校长,特别是作为李寨中学的第五任校长,深感责任重大,使命光荣。回顾学校办学的历史过程,梳理学校的办学经验,不难发现,在每个历史阶段学校都曾遭遇过发展的瓶颈。在物质贫乏的年代,学校办学条件简陋,当时担任学校第一任校长的陈有瑛同志带领广大师生开荒种地、抹砸做砖烧石灰,立足当地"种三花栽三树",面对当时家家都想富就是缺技术的情况开展实践教育,对广大师生勤鼓励、多激励,激发大家学习、工作的热情。在那个年代,教学仪器设备严重短缺,全国新长征突击手赵买蛋老师教学校的物理课。为了激发学生学习物理的兴趣,赵老师自己制作马德保半球实验仪器为学生演示,再不爱学习的学生物理也能及格,物理满分的学生比比皆是。化学教师陈二林、语文教师宋建平、数学教师张栓红、英语教师段永刚那时所教学科连续荣获全县学科成绩五连冠。他们对学生平时"勤管教、严要求"的故事现在仍广为流传。数学教师李顺堂一辈子勤于钻研数学教学,退休以后到现在仍旧在搜集整理、分析研究中考的数学题。赵元龙老师一辈子兢兢业业、勤勤恳恳,在担任中学校长期间,多次组织召开了国家、省、市现场会,撰写发表论文几十万字,带领广大教师开展课题研究;退休以后坚持编著了《综合实践活动指导手册》《研究性学习指导手册》,为山西省开展综合实践活动课程奠定了理论基础。李寨中学正是因为有这样一批校长、教师才有了现在,他们在工作中肯吃苦、能奉献、善创新的精神值得我们继续传承与发扬。

教育的过程其实也是追逐梦想的过程。进入新的历史时期,我在追逐教育梦想的过程中,认真落实全国教育大会精神,在"九个坚持"和"六个下功夫"上做文章、想办法,继承和发扬过去的优良传统,让李寨中学精神支撑每位教师追逐自己的教育梦想。每年开学时我都会给全体师生讲述李寨中学的故事,邀请一些杰出校友回母校讲过去的学习经历。这10多年里,学校秉承过去的优良传统,不断探索办学育人的新路,培塑典型人物、给干事的教师搭建舞台、给干出成绩的教师以荣誉。办理想的学校不是我一个人的梦想,而是我们大家的梦想。我和所有的中层领导坚持教课,六人中有四人担任毕业班班主任和学科教师。樊为民副校长撰写的《道德三联卡》曾荣获中央文明办优秀案例一等奖,撰写的《遏制舌尖上的浪费研究性学习案例》荣获山西省第五届基础教育"三优评选"优秀案例一等奖。张勇副校长坚持教毕业班道法课十年,所带的学生曾荣获全县学科优秀奖,选送的综合实践课《小拱棚的制作》荣获第七届基础教育"三优评选"优质课一等奖。2018年暑假他带领DIY社团小组的老师和学生代表晋城市参加全省信息应用展会,赢得参会人员的赞誉。后勤主任段小军在担任120班班主任期间,关心学生,走近学生,鼓舞学生,获得了"山西省优秀班主任"荣誉称号。即将退休的老教师刘宇驰坚持教主课、教校本课、负责社团活动,帮助、指导新入职的教师,近年来经他辅导的学生向国家、省、市媒体投送稿件上百篇。中年骨干教师牛晋萍坚持学习,不仅注重英语专业能力的提升,还注重人文素养的提升,被认定为晋城市职称评审委员会专家,参与牛津版英语赛课荣获全市一等奖。青年骨干教师魏凯,身患腰椎间盘突出症,但是仍旧勇挑重担、负重前行,所教班级、所教学科的成绩位居全县前列。新入职的书法教师焦雅楠担任七年级的班主任,通过一个月的努力工作确立了自己班级的年度目标和班级特色。孩子正值断乳期的新教师王莹担任八年级两个班级的语文教学,不但服从学校安排,而且积极地和晋城市喜悦书吧联系,为推广乡村阅读注入了活力。这样的例子举不胜举。让我十分欣慰的是,李寨中学肯吃苦、能奉献、善创新的精神在他们身上得到了传承。

追逐梦想的过程又是全校师生凝心聚力求发展的过程。作为基层学校的一名校长,我无数次追问自己要办什么样的学校、培养什么样的学生。结合总书记在全国思政教师座谈会上的讲话，通过组织广大教师认真学习总书记的讲话并结合学校实际，我确立了学校的办学目标，就是要办具有新时代农村特色的高品质小微学校；坚持"人人有发展，个个能出彩"的办学理念，让学生人人有发展，为学生将来在各行各业的出彩注入持续发展的动力。我也提出李寨中学教师发展的三重境界——做学生敬佩的教师、做对学校有贡献的教师、做历史铭记的教师；要求教师在工作实际中做到三个转变——由教知识到育人的转变、由教会学生到学生会学的转变、由关注课堂知识到关注生活现象的转变，真正成为博学、博爱、博智的教师，进而培养一批善学、善思、善行的学生；通过夯实课堂教学和课程建设，办家长满意的学校、学生喜欢的学校。

行百里者半九十，辉煌只能代表过去，梦想和现实总会有一段距离。作为教育的追梦人，就是要立足本土实际，结合校情、学情发扬李寨中学精神、李寨精神、泽州精神一路奔跑，缩小梦想和现实的差距，为泽州教育的发展蓄谋新篇。

加强学校德育工作管理,努力创建良好校风

晋中市太谷区实验中学 郭世斌

党的十九大报告中提出,建设教育强国是中华民族伟大复兴的基础工程,必须把教育事业放在优先位置,深化教育改革,加快教育现代化,办人民满意的教育。要全面贯彻党的教育方针,落实立德树人的根本任务,发展素质教育,推进教育公平,培养德智体美劳全面发展的社会主义建设者和接班人。优先发展教育事业,落实立德树人的根本任务是学校教育的核心工作,是学校取得优异成绩的重要保证。良好的风尚是一所学校的最好形象。一直以来,我校坚持"德育为先,教育为主,质量为上,育人为本"的德育工作指导思想;力求尽快形成我校"团结尚礼,厚德博学"的校风和"尊师敬长,热爱集体,勤奋好学,遵章守纪,奋力拼搏,创新进取"的学风。为此,我校在德育建设中做了一些探讨,现就如何加强学校德育工作管理、努力创建良好校风谈几点粗浅的看法。

一、抓好管理队伍建设,强化管理者责任落实

为使德育管理工作正常化、制度化,学校要组建一套既有很强的管理能力又有一定思想政治工作经验的强有力的领导班子,明确其岗位职责,专门负责督促、指导、检查,同时联合党、政、工等多头齐抓共管;应积极发动学生,使其进行自我管理,从而达到自我约束。这样,从校长到学生干部,层层有落实,人人有责任,形成管理网络。因此,我校首先成立以校长担任组长,分管政教副校长担任副组长,政教处、学生会、团总支、班主任为成员,家委会为督察的德育工作队伍,强化学校德育,形成上下衔接、全面辐射的德育网络,开创了学校、家庭、社会齐抓共管的教育局面。其次,指导安排各处室等加强对学生的德育建设。政教处加强班主任工作建设,加强班主任思想教育和理论学习;每月召开班主任工作汇报会,强化班主任工作管理;班主任每周召开班级学生会,强化班级学生思想教育安排,布置班级日常工作;党支部、共青团、学生会加强学生思想教育和自我管理能力的培养,利用优秀学生榜样的力量激励和教育学生。再次,协调社会力量,达到共同育人的目的。借助家长学校建设,各班成立家委会,并成立校家长常务委员会,统领全校家委工作。组织好每学期两次的家委会和家长知识讲座,向家长传达配合教育的要求和管理学生的要求,听取家长关于办学的意见,实现"了解情况,互通信息,沟通关系,共同教育"的目的。政教处、教导处每学期末向各村党支部、村委会及学生家长介绍各村学生考核、评价情况。每年中考结束,学校主要领导、毕业班教师要深入各村各户宣传中考喜讯,送中考喜报。每年春节,校长要代表学校向服务区各村以及全体学生家长写拜年信,介绍学校发展状况,汇报教师、学生所取得的成绩、荣誉,交流办学思想,征求治校良策,理顺村校关系,建立情感友谊,形成学校、家庭、社会齐抓共管的德育网络。

二、注重德育过程管理，使德育工作系列化、德育内容具体化、德育途径社会化、德育方法实效化

首先，学校安排、指导政教处颁布《德育工作方案》《德育工作计划》，以此为纲，认真开展德育工作。制定颁布《全校教师德、能、勤、绩考核方案》《班级全面工作量化考核方案》《学生一日行为规范》，实行了领导、教师、学生三位一体的值周制度，对"两操"、卫生、一日行为、自行车存放、公物保护、文明礼貌等方面全方位监督、全面考评。要求各科教师对德育工作做到教案有显示、课堂能联系、平时多参与，形成全员育人体系。其次，要求各年级做好对每周行为规范、组织纪律、环境卫生、安全工作的小结工作。抓好德育工作的全程管理，各班级要备好、上好每周班会课，做到发现问题及时纠正，形成安全工作日日抓、安全警钟时时敲的工作制度。并要求团总支坚持"月主题活动"制度，使安全工作日日有保证、德育工作周周有提高。再次，开展元旦、五一、五四、六一、国庆等重大节日的爱党、爱国、爱校、爱社会主义系列教育活动，不断强化师生的爱国意识。组织和安排好每年3月、9月的讲文明、树新风、尊师重教、爱国爱校活动，坚持每年6月的三好学生、专项标兵、模范班主任的评比表彰活动和每年9月的优秀教师、先进工作者评比表彰活动。德育工作管理实行日小结、周总结制度。利用每周一升国旗活动，把全校德育情况与国旗下讲话有机结合。

三、要求政教处对全校德育工作统一规划，各有侧重，分别要求，形成一个上下衔接、循序渐进、有机结合的德育链

七年级以过渡教育、行为规范、良好习惯、合法公民为主要内容，结合道法课教材，培养学生争做好学生、好公民的意识；八年级以行为合格、遵纪守法、全面发展、做四有新人为主要内容，妥善处理智育分化与德育分化，有效控制和积极转化"双差生"；九年级以勤奋学习、榜上有名、全面发展、脚下有路为主要内容，把德育与文化知识的学习有机结合，以德育促智育。

四、坚持德育工作制度化，实现德育系统化，促进师生思想行为规范化

学校认真安排、布置学期初的"三风"整顿会，抓好学期中的"三风"建设研讨会，做好期末思想政治工作全面总结会。

定期召开德育考核总结分析会和德育指导会，把存在的不足与努力的方向及时通报各班，抓好德育工作过程管理，严肃期末德育考核工作。根据一学期全校各项工作量化得分情况，下达合格、优秀指标，做好期末考核工作。

总之，由于对德育工作抓平时、重过程、抓实在、抓具体，因此，我校形成了良好的德育工作局面。多年来，我所在的学校无一人违法乱纪，无一例安全责任事故，德育考核合格率达98％以上，为全面开展教育教学工作奠定了坚实的基础。

如何做一名有信仰、有担当的好校长

洪洞县赵城镇古屯初级中学　贾　震

做一名有信仰、有担当、有能力的好校长是时代赋予每个校长的使命,也是学校和校长自身发展的需求。之前,很多教育家对此都有过专业的论述,也有很多名优校长进行了成功的实践。教育部为了落实党的十八大会议精神,于 2013 年制定了《义务教育学校校长专业标准》,从价值引领、教学指导、组织领导三个角度六个方面明确了义务教育阶段校长的职业要求,很全面,很细致,我们只要照着去做就行了。但是每个学校面临的问题千差万别,尤其是作为农村学校的校长,我得更多地思考这些问题。

一、为学校发展进行战略规划

学校不像企业,企业只要抓住一次机会就可能腾飞,失去一次机会就有可能倒闭,而学校的发展比较稳定,不可预知的东西比较少,教育还要反映时代发展的需求,所以对学校发展进行战略规划非常必要。

校长一定要对学校的区位条件、生存现状、突出问题、未来目标有清晰的了解,才能带领学校全体师生朝着既定方向不断前进。

校长制定规划时要主动邀请学生、教师和家长代表参与,吸收多方建议。实际上,制定规划的过程就是统一思想的过程,只有把学校的规划内容变成师生的自觉行动,才能保证规划的顺利实施。

根据我们多年来的调查研究,很多学校的规划存在一个共性的问题,那就是"精心制定规划,凭心落实规划,无心评价规划"。这应该引起校长的重视,制定是形式,落实是根本,评价是杠杆,推动学校平稳有序发展是最终的目的。

我们学校经过前期的调查研究,结合国家对教育的基本要求,确定学校的发展目标是"管理规范,质量一流,底蕴深厚,特色鲜明";办学思路是"校长好好办学,教师好好育人,家长好好学习,学生好好成长";办学策略是"传承、守正、创新"。三年规划"三步走":第一步是平稳有序发展,争取成为全县最好的农村学校;第二步是通过两年努力,争取成为全县最好的公办学校;第三步是改革创新,进入临汾市农村公立初中前十名。

二、加强教师培训和组织建设

教师是学校的第一生产力,也是学校的灵魂。不论是国家政策的落地、知识技能的传授还是文明礼仪的培养都要通过教师去实现。学校的组织建设是保证学校正常运转的基本架构,从设立、培训、运转到评价都需校长用心去做。

(一)教师培训

我们学校的教师培训包括以下三方面内容。①政治理论素养:爱党、爱国、爱社会主义,对社会主义制度和中国共产党的领导高度认同,立足中国大地办教育。②教师职业道德:爱教育、爱学生、爱学校,愿意为教育事业无私奉献,对所有学生一视同仁,懂纪律,守规矩。③教师专业标准:组织教师学习《中小学教师专业标准》,主动参加新中考、新教材的培训,不断反思总结,提升个人的学科素养。

(二)组织建设

我们学校是九年一贯制农村初级中学,人数多,学制长,我们一直在努力探索农村九年一贯制学校的管理模式,以期打通中小学之间的管理壁垒,实现小学、初中的顺利衔接。为了提高管理效能,实行理想化的扁平管理,我们希望借助县管校聘制度的实施,把原来的处室和年级管理模式设置为四个机构:教师工作处——管理教师;学生工作处——管理学生;装备中心——管理设施设备;信息中心——现代化管理。突出党支部的组织领导作用,校长在党支部领导下统筹安排学校工作,充分体现"为党育人,为国育才"的新时代育人功能。

三、整合社会资源为学校服务

学校是优秀文化的传播者,是时代文明的引领者。在现实生活中,校长为了实现学校的办学目标,要善于协调各种社会资源,为学校发展服务。

与学校有关的机构和部门很多,大体可以分为几个类型:与学校所处的环境有关的村委会、街道、社区、厂矿、企业等;学校的直属管理部门,如中心校、省市县分管教育的部门;为学校提供服务的职能部门,如卫生、公安、财政、人设、编办、银行、交通、电力、消防、城建部门;还有一些社会组织,如各种协会。这些部门都会直接或者间接地跟学校打交道,校长需要熟悉国家相关政策,明确各个部门的职责、功能和工作程序,比较娴熟地与这些单位联系、沟通。

俗话说安居乐业,只有想办法解决教师的后顾之忧,他们才能愉快、高效地工作。对学校来说,职称、工资、福利只是日常工作的一部分,但是对于每位教师来说这些就是他们的全部。如果不能很好地解决这些问题,不只是个别教师不愿意好好工作,甚至还可能影响别人,所以校长一定要整合各种社会资源,为教师服务,为学校发展创造宽松的环境,学会协调和沟通。

浅谈校长在校园文化建设中的职责

清徐县县城第二初级中学校　刘爱国

所谓校园文化，就是指体现一所学校的办学理念、学校精神、风气与传统的行为文化、精神文化、物质文化等共同构成的一种文化，它是学校隐性德育的主渠道，对学生的人生观和价值观起着"润物细无声"的作用。校园文化建设对于形成强大向心力和凝聚力，调动师生的积极性、主动性和创造性，促进学校全面发展、均衡发展、内涵发展、安全发展和创新发展具有不可替代的作用。我认为校长是校园里行走的符号，要成为校园文化的引领者，应突出三个字：重、抓、做。

一、校园文化建设要突出一个"重"字

(一)注重校园美化、绿化，体现特色

整齐清洁的校园、优美高雅的景致不仅给人以美感，给学生营造良好的生活学习环境，还可以促进他们健康成长。绿色不仅是一种环境，还是一种思想、一种价值取向。校园不仅是校园，还是净化心灵、陶冶情操、充满诗情画意的空间。创设这样的环境，有利于校园文化的生成。

(二)注重校训、办学理念等的生成过程

名言警句只是一种文字符号，只有当它们被师生认同并转化为内在需求和体现为外在行为的时候，才能成为校园文化，才能成为陶冶人、激励人、提升人的精神食粮，因此，我校面向全体师生征集校训、办学理念、校徽、校歌等。征集的过程其实就是比较、选择、认同并遵循的过程，大家积极参与，形成了校园文化的一道亮丽风景线。

(三)注重人文景观、自然景观的象征意义和审美取向

塑造人文环境，营造风格独特、优美的景观环境，不断提升校园环境的文化品位。在校园景观的设置上，我们以直观的方式呈现崇高的审美理想和高尚的审美情操，如墙体的版面、喷泉、假山，力求使之具有教育性、哲理性、诗情性、艺术性和人性化的特征，具有影响人、感召人、净化人、陶冶人、催人上进的功能。

(四)注重领导团队分工合作

一个能力再强的校长，他的精力和智慧也是有限的。只有充分调动身边其他干部的积极性，分工合作，分块负责，才能确保学校文化建设的顺利实施。因此，我根据干部的分工情况来绑定其校园文化建设的各项工作。例如，德育处主要负责学校精神文化的实施，负责校徽、校训、校歌等内容的制定与编写，负责学校制度文化的制定与实施；总务处主要负责学校环境文化的营造与实施；教导处负责学校课程文化建设、班级文化建设等；校长统领全盘工作，主要精力放在教师的价值取向引导及打造精品团队上。这样，校园文化建设就会井然有序，实现了由表及里、由浅入深的变化。

(五)注重向心力、凝聚力的培养

学校决策的执行不能只是校长一个人的"独舞"。学校的发展壮大需要所有成员密切合作、同甘共苦,拧成一股绳,心往一处想,劲儿往一处使,形成一股强大的合力,才能使决策真正落到实处,才能战胜一切困难。学校领导团队和中层干部团队是学校实现发展的中坚力量,是团队的向心力和凝聚力,直接关系着学校内涵发展的水平。学校在这支团队的管理上,着重从提升个人修养、加强管理能力和落实责任追究制度方面下功夫,培养了一支业务素质高、组织能力强的中层干部团队。他们迎难而上,团结协作,保证了学校各项工作的顺利进行。同时,一支爱岗敬业、勤于钻研、乐于奉献的教师队伍是学校发展的基础和根本保证。

二、校园文化建设要突出一个"抓"字

(一)抓制度建设,保证执行力

落实是态度,落实是责任,落实是能力。工作的落实离不开制度。制度文化作为校园文化的一部分,是维系学校正常管理秩序、提升校长执行力必不可少的保障机制。"没有规矩不成方圆",只有建立完善的规章制度、规范学校所有成员的行为,才能保证学校各方面工作和活动的开展与落实。

学校十分重视制度建设,通过教代会先后制定和修改了《绩效考核方案》《班主任考核条例》《班主任到校程序化制度》等一系列条例,形成了一套行之有效的规章制度。在这些制度的执行过程中,学校既注重刚性的依法治校,又注重柔性的人文关怀,"制度无情人有情",在按章办事的同时,动情、晓理、导行可使教职员工心悦诚服。这不仅是执行的需要,还是进一步促进教职员工对制度文化理解、认同的过程,体现了规范化与人文化的统一。

(二)抓创意先行,提高创新力

创新是一个国家、一个民族不断进步、走向辉煌的动力;是一个团队、一个组织繁荣昌盛、兴旺发达的动力。随着社会的发展,各种新思想、新观念在不断地冲击着教育,教育正面临着一场深刻的变革。学校如何在变革中实现超常发展? 唯一之路就是创新。校长的创新力首先在于结合本地区、本校的实际,创造性地落实党和国家关于教育的方针、政策,并根据学校内外环境的不断变化,运用创造思维和创新行动适时地调整、修正学校发展目标、工作计划及实施方案等,保证学校沿着正确的方向健康、快速地发展。校长的创新力直接决定着学校教育教学工作的创新力。

学校在德育工作中,探索运用自我教育模式。继续组织学生观看爱国、励志的优秀影片,对学生进行教育,促使学生树立正确的世界观、人生观和价值观。开展主题演讲、"帮妈妈做家务"等社会体验活动、评选"十佳文明学生"等实践活动,并在活动中强化道德教育的要求,使学生的思想感情得到熏陶、精神生活得到充实、道德境界得到升华。学校开展法律宣传教育"三进"活动,开设法制专题讲座,邀请相关人士来校做报告,广泛开展具有本校特色的德育活动,培养学生良好的道德品质。学校不仅要抓好智育,还要重视德育,使诸方面教育相互渗透、协调发展,促进学生的全面发展和健康成长。"以人为本,德育为首",我校高度重视德育工作,并以此为契机,促使学校办学水平和办学质量的全面提高且取得了显著的办学效益。

(三)抓常规培养，言行大变样

常规应该是办学过程中积累下来的制度、行为规范、道德礼貌、人际关系、为人处世的态度以及交往方式等。这些东西，在一所学校里，经过长期的工作实践，被证明是行之有效的，获得人们认同，最后化为自觉行动。我校以养成教育精细化管理为特色。一进校门，墙上悬挂着八大习惯的大幅标语，时刻提醒学生要养成良好的行为习惯，潜移默化地影响着学生。我们在校园推行四句礼貌用语"你好""请""谢谢""对不起"。人每一天都要跟别人打交道，在打交道的过程中，交流、说服、要求、摩擦、纠纷不可避免，礼貌用语能很好地调剂人际关系，增进相互之间的理解和友谊。校园文化建设就要有意识地、持之以恒地抓好常规。

(四)抓队伍建设，树立新形象

我们以师资队伍建设为重点，通过集体学习和自主学习相结合的方式，提升教师的业务水平，有效地提高教师队伍的素质。同时，我校重视师德师风建设，开展了形式多样的师德教育活动，以提升教师的形象。学校以争创一流的目标凝聚全体教师，引导教师讲正气、讲奉献、讲业绩、讲团结，经过努力，一支爱岗敬业、积极进取、为人师表、和谐凝聚的教师队伍正在逐步形成，得到了上级领导和服务区家长的好评。

"抓"就是要有人谋，有人管，有人引导，有人出思路，带动大家干。这个"人"当然是校长。龙头动了，龙身才会动，龙尾才会摆起来，工作才能做好。

三、校园文化建设要突出一个"做"字

(一)要在学校管理中做

学校管理是一些非常具体的对人、事、物的管理，校园文化建设也必须融进这些人、事、物中才能取得效果。如在教师会上，教师可以针对学校的决策、制度、经济开支提出意见，建言献策。为了真理、正理，可以进行争辩，哪怕争得面红耳赤脖子粗也不惧。制度面前人人平等，做到这些应该不难，但做到了就是民主和民主文化在学校管理中的体现。

(二)要在班级管理中做

我们建设校园文化的最终目的是要影响学生、培养学生，通过学生自身素质的提高来回报社会。这种建设要通过班级管理这一中介才能实现。

首先必须养成良好的阅读氛围，让书中的营养通过读的渠道注入学生的心田，滋润其精神。学校要求每班经常举办阅读交流会，让班级书香浓郁，培养学生读书、思考的习惯，让文化每天影响学生、转化学生。

其次是创设感染环境。例如，在黑板上书写诗歌、名言等，逐日或逐周变换；建立光荣榜，展示班上涌现出来的各类先进人物的事迹；上好音乐、美术、健康教育课，利用电教设备引导学生进行文艺欣赏。

再次是做好班风学风建设。按照行为规范的要求、班规班约制定班训。让学生采用批评和自我批评的方式，反思自省，然后达到自律，自己管住自己。结合思想品德课，结合综合实践活动，教育学生知是非、辨美丑，让学生体验生活，丰富经历，做有文化、有道德、有教养的人。

(三)要在教学管理中做

十年之工，水滴石穿。学生和教师相接触，大部分时间是在教学活动中度过的。正因为

这样,教师在教学活动中更要自觉地把校园文化建设渗透进去,譬如传授知识正确,讲解清楚,面向全体,关爱后进,一视同仁,对工作兢兢业业,拥有丰富的专业知识,讲究教育艺术,人格高尚,使学生在课上如沐春风。

校园文化建设是做出来的,只有在做中才能落到实处。学生也只有参与了具体活动,有了具体经历,才会生出内心的体验,文化才有可能在他们的内心深处生根、发芽,终有一天开出花朵。

实践证明,优秀的校园文化是一面旗帜,它引领着师生意气风发地前进;优秀的校园文化是一种氛围,它熏陶感染,润物无声;优秀的校园文化是一种引力场,它凝聚人心,形成合力;优秀的校园文化是一种宝贵的资源,是学生成长、教师发展的肥沃土壤。

学校文化无所不在,无所不至,可见可闻。它是全体成员一点一滴创造出来的活的文化,每个成员都是学校文化的能动创造者。校长要把做文化这件事变成全校甚至全社会都参与的一项共同的运动,尤其要引导全校师生共同享受文化领导和管理。对于校园文化建设,校长任重而道远,只有不懈地追求和创新,才能使学校永远立于不败之地,才能使学校跻身名校的行列!

打造学校文化,提升办学品质

——方山县第二中学校

方山县第二中学校　刘贵润

文化是国家的软实力,是民族的血脉,是人民的精神家园。文以立心,文以聚人,文以化人,一个没有精神力量的民族难以自立自强,一项没有文化支撑的事业难以长久持续。文化兴,则国运兴,文化强,则民族强,文化对一个国家是如此,文化对于一所学校亦是如此。质量为本,文化为基,一所学校没有质量就没有发展,没有文化,更谈不上学校的未来。文化立校,文化育校,文化润校,文化强校,是提升学校办学品质的必由之路。

一、学校文化的内涵

何谓学校文化? 学校文化就是学校的环境和氛围,通俗地讲,就是学校的风气。你置身于这种氛围中,没人要求你好好做,你却不得不好好做。因为你眼里看到的是大家都在好好做,这就是氛围,这就是文化。就好像一块没有燃烧的煤,放在燃烧的煤堆上,它可以燃烧起来,燃烧的煤堆就是文化,就是多数人影响少数人。

学校文化就是师生固有的行为习惯和工作学习生活方式。例如,各班班主任每周周日的班会、每日的晨会,因日日如此,周周如此,自然而然形成一种工作方式、工作习惯,内化成学校文化。

学校文化就是教师和学生的精神风貌。用著名文学家梁晓声的话来说,其"根植于内心的修养,无须提醒的自觉,以约束为前提的自由,为别人着想的善良"。

二、打造学校文化的路径

(一)构建目标体系,统领学校文化

1. 办学总目标

改善办学条件,优化校园环境;规范办学行为,提升办学品位;加强队伍建设,提高综合素质;加强内部管理,提高管理水平。努力创办平安、和谐、书香、美丽的校园,努力创办家门口的好学校;努力创办方山一流、吕梁知名的示范初中;努力提升在家长中的认可度、在社会中的知名度。

2. 具体目标

(1)学生培养目标:提升学生的道德品质,帮助学生学会学习,增进学生的身心健康,提高学生的艺术素养,使学生具有良好的思想品德和勤劳的品质;使学生具有良好的行为习惯和学习习惯;使学生具有自尊、自信、自律、自强的意识和能力;使学生具有良好的文明素养、艺术素养;使学生具有强烈的责任心和创新精神、实践能力。

(2)师资队伍目标:建设一支富有爱心、民主、责任、奉献、创新精神的教师队伍,提高教师的教育教学能力,善教育,会教育,师德优秀率达 90%以上,县级教学能手达 80%以上,

100％的教师能使用多媒体进行教学,95％的教师能制作课件。

（3）教育教学目标:建设适合学生发展的课程体系,提高教育教学质量;实施以学生发展为本的教学,提升教育教学水平,使中考升学率达85％以上;建立促进学生发展的评价体系,提高学生的综合素质,促进学生全面发展。

（4）育人环境目标:营造平安、和谐、书香校园,创造美丽环境(校园净化、绿化、美化),营造健康向上的校园文化。

3. 目标确立的背景

（1）学校现状:学生大量流失,规模萎缩,管理秩序混乱。面对这种现状,当务之急是凝聚人心,团结一致,重塑学校新形象,赢得社会、家长的认可,解决学校面临的生存问题。

（2）杜绝学生打架斗殴、抽烟酗酒等不良现象,消除学校管理在家长心中的恶劣影响。确保学生在校园内的安全(人身安全和心理安全),消除家长、学生的顾虑,因此学校旗帜鲜明地提出"打造平安校园"的目标。

（3）学校的安全工作不能就安全讲安全、就安全抓安全,必须跳出表面安全则安全的窠臼,明白抓安全的根本在于使学生养成良好的行为规范和规则意识,要把学生的心思完全笼络在读书学习上。常言道,"闲人生外事",只有把学生的精力和注意力转移到读书正道上来,学生的行为规范了,学生的素质提高了,自然而然,学生之间打架斗殴的现象就会变少,甚至销声匿迹。"维护社会治安的力量有两种,一种是法律,另一种是文明。"读书能陶冶情操,更能修身养性。多读书,读好书,好读书,学生的文明程度就会在不经意间提升,能从根本上保障平安校园的创建,因此学校提出了打造"书香校园"的目标。

（4）校园内充满了浓浓的书香气息,真的、善的、美的就会发扬,假的、恶的、丑的自然就会消失。学校是塑造人的地方,不但要传递知识,而且要塑造人格;学生不但要学会书本知识,而且要学会书本外的知识,读懂无字之书,学会生存,学会与人相处,学会与同学、与班级、与社会和谐相处,更要学会调节身心,德、智、体、美、劳和谐发展,因此学校提出了"打造和谐校园"的目标。

（5）学校的社会声誉下降,家长不信任,选择当地的私立学校,出现"招生难、难招生"的困窘局面。在生存都堪忧的情况下,学校不能故步自封,必须想方设法改变自身,加强管理,提高质量,重塑新形象,赢得家长的认可、社会的认可,因此提出了"创办家门口的好学校"的目标。

（二）构建价值体系,引领学校文化

学校坚持依法治校,以德治校,育人为本,师德为先。以培养学生良好的思想品德和健全人格为宗旨;以养成良好的行为习惯为重点;以创办高升学率的素质教育为目标;以调动教师积极性,推进教师专业发展和深化课堂教学改革,提高教学效率为重点,创建平安、和谐、书香校园。在社会主义核心价值观的统领下,构建"德""勤"文化,树立"天道酬勤,厚德载物"的办学理念。

（1）办学理念:天道酬勤,厚德载物。德是学校教育的根本宗旨,失去德,就失去了做人的根本。学校出现的教师消极怠工、外出办班等现象,归根结底都是师德出了问题。我们借用《周易·坤》的一句话"地势坤,君子以厚德载物"中的"厚德载物"作为办学理念,鉴于"好逸恶劳"的现状和"勤能补拙"的古训,借用东汉孔融《论盛孝章书》"岁月不居,天道酬勤"中的"天道酬勤"作为办学理念,构建学校"德""勤"文化。

（2）校训：仁义、勤劳、博学。其来源如下。①学校校徽的中心造型由一本书和一支笔组合而成，书脊右边红色的两横组合为二中的"二"，书脊组合为一个"口"字，一竖在书的中央组合为"二中"的"中"，合起来是"二中"的字样；笔像单人旁"亻"与红色两横"二"组合为"仁"字，寓意仁义，再根据立德树人的根本任务和教学的需求把"仁义"作为校训之一，并且列于首位。②《尚书》语"功崇惟志，业广惟勤"，一勤天下无难事，勤是为人、为生、为学的基础和保障，更是一个人成为栋梁之材的基础，勤能补拙是古训，因此把"勤劳"也作为校训之一。③学校的教学楼造型是一本打开的书，楼中间的"书脊"上的造型是一顶博士帽。因为未来需要的人才是复合型的创新性人才，这寓意着博学多才。根据教育培养人才的需求和学校建筑物的特点及建筑理念，我们把"博学"作为校训之一，也承载了校训的重要内容。

（3）校风：崇德、明理、诚信、笃行。①崇德：崇，推崇的意思；德，道德，德行，也就是人的品质或品格。崇德即要推崇高尚的品格，这是为人之本，把它置于首位，体现"育人为本，德育为先"的办学思想和学校的"德"文化，与校训遥相呼应。②明理：明辨是非，知书达礼，即读书求学就要通达事理，做个明白人。③诚信：实事求是，尊重事实，信守承诺。儒家为人之道，立身处世，当以诚信为本。④笃行：为学的最后阶段，就是既要学有所得，又要努力践行所学，使所学终有落实，做到知行合一。"笃"有忠贞不渝、踏踏实实、一心一意、坚持不懈之意。《礼记·中庸》中有"博学之，审问之，慎思之，明辨之，笃行之"，这与校训中的"勤"相呼应。不笃行，何以言勤？不诚信，何以言德？不明理，何以达礼？校风是校训的具体支撑。

（4）教风：严谨、善导、进取、爱生。①严谨：是一种工作态度、一种工作作风，即对一切事情都持负责的态度，一丝不苟，精益求精，就是把做好每一件事的着力点放在每一个环节、每一个步骤上，就是从一件件的具体工作做起，从最简单、最平凡、最普通的事情做起。②善导：善于诱导，循循善诱，遵循学习规律，引导学生将学习这件事常态化。③进取：立志有所作为，努力上进，力图有所作为，不满足于现状，坚持不懈地向新的目标奋进。④爱生：爱护学生，关爱学生。

（5）学风：自主、自信、自律、自强。①自主：自己主动，遇事有主见，能对自己的行为负责。②自信：相信自己，自信给人以力量，给人以快乐。③自律：在没有人监督的情况下，通过自己要求自己、自己激励自己，自觉地遵循法律法规等，约束自己的一言一行，不受外界的约束和情感支配，是一种不可或缺的人格力量。④自强：自己努力向上，自我勉励，奋发图强。

（三）构建理念体系，支撑学校文化

（1）德育理念：①德育为先，育人为本；②全程、全员、全方位育人；③每位教师都是德育工作者。

（2）管理理念：①沟通、服务、引领；②制度与人文相结合，实施有温度的管理；③既遵循规范，又超越规范。

（3）教学、教研理念：①学生是学习和生活的主人；②教学成功首先是教育的成功；③四个结合：教书与育人相结合、教与学相结合、继承与创新相结合、理论与实践相结合；④让学习成为一种生活，让反思成为一种习惯。

（四）构建制度体系，推动学校文化

质量是生命，管理是关键，制度是保障。构建学校各种管理制度，用制度来规范师生行为，用制度来加强师生的养成教育，用制度来保障学校目标和价值体系变成现实，从而形成约定俗成的生活、工作习惯。

（1）教学管理制度:"一查二评三看"（"一查"指查出勤;"二评"指检查评比备课和批改;"三看"指看成绩、看课堂效率、看学生评价）。

（2）教研制度:"五步十问"（"五步"指备课、上课、课堂小结、作业布置、自学辅导;"十问"指备课——课标和学情,上课——目标和设计,课堂小结——任务和效率,作业设置——分层和质量,辅导——针对性和实效性）,以此形成严谨、善导的校风。

（3）教师管理制度:制定教师管理考核细则。宗旨是解决在与不在、干多干少、干好干坏不一样的问题。

（4）"四个常规",强化养成教育:推行《方山二中教师一日常规》《方山二中班主任一日常规》《方山二中学生一日常规》《宿舍管理一日常规》,用规范来约束师生行为,用规范来推动校园秩序化、规范化,让师生有规则意识并内化于心、外化于行。

（五）构建活动体系,承载学校文化

教学的成功,首先是教育的成功。育人是学校的根本,学校是育人的主阵地,"学校无小事,事事是教育"。管理者设计的每个活动甚至每个举措,都应有育人的价值,育人是我们的出发点和归宿。

1. 推行"5＋2"教育活动

课内、课外与校内、校外的教育是一个有机联系的整体。课外、校外空闲时间,学生的生活、接受的教育会有力地推动和补充课内、校内的教育。课外、校外的闲暇时空是最容易变异的时空,为此,学校推行"5＋2"教育理念,补缺教育的空挡。

在周一至周五下午的课外活动时间,利用校园广播开展"5个'一'"活动,就是所谓的"5＋2"中的"5":周一,校园快讯,报道学校、班级近期开展的有影响、有意义的各项活动;周二,二中颂歌,报道校内外师生发生的好人好事、先进事迹;周三,新闻联播,报道国内外的时事要闻、热点新闻,向师生传达上级重要的指示精神等;周四,青春心语,报道原创文学作品,如小说、散文、诗歌,发掘生活中的真、善、美;周五,美文欣赏。

"2"指周六、周日两天。我们的学生绝大部分来自农村家庭、单亲家庭、留守家庭,在周六、周日休息时间,家庭教育的环境和条件跟不上,是教育的盲区和盲点。学校安排学生在周六读一本对健康有益的书并填写读书卡,在周日设计一份手抄报,用"5＋2"活动填补教育的空白。

2. 开展读书"三部曲"活动（晨诵、午读、暮省）

晨诵,让学生与黎明共舞,每天早上自由诵读经典诗文 20 分钟,有激情地投入新的一天;午读,是学生在校阅读的黄金时间,让学生养成良好的阅读习惯;暮省,让反思成为学生的日常生活,如果说阅读是吸收,那么暮省则是外化。每日坚持读书"三部曲",打造"书香校园",自然会为学生创设良好的成长环境。

3. "六个一"活动,完善自我教育

学校开展每周一次升旗仪式暨宣誓活动、每周一节主题班会、每周一节心理健康课、每学期一次法治讲座、每学期一次家长会、每学期一次经典诵读的"六个一"活动,完善学生的自我教育。

顾明远先生曾说:"教育犹如一条大河,文化就是河的源头和不断注入河中的活水……"

文化如水滋养生命,我们要呵护河的源头,让它既源远流长又清澈明亮,让文化滋养学生,进而滋养学校!

增强针对性和实效性,扎实做好学生德育工作

黎城县程家山乡路堡中学　申朝刚

初中生具有一定的自觉意识和情感,具有不同的性格、爱好和特长,所以初中生的教育工作具有很强的复杂性和目的性。初中阶段是学生心理发展的重要时期,也是形成良好的学习习惯和掌握正确学习方法的重要时期。随着学生年龄的增长,他们的心理在不断地成熟,思想在不断地完善。一方面,初中一年级的学生,刚从小学升入初中,他们在小学里是高年级,总以"老大哥"的身份自居,而进入初中后一切都发生了变化,要求比小学严格得多,他们很难马上适应。另一方面,虽说他们已经上了六年小学,但年龄还小,自制能力较差,反复性大。教师只有深刻了解学生的心理,制定一整套适合学生心理发展的管理制度,才能正确地引导学生、教育学生,培养学生的优良品质。因此,在班级管理和课堂教学中要注重教育教学的针对性和时效性,把正确的思想潜移默化、循序渐进地灌输给学生,使他们学会自我教育、自我完善,从而实现德育工作由被动向主动的转化。

一、注重教师的表率作用

教育过程中身教重于言教。若教师谈吐文雅,言之有理,思想健康,情趣不俗,遵纪守法,品行端正,则势必会潜移默化地影响学生。人们常说榜样的力量是无穷的,学生的思想观点、行为方式等尚未成熟,有很大的可塑性,教师的言行就是学生的一面镜子。教师要求学生热爱劳动,而自己却怕劳动、怕流汗,学生又怎能在劳动时积极主动?教师要求学生品德高尚,而自己却言行不检点、私心很重,学生又怎能知道什么叫品德高尚呢?假如教师时时刻刻都以无私奉献的精神来要求自己的一言一行,做学生的楷模,那么学生的品德一定不会低劣。所以,教育工作者要时时以高标准来要求自己,为学生树立良好的榜样,引导学生树立正确的人生观。这一点非常重要,它是决定德育工作成败的关键。

二、集体主义荣誉感是动力

学校的所有活动都是进行集体主义教育的好时机和好素材,因此对每次活动都必须进行周密的安排,认真组织,做好组织发动工作,鼓励学生为集体争光。教育学生无论做什么事都要尽全力,努力取得优异成绩,绝不气馁。例如,进行广播操比赛和学校秋季运动会,赛前我先组织学生观看其他班级练操,让学生判断优劣。他们一致认为初一(二)班做得最好,我借此时机激励学生:"你们能做好吗?我相信你们一定能做好,一定能超过初一(二)班,为我班争光!"学生异口同声地喊道:"能拿第一!"在为班集争荣誉的动力鼓舞下,在明确的目标指引下,什么困难学生都能克服,他们各尽所能纷纷为住校生借衣服,不厌其烦地反复练习,最后终于取得了全年级广播操第一名的好成绩。在运动会前,我鼓励全班学生争取获得四张奖状,至少也要获得三张奖状:队列比赛奖状通过努力是可以获得的,优秀宣传报道班奖状一定要获得,精神文明班奖状有把握获得,而团体前三名不一定能获得,但一定要争取。

我在会前给学生认真分析了形势,确立了奋斗目标。结果在全体学生的共同努力下,我班光荣地获得了前三项荣誉,仅广播稿件就写了 500 多份,人均 10 余份,受到了学校的表彰奖励。运动项目也取得了第四名的好成绩,这第四名的成绩取得实际上是很艰难的。在体育方面,我班无特殊人才,全靠学生奋力拼搏才获得。由此可见,学生的集体荣誉感只有在教育者带动、鼓舞下才能更好地发挥出来,形成一种凝聚力,预定目标的实现更激发了学生爱集体、爱祖国的情感。

三、爱心可以融化一切

中学阶段是学生思想发展与世界观形成的重要时期,这一年龄的学生常伴随着成人感、独立感的增强而进入心理闭锁时期,不轻易将自己的内心世界向别人表露。班主任需要针对学生的年龄特点、心理特点,把慈母般的爱注入学生的心灵,使他们能在集体中愉快地学习和生活。"热爱学生是教师的天职。"班主任在工作中,更应该从爱出发,关心学生,当好"慈母",使学生从心底里喜欢、信任,有什么心里话都愿意向班主任吐露。我班有一名学生学习较差,很自卑,性情孤僻。我想,不能让他这样发展下去,一定要用老师的爱冲掉他的自卑,温暖他冰冷的心,使他恢复少年的朝气。我找各种机会与他接近,与他聊天,关心他的生活,了解他的内心世界。原来他的母亲在他五岁时去世了。一次,他生病住院了,父亲又在上班,不能照顾他,我就带领全班同学看望并照顾他,把香喷喷的饭菜送到他的手中,帮助他把当天学的功课补上。面对同学们的热情关怀和精心照料,他说了一些使人难以相信的感谢话,连我都感到惊讶,平时没一句话的他,说了那么多又说得那么好。他一直紧皱的眉头舒展开了,紧闭的嘴巴笑得合不拢。正是这种珍贵的爱温暖了他,浇灌了他干涸的心灵。他又振作起来了,成为一个快乐无比的少年。

四、自我教育是最好的教育

教育学生首先要了解学生。为了进一步了解学生的思想,掌握信息,我鼓励学生写日记、广播稿,写出自己的理想、奋斗目标、心中的榜样。为使学生写好日记,我专门组织了一节德育课学习《雷锋日记》,使学生更加认识到,只有生活有目标,具有坚韧不拔的意志,人生才会有意义。通过锻炼,学生的认识提高了,写作能力也提高了,班里一些好人好事得到了广泛宣传,从中也可发现许多学生爱祖国、爱集体的珍贵事例。运用多种激励机制是自我教育的一个重要手段,如"全面检查百分制"的执行。全班学生轮流负责纪律,实际上就是当值日干部把当天检查的内容送交班长,由班长打分。每位学生的基数分是 100 分,如果迟到一次扣 2 分,做一件好事加 5 分。每日夕会由班长公布加分、扣分情况,并把当天情况写在黑板上,每月总结一次,对前 10 名提出表扬,并颁发小的学习用具以资奖励。"全面检查百分制"的内容包括文、体、卫各方面,全班学生既是检查者又是被检查者。这项活动充分调动了全班学生的积极性,如晨练、课间操,我班总是站队迅速,做到了快、静、齐。这样,在短短的一个月时间里,我班在文、体、卫等方面取得了全面丰收。许多任课教师的看法也发生了变化,认为我班学生比刚入学时有了很大的进步。这项活动增强了学生的自信心,提高了学生的自制力,形成了自我教育、自我认识、自我管理的良性机制,学生的思想觉悟有了明显提高。

五、在实践中锻炼意志品质

初中生正处于由不成熟走向成熟的阶段,求美,求真,追求人生的价值。教师可以遵循他们的知、情、意、行发展规律，通过游戏、劳动、文体等活动使他们在快乐的气氛中受到教育。2019 年春天，为响应国家爱惜粮食的号召，我发动全班学生开展种实验田的活动。为激发学生的劳动热情，班里进行了分组竞赛，共分七个小组，每六人一组，比比看哪一组锄得最多、种得最好。全体同学积极响应，热情很高，在劳动中争先恐后，发扬不怕苦、不怕累的精神，并能互相帮助。许多同学的手起了泡、擦破了皮，却不叫一声苦，不喊一声累。如一名姓王的同学从小患小儿麻痹症，走路都很困难，老师和同学们都不让他干活，而他却不声不响地为同学们打开水、递毛巾，干得满头大汗，一直不休息；在劳动期间，又为同学们唱起了动听的歌。大家劝他休息，他却说："我为班集体做些力所能及的事，心里高兴。"通过这次活动，同学们团结得更紧密了，不仅了解了各种粮食作物的习性，增长了知识，认识到"粒粒皆辛苦"的深刻含义，而且还锻炼了意志品质，培养了热爱劳动的优良品质。

我如何当一名好校长

祁县城赵中学　王泉良

26年的教学生涯中，我历任祁县里村中学教师，祁县二中教师、政教副主任、安全办主任，祁县原东小学校长，祁县丰固小学校长，祁县城赵中学校长，从普通教师成长为一名校长。如今回过头来想想，当把一所学校的发展重担扛在肩上的时候，才如此深刻地感到做一名好校长的艰难。

无数学校的发展道路证明了"一位好校长就是一所好学校"，办好学校，关键在校长，校长是一校之魂。在一所学校里，校长不仅是学校各项工作的组织者与管理者，还是决策者、指挥者、引领者。校长的办学思想、专业水平、人格魅力关系到学校的兴衰成败。而校长能否成为一所学校的灵魂，关键在于是否扮演好了自己的角色。

一、一名好校长必然是热爱教育、不忘教育初心、敢于担当使命的校长

好校长必须要热爱教育事业，有执着的信仰。很难想象，不热爱教育、不热爱教师、不热爱学生的校长能够办好教育。心中无爱，就不可能感觉到自己肩上责任重大，就不可能敢于担当。为此，校长必须强化两种意识和一种精神：一要有校长的角色意识。当校长就要在其位，用其心，尽其责。二要有立志当一名好校长的专业意识。三要有想当好校长的进取精神。

百年大计，教育为本。校长肩负着崇高使命，因而校长岗位神圣；校长岗位神圣，因而校长责任重大。这种责任，从大的方面讲，关系着国家、民族的未来；从小的方面讲，关系着千家万户的幸福、牵涉着与学生相连的几代人的命运。勇于担当起这样的责任才能成为一名好校长。

二、一名好校长要以先进的办学理念和科学的教育思想引领学校发展

校长对学校的领导首先是思想的领导。学校的教育教学实践活动需要有正确的、科学的、符合教育规律的理论做指导，而这些理论便应当成为校长的教育思想。校长要真正懂得学生的身心发展规律、教师的教育教学规律、社会发展规律等，让教育面向生命、面向成长，让教育回归本真。校长应站在学校科学发展、可持续发展的高度，切实找准发展的着力点、切入点，准确定位学校的育人目标，并引领全体教师为实现共同目标而努力。坚持依法治校，实施民主管理；坚持以德立校，培养优秀人才；坚持人才强校，打造一流队伍；坚持特色兴校，深化办学内涵；坚持文化塑校，提升办学品位。

三、一名好校长要带头增强执行力，以科学的管理规范学校的发展

执行力是走向成功的必备能力之一，更是一种思维方式、行为习惯和人生态度。"三流的点子加上一流的执行力，永远要比一流的点子加上三流的执行力更好。"任何事情谋划得再好，不如现在"挽起袖子加油干"，遇到一个困难解决一个困难，下定决心，坚持不懈地做下

去,最终总能达到胜利的彼岸。那么,应如何提升学校工作的执行力呢?我认为主要应从以下几个方面做起。

(一)提升执行力,首先要从领导做起

"己所不欲,勿施于人。"校长能够以身作则、率先垂范,往往是一所学校能够贯彻执行力的关键。校长本身的行为是整个学校的风向标,所有教职工都会拿他作为参照。只有校长亲力亲为,身体力行,对自己的工作全身心地投入,全体职工才能万众一心,朝着既定的目标团结奋进。

(二)健康积极的心态是提升执行力的关键

一所学校是否朝气蓬勃、奋发向上,是否具有开拓创新精神,首先取决于校长的态度是否是健康积极的。其实,人与人之间往往只有很小的差异,但这种很小的差异却常常造成日后巨大的差异,这种小小的差异就是态度的积极或消极,巨大的差异则是成功或失败。因此,校长首先要引领广大教职工树立阳光的心态,以积极的情绪去面对学校工作中的一切问题,克服情绪化管理。

(三)勇于创新是提升执行力的必要条件

学校要生存,发展是硬道理,而要发展,必须创新。

观念创新:校长必须树立立德树人、以人为本的素质教育新理念,把学校的发展真正落实到为了全体师生、依靠全体师生的轨道上来。及时学习引进新的管理思想和管理理念,对学校进行创新管理。要打破安于现状的思想和狭隘的思维,顺应时代发展的趋势和潮流,建立开放、民主、多元化的学校发展模式。

管理创新:切实分析学校发展的现状,找出制约学校发展的关键因素,充分发挥学校固有的优势,调整、改进学校发展规划方案及其实施步骤,提高学校在区域范围内的竞争力。创新管理流程,简化工作环节,缩短执行时间,提高执行效率。改进管理方法,提升中层领导的执行力,充分发挥中层领导在学校管理工作中的作用,确保学校中层领导敬业重德、主动积极、细节完美、做事到位、不讲借口、立即就干。

四、一名好校长还必须具备人格管理的魅力

"得民心者一呼百应,失民心者一事无成。"校长的人格魅力对教职员工的影响至关重要。身负教育重任的校长必须重视自己的人格塑造,以崇高的人格魅力来赢得广大教职员工的信任和拥护,充分发挥他们的聪明才智,确保教育教学的可持续发展。

校长的人格魅力来自以身作则、率先垂范,来自善纳良言、集思广益,来自为人正直、作风正派,来自才能服人、以诚待人。校长是师生的楷模,是师生的镜子,校长的言行对师生有极强的感染力。只有具备令人信服的道德修养、人格魅力,才能凝聚师生合力,推进学校的可持续发展。

综上,当一名好校长,就是要用先进的思想引领人,用科学的管理调动人,用有效的教育培养人,用人格的魅力感染人,这也是一名管理型校长的必备素质。而努力当一名教育家型的校长,是我做校长的职业理想。幸福是奋斗出来的,我将永远仰望着理想的背影,孜孜不倦地追求!

适性为魂，创办个性化教育

——大槐树一中特色学校建设适性教育初探

洪洞县大槐树镇第一中学　闫德胜

我梦想的国土不是一条跑道，所有人都向一个目标狂奔，差别只在名次有先有后。我梦想的国土是一片原野，容得下跳的、跑的、采花的、在溪边濯足的，容得下什么都不干就躺在草地上晒太阳的。

——陈嘉映《无法还原的像》

著名教育家苏霍姆林斯基在《和青年校长的谈话》中写道："领导学校，首先是教育思想的领导，其次才是行政上的领导。"作为校长，用什么样的教育思想引领学校和师生的发展，才能让学生快乐地成长、教师幸福地工作、学校持续发展，是我们每一名校长都应深入思考的问题。大槐树镇第一中学（简称"大槐树一中"）在多年的办学实践中，秉承"把每个学生都放在心上，促使每个学生都达到自己的优秀"的办学理念，始终坚持适性教育的办学思想，充分尊重每一位教师的发展权，充分尊重每一名学生的成长权，立足学生、教师的个人情况，科学制定发展目标，一名教师一份发展计划，一名学生一个成长方案，让所有师生都能体会到被关爱、被尊重、被需要、被认可的幸福和自豪，都能够在大槐树一中快乐地生活、学习和工作，都能够自信从容地成长，绽放最美的自己。

一、适性教育的背景

《国家中长期教育改革和发展规划纲要（2010—2020 年）》首次明确提出尊重教育规律和学生身心发展规律，为每个学生提供适合的教育。《义务教育学校校长专业标准》中也指出，要全面实施素质教育，为每个学生提供适合的教育，促进学生健康快乐地发展。

冯建军、刘霞在《内涵、困境与路径选择》一文中指出，适合的教育首先是合乎人性的教育，其次是适合学生群体特点的教育，再次是适合学生个体的教育。实际上，适性教育就是根据学生的差异有选择地进行教育，也是根据学生的个性、人格、兴趣和能力的差异，进行灵活选择的教育，是以学生个体情况为依据，科学地制定发展目标，不降标，不增负，让学生跳起来能够摘得着苹果，让教师努力了能够看得见成果，是以人为本教育思想的体现，是素质教育发展目标的体现，是孔子因材施教思想在现代教育中的实践。

二、适性教育的孕育

大槐树一中位于洪洞县城区，现有 24 个教学班，教师 105 人，学生 1200 人。学校教学质量不高，学生外流严重，学校内、外环境都不容乐观：学生家长片面追求分数；社会只看中考达线人数；教师教育功利化严重，填鸭式灌输、流水线式培养学生，已经违背了立德树人的教育方针，扼杀了学生的天性，制约了学校的可持续发展。教育的目的不是培养相同、相似的人,而是让每个学生寻找和发现更好的"我",学校应为学生寻找和发现更好的"我"提供帮助、创建平台。2018 年 1 月,我自登临中学调任大槐树一中后,提出"把每个学生都放在心上,促使每个学生都达到自己的优秀"的办学理念,积极倡导教师关注全体学生,注重学生的个体差异,以促进每个学生的健康成长作为自己的教育观,在学生心里种下公平的种子。

"把每个学生都放在心上",即涵养高尚师德,对学生进行爱的教育,关注全体学生,关心、爱护每个学生,不抛弃、不放弃每个学生;"促使每个学生都达到自己的优秀",即根据最近发展区教育理论,依据"适合的就是最好的"教育理念,认真分析学生情况,科学制定切合学生实际的发展目标,使学生在自身基础上永争第一,做到最好。

为全面落实学校的办学理念,经全体教师讨论,学校提出实施适性教育。适性教育是以学生为核心的教育,是在全面分析学生的家庭生活情况,分析学生的知识基础、学习兴趣、学习品质、学习习惯后科学制定学生的阶段发展目标,因材施教,一生一案,对学生在实施共性教育的基础上进行个性化教育,即精准分析、精准培养,在整个教育进程中,根据学生个体差异现象,不断提供符合其发展的教育情境,适时给予各种发展机会,以适切教育方式,有效开启学生的学习潜能,使每个学生的潜能得以发挥,并从学习活动中获得成功的体验,以增强其自信心,保持并增进继续学习的兴趣,谋求充分发展。

尊重学生是适性教育的前提,顺应学生是适性教育的规律,发展学生是适性教育的归宿。适性教育的根本目标在于更好地发展学生,尊重与顺应学生,促进学生自由而充分地成长,让每个学生都达到自己的优秀,都成为最好的自己。

三、适性教育的植入

学校确立了全面实施适性教育的工作思路,要把适性教育理想愿景转化为现实存在,在学校工作各个层面落实"适合的就是最好的"教育思想,真正构建平等对待每一位学生的学校文化,切实尊重每一位学生的不同特点,在学校集体生活中积极创建让每一位学生都能获得满足需要的教育环境,因此学校确立了适性立德、适性立范、适性立学、适性立长四项工作措施。

(一)适性立德

适性立德就是研究学生的思想现状,从学生的心理成长规律出发,结合不同年级学生的特点,确定教育重点。以"弟子规"校本课程的开发与实施涵养学生良好个人私德,以社会主义核心价值观内容为主题的班会活动培养学生良好的社会公德,以"最美孝心少年"评选、"走近清明""红五月"校园文化艺术节、"认识屈原"、毕业典礼等德育系列化活动培养学生感恩的意识,以《毛泽东诗词诵读》《苏轼诗词诵读》《欧阳修诗词诵读》《辛弃疾诗词诵读》校本教材为依托筑牢学生传统文化底蕴,以校外研学实践活动为平台培养学生的创新精神。通过学校五大德育平台树立学生正确的世界观、人生观、价值观,健全学生人格,培养学生优秀的品德和良好的社会公德。

(二)适性立范

"范"就是行为有范。学生行为是学校文化的外在表现,是学生内心思想的反映。适性立范,就是研究学生行为存在的共性与个性问题,研究不同年级学生的行为特征,科学地设定针对性培养目标,以《中学生日常行为规范》和《大槐树一中学生行为考核细则》为抓手,强化校长助理团与学生会的工作,引导学生自我教育与自主管理,以养成"干净整洁的卫生习惯,文明有序的行为习惯,自主高效的学习习惯"为目标,培养学生良好的行为习惯,使学生行有规、立有矩。

(三)适性立学

"学"就是学习的能力和学习的成绩。学习成绩是学生学习能力的外在体现,学习能力是学生学习成绩提高的基础与关键。适性立学就是在完成《大槐树一中适性教育学生情况分析手册》的基础上,全面分析学生的家庭情况、学习习惯、知识基础、学习态度,科学、合理地确定学生成绩提升目标,以入口定出口,建立科学的评价机制,不增加学生的负担,不引发教师的焦虑,建立良好的师生关系,一生一方案,一生一目标,设置教育底线,建立契约课堂制度,制定针对性、个性化教育措施,让学生从小步做起,端正学习态度,培养学习兴趣,逐步提升知识基础,提高学习能力,进而促使学习成绩全面进步。

(四)适性立长

"长"就是特长。根据国家体艺"2+1"工作要求,初中阶段学校不仅要培养学生良好的学习能力、奠定扎实的知识基础,还要培养学生2项体育技能加1项艺术技能,让学生过完整而幸福的生活。适性立长就是根据学生兴趣、爱好、个人特长,结合学校实际情况,广泛开展学生社团活动,在社团活动中培养学生的自我教育与自我管理能力,在社团活动中发展学生的兴趣爱好,培养学生的特长。

四、适性文化的构建

"三流的学校做制度,二流的学校做品牌,一流的学校做文化。"在多元文化并存的今天,学校表层的竞争是升学率的竞争,中层的竞争是名师、名校长的竞争,而深层的竞争是文化的竞争。学校文化是一所学校区别于其他学校的独特标识,是全校师生在长期办学过程中形成并共同遵守的最高目标、价值标准和行为规范,是学校办学理念、校训、校风、教风、学风的浑然天成,是学校的核心竞争力。在适性教育办学思路的指引下,我校依据学生发展特点与社会发展需求,凝练形成了适合学校、学生实际的"一训三风",努力建设美好和谐的校园文化。

(一)办学理念:把每个学生都放在心上,促使每个学生都达到自己的优秀

没有爱就没有教育,爱是教育的底色,爱是教育的灵魂。"把每个学生都放在心上"指要关注全体学生,不抛弃、不放弃任何一个学生。每一个学生都是可爱的天使,都是独立存在的个体,需要每一位教师关心、爱护与尊重。"促使每个学生都达到自己的优秀"指要注重学生差异,根据学生个体情况进行适合的教育。学生生而相同,又生而不同,教育要从学生的基础出发,为学生提供多元化、可选择的课程,使学生健康生长,成为最美的自己,达到自己发展的最高点。

(二)校训:勤学、修德、明辨、笃实

勤学,学为安身之道,一勤天下无难事。作为以农村孩子为学生主体的学校,我们首先尚勤,只有勤奋学习,才能阻断贫困代际传递,才能改变学生的命运,才能改变学生家庭的命运,也唯有学习才能奠定学生人生成功的基础。

修德,德为立身之本,德为人之魂。修德就是提倡学生树立正确的世界观、人生观、价值观,推崇道德,弘扬中华民族传统美德,不断提高思想道德素养,既修好公德,又修好私德,努

力做一个有益于人民、有益于社会的人。

明辨，知人者智，自知者明。明辨就是要求学生面对纷繁多变、思想多元的社会，要有自己的定力，有自己的主见，不人云亦云，不随波逐流，只有明辨才能看清是非曲直，走好人生的每一步。

笃实，道不可坐论，德不能空谈。笃实就是要求学生扎扎实实干事，踏踏实实做人，把小事当作大事干，将自己的人生价值融入社会主义核心价值观中，于实处用力，为中国梦的实现贡献力量。

(三)校风：诚信、勇敢、健康、豁达

诚信，诚以立世，信以为人。诚就是要求学生做人做事要讲诚信，与人交往也要讲诚信，诚信是做人做事的基本原则，讲求诚信要落实到学习生活的各个层面，形成良好的道德品质。

勇敢，要勇于敢，勇于不敢。勇于敢就是要求学生既要敢于同坏人、坏事做斗争，也要有敢于承担责任和风险的勇气；勇于不敢就是要求学生内心要有所敬畏，不敢为恶，不敢为非，不敢自我膨胀，不敢自我放纵。

健康，野蛮其体魄，文明其精神。健康就是要求学生身心的内外统一，不仅有健康的身体，更要有健康的心理、顽强的意志，为将来的发展奠定良好的体质基础，并塑造良好的心理素质。

豁达，心胸开阔，性格开朗，能容人容事。豁达就是要求学生胸襟坦荡，处世旷达，拿得起，放得下，不计较，不嫉恨，容人之不容，恕人之不恕，培养个人内涵，修炼宽宏、博爱、高尚的心境。

(四)学风：自尊、自律、自信、自立

自尊，即人格自尊，自我尊重与自我爱护，珍惜自己的荣誉，爱惜自己的身体，为自己的现在和将来负责。

自律，即行为自律，就是遵循法度，自我约束，做到严格要求自己，宽容对待他人。

自信，即学习自信，就是对待学习，要有信心，要相信努力就有结果，付出就有回报。

自立，即生活自立，就是不依赖他人，自我独立，依靠自己的能力实现自我生活所需，在初中阶段体现为一种精神、一种意识。

(五)教风：尽心尽责、尽善尽美

尽心是指教师用尽一切力量，把本职工作做到最好的态度；尽责是衡量工作是否达标、是否达到工作要求的评价尺度。

尽善尽美是教师对教育事业的一种价值取向、一种境界追求，表现在工作上为精益求精，追求完美。

结语

叶圣陶先生曾说，教育是农业而不是工业。农业就是该松土就松土，该播种就播种，该除草就除草，该施肥就施肥……一切顺应庄稼生长规律；教育不是工业，学生的成长不是工业产品的加工过程，批量生产，整齐划一，而必须像对待农作物一样，不同的作物有不同的种植方法。

　　孔子说："无欲速，无见小利；欲速则不达，见小利则大事不成。"孩子的教育，急不得，所有的拔苗助长，都会在当下或者未来受到惩罚。

　　美国教育家布鲁诺说："教育者的基本态度是选择适合儿童的教育，而不是选择适合教育的儿童。"《国家中长期教育改革和发展规划纲要（2010—2020年）》也明确提出，给学生提供最适合的教育，使每一个学生都能健康成长的教育才是最好的教育。所以，我们将坚持以适性教育思想为指导，以整合优化为策略，强化内涵建设，努力建构美好、和谐的校园文化。

用"125"德育模式统领学校德育工作

孝义市第六中学校　张雅雄

一、创新德育模式的原因

通过座谈、观察,我们发现当前学生受家庭、社会环境的影响,在"三观"和道德品质方面存在着一些问题。

初中面临中考应试的压力和家长、社会对教学成绩的要求,尽管也在落实立德树人、德育为先,但整体上对德育重视不够,方式方法不科学,优秀传统文化、美德给学生留下的印记很浅,德育工作疲软,学生未能得到很好的教育。此外,德育零散化、碎片化,没有体现出循序渐进、螺旋上升的系统性。

二、"125"德育模式的实践

我校通过全面梳理德育工作状况以及问卷调查、案例分析、跟踪调查研究典型个案等途径,提升了德育工作水平,形成了"125"德育模式,即"一个抓手、两个并重、五项措施"。

(一)"一个抓手"

"一个抓手"即坚持以主题教育为抓手,结合三个年级学生的不同特点,由浅入深、由表及里、呈螺旋上升式分年级、分学期确定了十个教育主题:初一第一学期——诚信与友善,第二学期——感恩与责任;初二第一学期——爱国与守法,第二学期——公德与节俭;初三——理想与励志。我校明确了每一个主题在内在道德品质和外化行为习惯两方面要达到的预期效果,在各项教育教学工作中渗透、落实每一个教育主题。

(二)"两个并重"

"两个并重"即坚持"内外并重""教管并重"。"内外并重"即内在的道德品质和外在行为习惯养成并重,"教管并重"即思想教育和行为习惯监管并重。内在道德品质和外在行为习惯是密不可分、高度一致的有机整体。要提升学生的道德品质,就要培养其良好的行为习惯。外在行为习惯养成的关键在于内在的道德品质的培养。

(三)"五项措施"

"五项措施"即在"两个并重"思想指导下做好思想洗礼、实践体验、家校合作、加强监管、激励评价五项措施。

1. 思想洗礼

思想教育高于一切,思想对了,人就对了,人对了,世界就对了。在思想教育上要坚持不懈,不厌其烦,堂堂抓,天天抓,周周抓,月月抓。

围绕各年级、各学期主题,以班为单位每两个星期召开一次主题班会;利用升旗活动、团队会、励志讲座、社团活动、宣传栏、黑板报、观看教育视频等形式开展主题教育;以年级、班级绿色讲坛为平台组织主题教育报告。此外，确立课堂教学本身也是德育的思想，高度重视学科渗透，各学科都对教材中的德育资源进行梳理、挖掘、加工、充实，寓德育于教学之中，让学生在日常学习中受到影响和教育。

2. 实践体验

在充分进行思想教育的基础上让学生体验美好的道德品质带给人的愉悦感受，从学校、家庭、社会三个层面大量开展实践体验活动，如"同学，我来帮助你"，"我是老师的小帮手"，"人人都是小雷锋"，"我为父母洗洗脚"，"算算亲情帐，感知父母恩"，"家务我帮忙"，野外拉练，在公共场所捡纸、擦洗栏杆，看望孤寡老人，"我爱我的祖国"知识竞赛、演讲、朗诵比赛、"爱国歌曲大家唱"，安全逃生演练，参加社会调查，节假日义卖。这些实践体验活动根据作用分为功能性活动和综合性活动。如"湿地公园探秘"就是综合性的活动，既能培养学生团结友爱的精神，也能培养学生吃苦耐劳、勤俭节约、爱护公物的精神，甚至能培养学生的国家、民族意识。

3. 家校合作

父母是孩子终身的老师，孩子是父母的镜子。家校配合、形成合力的教育将事半功倍。因此，要在家校沟通、形成合力上下功夫，充分利用微信群等家校交流平台，密切家校联系。鼓励家长校访的同时，教师多做家访。此外，办好家长学校，充分利用家长会，做好家长培训，发挥家长的榜样示范作用。创新家长会形式，从方式上看，由传统的集中开改为分组、分层、分类、分专题开；从对象上看，由只有家长参加改为家长、学生共同参加；从时间上看，从学期中开改为学期初、学期中、学期末随机开。

4. 加强监管

时有发生的校园暴力事件提醒我们没有管理就没有教育，管理约束非常重要；要确立教管并重的思想，加强对内在道德品质外化出来的行为习惯的监管，以行为习惯的养成倒逼道德品质的涵养。

一要充分依托班级管理主阵地，出台班级管理考核细则，并根据学生行为习惯出现的新情况、新变化不断调整考核细则。发挥"一主两翼"的重要作用——"一主"即以班主任为主；"两翼"指发挥任课教师的作用，设置副班主任岗位，任课教师养成候课习惯，承包转化问题学生，形成全员育人机制。发挥班干部的作用，实行值周、值日班长制度，加强小组建设与管理。

二是加强学校、年级层面的监管，根据年级特点制定日常管理考核细则，并逐日检查、公布考核结果。

三是重视薄弱时间、薄弱区域的管理，如在早到校、活动、放学等时段，对楼道、楼梯、校门口等区域加强值班。

四是重视细节管理，在学生发型、穿校服、自行车摆放、学习用品摆放、放学拉窗帘等细节管理方面也做出了努力。行为习惯就是要着眼细节，长期跟踪，盯住不放，管教结合，狠抓落实。行为习惯就是要透过现象看本质，见微知著，以小见大，甚至要小题大做，迁就不得，麻木不得，拖拉不得，自以为是更要不得。

5. 激励评价

一是综合素质评价，变以学习成绩为主的评价为德、智、体、美、劳评价。我校出台"绿色学生十条标准"，对学生的综合素养提出规范和要求。根据"绿色学生十条标准"进行"十星争辉"评选,在小组、班级、年级、学校四个层面层层推选星级学生,每学期进行两轮展示,满足学生渴望他人认可的心理。

二是建立具体可行的多元评价办法和机制,如有的班级开展道德银行储蓄活动。

三是使用自评、互评、教师评、家长评等方式对学生的道德品质进行定性评价。

三、"125"德育模式的效果

(一)学生的行为习惯更加规范

从着装来看,学生上下身都穿校服,上衣拉拉链;从发型来看,怪异发型几乎没有了;从课前和课间秩序看,追逐打闹、大声喧哗、尖叫起哄、破坏公物的现象大为减少,温文尔雅、求知上进成了我校学生的普遍风尚。各班级都养成了放学拉窗帘、把凳子归位、把用品摆整齐的良好习惯。班级自主管理已经成为一种普遍现象,成效基本显现,所有班级都呈现出整体上秩序稳定、学风浓郁的良好状态。

(二)干净整洁的卫生环境成为常态

从办公区到教学区,从实验楼到宿舍楼,从餐厅楼到操场和厕所,不论是在正常工作时间还是节假日,不论是在楼内还是在楼外,不论是师生经常走的地方还是一般不去的地方,都保持了始终如一的干净整洁。当师生穿行在这样的校园时,会感到舒适、清新和愉悦。的确,干净就是最好的美。一滴水可以折射太阳的光辉,一所学校的卫生工作同样也能反映一所学校的管理水平。

(三)励志教育成效初显

常态化开展的励志教育,帮助学生认识自我、改变自我、超越自我,使学生拥有上进心,充满正能量。近年来,我校获得非毕业班质量抽考、中考评估、教学水平评估三项全市第一,就是因为我校学生不论聪明与否、基础如何,都刻苦学习,努力进取,用实际行动践行"做最好的自己"的校训。

(四)学生良好的道德品质得到涵养

通过实施"125"德育模式,使我校学生具有了拾金不昧、诚信友善、感恩师长、责必担当、爱国爱乡、遵守法律规则、讲究公德、生活节俭、志存高远等优秀的道德品质。

德育工作意义重大、任重道远,我校将继续探索并完善"125"德育模式,培养积极向上且脚踏实地的学生,培养行为习惯与道德素养良好的学生,完成立德树人的根本任务。

办有涵养的教育

——基于交口县第二中学校的办学思考

交口县第二中学校　赵志红

秋风吹出了一个层林尽染的季节,秋风送来了一个硕果累累的新时代。名校长培训工程已接近尾声,冥想过往,收获满满;遥想未来,思绪万千。

参加山西省名校长培训两年来,走到深圳看盐田,我感受到了当地办学机制的灵活性和现代化教学手段的超前性;走到北京看朝阳,我感受到了以实践为前提的课程开发的优越性;浙江看萧山,我感受到了基于核心素养的教研管理的精细化;走到上海看闵行,"后茶馆式教学""尝试教学""三本教学"等先进的教育理念对我的思想产生了很大的冲击。静思我们山区的教育现状:教师随遇而安的人生态度,家长落后愚昧的教育认知,学生恶劣单一的成长环境,学校固化陈旧的发展基础、片面追求成绩的单一评价导向,都成为制约学校发展的顽疾。他山之石可以攻玉,结合培训所得和我校实际,立足新时代,追溯教育根本,为办优质教育,我提出了"办有涵养的教育"的办学理念。首先我以下从四个维度对涵养教育进行解读:①厚植人文情怀,为形成正确的价值体系奠基;②牢树绿色意识,为遵从教育规律办学护航;③弘扬厚德育人,为高尚师德师风培育增能;④追求博学致远,为教育大国良师锻造发力。

这四个维度的提出和2019年版的《山西省中考命题研究》中的"一核、六维、四手段"不谋而合。"一核"指山西中考命题核心思想——立德树人、素养立意、导向教学。通过确立这一核心思想,说明"为什么考"。"六维"指山西中考命题的"六个维度"——立足学科素养,加大开放探究,注重阅读能力,关注表达、交流、共享,借鉴PISA测试理念,落实课程标准中的活动建议。通过确立这一考查目标,说明"考什么"。"四手段"指山西中考命题助推核心素养落地的"四大手段"——跨学科整合、不确定性结构、真实任务情境、理性思维和批判质疑。通过确立这一命题手段,说明"怎么考"。"一核、六维、四手段"为涵养教育提供了理论支持。

一、厚植人文情怀——为形成正确的价值体系奠基

从根本上来说,中国的传统文化是一种感悟的文化,它不同于偏于分析的西方文化。具有人文性质的学科在教学过程中被自然科学化,即把教学内容客观化,淡化人的主观情感因素;崇尚理性知识结构,忽视感悟与想象。它使本来诗意的、审美的、情感与想象的、以形象思维为内核的文科教学向工具化、机械化、标准化、逻辑化转向,导致人文精神内蕴、人文价值体系、理想信念、审美趣味的丧失。面临此种困境我们提出了人文培养的教育理念。基于这一理念我们明确了人文培养的目标、途径、突破口和要求:追求教育的灵性,努力为新世纪培养心胸开阔、志向高远、基础扎实、特长突出、素养全面、个性鲜明、富有自主意识和独创精神、勇于探索实践的现代英才。

二、牢树绿色意识——为遵从教育规律办学护航

绿色意识来源于马克思主义关于人的全面发展的科学理论,其核心指导思想是人的科

学发展观。《中庸》云："天命之谓性，率性之谓道，修道之谓教。"因此，我认为教育的本真是修道而教、率性而育。为了实现科学办学、规范办学、规律办学，我们为绿色赋予新的内涵：绿色环境、绿色教学、绿色语言、绿色媒介、绿色设计。牢树绿色理念，打造绿色校园。

(一)绿色环境

环境育人固然重要，但更重要的是教师要诱导、保护教育的有效"情场"，使学生在成长过程中发扬和传承绿色的制度文化、绿色的物质文化、绿色的精神文化、绿色的校园文化。

(二)绿色教学

新型的教学关系是师生在人格上真正平等。这就要求在教学过程中通过角色体验、心灵体验、情感体验、多元体验使教师和学生达到在情感上互补、在教学上相长。

(三)绿色语言

如今，教育中的体罚现象大幅减少，但有时会出现"语罚"现象。教师要尊重学生的人格，尊重学生的差异，尊重学生的需求，尊重学生的情感，从而激发出学生心中渴望成功的那团火，让学生感到我能行，从失败走向成功，从成功走向自信，从自信走向辉煌，从辉煌走向伟大。绿色语言是现代教育的强大助力器，是成就人才的必备武器。

(四)绿色媒介

网络、多媒体、电视、报刊是绿色教育的有效媒介，如果不能正确地运用现代教育设备，教学效益就差，而且还会使好奇的学生在利用网络中陷入误区。第四代黑板实现了声情并茂、立体可视的课堂；人手一台电脑的办公环境，实现了教师备课资源的最大化；问导网实现了优质资源的引进和全覆盖。

(五)绿色设计

大部分教师将主要精力集中在设计怎样突破知识点、考点上，视分数为目标，一小部分人重在设计怎样由教向学转变，但很少有人考虑教、学、育的有机统一、和谐发展。实际上，德才兼备才是"大器"。德只有寓教、学中才最自然，最有效，最具有生命力。

总之，要使我们的教育焕发青春活力、拥有鲜活的生命力，必须牢树绿色意识，遵循教育的规律，把创建绿色校园、实施绿色教育作为落实素质教育、推进可持续发展教育的切入点，把关注学生成长、注重教师发展、培育人文生态作为师生的共同愿景。

三、弘扬厚德育人——为高尚师德师风培育增能

立德树人是习总书记对教育的最高指示，也是教育的本真。德可润身，德可育心，德可壮胆，德可启智，德可长才，德可立人，立人德为先。思想是行动的动机，道德是行为的标准，品质是行为的方式，思想、道德、品质三者既不可分割，又不可偏废。我们从立德树人的两大主体和两大维度，对如何立德树人进行了明确的指导。

立德树人可以从两个主体和两个维度进行解读。从立德树人的主体来说，有教师和学生。教师立德的内容是有信仰、讲文明、怀仁爱；教师树人的策略是以身观身因势利导、致虚守静长善救失、起于垒土循循善诱、静待花开因材施教。学生要在立德树人中养成优雅的谈吐、文明的举止、健康的人格、高善的道德，树立正确的国家观、文化观、历史观、民族观，常怀是非之心、辞让之心、羞恶之心、恻隐之心，这样才能成为一个健全的、有道德的人。

从立德树人的维度来说，团委和德育处为横向育人载体，党团办领导下的年级—班主

任—任课教师为纵向育人载体,真正把立德树人贯穿在教育教学的各个环节。团委要通过团日活动、节日活动、实践活动对学生进行爱国主义教育;德育处要通过主题班会、安全教育平台、家校共育等途径对学生进行养成教育。

四、追求博学致远——为教育大国良师锻造发力

"博学"出自《中庸》。为学者应当具备博大和宽容之心,广泛地涉猎知识,这样才能拥有广阔的视野和开放的胸襟,才能兼容并蓄,真正做到"海纳百川,有容乃大"。教师如何才能让自己博学呢?

(一)读书能致远

读书是生命享受辉煌的良师益友,读书是命运承载智慧的诺亚方舟。例如,读了苏霍姆林斯基的《给教师的建议》《关于人的思考》《怎样培养真正的人》,等等,我们便理解了教育;杜威先生教给我们如何在"做中学";陶行知先生告诉我们"生活即教育,社会即学校"。不断地感受他们春风化雨般的人文情怀,我们才能不断地丰润我们的教育思想,才能真正读懂我们的职业。读书就是一种历史责任,只有读大量的书,积蓄力量,培育底气,才能站稳讲台。

(二)研修能致远

教育是一种关注和体现人类理想的活动,是充满梦想和希望的旅程。在这个过程中,我们在不断地表达着自己。科研是一种武装人类的方式,赋予人类发展的力量。因此,让研修成为一种习惯、一种工作状态,我们就会变得更加聪颖、更加深刻。

(三)写作能致远

著名教育学者肖川在《教师为什么要写作》一文中,总结了写作的六个好处,概括起来如下:一是提升阅读品质,二是会更加用心地去品味生活,三是帮助梳理思绪,四是深化认识,五是提升口头语言表达的品质,六是使生活更具有成就感。读书、积累、写作是三角形的三条边,缺少任何一边,其他两边就会重合,而积就等于零。"写下便是永恒。"

(四)宁静能致远

老子说:"五色令人目盲,五音令人耳聋,五味令人口爽。"我们做教育的人更要做到静下心来教书,沉下心来育人。在宁静的教书育人过程中,品味自己和学生,相互润泽,感悟岁月年轮与自己特有的教育情怀的对话;也只有在宁静中,才能感受到生命的平凡,感受到宁静自身的非凡意义,才能触摸到教育,并引领自己走向远方。

(五)初心如磐,涵志远方

为了把"办有涵养的教育"这一理念落实到教育教学管理的各个环节,我们研制了"交口县第二中学涵养教育实施框架图":以培养的内容、培养的途径、培养的突破口、培养的保障、培养的目标为切入点(着眼点),依托研修致远工程、多元评价工程、美德育人工程、文化育才工程、活力课堂工程,真正将人文情怀、绿色理念、立德树人、博学致远根植于校园,形成了"立德修身,涵志远方"的校训,爱心、诚心、耐心、关心的"四心"教风,自主、自律、自信、自强的"四自"学风。

"路漫漫其修远兮,吾将上下而求索。"愿我在办有涵养的教育征程中得到更多领导的支持和同仁的指导,也愿我的教育理念根植交口的沃土,为家乡培育更多的栋梁之材。

实施生本教育,促进内涵发展

垣曲县新建小学　安炜刚

垣曲县新建小学以"育人为本,德育为首,质量为主,安全为重,全面发展"为指导方针,以"让每一位师生都得到发展,感受幸福,走向成功"为办学理念,实行"八线"(即强化以党建工作为龙头的整治体系,以校长为龙头的学校管理体系,以德育处为龙头的德育管理体系,以教导处为龙头的教学管理体系,以教研组为龙头的教研体系,以学科组为龙头的教学组织体系,以家教为龙头的家校共建体系,以后勤处为龙头的服务保障体系)平行管理,着力打造生本教育特色品牌。

一、创建生本德育体系,塑造学生健全人格

我校的德育工作思路是以"三节三礼三活动"为平台、以养成教育为重点、以主题活动为载体、以回归生活为方式、以实践活动为途径开展系列活动。

(一)践行"十个一"养成教育,培养学生的良好习惯

习惯是成就人生的基石,我校在引导学生领悟《小学生守则》和《小学生日常行为规范》的同时,在生活、行为、学习三个方面践行"十个一"养成教育,促进学生健康成长。"十个一",即每天至少参加一小时体育锻炼。(学会健体)每天至少为学校或班级做一件好事。(学会爱校爱班)每天至少做一次家务。(学会自理)每天阅读一小时,每周写一次读书心得。(学会明理和积累)每天至少练十道口算题,每周发现一个生活中的数学问题。(学会速算和发现问题)每天至少练两行规范字,三至六年级学生每周至少练两张毛笔字。(学会规范字)每天对照学生一日常规想一想自己的进步和不足。(学会自律自省)每天要对自己的知识进行预习、复习、总结。(学会自主学习)每周进行一次社会实践调查或实践活动。(学会体验生活)每学期至少进行一次才艺展示。(学会自主发展)

(二)开展德育系列活动,塑造健全人格

(1)遵循德育原则,召开知礼明理主题班会,启迪学生。如开展"感恩他人在心中""遵守法律从我做起""理想信念指方向""安全伴我行"等主题班会,引导学生体验生活、感悟人生。

(2)围绕生本教育,开展丰富多彩的主题活动,激励学生。如"永远的纪念"清明节扫墓活动,践行社会主义核心价值观"讲英雄故事,树心中榜样"主题演讲比赛,"开卷有益"读书交流会,"感恩母校,放飞理想"六年级毕业典礼等系列活动获得社会各界的赞誉和家长的好评。

(3)搭建"三节三礼三活动"平台,帮助学生树立正确的人生观、价值观。"三节":阳光体育节、魅力艺术节、润心读书节;"三礼":入学礼、成长礼、毕业礼;"三活动":小主人在行动、综合实践活动、感恩活动。让学生在实践中锻炼才干,不断拉近与社会的距离;在阅历和经验的积累中,掌握翱翔于天空的本领。

二、搭建校本研训平台,促进教师专业成长

(一)以名师工作室为抓手,培养市、县、校三级名师

我校继续发挥名师工作室的作用,以名师工作室为成长平台,以课堂教学为主阵地,以课题研究为主抓手,坚持自主学习与名师的示范、指导和辐射作用相结合的原则,建立了一整套骨干教师培养规划,有计划、分层次地将一批优秀教师纳入学校骨干培养规划中,并逐步形成具有学校特色的名师工程。

(二)以板书设计为突破口,开展课堂教学改革

板书是教学中所应用的一种主要的教学媒体,板书艺术则是教学艺术的有机组成部分。板书是学生掌握教材的凭借、巩固知识的依据,板书内容的好坏直接影响教学效果,因此,本学期我校课堂改革以板书设计为突破口,要求教师遵循深挖教材、把握重点,讲写结合、主辅相随,语言准确、启发性强,内容完整、条理系统的原则,根据教材的内容和学生的适应程度精心设计板书,使其达到科学、精炼、好懂、易记的效果。经过实践、研讨、评比、总结,我校教师设计了内容式板书、强调式板书、设问式板书、序列式板书等多种类型的板书,丰富了课堂,强化了效果。

(三)以问题式教研为导向,打造高效课堂

本着"以科研促教研,以教研促教学"的指导思想,我校以问题式教研为导向,按"问题—计划—行动—反思"四个步骤开展问题式教学研究,全面落实课程改革的目标,促进教师的专业发展,切实提高教学质量,努力提升教师整体教学水平,从而扎实开展课堂教学研究活动,打造高效课堂。

三、构建生本课程体系,推动学生个性成长

学校坚决贯彻国家基础教育课程改革精神,推进素质教育深入实施,突出课程在学校教育实践中的核心地位,加快推进学校课程体系建设,实现国家和地方课程校本化、校本课程特色化,丰富学校课程文化,在人文与品德、实践与创新、艺术与审美、运动与健康四大领域开发了生本课程体系,各个领域由基础课程衍生了校级课程、班级课程和综合课程。校级课程包括德育系列化、主题阅读、晨诵暮读、科技小发明、小制作、书法、国画等20余门;班级课程包括中华德育故事、经典电影、经典歌曲、名著欣赏、文明之旅等10门;综合课程包括"三节三礼三活动"。

四、关注家校合作教育,实现家校共育目标

我校以家庭教育为切入点开展以"好家庭、好家教、好家风"为主题的系列活动,弘扬时代新风,建设文明家庭;开展"静心读书会"活动,了解孩子的成长规律,提升父母素养;开展"家庭教育沙龙"活动,提升家长科学育儿的理念与技巧;开展"家长进课堂,携手共成长"活动,为学校新样态建设打下坚实的基础;开展"心理健康月"系列活动,促进学生的身心健康。

为了充分利用家长自身的优秀教育资源,拓宽孩子的眼界,我们鼓励家长参加学校教育活动,融入学校生活。来自不同岗位的家长从多角度选材设计的课堂让师生们耳目一新:围棋、戏曲、法律知识、天文知识、作文训练、手工制作、保健知识、礼仪知识、脑密码、书法、趣味英语……名目繁多,百花齐放。此活动既有效弥补了学校教育的不足,丰富了课程资源,整

合了各方教育优势,又为学校形成家校一体优质教育体系注入新的活力,为家校结合、实现家校共育打下了坚实的基础。

五、实施生本多元评价,提升学生综合素养

为了提升学生的综合素养,学校成立了综合素质评价领导小组,每班成立了班级评价小组,每学期末针对每一名学生平时的表现进行多元评价。我们的具体做法如下。

(一)从培养学生的道德认知和践行能力入手进行评价

我们始终把德育放在重要位置,从提高学生的道德认知能力和践行能力入手,坚持校内、校外相结合,确定评价的内容和方式。

(二)从巩固学生的学科知识入手进行评价

我们注重通过考试和考查来巩固学生所学的知识。从学科能力培养的角度选择考试的内容,让学生发挥自己的个性特长,提高学科能力。比如,语文学科我们从听(听懂会说)、说(发表见解)、读(阅读和朗读)、写(即兴写短文)等不同的角度进行设计,数学学科从转换(现实性问题转换成数学问题)、分类(物品的数学分类)、表格(表格统计)、图示(用图示解答数学问题)等角度进行设计。这些设计都有效地促进了学生学科能力的形成。

(三)从拓宽学生获取知识的途径入手进行评价

随着信息传递的现代化,学生获取知识的途径已由单一转向多样,教师已不再是唯一的信息源。因此,在评价中,我们特别注重引导学生从家庭、社会、网络等资源中获取信息,培养学生搜集信息与处理信息的能力。

(四)从培养学生的创新能力入手进行评价

我们从培养少年儿童的创新能力出发,精心设计考查内容。如通过一题多解、一题多问、一题多变、一题多编等多种形式,培养学生的顺向思维、逆向思维、发散思维、聚合思维、求同思维、求异思维等,使学生逐渐养成灵活思维的好习惯。

(五)从落实校本课程的学习入手进行评价

我们遵循以考查促进校本课程开发落实的原则,及时将校本课程纳入考查的范围。如针对开设的晨诵诵读、课本剧编排、器乐演奏等校本课程,学校每学期都有计划地组织各种特长展示考查活动,通过特长展示检验校本课程的开设情况和实际效果,为学生全面发展营造了良好的文化氛围。

(六)从培养学生的研究性学习能力与合作意识入手进行评价

研究性学习作为一种能力,只有在研究的过程中才能显现出来,也只有在研究的过程中才能培养起来。考查时学生自己选取一个切实可行的研究课题。课题的选择遵循以下几条原则:一是与课本知识相结合,将课内活动延伸到课外;二是与学生的生活实际相结合,沟通知识应用渠道;三是个人选题与班级交流相结合,调动学生自主选题的积极性。评价中重过程、重探索、重应用、重体验、重创新,教师边评价边指导。

为把新建小学打造成为富有文化品位、富有特色、具有个性的素质教育"百花园",我校全体教职工付出了辛勤的劳动。在今后的工作中,我们将继续提升管理水平,提高教育教学质量,创办特色品牌学校,努力开创各项工作的新局面。

和美教育，在这里生根

——北关示范小学"和"文化建设纪实

和顺县北关示范小学　曹育敏

"太行之巅，清漳河畔；森林茂密，天高云淡，炎夏清凉，山青水绿……"这里，闪耀着一颗璀璨的明珠——和顺县北关示范小学（简称"北小"）。这里是"和"的文化圣地，这里是"美"的精神家园，青葱的理想从这里放飞，绚丽的人生在这里启航！

一、和美文化，浸润这片沃土

和顺县北关示范小学创建于1945年的抗战烽火中，有着光荣的革命传统和悠久的建校史，曾三迁其址，四易其名。学校地处县城北段云龙山脚下，环境优美，布局合理，是和顺县唯一的一所省级义务教育示范小学。

学校占地面积7244平方米，建筑面积7299平方米，运动场地4903平方米。现有教学班31个，在校学生1438名，教职工87名，专任教师83名。学校坚持"奠基精彩未来"的办学思想，以"创建全市有影响力的现代学校，育适应和创造未来的现代人"为目标，以"和善至美，乐学至真"为校训，追求卓越，全面发展。

70余年的风雨历程，见证了几代人在思进求索中艰辛躬耕的足迹，积淀了厚重的文化，凝练出以"和"为核心的学校文化，响亮地提出和美教育。学校系统构建了和顺管理、和雅德育、和乐教学、和美环境、和谐团队五大教育模块；围绕"每一个人都很重要，让每个孩子都有出彩的机会"的核心理念，办人民满意的教育，让每个师生幸福成长。学校致力于培养"三有四好"北小学子（"三有"：眼中有发现，脑中有思考，心中有追求。"四好"：一个好习惯，一笔好书法，一篇好文章，一副好口才），提炼出"同心、同进、同美、同乐"的北小精神以及"和而不同，美美与共"的校风，"和颜悦色，美教精艺"的教风，"和乐共进，美人美己"的学风。

"和"既是中华文化中"美"的内核，也是天下之美的集中体现。和美是生长在和顺这片土壤上具有的"根"和"魂"的特色文化。北小人把和美作为教育最核心的文化追求，以文化立校，深度践行和美教育，倾力打造最美北小，学校的美誉度逐年提升。

二、和雅德育，播撒满园阳光

学校在"和"文化的引领下构建了全方位的和雅德育体系，即和雅评价、和雅团队、和雅课程、和雅习惯、和雅安全的五大德育模块。以立德树人为宗旨，引导学生求真、向善、尚美。以"24581"德育工程为抓手，落实和雅德育。建立了两大评价体系，即学生学分制综合素质评价体系和班级星级评价体系。重点打造四个团队：少先队干部团队、班主任团队、心理健康教师团队、学生家长团队。构建和雅德育特色课程体系，细化八大习惯的培养目标，突显一个特色——"缔造完美教室，争创最美班级"。

学校努力让每个学生都有喜欢学校的理由。我们十分重视经典仪式对师生的影响，每个仪式都郑重而热烈、精致而经典，如开学典礼、毕业典礼、新队员入队仪式，特色升旗仪式、"和美少年"表彰仪式、小记者授牌仪式、建队节庆祝仪式、清明节祭祖仪式、三八感恩仪式、新中队宣誓仪式……

三、和乐教学，沐浴课改春风

（一）我们在思考

教学是学校的生命，教学的核心是让学生学会学习，培养学生的核心素养，为学生终身发展奠基。教学改革从哪里突破？我们努力寻找最本质也最具生命力的教育方式，让学生自信、阳光、健康地成长。经过反复斟酌与酝酿，在传承学校过去教改成果的基础上，北小凝练出自己的课改方向，那就是要建构以自主学习为基础，以问题意识、思维碰撞、拓展生成为课堂要素，以自主合作、展示交流为主要策略，关注学生核心素养的提升，关注深度学习是否真实发生，以一科一品为特色，打造学科素养的个性化课堂。这样的课堂就是北小的和乐课堂。和乐课堂没有固定的模式，只有共同的课堂价值：提高学生的核心素养，为学生的终身发展奠基。

和乐课堂的核心理念是"和而不同，各得其乐"。和乐课程的基本构架是"三三两单"。第一个"三"指三段：课前预习、课内探究、课后实践；第二个"三"指三导：发现、探究、分享。"两单"中的"一单"是"前置性学习单"，另一单是"课末检测单"。和乐课堂的基本内涵是"三和""三高""三字"。"三和"："一和"指师生、生生和谐，师生与文本关系和谐，师生组建的课堂环境、课堂氛围和谐。"二和"指教学内容和融。课堂中，师生以教材为例子，把相关知识进行分类整合，以核心知识为生发点形成能力。"三和"指引导学习方式和合。导学案、前置性学习单、课堂检查单的形成是教师团队智慧、集体备课的结晶，学生凭借"二单一案"进行小组合作，探究、提炼主问题，达成共识的方式本身也体现了"和而不同，各得其乐"的过程，排斥、相吸最后形成和合的磁场。"三高"："一高"指教师站位高。"二高"指学生学得兴致高。"三高"指课堂效率高。"三字"是指课堂上体现"实、活、趣"三字特点。"实"指学生体验的学习过程是真实的，学到的知识是扎实的。"活"指学习方式是灵活的。"趣"指教师课堂设计生动有趣。

（二）我们在行动

1. 形成和乐课堂教学五环节流程和四类学科特色课堂

五环节流程：自主探究→合作互助→展示交流→精讲点拨→当堂检测。四类学科特色课堂：语文"语用型课堂"、数学"思维型课堂"、英语"交际型课堂"、艺术"整合型课堂"。

"语用型课堂"是回归语文本质的课堂，以教材为依托，让文本言语得以增值。在听、说、读、写的扎实训练中提升语文综合素养，实际上是传承传统语文教学的精华，用语文的方式学语文，在学习语言中学运用。我们立足学生和文本实际，力求找准语言运用的训练点，帮学生打开学习语言、运用语言的通道，夯实语言运用的基础，提高语言运用的实效，实现语文课堂的本真回归。我们在课堂上抓住了两个关键点：一要打开阅读的大门，拓宽学生的视野。在课堂上利用教材文本例子，让学生学会阅读，引导学生整本书阅读、群书阅读，让孩子爱上读书。二要读写结合，提升语用能力。读写结合是进行语言运用的有效策略，读是写的基础，写是读的发展。我校语文教研团队编写的各年级《读写结合手册》提升了学生语言运用的能力，体现了教师的研究智慧。

"思维型课堂"。思维能力是数学学习能力的核心,我们找准这个核心点,全力打造"思维型课堂"。课堂表现形式包括质疑、对话、辩证、推理、评析。课堂三要素,一是把握准"思维碰撞点",二是组织好"思维碰撞"活动,三是为学生提供有力的"学习支架"(即资源支持)。通过课堂改造,我们的课程"活"起来了,课堂"活"起来了,育人"活"起来了,评价"活"起来了,教研"活"起来了,从知识教学走向知识育人。

2. 打造和美教研团队,推动教师专业化成长

北关示范小学教研室启动名师培养工程,分三个梯队有目标地对教师进行培养。北小为每位教师编印了《成长追踪》手册。这是一本教师专业成长记录手册,是一本专业行动指南,更是一本经验成果汇编,分规划篇、博学篇、思辨篇、笃行篇、提炼篇五个板块提升教师的综合素养。

3. 教研的核心在于教师行动

学校采取专题讲座、示范课、展示课、过关课、常态课、对比课、跟踪课等形式推动课改顺利实施。我们利用我校 30 名名师资源,师徒结对实施"1+1>2"工程,放大名师效应,典型引领,精准帮扶,总体推进。学校评选课改带头与学科免检教师,激发教师的积极性,使课改工作渐入佳境。2018 年 4 月,我校有四名青年教师参加市技能大赛,其中两名获全市第一名,两名获市二等奖。我校仅用一年的时间就充分展示了课改的成果:获国家级优课 1 节,省级优课 26 节,市级优课 32 节,县级优课 45 节;多次参与国家、省、市级课题研究并顺利结题。

4. 研究学生,个性化培养

学生是课堂的主人,我们把研究学生作为每位教师的主要研究课题。学校建立了学生成长档案,编印《和美少年成长手册》来记录学生的成长足迹。针对个性学生全面实施《"做最好的自己"个性学生培养计划》,分五步完成:认识现在的自己,培养广泛兴趣,强化一种爱好,发现个人特长,建立学习自信。在这个过程中,教师扮演多重角色,既是导师,又是医生,还是伙伴。

5. 改革评价,激活生命活力

学校制定了《小组捆绑评价细则》,采用学分制管理,实行了"点赞卡""和美之星""和美少年""和美十佳"层级递进评价办法。学生的课前预习、课堂学习、深度拓展检测活动都有对应的评价条款来量化,凭借"两台一册"(评价台、展示台和《小组评价手册》)使评价落地。每节课积分在小组前两名的学生获"点赞卡"一张,每天小组总排名在全班前两名的小组成员再获一张"点赞卡",每周累计积得十张"点赞卡"的学生可换一张"和美之星"卡,每学期获十张"和美之星"卡的学生期末被认定为"和美少年",前十名为"和美十佳"。这样,学生的积极性被充分地调动起来,课堂呈现出生命的活力。

(三)我们在探索

1. 和美课程,异彩纷呈

和美课程是一个同心圆,在基础课程之外,我们还大胆开发了"五和"校本课程和"和之韵"拓展性课程。"五和"校本课程即每周五下午的快乐走班课程,有 32 种课程供学生自由选择,如国学课、管乐课、动漫课、英语口语课、足球课、舞蹈课、纸艺课、柔力球课、"和美之声"播音课、"北小和韵"校报编辑课。"和之韵"拓展性课程即我们正在打造的适合儿童天性的数学绘本课,通过绘本阅读,提升学生数学素养;依托汉声绘本与数学教材的有机衔接,提

炼出基于小学数学的 30 个核心话题，让学生在情景中学习数学思想。

北关示范小学作为一所省级示范校，示新课程改革之范，办人民满意的教育，责无旁贷。课堂改革，势在必行，这是一种责任，更是一种挑战。和而不同，美美与共……

2. 和衷共济，推动和美教育向上生长

如今的北关示范小学书香弥漫，芳草如茵。学校致力于创造适合学生的教育，尊重生命，相信每个生命都有发展的可能，直击课堂，促进每位教师获得专业成长，学校办学品质全面提升。体艺教育成果丰硕，课程体系丰富多彩，课堂内容多元开放，评价机制全面科学，团队建设和谐顺利，校园环境和美优雅。学校先后被评为全国十佳好学校、山西省示范小学、省德育示范校、省文明学校、省现代教育技术实验校、晋中市绿色学校、全市教育信息化工作先进学校、省义务教育示范校、省优秀家长学校、省园林示范校、省基础教育课题改革先进校、晋中市平安校园、和顺县十佳学校、省十二五课题基于小学数学课程研究试点校。

我们坚信，北小的未来一片晴空，因为北小有一支"敢于超越前面攀登者"的管理团队，有一支"直上危巅休怯险，登天毕竟要雄才"的教师队伍；因为北小有睿智的校长，她爱事业、爱学校、爱学生，她把爱的教育看得任重道远、至高无上。她在《咏蜗牛》中写道："生来负重不怨天，软躯托起千斤担；不怕黄鹂笑我痴，路遥步艰乐攀登。"这首小诗诠释了她人生的追求、对教育事业的无限挚爱、对学校未来的信心，我们有理由相信她会带领这支团队大阔步地向更高、更远的目标迈进！

用文化的力量引领学校高质量发展

芮城县学府东街小学　郭烈霞

近年来,"文化力"成为一个热词。对学校来说,文化就是教育之"力",是学校凝聚力、竞争力和创造力的源泉。学校的精彩,在于她的文化;学校的品位,在于她的精神。因为品牌是需要文化来支撑的,文化是品牌创建的基础和灵魂。

我们以文化建设为支点,确立了"文化奠基,内涵发展,高位求进,用文化的力量来推动学校发展"的战略思路。

一、以先进的理念文化领跑学校高品位发展

学校以"传承中华经典,奠基幸福人生"为发展理念,以"彰显个性特长,培育文雅学生"为育人目标,依托"文以润德,雅以养性"的校训,构建了正雅课程体系,实施一种好品格、一副好体魄、一项艺术爱好、一笔好字、一副好口才、一肚子古诗文、一手好文章的"七个一"特色工程,坚持"多一把衡量的尺子就会多出一批好学生"的评价观,积极践行"双主体育人,以爱育爱,全人教育""一长多能零缺陷"的办学新思想和新理念。我们的发展新愿景:在学生离开学校的时候,让他们收获的不仅是丰富的知识、创新的精神、实践的能力,更重要的是拥有强健的体魄、宽广的气度、完善的人格、真诚的情感、广泛的兴趣、良好的习惯。

我们坚持将先进的办学理念融合在校园文化建设、优化育人环境、营造育人氛围中。

(一)校园文化与目标教育结合起来

我们把"传承中华经典,奠基幸福人生"的办学理念和"文以润德,雅以养性"的八字校训以及"厚德、儒雅、团结、求实"的校风,"爱生、笃学、创新、争先"的教风,"扬善、尚美、乐学、善思"的学风融入正雅课程体系之中,更好地实现了"彰显个性特长,培育文雅学生"的育人目标。

"文以润德,雅以养性"是我们的校训。育德为育人之本,修性乃修身之基。"文"指的是文字、文章、文明。习书以润德性,明典以润德操,尚美以润德艺。"雅"指的是雅言、雅行、雅好。言雅以养德正,行雅以养心正,好雅以养性正。校训的整体含义是通过书写汉字、诵读经典、培养特长等方式让师生在明德、励志、乐学、尚美中传承中华传统文化,培养内涵博雅、谈吐文雅、举止典雅、气质高雅的人,以实现教书与育人并重、教知与教人同行的办学目标。

(二)校园文化与景观教育结合起来

立体的书育立体的人。学校本着"处处都是课程资源"的原则,从充分利用校园文化资源、多学科融合的视角出发,力求把校园建设成一本立体、多彩、富有吸引力的书。爱的雕塑、名家题词、文化长廊、社会主义核心价值观和名山大川的宣传栏、楼道中的牌匾等已经成为学习资源;绿化迷宫已经成为学生向往的地方;百余种植物是科学课、美术课甚至语文课上学生与教师研究的对象。我们力求打造"处处是课堂,事事为书本,人人做学生"的学习型校园,鼓励教师超越课本、超越教室开展多样化教学,培养学生成为"时时处处学习"的有

心人。

(三)校园文化与德育结合起来

我们通过校报、文化长廊、宣传栏、校园广播、学校网站、楼道中的牌匾、班级门牌、校园活动等宣传学校主流文化和核心价值观,使学校的文化内涵人人能知晓、处处能践行,真正成为师生共同的价值取向。我们教育学生德行重于成绩、习惯决定命运、学会对己负责;开展"一月一话题"累加式德育研讨活动,对学生加强团队与荣誉、自律与修养的教育。

(四)校园文化与活动教育结合起来

学校以文化活动为载体,积极开展系列教育活动。学校每年一次的校园"分杏"活动凸显了爱的教育,义卖活动锻炼了学生,传递了爱心,研学旅行开阔了学生的视野,"灯笼文化进校园"活动提高了学生的动手创意能力,"创客大篷车"增长了学生的见识。一系列的社会实践活动让学生贴近社会,接触生活,接触大自然。

二、以精准的管理文化构建学校现代化体系

我校精准管理文化的基本内涵就是精细化管理、精准化落实。精准化落实强调的是"准","精"的目的和方向就在于"准"。

我们实施"五力六六六"管理模式,集中体现"以人为本,情法并重"的管理文化。班子成员在工作中要具备"五力",即认知力、领导力、执行力、创新力、服务力;具有"六种意识",即团结协作意识、学习交流意识、服务全局意识、勇于担当意识、开拓创新意识、卓越高效意识;承担"六项职责",即谋划学校发展职责、引领课改职责、营造育人文化职责、带领教师成长职责、优化内部管理职责、调适外部环境职责;落实"六个深入",即深入教学、深入课堂、深入教研、深入教师、深入学生、深入家长。确立班子成员"讲理、讲情、讲法"的行事风格和"以师立校,以生为本,面向整体,全面发展"的管理理念。尊重教师、服务教师、激励教师、关心教师,营造"家"的氛围,形成了"团结、凝聚、奉献、创新"的学校精神。

三、以高雅的教师文化奠基学校可持续发展

我们的教师文化是高雅、智慧、快乐。

(一)提升教师高雅的形象

高雅包括外表的高雅、举止和行为的高雅、情趣和心灵的高雅。高雅中有健康,有智慧,有创造,高雅中蕴含着对事业、对生命、对自己的爱,这就是我校高雅中蕴含的品位。

(二)提升教师智慧的形象

由内而外的高雅是持久的高雅,因此苦练内功、提高自身素质是我校教师的追求;高雅还需要休闲的时间、休闲的心情,这就需要拥有工作的智慧,在体会工作本身高雅的同时,在高效中为自己创造更多的生活空间和时间。所以,学习是基础,学习成为我校教师的基本需要。自由发言、课题研究、学习交流等构成了我校教师学校生活的主旋律。

近年来,我校借力北京二小,在课堂教学改革上取得突破,形成了"八字"(生本、对话、求真、累加)课堂文化。备课时,要求教师坚持"以学论教"(即根据学生发展需要定教什么)的教学指导思想;课堂上,坚持"以学定教",教师勇敢地退,适时地进,让学生在参与中、在创新中发展;课后,坚持"以学评教",坚持达到李烈校长所讲的"术因道立,道由术显"和"持经达

变"。"课前参与—课中研讨—课后延伸"的三段式教学建立在学生学习状况的基础上,是在学生需求的土壤上再次构架课堂,累加学生的学习体验。

(三)提升教师快乐的形象

人的快乐取决于所处的人际氛围,而人与人之间的和谐是基础。我校教师不但重视个人的发展,而且重视与同事之间的合作,相互关爱、支持与分享,在追求和谐团队发展的同时,在校营造出家的氛围,同事间拥有家人般亲密无间的情感。

我们坚持"学校搭建平台,教师展示风采"的教师专业成长校本活动,把参加教学竞赛活动当作最佳的教研机会,坚持"一人参赛,团队参与,集体成长"的教师专业成长思路。凡是参加县级以上比赛的,学校统一组织安排,每名参赛教师确定一名包学科领导,安排一个协助团队,从教材教法、教学案设计到教态教风、课件制作都要全程参与协助指导。这样,既达到了集体成长的目的,又增进了教师之间的感情,体现了我们团结合作的精神。

四、以多元课程文化推动学校内涵式发展

我们以课程、课堂改革为切入点,以丰富学校内涵为重点,通过课程体系建设、课堂文化建设、校本课程开发等,着力挖掘、开发、培植育人特色。

根据"文以润德,雅以养性"的校训和"彰显个性特长,培育文雅学生"的育人目标,学校最终确立了由五大核心素养、五大课程领域和四大课程类型构成的正雅课程体系,见表1。"正而有美德者谓之雅",我们要培养的是正心德美、正思慧敏、正品趣雅、正规身健、正躬行美的学子。

表 1 正雅课程体系

核心素养	课程领域	基础性课程	拓展性课程	选择性课程	综合性课程
正心德美 (一种好品格、 一篇好文章、 一副好口才)	品德与人文	道德与法制 语文 英语	主题阅读 楹联课程 经典诵读 养成教育 班队会 红领巾 文明体验剧 地方课程 名人课程 节日、节气	多彩绘本 快乐童诗 心灵写作 自然拼读 礼仪少年 高效阅读	联韵美德节 梦想双语节
正思慧敏	数学与科技	数学 科学	思维导图 数创绘本 趣味数学 生活中的科学	我爱发明七巧板 全脑教育 智慧象棋 创客课程 3D 打印机	创新科技节

(续表)

核心 素养	课程 领域	基础性 课程	拓展性 课程	选择性 课程	综合性 课程
正品趣雅 (一笔好字、 一项艺术爱好)	艺术与审美	音乐 美术	二胡、小提琴、 竹笛、架子鼓、 书法	软、硬笔书法课程 民乐、合唱课程 舞蹈课程 巧手课程	多彩艺术节
正规身健 (一副好身体)	体育与健康	体育与健康 心理与健康	足球、篮球、 武术、芭蕾、 跳绳、踢毽子 啦啦操 游戏课程	心理与健康 乒乓球 羽毛球 少年足球 武术 街舞 跆拳道	体育嘉年华
正躬行美	劳动与技能	综合实践	研学课程 电脑绘画 绿植课程	缤纷园艺 动漫制作	实践丰收节

在具体实施的过程中,我们遵循"四重"原则,即基础性课程重夯实,拓展性课程重深化,选择性课程重个性,综合性课程重整合。

课程建设是教育教学改革的关键。我校坚定走自主开发校本课程的发展之路,主要开发了以下四类课程。

(一)"三位一体"书法课程

我校书法教育的整体思路是以写字教学为载体弘扬传统文化,以特色活动为依托促进学生成长。关注课程开发,着眼课题研究,着力于课堂,落实于班级,确保"六到位"(教研到位、教材到位、师资到位、课时到位、活动到位、评价到位),最终实现"教师人人能教写字,学生人人能写好字"的目标。

学校组织优秀专业教师分年级编写了12册硬笔书法校本教材,专门开设书法课程,安排教学课时。同时,开设了"曹老师讲坛",每周举办一次书法讲座或书法培训专题活动,全面提高了师生的书写技能和书法教育素养。

书法教育已成为我校素质教育的一张亮丽的名片,写字教学模式在全县被推广,我校书法教育成为全县乃至全市的领跑者。

(二)主题阅读课程

学校以一个理念、一个核心、两个措施、四项行动为依托实施主题阅读教学。

一个理念:阅读是语文教学的中心。

一个核心:在阅读中全面和谐发展。

两个措施:阅读课程化,阅读课内化。

四项行动:①营造"书香校园""书香班级""书香家庭",开展读书"三士"评选活动。②师生共写随笔。(与习作评价整合)③训练形成卓越口才。④建立数字校园(网络图书馆建设），构建一整套课外阅读的模式，逐步形成了阅读智慧教育。

(三)建立"1+X课程"体系

"1"为基础性课程，包括音乐、体育、美术等常规性课程。"X"指拓展性课程，是基础性课程的延伸和细化，一门学科按内容分为数量不等的若干拓展性课程。我们改变教学方式，打破班级建制，进行分层走班教学。目前，三个校区已成立琵琶、合唱、戏曲、书法、国画、武术、轮滑等53个学生社团，104位教师、近4000名学生参与了社团活动，实现了人人进社团、班班有社团的良好局面。

(四)习作评价课程

构建习作保障、评价动力、能力测评三大体系，形成学生作品集，让习作评价成就学生的未来。

用文化的力量引领学校高质量发展。文化的力量正引领着我们向一流学校发展，文化也在引领着全校师生朝自己的教育理想迈进——"让学校彰显特色品牌，让教师充满高雅品位，让学生具有正雅品格"。立足现实，展望未来，我们对学校的发展充满了信心。因为，文化是学校发展的根基所在，文化的根脉已经根植于学校的发展之中。

用爱和智慧推进学校教育现代化

晋城市城区凤台小学　郭太生

教育现代化，就是用现代教育思想和科学技术武装人们，使教育思想观念，教育内容、方法与手段以及校舍与设备逐步提高到世界先进水平，培养出能够参与国际经济竞争和综合国力竞争的新型劳动者和高素质人才的过程。教育现代化具体包括教育观念现代化、教育内容现代化、教育装备现代化、师资队伍现代化、教育管理现代化等，其核心是人的现代化。从学校层面来说，教育现代化是校长办学思想的现代化和管理理念的现代化，是教师教育理念的现代化和教育方法的现代化，是学生学习理念和学习方法的现代化。《中国教育现代化2035》已绘就中国教育现代化的宏伟蓝图，晋城市城区已率先举起在全省实现教育现代化的旗帜。近年来，晋城市城区凤台小学积极践行"教育的秘诀是真爱"的教育理念，坚持探索"科学＋人本＋创新"的治理模式，不断完善"真爱、善管、创新"的发展路径，进一步加强教师队伍建设，不断提高教育教学质量，努力推进学校教育的现代化进程。

一、真爱让师生幸福

教育的秘诀是真爱。真爱，就是以学生为本的爱，不是功利的爱；真爱，就是把学生当作发展中的人、独特的人、具有独立意义的人，不求私欲之利。爱是教育的灵魂，没有爱就没有教育。好教师要用爱培育爱、激发爱、传播爱，使学生享受幸福人生。

要给学生真爱，就要让教师有幸福感，教师不幸福，就不可能塑造出幸福的心灵。为此，校长应牢固树立为教师服务的思想，努力做一名亲和型、反思型、服务型的校长，把自己当作普通教师中的一员，诚心诚意地做教师的朋友。教师要发展，校长就要搭建平台、创造机会；教师有困难，校长就应把教师的事当自己的事来办。教师幸福了，就会努力让每一个学生幸福成长。

关注教师的幸福感，就要拨亮教师的心灯。近年来，学校通过"走出去""请进来"和组织网络教研、校本研训、"教学标兵"评选等活动，为教师的专业成长倾心助力、搭建平台，涌现出了郭海霞、马丽娟、韩虹、苗健、赵欣欣等一大批省、市教学能手和学科带头人，带动了教师的专业成长和教育教学质量的提高。

二、善管让教师乐教

千道理，万道理，发展才是硬道理。在办学基本条件达标的情况下，学校办学质量的差异和学校的管理水平直接相关，做一名善管的校长是校长必须面对的课题。学校是教书育人的地方，立德树人是教育的根本任务。苏霍姆林斯基曾说，校长领导学校，首先是教育思想的领导，其次才是行政上的领导。

近年来，我校不断深化对学校管理规律性的认识，积极探索实施"科学＋人本＋创新"管理模式,教师整体执行力明显增强,最大限度地激励了教师乐教、善教。在做法上可概括为用全新的理念引领人,用科学的管理鼓舞人,用良好的机制激励人,用有效的活动培养人。例如,在用科学的管理鼓舞人方面,我们重点抓了三个关键:制度管理是保障,人本管理是基础,情感管理是手段。在情感管理上,我们努力学会感激教师,除了适量的物质奖励外,更侧重于精神激励。有时,一句赞赏的话语、一个灿烂的微笑、一个赞许的动作,便会给教师带来工作上的动力和心理上的愉悦,这时教师工作中遇到的烦恼、碰到的困难、经受的挫折,甚至对领导的不满、对学生的抱怨都会被一一化解,从而有效驱动教师的工作热情与内在动力。

三、创新让梦想成真

要实现教育振兴梦、中国梦,校长必须要有创新精神。创新就是要不断提升学校领导整合教育资源的能力,对教育体系、教育结构、教育观念、教育方法、教育手段、课程教材等进行创新。近年来,我校重点抓了以下几个方面的创新。

(一)德育工作的创新

我校积极探索生活中的德育、生命教育和生态德育"三生"德育,学校的德育工作经验《让文化提升生命的品位》被教育部命名表彰为"全国中小学德育工作典型经验",同时我校还被教育部授予"全国中小学国防教育示范学校"称号。

(二)学校文化建设和艺术教育的创新

我校建成了百米长的校园文化艺术长廊,并通过理念文化、制度文化、行为文化、视觉文化、精神文化等狠抓师生良好行为习惯的养成;我校率先在晋城市成立了"花儿朵朵"学生合唱团,并于 2015 年 10 月、2018 年 11 月连续两届获得山西省中小学生艺术展演活动现场展演一等奖,被省教育厅选送参加了教育部组织的全国第六届中小学生艺术展演并荣获二等奖。

(三)用教育信息化带动学校教育现代化的创新

在信息技术与学科教学实现融合的基础上,我校深度触及了课堂教学结构变革,积极探索信息技术与学科教学深度融合的途径与方法,以"微课"资源建设和"微课"在课前、课中、课后的有效应用,智能机器人创客教育,航模活动等开启了教育信息化的新时代。首先,把营造信息化教学环境、提高师生信息素养和学校教育信息化水平纳入学校发展规划并全面实施;其次,坚持不断创新教与学的方式,形成了符合新课程理念、富有信息化教学特色的课堂教学模式;再次,凸显立德树人,变革课堂教学结构,丰富学习资源,提高信息技术在教育教学领域的应用成效。此外,我校通过强化机制激励、示范引领、打造"三个强化",实现了信息技术与学科教学深度融合的普遍化、优质教育资源建设和家校共育的常态化、教师成长和学生发展的一体化,进而让教师、学生、家长拥有了真真切切的获得感。我校的教育信息化应用案例《"微课""创客"开启教育信息化新时代》被教育部和中央电化教育馆表彰为"全国基础教育信息化应用典型案例",并在教育部基础教育司和中央电化教育馆举办的全国基础教育信息化应用典型案例展示交流会上进行了交流发言,受到了与会领导和专家的高度好评。2019 年 11 月,第五届中国教育创新成果公益博览会在珠海国际会展中心盛大开幕,我校的教育创新成果《应用现代微课 探索创客教育 建设智慧校园》通过区、市、省、国家层层评审,荣获全国教育创新成果奖,并作为山西展区嘉宾在大会上通过工作坊的形式做了现场交流和展示,受到参会领导、嘉宾和代表的一致好评。

　　爱是教育的最高境界。在用爱和智慧推进学校教育现代化的道路上,我们将以习近平新时代中国特色社会主义思想为指导,继续加强党对学校教育教学工作的全面领导,坚持育人为本的办学宗旨,把促进每个学生全面发展和健康成长作为学校一切工作的出发点和落脚点,不忘初心筑梦新时代,牢记使命奋进新征程,努力把学校办成师生幸福成长的精神家园,为学生将来的幸福人生和造福社会打下坚实的基础!

打造学校文化，提升办学品质

稷山县东街小学　贾俊平

有位企业家说得好，"品牌的背后是品质，品质的背后是技术，技术的背后是人才，人才的背后是文化"。文化是一个国家和民族的血脉与灵魂，它传承着民族传统，保持着民族特色，使一个民族生生不息。深厚的学校文化是学校的灵魂，决定和制约着学校发展的水平和质量，是学校综合办学水平的重要体现，也是学校个性魅力与办学特色的体现，是学校培养适应时代要求的高素质人才的内在需要。

我校始终贯彻"让每一个孩子拥有完整的幸福人生"的办学理念，坚持"面向全体学生，促进学生全面发展，建设特色学校"的办学目标。在实践"一体两翼"（以提高教育教学质量为主体，以"书香校园"特色建设和行为习惯养成教育为"两翼"）办学思路的基础上逐步实现书礼文化教育，着力培养"知书达礼的有理想、有道德、有文化、守纪律、有教养、适应现代化建设要求的合格小公民"。

我校一直致力于学校文化建设，以文化兴校，以活动育人，打造特色学校，孕育出"积学、养德、健体、至美"的校训，"志存高远，脚踏实地"的校风，"敬业、爱生、博学、智慧"的教风和"乐学、勤学、会学、学好"的学风，在教育教学中取得了显著成绩。

这些荣誉的取得离不开全校师生的辛勤付出。近年来，我校在学校文化的建设过程、建设体系上努力突破和创新，主要通过以下途径进行学校文化构建。

一、以物质文化建设为基础，构建优美校园环境

我校从人文情怀着眼，整合艺术、思想和人文精神，用先进的文化教育作为德育渗透的载体，使学校环境更具教育性、更具生命力，为校园文化的进步和发展创造条件。学校每年加大资金投入，以实用、经济、美观为原则，让师生的工作、学习、生活环境更加温馨舒适。

2019年9月，学校更换了钛金校牌，楼顶安装了LED字牌，家长们对此的评价是"高端、大气、上档次"。校园内以绿色植物造景为主，园林小品为辅，做到点面结合，把学校建成了四季常绿、三季有花、恬静雅致、自然优美的校园。令学生心驰神往的是我们的操场，3000多平方米的塑胶操场是学生课间活动的重要场所。我们的大课间操受到社会各界人士的一致好评，经过层层筛选还被选送到了省里进行课间操展评。

学校对教学楼以及楼道的文化建设十分重视，"启智以明德，笃行以致远"，教学楼名取自名句，分别被命名为"启智楼""明德楼""至美楼"。每栋教学楼均为三层，楼梯文化分别以楼名为主题。启智楼一层以播种阅读的种子为主题，二层以点燃阅读的激情为主题，三层以分享阅读的快乐为主题，以阅读为引领，层层递进，寓意学生在此开启智慧之门。明德楼一层的主题是行为指引，从文明习惯、学习习惯、生活习惯等方面告诉学生好习惯益终身；第二层的主题是行为实践，告诉学生在生活中怎样践行好习惯；三层的主题是榜样示范，贴有"细节决定成败"的小故事。至美楼以社会主义核心价值观为引领，深入推动习近平新时代中国

特色社会主义思想进教材、进课堂、进头脑。一层以爱国、敬业为主题,张贴爱国和敬业人物的事迹;二层以诚信为主题,张贴古今中外有关诚信的小故事;三层以友善为主题,张贴有关善待他人、友爱同学的名言警句和生活小故事。每个楼层都有学生风采展示栏,展示着学生的学习心得和参加实践活动的剪影。

学校不断加强硬件设施建设。校园建筑整体规划和设计合理、有序,通过环境建设的艺术性净化人的灵魂,陶冶人的情操。全校各室都安装了空调,冬暖夏凉。每个教室实现了班班通;我们的教师办公室更是温馨舒适,人手一机、一柜、一桌。学校的功能室也是一应俱全,有标准化实验室、录播室、电脑室、阅览室、图书室、美术室、音乐室、体育器材室、舞蹈室等功能室。学校的硬件建设和改善,为培养师生的广泛兴趣、促进师生的全面发展提供了有力保障。

二、以精神文化建设为核心,打造学校文化特色

我校从校情出发,围绕学校文化建设的最终目标,致力于实现书礼文化教育,突出办学目标,坚持"以道德规范为底线,以思想教育为主线",把思想道德建设渗透到学校教育的各个环节中,并用一系列富有特色的文化活动承载校园精神文化建设,努力让每一位教师身心愉悦地工作,让每个学生健康快乐地成长,让学校成为师生学习的乐园、成长的摇篮、精神的家园。

(一)多管齐下,创一流"书香校园"

1. 打造"书香课堂"

我校坚持开展诵读进校园、钢笔字进课堂活动。每天晨诵《日有所诵》,午读共读书目,20分钟的练字雷打不动。在阅读方面,我校已探索实践出了多种适合学生的课型,如整体识字、读写绘、图画书讲述、以文带文、读写联动、整本书导读与交流。"书香课堂"是我校积极探索课堂改革而建立的课堂形式,主要环节为学、思、论、展、练。课堂主要遵循以生为本的教学原则,体现"如鱼得水般的和谐氛围,行云流水般的教学流程,百舸争流般的主动探究,浪花飞舞般的思维碰撞"的课堂特点。

2. 成就"书香教师"

教师是学生最容易模仿和效法的对象。很难想象,不喜欢阅读的教师,能够教出喜欢阅读的学生。因此,教师必须是阅读的先行者和示范者。

首先,学校要求每位教师每学期至少阅读两本教育理论书籍,依据学生的身心发展状况和具体学情广泛涉猎其他方面书籍,既注重专业理论基础,又开阔教育眼界。其次,学校要求教师每天坚持写一板粉笔字、一页钢笔字、一篇教育日志,做到在教学中反思,在反思中进步。学校建立以听评课活动为渠道、学习反思为基础、课题研究为引领、主题研讨为纽带,优秀教师示范、专家教授引领的高效率、常态化、制度化的校本研修和教师成长体系,促进教师专业成长。另外,学校每月的阅读沙龙按时举行,教师相互分享交流,发挥学习的主观能动性,广泛阅读,深入研讨。最后,在每个学期末,学校会依据教师的阅读记录评选"最美书香教师",以增进教师自主阅读的积极性,同时强化阅读对专业发展的促进作用。

我校制定了《东街小学书香教师标准》。为了达到标准,我校组织了常态化的"以书为友"系列活动,如举办阅读大讲堂、民主生活会、评选"最美书香教师"等活动,将书香文化思想根植于每位教师心中。学校还经常组织各项围绕书礼文化的文体活动,教职工全员参加,

既愉悦了身心,又增强了凝聚力。

3. 培养"书香少年"

校园处处弥漫着浓厚的书香气息。步入校门,映入眼帘的是"读书屋""读书橱""流动图书车"等。学生还有"阅读漂流册",每晚"漂"一户家庭,亲子共读,家长写内容,学生写读书心得,点燃阅读激情的同时还增进了亲子关系。现在全校学生做到了"来校入室,入室即读",在校内营造了良好的读书氛围。同时,学校的图书馆及阅览室全天对学生开放,一周至少给每个学生配两本课外读物。教师利用课堂为学生推荐经典名著,学生利用课外时间阅读经典、背诵古诗词、书写阅读感受、参加读书征文活动,这些活动充分发挥了图书育人的作用。学校每学期都要评选"书香少年"并予以表彰。

(二)行为引领,做最美少年

1. 多渠道引领,传递正能量

通过校会、队会、晨会,教育师生认清形势,了解国情,提高思想认识,养成良好的道德行为习惯;通过设计校旗、校徽,制作校服,培养母校意识,形成学校精神;利用广播、板报、橱窗等宣传阵地,弘扬正气,抑制邪气,形成导向;针对思想倾向和热点文化问题,组织专题讲座、主题班会、演讲辩论等主题思想教育活动,澄清模糊认识,引导正确舆论。

2. 抓活动建设,培养好习惯

我校坚持把活动纳入校园文化建设体系,融合教育性和趣味性,开展形式多样的文化活动,培养学生良好的学习习惯、卫生习惯、安全习惯和礼仪习惯,展现学生的精神风貌和思想品质,陶冶道德情操,提升人文素养。

社团建设:学校重视对学生社团的引导、扶持和管理,打破常规活动格局,每周五下午各社团举行活动,如田径队、足球队、篮球队、管乐队、合唱队、舞蹈队、书法组、美术组,满足不同学生群体在发展过程中的不同需求。学校树立健康第一的教育理念,开齐、开足体育课,帮助学生在体育锻炼中享受乐趣、增强体质、健全人格、锤炼意志。点滴的积累成就学生的辉煌。校足球队每天下午坚持训练一小时,在县级足球比赛中获得女子组第一、男子组第二的好成绩。在 2018 年稷山县中小学生运动会开幕式上,我校的大型花样篮球展示受到了社会各界人士的一致好评;2020 年 6 月山西青运会火把传递途经稷山,我校的花样篮球表演又成为一道亮丽的风景。2020 年全县中小学生田径运动会上,我校喜获 4 金、3 银、1 铜的佳绩。我们还牢牢抓住课堂及课外主题活动等阵地,培养学生良好的行为习惯和道德修养。

主题实践教育:学校除了养成教育常抓不懈外,还重抓住各类节假日教育的有利契机,积极开展各项主题教育活动,并以各种实践体验性活动为载体,结合生命教育、安全法制教育,充分挖掘生活德育,把德育渗透到校园、家庭和社会生活之中,形成全方位的"大德育"。

榜样式教育:学校结合当前的教育形势还开展了榜样式教育系列活动。如 2020 年开展了"最美少年"评选活动,在学生中发现孝老敬亲模范、助人为乐模范、勤奋好学好少年、诚实守信好少年、文明礼仪好少年、尽责奉献好少年等。他们的事迹张贴在学校的宣传栏中,成为全校师生学习的榜样。

3. 重平台搭建,展自我风采

学校每年从一年级新生入学着手,将书礼文化根植于每一个学生的心灵深处,加强学生的文明礼仪教育和感恩教育,发挥仪式教育在学生思想道德养成中的独特作用,引导学生崇尚文明，学礼仪、知礼仪、行礼仪，做品德高尚、文明有礼的人，激发新生热爱学校的情感，并使他们能在学校的大家庭里愉快地学习、生活。

学校每年 10 月举办讲故事比赛，让学生参与其中，培养学生做事积极主动的习惯。在比赛中，学生会逐渐发现自己的优点与特长，建立并增强自信心。让学生参加比赛，是让学生适当感受挫折教育的最好方法，让学生学会欣赏他人、正视失败，锻炼他们不屈不挠的顽强个性。

最激动人心的是古诗词大赛。学诗可以使情飞扬、志高昂、人灵秀。为了传承中华经典、品味中华诗词，2019 年 11 月 22 日，我校举行了首届古诗词大赛。大赛在全体师生诵读《长歌行》中拉开了帷幕，设有必答、抢答、飞花令等环节。诗词带给学生的不仅是语言韵律的美感，还有对情感、心灵的浸润和滋养。希望我们的学生腹有诗书气自华，一身诗意，诗意一生。

三、以制度文化建设为抓手，导向学校文化价值

(一)制定制度，约束行为

俗话说，"没有规矩，不成方圆"。对学校而言，"规矩"就是学校的管理制度。要办好一所学校，必须有章可依、有规可循。我校根据学校工作的实际需求，从班级管理、教师管理、学生管理、安全管理等几方面，对学校原有的制度体系进行综合分析，修订了《东街小学制度汇编》，为提高学校精细化、规范化管理水平提供了强有力的制度保障。

(二)执行制度，规范行为

制度制定是基础，制度的生命力在于执行。英国哲学家培根曾说过，有制度不执行，比没有制度危害还要大。我们要求每位师生增强制度意识，学习制度内容，严格执行制度，自觉维护制度。在制度执行过程中，要做到责任到人、落实到位，坚决做到奖罚分明。

(三)落实制度，提升品位

只有真正将精细化制度落到实处，才能提升我们的办学品味。精细化制度的执行落实，不光能促进学校各项工作顺利开展，它的人文性关怀也使广大教师感受到了温暖。例如，学校教师送孩子上大学一周不计假，处于哺乳期的教师工间回家哺乳不计假。通过人文关怀，激发了教师对学校的认同感、归属感和荣誉感，调动了教师的积极性，更得到了其家人对工作的大力支持。

总之，学校文化建设不是一蹴而就的，而是一个循序渐进的过程，需要在实践中不断地丰富、完善和发展，慢慢形成一种文化精神。

以爱育爱，创造未来

——新建路小学办学实践回望

山西省实验小学　贾　嵘

新建路小学创建于 1955 年，是太原市杏花岭区的一所公办小学，有学生 3000 余人。建校 60 余载，为适应时代发展的需要，学校坚持开展教育实验与教育改革，坚持开放办学的原则，走内涵发展的道路，使学校形成了特有的文化气息，校风纯朴，学风浓郁，教风严谨，教育教学质量高，社会声誉好，成为山西省的一所名校。学校是山西省首批命名的示范学校、山西省艺术教育实验学校、山西省体育传统项目实验学校、全国现代教育技术实验先进学校、全国爱国主义教育读书示范学校。

2011 年至 2017 年的六年间，我和新建路小学的师生家长一起探索改革之路，尤其是从 2015 年杏花岭区推行大学区改革以来，新建路小学作为首批试点学校先行先试，两年里合并一所薄弱学校、新建两所小区配建学校，摸索出"145"管理体系，实践了"名校带普校""名校带新校""名校托管"的集团化办学模式。随着教育改革的不断深化，新建路小学从基础教育性质出发，立足小学阶段学生身心发展的特点，基于学校发展的传统与现实需要，提炼出"以爱育爱，创造未来"的办学理念，凝练出"爱与未来"的办学特色，并制定了落实"爱与未来"教育的行动计划，有步骤地推进学校各项工作，使学校办学特色不断鲜明化，有力地促进了学校的内涵发展。

一、明晰内涵，定位目标

在"爱与未来"学校特色的打造中，我们首先对办学理念的内涵进行了分析，并根据内涵定位培养目标，明确学校发展方向。

（一）内涵明晰

在逻辑上，"以爱育爱，创造未来"这一办学理念包含了三层内涵：第一，"以爱育爱"，指教育者要把"爱"当作教育手段，去实现学生爱之情感生成的教育目标。第二，"创造未来"，主要指教育要为每个孩子成为未来社会的合格公民奠基，要为每个孩子未来的幸福人生奠基，要为每个孩子创造自己未来的人生奠基。第三，"爱与未来"的关系中，"爱"是基点，"未来"是方向。"爱"因有了"未来"的引领而有了责任的内涵，也因此变得厚重；"未来"因有了"爱"的支撑而更具现实可行性；"爱"的深度决定了"未来"的长度和宽度，"爱"愈深，则走向"未来"的步伐愈坚定，道路愈远、愈宽广。我们将"爱与未来"形象地比作数学上的同心圆，圆心代表"爱"，半径代表"爱"的深度，圆的面积代表"未来"。"爱"是核心，是学生成长的基点，"爱"得越深，半径越长，学生未来发展的圆的面积则越大。

根据以上分析，可将"以爱育爱，创造未来"的办学理念解释如下。①情感性，即以"爱"为核心的教育内容，追求学生情感世界的丰富性，强调学生"爱"的情感的生成。②基础性，即以奠基为目标，关注学生作为未来合格公民应具备的基本素质的形成，如具备良好的行为习惯和道德品质、扎实的知识与技能、健康的身体和心理素质。③可持续性,即着眼于学生终身发展必备的素质培养,如视野、智慧、能力、方法、思维、兴趣、意志。④创造性,即追求学生创造未来应具备的素质的形成,如主体意识、创新精神、创造能力、创造思维。在"以爱育爱,创造未来"办学理念的落实中,学校应以主体的姿态,以"爱"为手段,运用"爱"的情感力量,营造"爱与未来"的主题文化,开设"爱与未来"课程体系,培育学生成为创造未来的主体,也在育人过程中培育学校文化,创造学校的未来。

(二)目标定位

学生的发展是学校各项工作的归宿,学校教育的终极目标是促进学生全面发展,让学生迈着坚实的步伐走向未来。因此,学校从"爱与未来"的核心内涵出发,基于学生发展的实际,确立了"仁爱立志,善思乐学,健康阳光,创造未来"的培养目标,勾画了学生发展的理想素质。这一目标既是德、智、体诸方面素质的统一,又是情感性、基础性、持续性、创造性的统一。其内涵具体如下。"仁爱立志":是对学生思想品德素养的规定,强调学生应具备爱的情感和走向未来的志向。旨在培养学生的传统之爱、集体之爱和人文之爱,使学生学会爱自然、爱己、爱人、爱家、爱校、爱乡、爱国、爱社会,形成基本的是非善恶判断标准,养成文明礼貌、守纪守法、自立自理的行为习惯,确立远大志向,具有仁爱、合作、责任、宽容等良好品质。"善思乐学":是对学生科学文化素养的规定,突出学生终身学习所必需的思维与兴趣。旨在使学生掌握扎实的基础知识和基本技能,有浓厚的学习兴趣和求知欲望,主动学习,善于思考,形成良好的思维品质,掌握基本的学习方法。"健康阳光":是对学生身体心理素质的规定,强调健康的体魄和良好的心理状态,这是学生走向未来的前提和基础。旨在使学生掌握基本的体育锻炼技能,形成主动锻炼和坚持锻炼的习惯,健康体魄;使学生能客观认识自我,稳定情绪,充满自信,宽容平和,具有和谐的人际关系和较强的社会适应性。"创造未来":是对新建路小学学生素质的特殊要求,也是对学生发展的总结性表述,关注学生发展的主体性和创造性。旨在充分挖掘学生的优势潜能,发挥学生的主动性,使学生学会求知、学会创造,形成面向未来的创新精神、创造能力和创造思维等。学校基于办学理念内涵和培养目标的分析,设计了学校的文化标识系统,具体如下。

校训:泛爱众、博学文、创未来。

校风:仁爱、和谐、践行、创新。

教风:以爱育爱,以智启智,敬业务实,乐群奋进。

学风:爱人、善思、乐学、创造。

二、改革课程,设计蓝图,全面落实"爱与未来"教育

学生发展是学校工作的最终归宿,是办学理念的灵魂和核心,而课程是学校人才培养的依托,是实现培养目标的重要保证,是学校工作的中心。课程是个广义的概念,是国家课程、地方课程、校本课程的结合,是显性课程与隐性课程的统整,是课程内容与课程教学的统一。校本课程开发、德育改革、教学改革、环境建设是学校层面课程改革的重要内容。为此,学校积极开发校本课程,深化教育教学改革,建设校园环境,全面推进"爱与未来"教育。

(一)开发校本课程,构建"爱与未来"教育体系

在学校课程体系中,国家课程、地方课程反映人才培养的共性要求;校本课程反映人才培养的特殊需要,校本课程是学校特色的重要支撑。学校从"爱与未来"的要求出发,在严格

执行国家课程、落实地方课程的基础上，积极开发校本课程，建构目标明确、结构完善、凸显理念的校本课程体系。校本课程包括以下六种：礼仪课程、心理健康课程、安全课程、学习习惯课程、未来创造（DI）课程、艺术课程。其中前四种为必修课程，旨在为学生未来发展奠定情感和习惯基础；后两种为选修课程，旨在发展学生的创造性和个性。学校组建校本课程开发团队，研究校情，评估资源，了解需求，并在此基础上制定了校本课程开发规划，编制了各门校本课程纲要，建立了各门课程的内容体系，并组织编写了相应教材。目前，礼仪课程、心理健康课程、安全课程、学习习惯课程均已形成适合不同年级学习的序列化内容体系，并形成了教材。选修的 DI 课程旨在开发学生的创造力和想象力；九大类 60 门艺术社团课程旨在发展学生的兴趣特长，学生可以根据自己的需要自主选择。

（二）重实效创品牌，做细做实养成教育

主题德育是学校课程的重要组成部分。针对目前德育实效性低的现状，学校确立养成教育德育主题，强化常规管理，丰富德育活动，关注过程评价，努力将养成教育做细、做实，打造养成教育品牌，促进学生良好行为习惯的养成，为学生成为合格公民奠基，为学生的幸福人生奠基。

1. 掌握行为规范标准

道德行为的确立从道德认知开始。为了帮助学生确立良好的行为习惯，首先应让学生知道规范的行为标准。为此，学校从细节入手，按照礼仪篇、纪律篇、学习篇、卫生篇自编自演录制成《好习惯伴我成长——新建路小学学生行为习惯教育片》，直观地向学生演示在课堂、课间、入校、放学、"两操"、文体等活动中的行为规范标准，帮助学生熟悉规范、练习规范，进而养成习惯。

2. 常规管理做细做实

常规管理是养成教育的主要途径。关于学生的常规管理，学校有以下两项制度：第一，实施"卫生人人岗"制度，给每一位学生明确规定卫生责任区的范围和要求，定人、定岗、定责、定时，使班级工作事事有人做，人人有事做，人人为集体做贡献。第二，实施"课间三步骤"制度，即每一位学生在下课铃响后按顺序做好三件事：整书本、清杂物、齐桌椅，然后再出教室活动。两项制度的实施，既有助于学生练习行为规范，又有助于通过营造整洁、舒适的环境潜移默化地影响学生的行为习惯。

3. 活动体验促进内化

道德认知转化为道德行为需要通过道德实践，让学生在道德活动中经历、体验、内化认知，进而确立道德行为。学校主要开展以下几种德育活动：第一，"养成教育冠军赛"活动。每学期开展一次，并为获胜者颁发冠军奖章，以竞赛促进学生掌握知识、遵守规范。第二，升旗活动。每周一个主题，班班参与，要求做到"三全二齐一静"。"三全"即参与对象全、教育内容全、展示形式全；"二齐"即服装齐、动作齐；"一静"即无一人说话、无一人乱动、安静有序。学校通过升旗活动陶冶了学生心灵，规范了学生行为。第三，节日主题活动。一方面，利用传统节日开展主题活动，如清明节革命传统教育活动、端午节民族气节教育活动、中秋节赏月诗文诵读、建党节"我是党的好孩子"主题活动、重阳节培育孝心活动、教师节"感念师恩"活动、"十一"感谢祖国主题活动；另一方面，开展校园节日主题活动，如艺术节、童话节、读书节、体育节。各种主题活动从不同层面以不同方式促进学生精神世界的成长。

4. 过程评价激励进步

评价在德育中发挥着导向和激励作用。学校在德育评价中采用《成长记录册》激励学生,学生人人建立《成长记录册》,家长指导孩子将学习生活中的点滴收获进行收集和保存,并做特色化的整理(班级特色、学生特色、家庭特色),学生定期对自己进行评价和反思,并在回顾中体验成长的快乐。

(三)立规范求高效,多管齐下打造精品课堂

课堂教学是课程实施的重要途径,也是实现"爱与未来"教育的主渠道。学校以规范高效为目标,强化全程管理,实施课题引领,扎实、有效地开展教研,开展课堂教学改革,全面打造规范、高效、健康的精品课堂,为学生奠定终身发展、创造未来的素质基础。

1. 规范管理教学全程

学校对教学从教案设计、课堂行为到课后作业实施全程管理,细化各环节的操作行为。教案设计要求做到统揽全书,研究教材与学情,依据课标,定准教学目标,关注目标达成;课后作业要求做到作业内容目标化,作业本要求规范化,作业评价多元化,作业设计特色化;在课堂教学方面,学校制定了《新建路小学教师课堂行为规范》《新建路小学学生课堂行为规范》,并拍摄师生课堂行为规范教育片,对教师进行教学常规培训,对教师课前侯课、课中理答、课后师生行礼等行为进行规范,对学生课前静息、课中行为提出规范要求。规范的教学管理既是养成教育的渗透,又是减负增效、保证质量的前提。

2. 有效教研奠基教学

校本教研扎实、有效是学校的追求,主要采取以下做法:第一,规范备课流程。学校制定了个人备课—集体备课—二次备课—进入课堂的备课流程。按照这一流程,教师个体先运用学科教案模板进行电子备课;然后以教研组为单位进行集体备课,讨论课标与教材,确定教学目标,商讨教学方法,研究重难点问题解决方案;最后教师个体进行教案的二次重构。整个备课过程要求扎实、有效。第二,实施推门听课制度。学校领导对全校所有学科、所有班级、所有教师实施推门听课,且做到听课记录翔实,每听必评,要反馈听课情况,并就听课中发现的共性问题进行研讨,寻找解决办法,必要时要再次推门听课。第三,运用课堂观察量表改进教学评价。学校从教师行为、学生参与、课堂文化、效果检测、整合效果五个方面设计了课堂观察量表,组织教师选择笔记本、录音笔、摄像机等有效工具,依照量表开展课堂观察,为课后评课积累研究素材,有效提高了评课、议课的针对性和有效性。第四,开展专题研讨活动。围绕教学目标,开展专题讲座,教师讨论、研究、形成实施策略并落实在教学设计、课堂教学、作业布置、效果检测等环节,取得了明显的成果,并在全区示范推广。

3. 课题研究深化改革

为保证课题研究的有效开展,学校制定了各项课题研究制度,确定课题研究流程,分先行学习、骨干引领、全面实践、深入研讨、反思改进、总结提炼六阶段开展课题研究,规范课题研究工作。围绕教学,学校在"十一五"期间开展"基于学科特点的学生学习能力培养策略研究","十二五"期间又承担了"小学'导学案'编写与使用的有效性研究""课堂教学模式的创新研究"等课题,在课题研究中改革教学,深化教学改革,提高教学的有效性。

4. 探索模式减负增效

学校积极进行课堂教学改革,探索适合不同学科的课堂教学模式。在"125 任务驱动、自主建构"的总模式下,语文学科形成了"124 任务驱动、自主建构"课堂教学模式;数学学科

构建了"五环节"数学建模课堂教学模式；英语学科开展了文本建构研究，实施单元备课，围绕话题进行课程整合。不同学科的教学模式，关注学科本质，引导学生自主探究，重视学生思维、方法、创造力等素质的培养，关注课程目标达成。学校组织队伍，精选试题，编写各年级学生学案，切实减轻学生课业负担；学校为每个教室配备多媒体设备，加大课堂容量，增加学生自主学习时间。这些措施有效提高了课堂教学效益，实现了减负增效的改革目标，促进了学生素养的全面提升。

(四)凸主题重和谐，校园文化浸润师生精神

校园文化是一种隐性课程，对学生发展起着潜移默化的影响。学校围绕"爱与未来"的办学理念，按照 CI(企业形象)理念系统设计校园环境，将学校的理念、目标和特色融入校园环境中，努力使校园的一景一物、每一面墙壁和每一个角落都能发挥育人功能，彰显学校办学理念。

1. 楼外环境布局和谐，寓意丰富深刻

灰、蓝、白三色相间的新教学楼，灰色以其温和、低调、优雅之意传达学校朴素求实之传统校风，蓝色以其自信、冷静、稳健之意传达新建路人自信、永不言弃的精神，白色以其纯洁之意象征小学生纯净的心灵；教学楼前闪亮的奖牌记载着新建路人奋斗的足迹；校门正前方的五堵照壁错落有致，像一本本整齐的书籍，寓意着学生在书籍中畅游；照壁前的英文校名代表学校国际化的办学追求，灵动的涌泉表达了教师对学生源源不断的爱和知识输出，也昭示着新建路人涌泉相报的感恩之情；照壁后大气恢宏的音乐喷泉，让学生在世界名曲的熏陶中感受嬉戏的快乐；校园北侧的艺术广场，蒙得里安的格子画居中镶嵌，寓意着学校的艺术教育传统特色和学生七彩的校园生活；塑胶操场一角的柳树是学校历史的见证；宽阔的操场功能齐全、色彩丰富，给学生提供了宽敞的锻炼空间；惬意的林荫道、安全的游戏区充满人文关怀；每当夜幕降临，点亮的学校 logo 灯箱寓意着点亮每个孩子精彩的人生；东三楼墙壁上的英文小诗《论孩子》，向每一个教育者传达着尊重个体、允许差异、保护个性、因材施教的教育理念；校门外的教育墙陈列《弟子规》之《泛爱众》的内容，彰显学校"爱与未来"的办学理念。这一切布局合理，搭配协调，形成凝固的诗、流动的画、交响的琴，在整体上达到了润物细无声的效果。

2. 楼内环境设计独特，凸显"爱与未来"教育主题

教学楼楼梯文化建设分为学生和教师两部分，教工楼梯以"师爱无痕"为主题，用温馨的语言警示教师要爱家庭、爱学校、爱生活、爱学生、爱事业；学生楼梯以"传统之爱""集体之爱""人文之爱"为主线，语言温馨，富有童趣，画面形象生动。各层楼道展示学生版面，其主题是"我行、我秀、我思、我变"，版面为学生提供了展示才华的平台。卫生间标志是符合高、中、低不同年级学生年龄特点的三幅漫画，充满童趣。消防栓和电闸挡板设计、教室讲台设置、教师办公室的布置等，都将美观与实用融为一体。整个楼内环境的设计突出人文关怀，凸显爱的主题，让学生置身其中感受爱、学会爱，带着浓浓的爱走向美好未来。这一切无不反映着温馨、安全的校园 CI 设计理念，无不渗透着我们在校园环境建设方面的独运匠心。

三、家校携手，形成合力，同心同力共育未来英才

学校教育需要家庭、社会的支持，需要保持一致的教育影响，才能形成合力。学校基于校情采取多种措施，积极推进家校合作，共同促进学生健康成长。

(一)成立机构,健全制度,完善家校合作机制

家长委员会是连接家庭与学校的纽带。学校成立了班级、年级、学校三级家长委员会并实施分层管理模式。为了更好地发挥家长委员会的职能,学校在家长委员会中成立了五个组织机构,包括督学督政部、安全教育部、实践活动部、宣传策划部、财务管理部,并明确了各部门职责,制订了家长委员会工作计划,建立健全了相关工作制度,完善了家校合作机制,保证了家长委员会工作的有序开展。

(二)民主办学,家校联合,参与管理,献计献策

家长委员会是学校民主办学的主要参与者,其职责是参与学校管理,为学校发展献计献策。在 2011 年一年级新生校服改制中,刚成立的家长委员会发挥了积极作用。一年级各班家委会主任组成校服改制小组,从校服定款式、定厂家、定价格,到向全体家长说明校服定制细节、投票表决,家委会全程参与。此次家委会参与校服改制工作受到了社会各界的好评和同行的肯定,《太原晚报》《太原日报》《山西青年报》等多家媒体进行了跟踪报道。家长参与学校管理,使家长由学校管理的"旁观者"变成了"参与者",由"幕后"走到了"台前",因而参与意识增强,支持学校工作的热情高涨。家校合作顺畅,有效地促进了学校各项工作的顺利开展。

(三)携手同盟,双向互动,三位一体,共同发展

学校通过多种形式,促进家校的双向互动和交流。第一,家长进校,近距离参与学校各项活动。如开展家长开放日活动、家长参加听课活动、阳光体育活动、田径运动会、童话节、班队会,参观学生科技制作展、美术作品展、文艺演出、体育竞技等,增进家长、教师、学校间的了解与沟通。第二,学生走出校门,参与社会实践活动。各班家委会发挥社会资源丰富的优势,组织学生开展农耕体验、环保宣传、植树、郊游、义工等形式多样的社会实践活动。家长和孩子们的足迹遍布晋祠公园、省博物馆、二龙山、大学实验室、神堂沟、汾河二库,家校合作为学生提供了丰富的教育资源。第三,开展形式多样的家长培训。为了使家庭教育与学校教育协调一致,学校依托家委会,向家长普及家教知识和方法,传递学校对学生和家长的要求,争取家长的配合支持。近年来,学校举办了若干场"家长如何帮助孩子提高学习效果"等主题的专题讲座,受到家长的广泛好评。家校的双向互动,保证了家校教育目标的一致性,促进了学校工作的顺利开展,促进了家长及学生素质的提高,正所谓"三位一体"共同发展。

四、创新管理,建设队伍,创设"爱与未来"保障条件

学校教育需要一定的保障条件,管理、教师队伍是学校各项工作顺利开展的基础性条件,是打造学校特色的必要保障。

(一)规范管理切入,提升品位为标

为了顺利落实"爱与未来"教育,学校实施精细化管理,遵循民主开放、刚柔相济等现代管理原则,创新管理机制,提升管理品位,提高管理效能。

1. 精细管理,规范办学

精细管理是学校规范办学、提高管理效能的前提和基础。学校出台《新建路小学程序化管理手册》,完善各项规章制度,明确岗位职责,实施科学管理,依法治校。在管理中,努力按

照严、细、实的要求实施精细化管理，制定精细化管理方案，各项工作管理目标具体化，责任明确化，程序标准化，人人都管理，事事见管理。

2. 民主管理，开放办学

就学校内部而言，学校领导分工明确，职责分明，重要问题由校务委员会决定，并接受教师的监督，工作透明度高；调动教师参加学校管理的积极性，组建校园文化建设、课程开发等各种团队，群策群力，研究校情，讨论学校发展战略，使教师在参与管理中认同、内化办学理念，调动教师的主人翁意识和责任意识。就学校外部而言，学校与社区、家长委员会携手，利用社区资源，发挥家长参与学校管理的积极性，打造"三位一体"的教育网络，促进学校各项工作的改进，提高管理效能。这是学校管理走向现代化的重要标志。

3. 文化育人，人文办学

文化育人是学校管理品位提升的重要标志。学校围绕"爱与未来"的办学理念规划了学校的文化建设，从学校 logo、楼梯间、图书区、板报、铭牌、胸卡，到走廊里的消防栓、电闸门、楼口安全提示等，每个细节都精心设计，创设良好的文化生态环境，使校园处处弥漫着浓郁的人文气息，陶冶熏染着新建路人，实现了文化浸润的目标，达到"无声胜有声"的境界。

4. 面向国际，高标办学

面向国际、走向现代化是学校的高位目标，也是学校提升管理品位的重要内容。学校明确了国际化、现代化的办学方向，积极与国外名校建立合作关系，借鉴国内外先进教育理念，并努力实现办学条件、办学思想、办学行为的现代化。

(二)搭建成长平台，建设教师梯队

全力促进教师专业成长。教师是学校工作的主体，教师的专业成长制约着学生和学校的发展。为此，学校从"爱与未来"教育的需要出发，积极创造条件，搭建平台，全方位促进教师专业成长，努力建设爱智统一、学养深厚、求实奋进的教师队伍。

1. 读书活动丰厚底蕴

多年来，学校一直重视组织全校教师开展读书交流活动，以读书小报、读书笔记等形式展示读书成果。读书活动的开展，激发了教师的读书兴趣，拓宽了教师的知识面，增长了教师的才智，丰富厚重了教师的文化底蕴。

2. 分层培养建设梯队

针对不同年龄层次的教师，学校采取分层培养的策略，促进教师队伍的梯队发展。首先，面向青年教师，实施"青蓝工程"，开展"新教师亮相""青年教师成长杯课堂教学大赛"等活动，为青年教师搭建直通平台，促进青年教师的专业成长；其次，面向骨干教师，开展"骨干教师示范课活动"，打造骨干教师优秀团队，引领全校教师发展；再次，面向全体教师，老、中、青不同年龄段的教师各尽其能，各尽其才，团结互助，共同成长。

3. 校本研训提升素养

学校重视教师研训，近些年先后举办"交互式电子白板培训""课堂教学常规培训""述课培训""新课标培训"等各类专项培训，选派省、市教学能手外出学习，开展多种形式、内容丰富的校本教研活动，建立校际联盟，促进校际交流，有效促进了教师教学理念的转变，使教师的专业素养不断提升。

五、特色彰显，素质发展，以爱奠基，向着明天奔跑

学生的发展是学校所有工作的出发点和归宿，"爱与未来"教育最终要通过学生素质的发展体现出来。新建路小学通过开发校本课程、实施德育影响、开展教学改革、营造文化氛围、家校携手共育、高效管理保障、教师队伍专业发展等途径和策略,有效促进了学生和学校的发展,使学校"爱与未来"的办学特色日趋鲜明,学生素质发展成效日益突出。

(一)养成教育成效显著

小学是学生良好习惯的形成阶段。我校将养成教育确定为学校德育的主题,通过实施"卫生人人岗""课间三步骤"等常规制度,开展丰富多样的德育活动,运用《成长记录册》对学生进行过程评价,促进了学生良好行为习惯的养成。学校各项活动井然有序,校园整洁明快,学生举止文明,言谈礼貌,行为习惯良好,精神风貌健康,养成教育已取得明显的效果。

(二)学习成绩稳步提升

新建路小学一直以重视质量而著称。近些年来,学校加强教学管理,深化校本教研,开展课堂教学改革,实施课题研究,减轻学生课业负担,通过多种措施保证教学质量,使学生的文化素质得到发展,学习成绩稳步提升,在每年的全区学情调研中学校成绩名列前茅。

(三)社团活动成绩突出

学校成立了九大类 60 个学生社团,学生在这些活动中锻炼了能力,发展了兴趣爱好,提高了创造素质,社团活动取得明显成效。我校学生参加省宋庆龄儿童发展奖评比,获标识类全国一等奖,30 多名学生获一、二、三等奖;参加第七届太原市青少年发明创新竞赛,有 5 名学生获一、二、三等奖;参加太原市艺术教育活动月,《戏曲联唱》获一等奖并入选 2012 年省电视台少儿春晚;校男、女篮球队分别获市比赛第三和第一;获全国第十五届中小学生图书摄影优秀组织奖等。

回望走过的六年岁月,民主管理打造教育同盟,智慧团队奠基学生未来,我们致力于打造具有国际化视野的现代化学校。学校立足小学阶段学生身心发展的特点,民主管理,开放办学,带领教师、家长两大团队为学生的未来发展奠定良好的基础。学校围绕"爱与未来"的办学理念,秉承"泛爱众、博学文、创未来"的校训,创造爱意浓浓、静雅温馨、人文和谐的校园环境,让爱的雨露遍洒学校的每个角落。开发、完善、丰富了奠基未来、创造未来的课程体系,营造了"仁爱、和谐、践行、创新"的校园氛围,创建了人防、物防、技防、预防"四位一体"的安全防范体系,塑造了"我行、我秀、我思、我变"的"四我"德育品牌,形成了精细化、系列化、科学化、目标化、层次化、高端化的"六化"教科研特色,打造了"以爱育爱、以智启智、敬业务实、乐群奋进"的教师队伍,架构了"三级六部"的家委会工作体系,营造了同盟体"家校共育"模式,培养了"爱人、善思、乐学、创造"的学生群体。"以爱育爱,创造未来",这既是学校办学理念的核心,又是学校的发展愿景。开放的新建路小学在新一届领导集体的带领下正以蓬勃的生机、丰富的内涵,创造着更加灿烂美好的未来。我的祝福也伴随着一年又一年新春的钟声永远定格在那个让我魂牵梦绕的校园里,定格在那些永远让我牵挂的教师和学生的身上。

以宏远思想追寻教育梦想

左权宏远学校　巨亚宏

"往昔遐荒，今朝画卷。新城庠序，宏远创办。福荫乡梓，惠及学子，功昭盛纪，百姓礼赞……"这篇《宏远赋》翔实记述了左权宏远学校筚路蓝缕的创业历程和宏远人持之不懈的奋斗精神。左权宏远学校（简称"宏远学校"）始建于 2006 年 8 月，是一所含小学、初中、职高三个学段的十二年一贯制学校。学校坐落在左权县滨河新城宏远街，占地面积 62500 余平方米，其中建筑面积 30000 余平方米。在校学生 4100 余人，教职工 290 余人。校园环境优美，学风浓郁，名师荟萃。自创办以来，宏远学校以优雅的育人环境、创新的课堂模式和优质的教学质量赢得了社会各界的普遍赞誉，迄今共荣获国家、省、市、县 130 多次表彰和奖励，先后被评为全国民办学校先进单位、全国保障示范单位、山西省素质教育示范学校、山西省课堂教学改革基地校、三晋课改示范校等。

15 年前，当宏远学校从红色革命老区左权县滨河新城拔地而起的时候，有谁能想到，经过宏远人 15 年的不懈追求和继往开来，竟将一所名不见经传的新学校打造成为百姓礼赞、誉满三晋的名校。又有谁能想到，这所学校的校长用他的超前思想和远见卓识带领宏远人在创业期间付出了怎样的艰辛和汗水。

一、以梦想凝聚人心，用目标引领发展

在我看来，校长乃一校之魂，这魂便是思想，校长的思想有多远，学校就能走多远。一位有思想的校长才能最大限度地使教师和学生具有获得成功的能力，才能把学校建成教师和学生的精神家园。正如苏霍姆林斯基所说，校长对学校的领导，首先是教育思想的领导。出色的校长必须了解外界对学校的要求，包括国家对教育的要求和社会对人才培养的需求，也必须了解学校内部可持续发展的条件；要明确本校的发展目标，在办学理念指导下，制定出符合学校实际发展的办学目标；不仅要知道今天做什么，还要知道明天做什么。

2014 年 9 月任校长伊始，我在继承学校前八年办学经验的基础上确立了学校发展的新蓝图，构建了引领学校未来发展的纲领性文件——《左权宏远学校办学行动纲要（2014 年—2022 年）》（简称《纲要》）。《纲要》包括 13 个方面、72 条内容，12000 余字准确定位了宏远学校未来八年发展的方向，为明晰办学目标、构建文化战略、提升管理境界、打造办学特色、开展教育教学工作等提供了引领。依据《纲要》精神和学校实情，我们又完成了《左权宏远学校办学目标达成规划书》，使学校八年发展的"233"实施步骤，即"两年完善，三年提质，再三年成名校"的实施战略目标更加明晰，为学校实现内涵发展提供了理念引领。

办学思想：大成至己，照耀人生。办学思想的确立，一是基于学校的性质。其是由左权宏远集团公司投资的、县委县政府大力扶持的一所学校，是宏远集团回报左权发展而担负起的一种社会责任。二是基于学校的教育特点。其涵盖了小学、初中、职高三个学段，旨在通过三年、六年或十二年的宏远教育，使学生能遇见最美的自己、成为最好的自己，进而照耀当

下及未来的人生路,担当起民族伟大复兴的时代重任。

办学使命:创造适合学生发展的教育,办一所学生自己的学校。

办学特色:在学校特色建设方面本着"先求本色,再创特色"的原则,不断走内涵式发展道路,不断将特色做成学校发展品牌,不断提高学校的核心竞争力。让特色发展助推学校内涵发展,并不断转化为教育生产力,培养全面而有个性的、有宏远特质的宏远学子。

师生誓词。小学生誓词为:我是宏远少年,努力成为健康阳光、文雅知礼、懂得感恩、热爱读书、拥有中国灵魂和国际视野的现代宏远人。初中生、职高生誓词为:我是宏远学子,努力成为文雅知礼、勤学善思、遵规守纪、健康快乐、拥有中国灵魂和国际视野的现代宏远人。教师誓词为:我是宏远教师,将敬业、仁爱、乐观、创新作为自己的价值追求;把上好每一节课当作自己最高的师德;把关爱每一个学生当作自己最高的使命;把发展每一个学生当作自己最高的荣誉。

宏远梦:宏远梦是教育美好之梦,宏远梦是全国名校之梦,宏远梦是深入课改之梦,宏远梦是师生发展之梦。

校徽: 。主体由"宏"和"远"两个字变体构成,整体呈现出"圆"图案,与"远"谐音,同时也意在传递着"万事圆则通"的人生哲学。

校训:志宏向远,缜思笃行。校训将学校名称"宏远"巧妙融入其中,意为每一个宏远师生要拥有宏伟的目标、远大的志向,用自己缜密的思考、扎实的行动来实现,做到行知合一。

校风:管理如和煦春风,教学似春雨润物,科研若雪中送炭,质量像旭日东升。

教风:乐于奉献、敏于学习、勤于思考、勇于实践、善于总结。

学风:乐学、勤学、会学。

宏远精神:敬业、仁爱、乐观、创新。

校歌:《宏远之歌》。

二、以课堂改革为抓手,大力提升教学品质

校长不仅要成为全体师生的"精神领袖",还要成为勇于实践、敢于课改的先锋;要躬耕于课堂,先试先行,身先士卒,在课堂中大胆地实践自己的教育思想和教学理念。在课堂教学中,我坚持"一位好校长首先是一名好教师"的教育思想,不忘初心,努力做一名语文教学路上的追寻者;潜心语文教学规律的研究,不断丰富自己的教学思想和实践,逐步总结出了"走进文本—构建文本—超越文本"的课堂教学思想。我的课先后获得晋中市优质课一等奖、山西省青年教师阅读大赛一等奖、省市课堂能力大赛一等奖、全国苏教版课堂教学大赛特等奖项。

"一花独放不是春,百花齐放春满园",校长不仅要自己优秀,还要创造条件让学校发展、师生卓越。于是我将目光瞄准了课堂改革,让课堂教学改革撬动学校质量提升和特色发展。在教学实践中,我逐渐认识到自新课程实施以后传统的课堂教学面临着一场变革。学校要从根本上改变传统的课堂教学模式,最关键的是校长的思想要变革,教师的理念要更新。

为实现在 2006 年建校时确立的"三步走"(三年理顺、五年创牌、八年建成中华名校)的奋斗目标,学校于 2010 年 10 月率先牵手全国名校杜郎口中学,全面启动课堂教学改革。在全校掀起的课改大潮中,我身先士卒,亲力亲为,积极参与备课、观课和议课活动,探究课堂真谛,找寻教育规律。在我的指导下,小学部逐步形成了从"以学生为中心""以学生学习为

中心"到"以学生学习增值为中心"的课改理念,建构了"三单四段式"(三单:预学单、导学单、反思单;四段:预学质疑、合作共享、展示提升、检测延伸)主体开放导学模式。初中部建构了"三三四"(三种学习方法:独学、对学、群学;三种课型:预习展示课、提升展示课、反馈展示课;四个工具单:学期集备单、课时计划单、学科学导单、课堂检测单)高效课堂模式。职高部探索出了任务驱动、问题导向、展示交流的教学模式。三种教学模式均积极倡导自主、合作、探究、展示的学习方式,追求的是增效减负,坚守的是课堂教学的四大支柱,即多学少教、以学定教、顺学而教、以教导学,为学生提供了更广阔的时间和空间,使学生的学习更真实、更有益。

"课改是学校的方向,创新是课堂的常态。"在课改实践中,我深刻认识到国家教育信息化是未来教育的发展趋势,引入电子书包信息化教育手段必将为学校的课堂教学改革注入生机和动力。2015年8月,县教科局批准我校初中部建立两个电子书包实验项目班级。在电子书包项目推进过程中,初中部以"转变学生学习方式,凸显学生主体作用,提高课堂效率"为根本稳步推进项目工程。经过几年的不断摸索,结合原有的小组建设和导学案的使用,又初步形成了"3+X"智慧课堂模式并进行推广。今天,我校的电子书包项目班已达到19个。

"课堂革命不可能一帆风顺、一蹴而就,课改是一场心灵的革命,课改是一场教育观念的革命,课改是一场课堂技术的革命,课改更是一场行为的革命。"天上不会掉馅饼,幸福是奋斗出来的,成功的课改需要百倍努力和坚持付出。课改要想持续发展和深入推进,靠"守"是"守"不住的,校长要勇做一名"闯将",要有披荆斩棘和敢于啃硬骨头的勇气与睿智。近年来,在课堂改革的伟大探索和实践中,我又明确提出要将课堂改革进行到底的课改主旨。深入践行"1、3、4、6、8、10"课改思想理念和操作实践,紧紧围绕培养学生核心素养、优化学习方式方法、提高自主学习能力三大主题而深入推进课堂教学改革,认真落实课堂改革的十大细节和县教科局"备、讲、批、辅、测、研"的教学常规理念,注重学生八大学习习惯的养成教育,努力通过课改"让核心素养从课堂里长出来"。2020年我又明确提出了将思维导图运用到课堂教学和日常管理中,积极倡导教师深入进行学科研究、分层优化教学和实行学生导师制……先进科学的教育思想为我校的课堂改革指明了方向,让课堂教学改革走得更科学、更稳健。

在课改的大路上,我一直在思索,一直在探究。经过几年的打拼和摸索,学校的课堂改革已小有成绩,但我深知课程是学校最重要的产品,是学校一切工作的最终物化体现,是学校的核心竞争力。学生的学习和成长,最终必然依托于学校的课程体系。为此,我们努力在课程建设研究上下功夫,搞突破。在教学实践中,我鼓励和支持各学部按照基础型课程、探究型课程、拓展型课程实施计划,花大力气系统创造和开发课程体系,充分满足学生成长和发展的需求,进而落实学校的培养目标。

三、以文化建构为根本,精心创设精神家园

一所真正的好学校,其最大的吸引力是文化。因为学校文化是学校办学过程中师生员工共同传承和创造的物质成果与精神成果的结晶,是一所学校赖以生存和发展的重要根基和个性特征的重要标志。而校长应该是学校文化建设蓝图的总设计师和总工程师,他的眼光、境界、理念、能力、素质和人格等,都直接关系到学校文化的特质和优劣。近年来,学校以

加强校园物质文化建设、制度文化建设、精神文化建设和行为文化建设为基本内容,拓展学校文化建设领域,规范学校文化活动模式,努力构建具有我校特色的文化体系。

(一)物质文化建设

我坚持"高起点规划,高标准建设,高效能管理"的原则将校园文化特色建设定位为"丰富文化内涵,打造'七大'校园"。为了使校园文化氛围与环境建设相得益彰、和谐发展,在我的建议下学校将教学楼、实验楼、多功能厅、宿舍楼、餐厅分别命名为"弘毅楼""思行楼""思辨厅""明德楼""崇礼楼",意喻全校师生在温馨优雅的环境中弘毅行远、勤思善辩、明德崇礼,努力实现做走向世界的现代宏远人的梦想。校门正北面矗立着我国古代伟大思想家、教育家及传统文化形象代表孔子的雕像,彰显着万世师表的高大形象,以儒家思想浸润师生心灵。

(二)制度文化建设

"管理上水平,制度要先行。""没有规矩不成方圆",这里的"规矩"就是规章制度,学校管理同样需要规章制度。在制定并完善学校制度的过程中,我们坚持走群众路线的工作方法,集思广益,群策群力,民主协商,共同参与。我认为,制度制定的过程,也是校长自我提升、自我教育、自我管理的过程,对进一步提高校长的管理能力和管理自觉起到了良好的作用。经过多年的发展和完善,学校建立健全了各项规章制度,构建了坚实的防御体系,为师生健康发展和教育质量提升提供了可靠保障。现在,学校形成了"三部"(小学部、初中部和职高部)、"三处"(德育处、课程处和后勤处)、"二室"(党支部办公室和学校办公室)的管理格局,实行校长管理下的学部(处室)负责制,副校长全部兼学部(处室)主任,并负责管理各学部(处室)的中层干部。各学部与各处室相互联系又相互融合、交叉管理,构成矩阵网络,共同对学校负责、对教育教学质量负责。

(三)精神文化建设

在精神文化建设方面,学校严格按照全面推进素质教育的要求,以社会主义核心价值观为导向,以先进的办学理念统揽学校文化建设全局,形成了厚重的精神文化积淀。在办学过程中以"大成至己,照耀人生"的办学思想和"敬业、仁爱、乐观、创新"的宏远精神为指引,着力打造"四大特色校园"——课改示范校、足球基地校、书香校园、智慧校园。具有宏远特质的校歌《宏远之歌》和校赋《宏远赋》诠释了宏远精神,记载了发展历程,凸显了宏远品质。

(四)行为文化建设

学校行为文化建设的终端是什么?是领导、教师、学生,是全体宏远人。学校要通过行为文化建设提高他们的生命质量、人生态度和学业状况。多年来,我校打造了一支勇于担当、敢于作为、乐于奉献、精于进取的中层团队;建设了一支爱岗敬业、为人师表、师德高尚、专业精良的教师团队;培养了一批文雅知礼、健康阳光、遵规守纪、健康快乐、拥有中国灵魂和国际视野的现代宏远人。

校长的教育思想是一所学校前进的动力,是校长综合能力的直接体现,是校长诸多能力的核心。校长的思想高度决定着学校的发展高度。这几年来,学校在坚持课堂改革、实施素质教育、办人民满意的教育等方面得到了社会的认可和赞誉,但也有质疑、误解和指责。作为校长,我经常反思学校在发展中遇到的诸多问题。

思考一:通过持之以恒的课堂教学改革,宏远课改模式已渐趋成型,课改成果和办学特色日益凸显。学校步入发展新时期，面对课堂教学改革进入深水区的教学实际，如何让课堂改革进一步走向课程改革，进而实现国家、地方和校本课程的科学、有机融合，创设适合每一个学生发展的课程，仍是我们进一步探究的问题。

思考二：学校虽相继出台并完善了各项管理制度，但我校是"义务教育阶段＋中等职业学校"的十二年一贯制学校，师生多，处室多，管理难度大。如何优化流程管理的结构和过程，进一步提升学校管理规范化、精细化和科学化水平，仍是我校未来发展中的一道难题。

思考三：办学15年来，教师流动比例不高但教师年龄偏大。职高部的"双师型"教师数量不能满足专业教学需求。加之受考试评价的导向、社会的影响和地域的局限，教师在一定程度上还存在着唯分数、唯升学的倾向，教师工作压力大，职业倦怠现象明显。如何能培养出更多的专家型、高素质教师，进一步提升师资力量的发展空间，以适应我校课堂教学改革之需求，亦是我们要思考的问题。

教育改革进入了新时代，新时代赋予了校长新的使命。一名好校长，不但要有教育的激情、教育的智慧、教育的理性，而且要能够站在时代发展的高度来审视社会形势对学校教育的需求，明晰学校的当下及未来。不一定奢望校长成为思想家，但至少应该成为具有思考力的教育行者，以宏远的思想追寻教育梦想。

奠基美好未来，成就幸福人生

——我校的办学理念和办学实践思考

晋中市榆次区羊毫街小学　李海燕

作为校长，我常在思考：教育的目的到底是什么？教育的主体是鲜活的生命，所以教育一定是为了人的发展而进行的活动。校长应该将教师的发展、学生的发展、学校的发展视为办学的目的，所以校长需要对教育本质和目的进行深刻的思考。我在六所学校担任过校长，各个学校的办学条件截然不同，学校基点和特色都不尽相同，但无论是怎样的学校，要把学校办好，校长都必须有宽阔的办学视野，着眼学校实际，走符合学校发展之路。对教师来说，个人幸福，才能为学生提供优质的教育。对学生来说，健康、快乐的教育是他们发展的基石。基于这样的一种思考和认识，我从应该"培养什么人"和"怎样培养人"的问题入手，形成和确立了"幸福教育"的办学理念。下面我从发展背景、理念解读、办学实践方面一一阐述。

一、发展背景

山西省晋中市榆次区位于山西中部的太原盆地，西北与太原市相连。榆次区是晋中市的政治、经济、交通中心，素有"省城门户"之称。今天，榆次区已成为全省城镇体系的组织核心、转型发展的核心。榆次区羊毫街小学创建于1965年，具有深厚的文化积淀和优良的办学传统。学校现有教学班45个，在校学生2323人，教职工105人。2015年羊毫街小学迁入新校办学后，重构学校文化，响亮地提出"不创一流，就是落后，硬件硬，软件比硬件更硬"的办学口号；办学中紧紧抓住两条发展主线（以教师队伍发展为重、以学生发展为本），全力做好两方面工作（教师幸福发展、学生幸福成长）。

学校有完善的硬件设施、较为精细的管理制度、较完备的课程体系、浓郁的校园文化氛围，在社会上有一定影响，是榆次城区七个联合体牵头校之一，承担着榆次区小学基础教育改革的重任。由于办学成绩突出，学校先后荣获"全国国防教育特色校""全国足球特色校""全国红领巾阅读风采展示活动示范学校""山西省红旗大队""晋中市德育示范校""晋中市红领巾示范校""晋中市国防教育标杆示范校""榆次区教育工作先进单位""榆次区教育教学成绩显著单位""榆次区艺术教育先进单位"等荣誉称号。

二、办学理念

学校的办学理念：做成就师生幸福人生的教育。苏霍姆林斯基认为，理想的教育是培养真正的人，让每一个培养出来的人都能幸福地度过一生。这是教育应该追求的恒久性、终极性价值。学校教育要帮助学生形成正确的幸福观。幸福是个人幸福与社会幸福的统一，包含了丰富的内容，如自信、乐观、向上、诚实、创新能力。从根本意义上来说，教育就是以人为本，关注人的幸福，而今天的教育更倡导创造幸福、完整的教育生活。家长们为孩子选择良好教育的目的就是为了孩子未来生活幸福；教师要幸福地工作和生活，学校要形成有幸福感的校园。

办学宗旨：奠基美好未来，成就幸福人生。师生成长犹如大树，根深才能茂盛。生命的力量都是从根基而来的，我们要对学生的生命根基精心培植，把成长之根扎得深、固得牢，在这厚实的基础上，让他们成为国家建设的合格人才，奠定师生一生幸福的基础。

学校外墙上的校训"做真人、求真知"由陶行知先生的孙女陶铮老师书写。"做真人"的含义为明真道德、养真习惯。"求真知"的含义为学真知识、练真本领。我校校风、教风、学风重点体现了陶行知先生"行为知之始，知为行之成"教育思想的内涵。校风：求精、求新、至善、至美。教风：以爱育爱，以智启智。学风：立志、立德、立言、立行。

三、办学实践

我校在办学中主要构建和实施了以教师发展为重的保障文化体系和以学生发展为本的塑人文化体系。

（一）教师发展幸福工程

我校关注教师的专业发展，关注教师的幸福生活，努力使教师把教育当作幸福的工作。

1. 党建为旗，导素质教育之航，实施旗帜示范工程

工作目标：锻造优质教师队伍，争创星级先进支部。工作着力点：强化"六种意识"（党员意识、学习意识、大局意识、合作意识、创新意识、服务意识），提升"四项能力"（统筹规划能力、组织实施能力、评价反馈能力、分析协调能力）。

2. 教师为先，实施素质提升工程

工作目标：打造具有高尚职业道德、高超执教艺术、高雅情趣素养的优秀教师团队，创设自主与合作、实践与反思、专业引领与自我成长相结合的教研氛围。工作着力点：师德修养方面，通过师德教育、愿景引领、目标激励、制度规范、榜样示范、监督制约等形式不断予以规范和提升。业务成长：以课堂教学为主阵地，强化生本理念，围绕课改主题，深化榆次区三步导学模式研究，充分利用好"三个平台"（校本教研、联片教研、网络教研），发挥好"三个引领"（课题引领、专家引领、骨干引领）的作用。

3. 人本为重，实施阳光健康工程

工作目标：让学校这个大家庭充满温馨和幸福，让每位教师工作时有好心情，全力以赴谋事创业。工作着力点：实行校务公开民主管理制度、教职工代表民主决策制度、"两委"参与的民主监督制度；开展丰富多彩的教职工文体活动；坚持以爱暖心，真诚关心教师的思想和生活，让每位教师心理更阳光、工作更顺心，努力做到引领人、激励人、理解人、尊重人、关心人、爱护人、服务人、依靠人、发展人、成就人。

（二）学生发展幸福工程

小学教育不仅要给学生幸福的童年，还要为学生的幸福人生做好铺垫；要关注学生当前的发展，更要关注学生的终生幸福，培养学生的幸福观念和幸福能力。

1. 德育为首，铸素质教育之魂

工作目标：培养良好习惯，创建文明校园；打造"五道风景"，形成德育特色。工作策略：抓立体德育，切实加强家校联系；抓隐性德育，让校园每一处都灵动起来；抓主题德育，丰富德育活动内容和形式；抓特色德育，以国防教育为主要德育特色；充分利用三级平台，形成有效的评价体系。

2. 教学为本,固素质教育之根

工作目标:创设学生喜爱、优质、高效的课堂,努力实现轻负担、高质量的理想教育境界。工作策略:一是科学规范、构建课程立交桥。逐步形成了校内和校外相结合、课内和课外相结合的课程体系。研发学校校本课程,如经典诵读课程、英语口语训练课程、葫芦丝课程、围棋课程、写字课程、国防教育课程、入学课程、毕业课程、绿色课程等独具特色,特别是综合实践活动课程为学生提供了丰富多彩的活动阵地,使课程育人功能得到了较为充分的发挥。二是扎实精细落实常规管理。首先,抓教师课堂礼仪,从教学时间、教学行为、教学情感、衣着装饰等方面对教师的课堂教学行为加以规范,并进行严格的考评落实;其次,改革备课、作业要求。三是不断加强对教学质量的评价与监控。另外,还利用每周例会搭建"教师成长的故事"平台,由有班级管理经验的教师做经验交流,带动全校教学质量的整体提升。

3. 书香为伴,实施师生"悦读"工程

工作目标:提高学生的人文素养,创建书香浓郁的校园氛围。工作策略:学校全面规划统筹组织以"经典浸润人生,悦读启迪智慧"为主题的"书香校园"创建活动,把经典诵读纳入课程管理体系,保证经典内容的教学时间和诵读量,并通过定期评比"书香少年""书香家庭"和"书香班级"等活动促进经典诵读活动不断深入。

4. 艺体为翼,实施智能开发工程

工作目标:创办生动活泼校园,打造艺体名校品牌。工作策略:以音、体、美课堂为主阵地,体现"体艺2+1"工作的群众性成果。以综合实践活动为主抓手,体现"体艺2+1"工作的全面性成果,如各种社团活动。以各种兴趣活动队(如舞蹈队、爵士鼓队、合唱队、葫芦丝队)为主力军,实现"体艺2+1"工作的突出性成果。

追求幸福教育,是全校教师奋发向上的原动力。尽管我们的经验不足,但已扬帆起航,一路向前。在围绕实现学校办学理念的实践中,我们取得了一些成绩,但是任重而道远,知不足而后进,"做成就师生幸福人生的教育"是我们永远的办学目标。

挖掘百年文化底蕴，打造优质示范学校

壶关县实验小学　李卫红

近年来，壶关县实验小学（简称"实小"）师生致力发扬"明德博学，勤奋敬业，团结创新，自强卓越"的办学精神，始终以"塑造健全人格，为学生的终身发展奠基"为办学宗旨，秉承"以爱为源，明德博学"的办学理念，在探索中前进，在创新中开拓，尤其是在校园文化建设和特色教育方面取得了比较满意的成果。

一、精准定位，校园文化亮点纷呈

2011年，壶关县实验小学迎来了发展的新机遇，学校领导班子站在可持续发展的高度，把学校特色文化建设提到了重要的议事日程。打开视野，才能拓展空间。2011年冬天，我带领校委会成员、教师代表先后到长子东方红小学、太谷实验小学、襄垣太行小学、长治十二中等学校参观学习校园文化建设。回来之后，我们结合本校的实际情况，开始着手校园文化的顶层设计，内容涵盖了环境文化、管理文化、制度文化、活动文化等各方面，认真制定建设方案，并反复征求和听取了来自各方面的意见和建议。一个多学期以来，成效显著，校园环境更美了，文化气息更浓了，文化的品位更高了。

走进我们学校，最引人注目的便是东楼一层实小核心文化墙，上有通过挖掘实小的百年底蕴凝练出的学校的核心文化和实小精神，让全校师生了解实小历史和承载的历史责任，激发师生勤奋学习、认真学习、爱校如家。在教学楼各个楼层和校园墙壁上陈设着的社会主义核心价值观宣传牌，时刻提醒着师生要牢记和践行正确的人生观、价值观。

楼道文化是我校的亮点和特色。教学楼楼道中布置的春夏秋冬创意版画，令人耳目一新。

我校通过挖掘壶关的地域文化，形成了学校独特的校本课程，分为人物篇、旅游篇、非物质文化遗产篇和红色记忆篇，让师生了解家乡的风土人情、名山大川、红色历史和出彩人物，激发学生热爱家乡、回馈家乡的美好情感。

"爱心书吧"是我校校园文化建设的创举。一个个造型别致的书架上，整齐地摆放着各类课外书籍。书吧里的新型桌椅方便了学生课间、课外阅读。

"弟子规"文明礼仪墙上的七幅图画是七个传统教育故事，由我校专业教师精心绘制而成，经过这里的人们都能受到艺术的感染和传统道德的熏陶。

打开我校《雏鹰腾飞》校报，学校的动态信息、学生的优秀作品、名师风采、光荣榜等栏目是对学校文化教育效果的反映，为学生确立正确的人生观提供精神食粮。还有学校每年举办的"庆六一"素质展示，"畅游中国，祖国在我心中"主题网络读书活动，"迎元旦文化月"等活动，使广大学生的艺术素质得到了提高，也引导着校园文化向高雅的方向发展。

二、创新形式，校园文化富有创意

学生素质的全面发展是学校努力的方向。近年来，我校积极推进课程改革，更新教育理念,加强对学生的创新精神和实践能力的培养。学校实施教育管理和制度创新,推出了教育综合素质评价平台,充分运用激励和评价机制,通过站文明岗、盖爱心章、评班级星级个人、评星级班级等有效措施,调动了学生的积极性。教育综合素质评价平台分为教师端和学生家长端。教师通过教师端可以查看校园通知,下发班级通知,布置家庭作业,还可以随时查看班集体评价、星级公示等。学生和家长通过学生家长端,可以及时查看班级通知、家庭作业、素质测评以及每天各位任课教师对学生的评价。教育综合素质评价平台构建了学校、教师和家长三者之间相互沟通的桥梁。

为培养学生的核心素养,2015年6月,我校创新实行"笔试+面试"综合评价模式,对二至六年级学生从语文、数学、英语、才艺四个方面进行面试,面试成绩纳入学生期末综合评定,从分项到综合全部采用等级评价。形式新颖的评价方式,使学生感到新奇,激发了学生的学习兴趣,培养了学生的核心素养,为学生的终身发展打下了坚实的基础。一位五年级的学生家长在参加完孩子的面试后评价:"学校综合素质评价从单纯通过书面测试来检查学生的知识掌握情况转变为运用多种形式去发现挖掘学生多方面的潜能,帮助学生认识自我,建立自信,具备全面的基本素质,作为家长,我们对学校的创新教育很满意!"学校开展面试测评,弥补了笔试的不足,深化了课堂教学改革,不仅激发了学生的学习热情,锻炼了学生的各种能力,而且对教师教育教学起到了指导性作用。今后,我们会紧扣课标不断创新,学校的评价制度会越来越适应学生的终身发展需求,为学生的一生储备幸福。

用高雅艺术陪伴成长,重视艺术工作,扎实推动艺术工作出人才、促特长,一直是我们学校的突出特色之一。如今,每周五下午的艺术社团活动已成为学生紧张学习之余的调味品,成为学生展示个性、发挥特长的舞台。巧手剪纸社团让大家看到了一个个心灵手巧的学生;经典诵读社团的琅琅读书声,让学生在古诗词中感受中国文化的底蕴……形式多样、别具特色的社团文化生活不仅丰富了学生的课余生活,也为学生提供了自主发展的时间与空间,促进了学生身心健康发展。

目前,我校利用学校现有的教学资源和师资力量,成立了书法、剪纸、武术、诵读、葫芦丝、二胡、唱歌等13个社团,内容涉及学科拓展类、益智类、艺术类、体育类、科技制作类五大类。学生根据自己的兴趣爱好选择不同的社团,每个学生都能在社团中准确找到自己的定位,发挥自己的特长。

今后,我们将义无反顾地营造生动活泼的课程氛围,构建独具特色的校本课程教学模式,全力打造学校的办学特色,提高社团活动的活动质量,争取形成我校的风格与特色。

三、润物无声,校园文化引领德育

"习惯成就品质,品质成就人生。"近年来,我校紧紧围绕"以人为本,以德育人,抓养成,促习惯,多活动,染心灵"这一中心开展工作,走出了一条独具特色的德育之路。

学校德育工作遵循以各项活动为主渠道,以少先队活动为主阵地,以校外体验为延伸的原则,对学生常规行为的教育从每一天、每一周、每一月做起,如每周一早晨的国旗下的讲话,每周一次的主题班会,每个重要节日的庆祝活动,教育学生从文明用语、尊敬别人做起,从为父母递杯茶、为老人让座做起,从发生在身边的每一件小事做起。

国旗下的讲话一直是我校德育的重要园地。爱国主义教育、前途理想教育、集体主义教育、文明礼貌教育、诚实守信教育等都在这块园地中得以实现,话语虽不多,但非常有实效,庄严的国旗、严肃的氛围产生了很好的教育效果。

在学校，广播、橱窗、黑板报等校园文化设施得到了充分利用，"以科学的理论武装人，以正确的舆论引导人，以高尚的情操塑造人，以优秀的作品鼓舞人"的大道理，却在这些最小的媒体上得到了最好的展现。学校广播室每天广播一小时，除了宣传学校好人好事、扶正贬邪外，还根据学生的年龄和兴趣特点，在不同时段设计了不同的广播板块，大大活跃了校园文化氛围。橱窗、黑板报也成为学校专题教育的宣传窗口，学校和社会的重大事件、评论及学生对专题教育的体会都能够在橱窗和黑板报中得到直接的体现，有力地配合了学校工作，提高了德育效果。

如果你有机会走进我们学校，你时时处处都能体会到德育的存在。从平面宣传到网络宣传，从课内到课外，从语言到行动，你可以看到"说普通话、写规范字、做文明人"的标语，也可以感受到"上下楼梯靠右行""见师长、先行礼、问声好、表敬意"的行动。正因为在德育中的出色工作，学校先后荣获"全国青少年爱国主义读书教育活动示范学校""全国名优学校""山西省文明学校""山西省优秀家长学校""义务教育示范学校""三晋课改示范校""德育教育试点校"等荣誉称号，连续八年成为全县教育教学综合督导评估先进单位。

面对校园文化建设和特色教育的璀璨成果，我们实小人没有骄傲，也不会骄傲，大家都在用实际行动践行着"如果因为我们多流一滴汗水、多做一件小事、多花一点心思，让孩子们有所学、有所得、有所成长，那我们都愿做一片美的叶子"这句话。

古魏新风

——讲述魏风人的新样态故事

运城市盐湖区魏风小学　凌建红

2015 年 9 月,满怀着政府、社会、家长的期待,盐湖区魏风小学在东部新区落成并投入使用。崭新的校园、崭新的团队迎接崭新的孩子、崭新的家长,一切如欣欣然睁开了眼……

魏风人在这两年中不断地摸索创新,集体共创校训、校徽、校歌等校园文化,主题阅读、七彩课堂、书法特色、国学礼仪、创客教育、家长学校、研学旅行等一系列教育活动的开展,给了孩子色彩缤纷的温暖童年,给教师提供了快速成长的平台。

在做好常规工作的同时,我们陷入了新一轮的思考:魏风教育的根在哪里? 魏风人要办一所怎样的学校? 培养什么样的魏风学子? 如何避免教学、政教两套马车分道扬镳或互相冲撞的问题? 如何开发适合自己的校本课程? 如何帮助教师梳理忙而杂乱的工作? 如何通过课程、课堂实现育人目标?

正当我们陷入迷茫困惑之时,2017 年的春风为我们吹来了"新样态"。中国教育科学研究院基础教育研究所所长陈如平的"打造学校课程新样态"系列理念,旨在突破以往的学校发展方式,强调立足本土文化和自身基础,走内生式发展之路,创建纯生态、去功利、致良知、可持续的现代学校。我们一遍遍地研读新样态理念,期待着其让魏风人讲述自己的故事,创建有温度、有人性、有故事、有美感的教育生态。新样态理念如同一夜东风,使我们从豁然开朗到柳暗花明。

一、文化内生是建设新样态的关键所在

新样态学校建设的关键,是寻找学校文化内生的力量。每一所学校所处的地域不同、生源不同、基础根脉不同、文化基因不同,决定了学校应该有自己的独特气质,找到自己的文化内生点,在此基础上提炼办学理念、构架课程体系,才能实现学校的育人目标。

魏风小学地处战国时期的魏国地域,《诗经·魏风》七篇传达出西周初期至春秋中叶的古魏国人民纯朴向上的精神风貌,学校因此而命名。所以,我校办学理念和育人目标应该围绕《诗经·魏风》,这是我校独有的文化内生点。我校以《诗经·魏风》七篇为魂,结合时代对人才的要求,提炼出具有教育意义的内涵,挖掘了七个价值点,确定了七个主题,创建了七个园区,开展了七项活动,以培养学生七种核心素养。

二、课程再造是建设新样态的核心内容

党的十九大报告指出,应努力让每个孩子都能享有公平而有质量的教育。日前,教育部长陈宝生撰文《努力办好人民满意的教育》,提出把质量作为教育的生命线,坚持回归常识、回归本分、回归初心、回归梦想,深化基础教育人才培养模式改革,掀起"课堂革命",努力培养学生的创新精神和实践能力。"课堂革命"这一概念引发了教育工作者的热议。我想,学

校工作中，课程是核心，课堂是关键；课堂是阵地，课程是前提。

魏风小学究竟应该开设怎样的课程呢？新样态理念倡导"学校要有学校样，一所学校一个样，校校要有自己的样"，各校文化基因不同、办学理念不同、育人目标不同、课程设置不同，就会产生不同的样态；我们要用课程建设引领学校的内涵发展、特色发展。

魏风小学拥有《诗经》独特的文化基因，提炼了"古魏新风"的办学理念，确立了"培养具有魏风精神的龙的传人"的育人目标。在魏风文化的支撑下，我们初步构建了魏风课程体系，具体分为敬畏课程、思探课程、尚勇课程、勤耕课程、合乐课程、子美课程、智 e 课程，分别对应魏风"礼、思、勇、勤、合、美、创"七种品质。

根据新样态课程再造的"立根子—定调子—搭架子—探路子—亮牌子"五步走战略，魏风的老师们一次次开会研讨，一次次头脑风暴，一次次团队共创，终于按照国家课程、拓展课程、选择课程、综合课程四级课程体系，梳理、创新出了七大板块 82 门课程。那一刻，当我们看到满墙张贴的思维导图、课程图谱，我们为之震惊，原来课程还可以这样做！原来我们也能进行校本课程的开发！原来魏风教育应该是如此模样！

从此，老师守着一本书走天下的时代结束了，取而代之的是多种知识、多门课程的综合素养，是课程的融会贯通，是主题式的探究，是充满活力的课堂，是直奔育人目标的新型教育生态。而这一切指向的正是人才的核心素养。这才是教育该有的样子，这才是学校该有的样态。传统的学校课程如一座座城墙高筑的城堡，虽鸡犬相闻，却老死不相往来；新样态课程理念将一座座城墙拆掉，城内是一片生机勃勃的新气象。

三、校本化实施是建设新样态的重要途径

课程是基于办学理念、培养目标、教育资源的多样性、国家课程的指导性、学生需求的选择性来为孩子开设的。魏风小学创出 82 门课程的那天晚上，我激动得一整夜没有合眼，憧憬着、期待着美好，但又陷入了新一轮的思考：如何进行校本化实施？如何用全课程来统整教学、政教两套马车的冲撞？根据"国家课程校本化、校本课程特色化、社团课程多元化、活动课程主题化"这一实施策略，我们又进行了六大问题的追问：这些课程由谁来上？什么时间上？课程有什么内容？如何评价？这些课程与核心素养的关系是什么？评价细则是什么？我们创立了嵌入式实施、每周一节校本课程、每周半天社团活动、每学期一次主题活动，分年级、分主题、分时段，分工明确、责任到人，让每一位教师都清楚地知道自己的教育任务、操作方法、教学形式，有效地梳理了教师每天忙而杂乱的工作，让我们都能在办学理念、育人目标这一中心指挥棒的引领下，各司其职，共同配合实现学生的发展。

实践证明，真正的改革应该在课堂上。在国家课程的校本化实施中，在减负增效教学效果的达成上，课程应该是一个过程，是一个有教师的教也有学生的学的过程；课程也应该是一个平台，是一个可以让学生发现自我、完善自我、找到自信的平台，是可以让每个学生都能出彩的舞台。

四、师生发展是建设新样态的最终目标

在推进新样态课程构建的过程中，最重要的一点是眼中有学生。课程开发要基于学生的需求，同时又引领学生的需求，将学生放在课程的中央，把学生作为课程开发的起点和终点。

　　魏风课程，古魏新风，传承历史，面向未来。知识，通过魏风课程得以印证；能力，通过魏风课程得以提升；个性，通过魏风课程得以张扬；创造力，通过魏风课程得以增强；心灵，通过魏风课程得以丰盈。丰富多彩的课程不仅照亮了学生的成长之路，让学生的生命盈润、充实，还让教师有更多的获得感。

五、"四有"校园是建设新样态的最美呈现

　　"大学之道，在明明德，在亲民，在止于至善。"学校教育要以"至善"为最高信仰。"有人性，有温度、有故事、有美感"的"四有"校园是新样态学校的最美呈现。我们在新样态学校的创建过程中，要旗帜鲜明地表达自己的核心价值观，回归教育本真，努力营造一种充满人性、温馨、关爱的育人环境。以学生发展、教师成长为本，让学生站在学校的正中央，一定会产生许多丰富而生动的教育故事，这些故事里有师生的成长，有学校的发展。

　　新样态学校要成为会讲故事的学校，把学校发展中点点滴滴的教育故事写出来、讲出来。让校园里书声琅琅、歌声朗朗、笑声朗朗，聆听孩子成长的声音，是教育者最大的享受。

　　古魏新风，讲述魏风人自己的新样态故事。我们一直在路上！

学校文化引领下的品质发展之路

临汾市古县城镇小学　刘红丽

优秀的学校文化和不断提升的内涵发展是一所学校引以为豪的旗帜，足以引领师生在和谐的环境中开展教与学；是一种愉悦的氛围，能熏陶浸染师生的心灵；是一种强大的引力，能凝聚人心、形成合力；同时也是最宝贵的资源，能为学生成长、教师发展提供了肥沃土壤。

在名相蔺相如故里——山西古县，有一所学校承载着悠远厚重的人文积淀，经历了数代人的薪火相传、心血浇铸，是 1800 余名学生和 104 名教师实现梦想的地方，它就是古县城镇小学。

我校创建于 1978 年，占地面积 16594 平方米，建筑面积 7800 平方米。学校秉承"智慧在这里创造，人格从这里升华"的"魅力教育"特色办学理念，致力于打造独具特色的校园文化，坚持以人为本，大胆革新，锐意进取，在改革中创新，在创新中规范，在规范中发展，努力把学校办成孩子们向往的温馨港湾，实现"为每一个孩子人生出彩奠基"的教育梦想。在这里，学校的特色创建与师生的成长互为融合，近 2000 名师生正在以学生为主体、以课堂为主阵地、以活动为主渠道的育人体系下发展与成长。

近年来，学校先后获得"山西省德育示范校""山西省义务教育示范校""山西省文明学校""国家及发展与创新实验校""省级校本课程三等奖""山西省红旗大队""临汾市平安校园先进集体""临汾市爱国卫生先进单位""临汾市未成年人思想道德建设先进集体""临汾市红旗大队"等荣誉及县级表彰 100 余次。

一、物质文化——彰显环境之美

古人云，"近朱者赤，近墨者黑"。有位哲人也曾说过，"对学生真正有价值的东西，是他周围的环境"。学校的校容校貌，表现出的是一所学校整体的价值取向，属于具有强大引导功能的教育资源。学校文化建设必须以精神文化建设为核心，以物质文化建设为基础，以制度建设为重点，系统地、分层次地找方向、抓落实。

城镇小学通过校园"六化"（硬化、绿化、亮化、香化、美化、文化），打造优美的校园环境。其中硬化、绿化、亮化、香化、美化是外在，文化是内在。学校在现有条件下将资源合理优化，内外结合，旨在创建优美的、适合学生成长的物质环境，让师生在徒步和举目间便能得到感染和启迪。

校园中建有设备齐全的图书室、科学实验室、音乐教室、美术教室、计算机网络教室、音乐舞蹈活动室、心理咨询室等；校内的运动场地及体育设施满足了师生日常活动的需求。完善的校园设施也为师生开展丰富多彩的寓教于文、寓教于乐的教育活动提供了重要保障，使每个人教有其所、学有其所、乐有其所，受到潜移默化的启迪和教育。置身于良好的校园环境中，学生举止文明，谈吐高雅，勤奋好学，教师严谨治学，职工勤政廉洁，呈现出一派蓬勃向上的气象。良好的育人氛围不但增强了全校师生员工的凝聚力和向心力，而且发挥了教书育人、服务育人、管理育人、环境育人的综合效应，使得学校教育教学质量稳步攀升。

二、精神文化——彰显理念之美

精神文化是校园文化的核心和灵魂。学校重视校园精神文化的塑造，努力营造适合学生成长的精神文化氛围。

在长期的办学实践中，城镇小学形成了"为每个孩子的人生出彩奠基"的办学宗旨，"智慧在这里创造，人格从这里升华"的办学理念和"养成习惯，提升素养，快乐成长"的办学目标。师生被鼓励"学最好的别人，做最好的自己"，遵循"学做人、会求知、健身心"的校训，"团结、紧张、严肃、活泼"的校风，"敬业、博学、诚爱、创新"的教风以及"励志、笃行、乐学、尚美"的学风，可以说学校的精神文化正源源不断地滋养着一届届学生。

学校将办学理念和"一训三风"布置在校园中的醒目位置作为一种精神引领，同时着力打造校园的橱窗文化、大厅文化、楼道文化、功能室文化，特别是楼道、楼梯、走廊、教室的布置，以学生作品及能突出学生成长的材料为主，旨在充分展示学生的成长，创建以魅力教育为主题的校园文化展示"窗口"。

另外，通过精心设计校徽、校歌，完善学校操场、学生活动场所的基础设施，布置校园的景观文化等举措，学校的物质文化真正被赋予了生命的内涵，凸显出以魅力教育为本的办学思想。

为突出魅力教育主题，让学生在课堂和其他校园活动中获得更多的体验，课程文化成为另一个重要抓手。在完成国家课程目标的前提下，我校结合自身的优良传统和校本课程开发的实际，对校本课程内容进行了调整：一至二年级开设古诗诵读，三至六年级开设美文共赏，既有规定的必读内容，也为学生提供了推荐书目。这些书目涵盖了从古代到现代、从必读到选读、从品行的培养到视野的开拓等诸多范畴与功能，旨在让学生通过读书明辨是非、判断美丑、陶冶情操。

小学阶段是每一个孩子成长的关键时期，真正的好学校必须有灵魂、有温度，展现社会使命感和责任担当，其教育形式应当是丰富多彩的，其育人环境应当是生机勃勃的……让每个孩子都能在城镇小学得到发展，珍惜并把握童年时光，有目标、有远识地成就最好的自己，是城镇小学一直在做的事！

三、制度文化——彰显管理之美

制度文化作为校园文化的内在机制，是维系学校正常秩序必不可少的保障机制，也是校园文化建设的重点。在城镇小学，严格有效的制度管理带来的是井然有序、蓬勃向上的良好风气。

学校紧紧围绕"制度治校，文化立校，质量兴校，科研强校"的发展之路谋划工作，以先进的文化理念引领制度文化建设，先后制定了《教师绩效考核方案》《评先和年终考核办法》《教师晋级晋档实施办法》《"县管校聘"执行方案》《教研活动实施细则》《班主任队伍建设实施方案》《"三优"活动实施方案》等。教师晋级、评优、评模等工作都严格按照相关文件公开、透明地评定。制度的完善使得学校各项工作处处有规可依、事事有章可循，为广大教师创造了公平、公正的工作环境。

制度是刚性的，但管理是温情的。多年来，学校教师齐心协力摘得不少桂冠，赢得不少荣誉，这其中既有国家级啦啦操冠军，也有县级拔河第一名的好成绩；既曾在知识竞赛中拔得头筹，也有教研团队获评市级优秀……这些团体和个人荣誉的取得，得益于学校在生活上对师生的细心关怀，在工作中从人性化的角度出发进行弹性管理，时时站在教师的角度考量，以情感人，以心换心。

看着教师和孩子"以校为家"，我打心底为他们骄傲，也心疼每个人的辛勤付出。学期末的全体教职工会上，我给每位教师发了一个红包，红包里包的不是人民币，而是我写的对联和新年祝福卡。每年的教师大联欢会上，我会为每位教师佩戴大红的围巾，邀请离退休教师回"家"看看。这些点滴回忆虽不是制度，但却使每位教师焕发了前所未有的活力。凭着这份彼此间的关怀、信任，他们会继续满怀激情地投入教育教学工作中。

刚性的制度加上温情的实施，凸显了人文管理的特质，也为促进校园文化建设的可持续发展提供了制度保证。

四、行为文化——彰显灵动之美

行为文化是学校文化最重要的载体，也是一所学校的形象特质，有着巨大的凝聚力和生命力。学校行为文化建设的目的，就是要使全体教职工的处世态度和做事方式更有利于学校的特色发展，同时也更能帮助学生养成受益一生的良好习惯。

（一）学生行为文化

我校以德育为首要任务，以礼仪教育为突破口，以开展"魅力班级""行为规范好队员"等评比为平台，从抓学生的日常行为规范开始，强调对学生礼貌用语，行走、站立、写字等姿势的习惯养成，在一系列文明礼仪教育活动中内强素质、外塑形象。

丰富多彩的"微课堂"既贴近学生生活实际，具备亲和力，也在针对性和实效性上成果显著。活动中，教师还会引导学生对一些社会消极现象进行深层的分析和辨别，以提高学生的判断能力和免疫能力，从而逐渐规范行为，养成良好习惯，不断提升品位。

1. 诵读国学经典，打造"书香校园"

多年来，我校一直传承并发扬经典诵读活动，具体做法有：各班安排"课前一吟"；放学路队背古诗出校园；与班队活动相结合，举行经典文化手抄报、书画展览等活动；每周五各班进行诵读活动展示；开展多种形式的读书活动。

2020年6月1日，学校还承办了全县大型经典诵读展示活动，规模大，反响大，深受社会各界的好评。

2. 特色大课间，打造校园"最美风景线"

根据学生年龄特点，结合气候特征，我校编排了极具特色的"校本课间操"。如牛翠翠老师带领一、二年级学生做的集音乐、舞蹈、武术、啦啦操、健美操、街舞为一体的魅力律动操；三至六年级学生欢快的《兔子舞》《托马斯小火车》。动感的大课间成了师生快乐运动、绽放活力的时刻，亦是校园中名副其实的"最美风景线"。

3. 养成教育，打造学生身上的"魅力特质"

2019年8月底，为了增强学生的集体观念与组织性、纪律性，促进学生综合素质的提高，培养他们吃苦耐劳、艰苦朴素的精神以及爱国爱校思想，使学生树立军人作风，并在此基础上形成良好的班风、学风和校风，校领导提早筹划、精心安排，首次对刚入学的一年级新生进行了为期两天的"魅力学生"养成教育训练。

4. 社团活动，打造寓教于乐的第二课堂

学校深入开展德育系列活动，组建了诵读、演讲、歌咏、舞蹈、啦啦操、书法、绘画、折剪纸、篮球、踢毽子、跳绳以及科技制作等16个社团小组，并为它们搭建好展示的平台；同时积极开展以"魅力阅读"为代表的各种课外活动。

我们相信，只有当学生自己在课堂与活动中去体验和感悟真、善、美时，才能让教学活动中所包含的德育因素最大限度地被学生主体所接受。

学校鼓励各级组织本班内部的小社团活动。乐学小记者团深入社区，深入家庭，针对节能减排、绿色出行进行了多次调查采访，深受好评；魅力小导游社团多次承担解说任务，被古县电视台、临汾青年网站等多家媒体报道、宣传。诸如此类的生动活泼、异彩纷呈的素质教育活动，使得我校学生真正品尝到了参与的快乐、竞争的喜悦和创造的成功，大幅提升了学生的综合素质，全面培养了他们的个性特长，让素质教育这块绿地上绽放出一朵朵俏丽的奇葩。

（二）教师行为文化

城镇小学在教师行为文化建设上实施"三抓"，即抓师德建设、抓业务培训、抓教研教改；开展"三爱三心"活动，倡导热爱教育有事业心、热爱学校有责任心、热爱学生有爱心；实践"四个负责"，即为学生现在负责、为学生未来负责、为学生一生负责、为所有学生负责。

为推动教师队伍专业成长，我校大力推进"请进来、走出去"的人才培养战略。2018年至今，先后选派教学骨干80余人外出接受培训，并且邀请多位学界精英来校做专题报告和示范课；实施优培工程，开展"魅力课堂展风采"系列活动，为学校中长期发展规划打下坚实基础；推进"青蓝工程"，充分发挥老教师的传、帮、带作用，助力青年教师快速升级。"魅力教师课堂技能大比拼"着力发现人才，"魅力班主任论坛"打造出一支业务精、能力强的精英团队……这些措施的实行为不同层次、不同年龄阶段的教师进行业务练兵提供了合适的平台，极大地推动了本校教师快速成长。

要改变一个学生，就要改变他的人生目标；要改变一位教师，就要改变他的价值追求；要改变一所学校，就要改变它的学校文化。学校文化犹如基因，在天时与人和的共同作用下，深植于每个师生的行为习惯和心灵深处。

学校文化建设只有起点，没有终点，需要不断超越，才会有生生不息的动力；需要不断创新，才能充分发挥其育人功能。今后，我们将继续引领全校教师用虔诚耕耘教育沃土，用挚爱播撒心灵阳光，让校园中的每个学生都能真正享受到童年的天真和快乐，让教师真切感受到职业内在的尊严与幸福，努力把学校办成师生共同进步、共享幸福的精神家园。

明理思进,点亮爱智人生

——山西大学附属子弟小学明理教育解读

山西大学附属子弟小学　马伟兰

在实现中华民族伟大复兴中国梦的时代背景下,我们的学校教育要全面落实立德树人的根本任务,培养和践行社会主义核心价值观,不断深化教育改革。

十年树木,百年树人。山西大学附属子弟小学(简称"附小")自1963年建校以来,坚持"以德为先"的育人思想,不断传承山西大学"求真至善,登崇俊良"的文化精神,逐步形成了明理教育办学特色。

一、明理教育的发展历程

历史是宝贵的财富,历史是精神的传承。以三次搬迁为关键点,附小历经半个多世纪的发展逐步形成了明理教育办学特色。

(一)学校初建——艰苦创业树精神

1963年,为解决山西大学教职工子女的入学问题,在现山西大学北院近北门处,修建了小学,命名为"山西大学附属子弟小学"。附小建立之初,正值物质匮乏年代,师生人数不多,校舍简陋。在山西大学的大力支持下,全校师生克服重重困难,不断建设和改善校园环境,踏踏实实地做教育。

(二)规模扩大——质量提升促发展

20世纪90年代,随着学生人数不断增加,学校的规模也不断扩大,原有的校舍已不能满足办学的要求。山西大学研究决定选址新建附小。1995年,有一栋三层教学楼的新附小建成。搬迁新校址,全校师生有了更大的干劲,大批中师毕业生进入附小担任教师,使得附小师资力量得到大幅提升。高校附属的特殊体制也成为附小办学的独特优势。不受外界影响,扎扎实实地教学,附小的教学质量有了显著提高,在太原市有了一定的知名度。

(三)稳步向前——守正拓新创佳绩

进入新世纪,随着国家对基础教育投入力度不断加大,附小周边公办学校大量新建校舍,办学条件大幅提升。为了给附小更大的发展空间,2008年山西大学在校园西南角选址,新建占地面积约17亩的附小校园。2010年新校建成,附小搬入新校舍,重新设计了校徽,首次确立了"崇实、乐学、明理、思进"的校训,并把"文化共享,智慧共生,生命共长"作为办学理念。随着办学质量的不断提升,附小的知名度不断扩大,吸引了越来越多的社会目光。

(四)跨越发展——顶层设计新征程

2013年,附小迎来了建校50年。半个世纪的风雨历程,一代代附小人薪火相传,附小已成为享誉三晋大地的知名小学。站在新的历史节点,附小新一届领导班子对附小的发展有了更高的要求和更深层次的思考。顶层设计呼之欲出,在对附小历史进行细致梳理,同专家进行深入研讨的基础上，明理教育办学思想逐渐清晰。

二、明理教育的解读

明理教育首先是附小的办学思想，指向立德树人根本任务的落实，是社会主义核心价值观的培育和践行，是在百年山西大学文化精神的浸润下附小 50 多年历史的积淀和延续。

明理教育是育人模式。通过课堂教学、课程设置、德育等诸多方面的综合培养，使进入附小的每一个孩子逐步成长为阳光自信的少年、知书达理的学子、仁爱理性的公民。

明理教育同时也是附小的办学特色。高校附属是我们独具的特色，我们的身体里有山西大学的基因，山西大学的精神滋养着每一个附小人。秉承山西大学"中西会通，求真至善，登崇俊良，自强报国"的校训，用明理教育育"明理之国家俊良"。

（一）校训解读

2010 年附小搬迁新校址，首次提出"崇实、乐学、明理、思进"的校训。

"崇实"是一种性格。我们推崇脚踏实地、实事求是、诚实守信的做事风格，我们要有踏实、务实的工作作风，做实实在在有益于学生成长和发展的教育。这是我们的立校之本。

"乐学"是一种状态。子曰："知之者不如好之者，好之者不如乐之者。"我们旨在培养学生乐学善思的良好习惯，在求知中体验成功的快乐，并将这份快乐转化为自主学习的动力。

"明理"是一种追求。我们不仅要引导学生不断探究，勇于追求真理，还要通过教育使之明白做人做事的道理，既有文化，又有教养。

"思进"是一种精神。我们的小学教育最终要让学生主动发展、全面发展、乐于进取、且行且思、且思且行、开拓创新。

校训当中，"明理"是核心，也是我们追求的目标。"理"是实际存在的，需要我们踏踏实实、一步一步地去探索，因而要"崇实"；"理"是光明人生的指引，要乐于思考、乐于探索、不断谋求进步，因而要"乐学、思进"。

（二）学校发展目标

我们是大学中的小学，我们要做小学中的大学。附小是山西大学的附属小学，特殊的体制决定了附小的特色：背靠山西大学，始终浸润在百年山西大学的文化氛围中，高校深厚的积淀是附小得天独厚的发展资源，大学中的小学也有了更加广阔的发展空间。因此，我们将学校的发展目标定位为做小学中的大学，意指在大学里把小学做大。这一定位，意蕴深远，包含多重理解。

1. 小学教育大有学问

小学是孩子们一生当中最重要的打基础的阶段。德国著名军事家毛奇元帅曾说过，普鲁士的胜利早在小学教育的讲台上就决定了。如何遵从人的天性，深度理解和尊重儿童，激发他们对学习、对世界的兴趣、信心和好奇心，融合、调用、激发他们的多种欲望和本能，实现学习的多点驱动，让他们爱上学习、爱上自己、爱上这个世界，这里面大有学问，值得我们用一生去学习、探索、实践，是我们终生研究的课题。

2. 对国学思想的传承

《大学》是孔子讲授"初学入德之门"的要籍，是一部中国古代讨论教育理论的重要著作，强调修己是治人的前提，修己的目的是为了治国平天下，说明治国平天下和个人道德修养的一致性。"大学之道，在明明德，在亲民，在止于至善。"我们不仅要传授给学生知识，还要培养学生善德、正心、修身的品格。"大"还包含有大格局、大境界、大视野等含义。我们要以开放的胸怀办学，兼收并蓄，博采众长；在实践明理教育的过程中培养学生具有远大的理想、宽广的胸怀、广博的视野，把小学做强、做大。这里可以从品质和数量两个维度解读。品质层面要求我们做优质教育。小学是基础教育阶段，就是要着眼于学生的全面和谐发展，着力培养学生的综合能力，实现每一个学生的可持续发展。数量层面要求我们充分发挥附小的品牌效应，将附小优质教育资源辐射范围扩大。我们将继续发扬山西大学的优良传统，送教下乡，帮助更多的薄弱学校发展。另外，还将顺势而为，采用集团化办学的方法，实现附小品牌效益的最大化，让附小的优质教育资源惠及更多的学子和家庭，体现附小以及山西大学对社会责任的担当。

(三)内涵

"理者，治玉也。""理"在现代汉语中有道理、真理、理性等意义。宇宙之中，万事万物皆有"理"，可以说"理"是宗。"明理"即明白道理、追求真理、做理性之人。从学校的角度思考明理教育，管理者要明管理之理，教师要循育人之理，学生要得学习之理。

(四)理念阐释

"明理思进，点亮爱智人生"是对明理教育思想的进一步阐释，也是我们的总体目标。一所学校的办学思想和特色的形成离不开历史的积淀和传承。"明理"和"思进"均来自附小的校训。小到个人做人做事，大到治国理政，都离不开一个"理"字，可以说理是万事万物之宗。"明理思进"意指我们在教育的过程中使学生逐步明理，能够不断积极进取，收获拥有爱与智慧的人生。"点亮"与"明"对照，那什么是"爱"和"智"呢？爱是善真之善、情理之情、仁智之仁，它是与人类道德、情感、人格等相联系的事实。也就是说爱可以是道德的一种要求和境界，爱可以是情感的一类，爱可以是某种性质的人格的表现。智则是善真之真、情理之理、仁智之智，它是人类理性的体现，是人类认识的最高追求。爱和智是人本质力量的基本成分，是一个人飞翔的双翼，只有兼具爱和智慧的人，才能收获幸福的人生。同时，爱和智也是教育的灵魂。教育就是要赋予人以智慧，并教给人正确、合理的使用智慧的方法，这方法就是爱。兼具爱和智的教育也是我们追求的境界。明理教育的实践过程就是追求爱与智统一的过程，爱智统一，让爱成为智爱，智成为爱智，因此，我们将明理教育具体阐释为"明理思进，点亮爱智人生"。

(五)育人目标

1. 育阳光自信的少年——爱学习、爱生活、爱学校、爱祖国

身心健康、阳光自信，这是附小明理教育育人的首要目标。阳光自信是花季少年首先应该具有的品质。因此，我们的第一层育人目标是育阳光自信的少年，这也与我们的办学理念"明理思进，点亮爱智人生"中的"爱智"对应。一个阳光自信的少年首先是一个懂得爱的人，爱自己的祖国，爱自己这一阶段的学习、生活和学校。爱是阳光，一个懂得爱、有能力爱的人，自然会充满自信，爱学习则充满文化自信，爱祖国则充满国家自信。小学生活就是首先要通过明理教育使每一个附小学生热爱学习、热爱生活，成为一个有生活情趣、充满积极向上的正能量、充满民族自信的少年。

2. 育知书达理的学子——能勤勉、能慎思、能欣赏、能应变

这是我们的第二层育人目标。知书达理的学子应当首先具备勤于思考、善于反思的品

质；应当具有一定的审美能力，懂得欣赏生活中一切美好的人、事、物；应当具有自我调整、自我反思、自我改变的品质。能勤勉、能慎思、能欣赏、能应变也是知书达理的学子应该具有的品质。

3. 做仁爱理性的公民——有理想、有文化、有教养、有担当

这是我们的第三层育人目标。公民是每一个学生未来的社会角色。这一层目标指向学生的未来。我们的明理教育着眼于学生的长远发展，旨在培养有理想、有文化、有教养、有担当的现代公民。理想是一个人不断前行的动力。仁爱理性的公民是胸怀远大理想、心有家国情怀、有责任心、有担当的人；仁爱理性的公民还需有丰富的知识，在读万卷书、行万里路的过程中提高自身的修养；仁爱理性的公民还应具有独立的人格，拥有独立的判断。

明理教育的总体目标是为了点亮爱智人生。这三级育人目标将总目标分解，立足现在，着眼未来，逐层提升。三级目标中，"四爱、四能、四有"指向培养全面发展的人这一核心目标，以学生发展的核心素养为依据，与人文底蕴、科学精神、学会学习、健康生活、实践创新、责任担当的六大素养相对应，最终在明理教育的过程中达到爱和智的统一。

(六)路径

如何使学校中的每个人都能明理呢？我们的路径是知理—究理—悟理—明理。

1. 知理——感知——知规范、养习惯，知学问、厚基础

知理是明理教育的第一步。知理首先是感知。了解常识，知道基本的知识、规矩、规范，在学习成长的过程中养成良好的行为习惯；学习知识，重视基础，为之后的发展打下牢固的基础。作为基础教育的起始阶段，小学教育要为学生打下厚实的知识基础、良好的行为习惯基础、可持续发展的学习能力基础、优秀的品行基础。

2. 究理——探究——究方法、探奥秘，究规律、求本真

究理是第二步。知道基本的理之后，还要不断亲身实践，不断探究，知其然，更要知其所以然。在不断探索的过程中，找到本质、方法和规律，掌握更多的理，探求做人做事的真谛。

3. 悟理——反思——悟真假、常思辨，悟得失、善选择

悟理是第三步。找到理之后，如何将其内化，使自己成为明理之人呢？重要的就是悟。子曰："吾日三省吾身"，对于自己的一言一行常常反思，在学习、生活中要培养自己的分辨能力，能分辨真假、美丑、善恶、得失，并且善于选择，最后真正成为有智慧的人。

4. 明理——践行——明情理、达会通，明爱智、做俊良

明理是我们最终要达到的境界。经过知、究、悟之后，达到情理会通，也就是爱智会通的境界。这一目标与山西大学的校训"中西会通，求真至善，登崇俊良，自强报国"相融合。因为附小生于山西大学，长于山西大学，浸润在百年学府的文化氛围中，百年山大永远是附小的精神家园。

以上路径覆盖学校的每一个层面和角落，是团队管理、教师育人、学生成长过程中应当遵循的规律，更是推进课程开发、完善学校管理、探索育人模式等所有工作的思路和方法。

"明理思进，点亮爱智人生"，既是我们的办学理念，又是我们的办学特色，更是我们追求的境界。在明理教育的探索实践过程中，我们将不断进取，以我之爱智，育人之爱智。让每一位附小人都能在明理教育的浸润中，收获自己的爱智人生，幸福成长。

建一所会生长的学校

长治市屯留区麟绛小学校　孟晓东

"教育即生长"是杜威教育理论体系的基石。杜威认为,生长是教育的本质与目的,儿童通过生长过程实现其个性化和社会化的统一。这是我们麟绛小学校(简称"麟绛小学")确立发展路径的逻辑起点。

麟绛小学是区里为解决学位不足,在 2018 年新建的一所学校。学校占地面积 50 亩,建筑面积 19000 平方米,是一所定位高端、设计超前、设施先进、环境优美的完全小学。学校现有 5 个年级,40 个班级,1796 名学生,110 位教职工.

新的校舍、新的设备、新的教师、新的学生,一切都是新的开始。就像朱自清《春》里面写的"像刚落地的娃娃,从头到脚都是新的,它生长着"。以什么样的办学思想来为学校把握航向,以什么样的办学理念来引领学校走向卓越,成为我们全体师生共同思考的问题。结合麟绛小学的办学实际,我们在全体师生和家长中开展了广泛的讨论,通过召开座谈会和发放调查问卷的方式逐渐梳理出"我心目中好学校的十大特质""我心目中好老师的十大标准"等四方面的标准,反馈意见中"健康成长""尊重学生""尊重成长规律""促进孩子终身学习"等词语频频出现。在这个过程中,以"教育即生长"为起点的"向下扎根立德,向上生长树人"的办学思想也逐渐清晰起来。

一、基于生长的办学理念

立德,扎根向下。麟绛小学得名于区内的麟山绛水,麟绛是屯留的代称,为此我们把"立麟山之厚德,养绛水之善品"作为学校的校训,寓意"厚德载物,上善若水"。把品德教育作为学校的首要工作,在当下多元文化背景下,扎根于中华优秀传统文化与社会主义核心价值观,使根系润泽于"德",让学生树立正确的价值观与人生观,系好人生的第一粒扣子,让教师迈好新校工作的第一步,让学校搭好发展的第一块基石。

树人,向上生长。教育的根本目的是树人,是把自然人变成社会人的过程,生长是目的,向上是方向。通过学校的课程体系与综合育人模式,提高学生的学习能力、实践能力、创新能力,让学生学会合作、学会学习、学会创造、学会生活,最终成长为社会主义事业的建设者和接班人。

"教育即生长",是无限向上、更有意义的生长。生长性成为这所学校发展的新样态。

秉承"向下扎根立德,向上生长树人"的思路,我们确立了学校的办学理念:"实施生长教育,奠基幸福未来",即尊重生命,尊重儿童,遵循生长规律,通过丰润的教育实践,使学生在适宜的教育生态环境下,个性与能力不断得到完善与提升,生命的潜质不断得到发掘和实现,从而获得真正意义上的生长;实现让每一个灵魂都自由飞翔,让每一个生命都幸福生长,让每一个梦想都精彩绽放。

这一办学理念继承并发展了杜威的"教育即生长"的教育哲学,其内涵包含以下几个方面。

(一)种子思维

每个孩子都是独一无二的,都是一粒孕育着不同希望的种子,都有发展的无限可能。他可能会长成一棵参天大树,可能会开出一树芬芳花香,也许会长成一簇诗意从容的灌木。所以对待教育应该像对待农业一样,在积极浇水、施肥的前提下静待花开,而不能像工厂一样流水线批量生产,应该充分尊重儿童的个性与发展潜能,助其健康地向上生长。

(二)儿童立场

教育要尊重儿童的年龄特点和生长规律,要尊重儿童的世界和生活,尊重儿童的需要和兴趣,按儿童的本性助其生长,不能以成人的视野与认识来对待儿童。当然,因为儿童的未成熟状态具有明显的可塑性和依赖性,教育者应进行积极的干预介入,引导儿童健康地向上生长。

(三)素养指向

2016年9月,教育部公布了中国学生发展核心素养,提出了学生能够适应终身发展和社会发展需要的必备品格和关键能力。实施生长教育,就是要以学生核心素养的养成为中心,在充分挖掘学生潜能、充分尊重学生年龄特点和成长规律的前提下,指向学生的人文底蕴、科学精神、学会学习、健康生活、责任担当、实践创新六大目标,这样的生长才是有意义的,才能真正实现"让每一个灵魂都自由飞翔,让每一个生命都幸福生长,让每一个梦想都精彩绽放"。

(四)无限向上

杜威认为生长是生活的特性,指朝着后来结果的行动的累计运动,生长的重要特性之一是持续发展性。"生长着",是学生学习发展的常态存在,是一种积极向上、永不停歇的进步,因为他们的发展存在无限的可能,所以学校教育的目的就是要激活他们持续发展的愿望,搭建持续生长的平台,创设不断向上发展的环境,立足当下,放眼未来,促使其终身生长。

(五)共生发展

种子发芽需要适宜的温度、土壤、空气、水等条件,同样,学生的生长也不是个体单独地生长,而是社会环境中的共生,离不开学校、家庭、社会等社会环境以及后天的教育的促进。另外,除了学生的生长外,还包括教师、家长和家庭、学校的共同生长。生长性应成为以学生为中心的家长、教师、学校、家庭、社会共同进步、一起成长的显性特征。

二、生长的实施路径

"教育即生长",生长就是目的。为了实现生长,学校着力打造快乐生长的课堂文化,构建田野生长的课程体系。

(一)打造快乐生长的课堂文化

课堂是教育的主阵地,理应成为润泽生命的圣地、呵护生长的殿堂。在课堂这个空间中,师生一起生长智慧,生长能力,生长情感,生成道德,形成个性。

快乐生长的课堂应该让师生在思维碰撞中实现生命共舞,应该在师生情感交流中实现精神成长,应该在文本解读中实现人格的完善,应该在重复的互动中实现习惯的养成,应该在解决问题的过程中实现能力的提升,应该在博观约取中实现知识的充盈,应该在成功的体验中实现幸福的达成。师生通过课堂上的交流互动、质疑开悟、心灵融通,实现生命的共同生长。

1. 打造稳定的快乐生长模式,规范教师教学行为

因为学校的教师是从各校选调而来的,个性不一,教学水平良莠不齐,教学的随意性强。为快速提高教师的执教水平、规范教师的教学行为,学校根据各学科的特点确定了相对固定的教学模式,实现了程序建模,让教师的教学有了基础性的规范要求,为建立快乐生长课堂完成了基础改造。

2. 构建民主平等的师生关系,重建课堂教学伦理

民主平等的师生关系是实现学生生长的前提。师生关系是学校多维关系中最基本的人际关系,是一种为顺利完成教学任务、以教材为主要介质、以课堂为主要空间而形成的特殊的社会关系。良好的师生关系,是教学效果达成、培养目标实现的前提,对于学生身心健康、人格形成会产生极大的影响。因此,建立和谐、民主、平等的师生关系,是生长教育的核心所在。

为了建立平等、和谐、民主的师生关系,学校从以下两个方面重建师生关系。首先,转变教师的观念。学校把生长教育的理念渗透到每位教师的头脑之中,"种子思维、儿童立场"的观念深入人心,每位教师都自觉对照这一理念重新审视自己的教学行为,自觉地"蹲下身子""平视学生",建立伴学式的师生关系。其次,在教育中真正重视学生、尊重学生,把学生看作有独立人格的人,培养学生的独立精神,认真落实学生在课堂中的主体地位,平等地与学生交流与互动,让学生参与班级管理,做班级的主人,让学生在和谐平等的氛围中生长。

3. 构建核心素养的课堂指向,重建课堂内容体系

生长教育的重要评价指标即素养指向,课堂教学的内容不能只包括知识与技能,课堂不能只是知识与技能的传递场,而应该作为核心素养的"生长地",应该开发一切潜在的教育资源,立足课内而向课外延伸。核心素养与我们以前所倡导的素质教育有着内在的一致性,是素质教育在新时期的深化,是素质教育的中观表述。课堂就是要通过学科教学来渗透素养教育。为此,我们从三个方面入手在课堂中落实学生核心素养教育:首先,以生活背景为基础开展预习,渗透核心素养;其次,在探究活动中组织互学,渗透核心素养;再次,在多种练习中进行评学,渗透核心素养。

4. 构建"学为中心"的课堂文化,重建课堂教学逻辑

快乐生长课堂的核心是构建"学为中心"的课堂。基于此,我们将推进以"学为中心"的课堂教学改革,重建课堂教学逻辑,实现三个转变,即从"以师为本"向"以生为本"转变,从以"教"为核心向以"学"为核心转变,从"先教后学,以教定学"向"先学后教,以学定教"转变。确定学是教学的起点亦是终点,是教学的动因亦是目的的共识。教始终要指向于学,服务于学;教又要基于学,依据学生的学来进行。快乐生长课堂应该遵循以下逻辑。

始于立德,终于育人。应该确定育人的方向,课堂的教学必须坚持德育为先、能力为重、体美共进、全面发展。

始于教师,终于学生。课堂不是以教师为中心的知识传递,而应该是以学生为中心的能力开发,所以教师的教虽然是"始于自己",但出发点和落脚点应该是"终于学生"。

始于学会,终于会学。"授人以鱼不如授人以渔",教育的目的在于让学生会学,所以课堂上更要关注学生学习能力的培养。

始于兴趣,终于方法。"知之者不如好之者,好之者不如乐之者。"兴趣是最好的老师,但兴趣很难持续,重点是让学生掌握学习的方法,形成稳定的学习习惯。

始于模式,终于无形。建立模式是为了规范,去除模式是为了教学个性的发展,好的课堂最终应达到"无招胜有招"的境界。

(二)构建学校田野生长的课程体系

课程是学校的灵魂,是实现学生生长、教师成长、学校发展的主要载体。抓课程就是抓教育质量,抓学生生命成长,抓教师专业提升,抓学校卓越发展。

田野生长课程就是"教育即生长"的教育哲学在学校以课程的方式落地生根、发芽开花;就是要把学校变成充满生机、土地肥沃的课程田野,每位教师都成为这片田野中的耕耘者与开发者,而每个学生可以在这片田野上找到自己可以发芽、开花、结果的土壤,然后向上无限生长。

学校课程体系大致分为五维三层。五维指德、智、体、美、劳五个维度。三层的第一层是基础根系类课程(基础类课程),主要包括国家课程,如语文、数学、音乐,学校开发的德育类课程,如少先队课程、开学毕业课程;第二层是拓展拔节类课程,主要指学科拓展类课程,如音乐课的"经典咏流传"、英语课的"绘本阅读"等基于国家课程的适度拓展课程;第三层是个性开花类课程(选择性课程),主要指根据学生个性、特长、爱好开发的课程,如摄影、古筝等选择性社团课程。

在课程选择上,采取选修与必修相结合,以选修为主的方式,既考虑学生的全面发展,又兼顾学生的兴趣爱好。在课程对象上,我们尝试同年级与跨年级的组合,全校统一走班上课,让所有爱好相同的学生相遇在自己喜欢的课程上。在课程周期上,我们尝试长短结合,既有六年一贯的分级课程,也有一学期结束的短期课程。在课程时间安排上,既有 40 分钟一节的小课程,也有 90 分钟一节的长课程。

学校通过多元、开放、个性、立体、自主的课程,让每个学生得到不同的滋养,获得更多的自主选择机会,得到更多的自由发展空间,实现生命的蓬勃生长。

(三)正在生长的坚实步履

为使学校发展的步伐更加坚实,在打造快乐生长课堂、开发田野生长课程体系的同时,我们还认真推进了以下工作。

1. 推广生长性阅读

阅读可以开阔人的视野,涵养人的精神,提升人的素养。建校以来我们积极推进生长性阅读:在学生中开展经典诵读与海量读书活动,开发了经典诵读校本教材,确定了"6100"读书规划——6 年 100 本的读书计划,即让学生在校 6 年最少读够 100 本课外书,也使读书课程化,纳入学生、教师的考核中。在教师中开展了读书沙龙活动,成立了读书生长群。学校搭建多种平台开展的师生读书活动,使校园溢满的书香"可闻",使精神成长的历程"可见"。

2. 培养生长性习惯

习惯是生长的表现,学校把习惯养成贯穿于教育的全过程。"君子之学,贵乎慎始",好的教育从习惯养成开始,习惯养成从儿童抓起,儿童习惯养成从细节做起。

学校将学生良好习惯的培养作为德育建设的有力切入点、培养学生核心素养的落地点、实现学生全面生长的着力点,从学习习惯、安全习惯、卫生习惯、劳动习惯、礼仪习惯五方面入手,以习惯的内化与养成为目标,以奠基学生幸福人生为目的,以习惯养成评价表与家校联系单为抓手，以周、月、季、年为节点，以多元评价为导向，以家校联系为纽带，把习惯养成落实、落细、落小、落好、落成。

3. 开展生长性研训

学校的核心竞争力是教师团队的专业水平，而这恰恰成了我们学校的短板。新校的教师都是从全区的各个学校选调来的，每个人的教学经历、专业学历、教学观念都不相同，加强教师研训、提高教师专业素养刻不容缓。我们采用专业学习、专家引领、同伴互助、课题研究、网络研修等多种形式促进教师的专业生长。

(四)回望生长的满眼葱茏

建校以来，学校确立"实施生长教育，奠基美好未来"的办学理念，把立德树人作为学校的根本任务，以社会主义核心价值观与传统文化擦亮学生的人生底色，抓实习惯养成，推动师生共读，努力扣好学生人生的第一颗扣子；把打造快乐生长课堂和构建田野生长课程群作为实施生长教育的实践路径，以提高教师团队专业素养为抓手全面优化学校工作。尽管建校只有两年时间，但学校各项工作均取得了骄人的成绩，成为引领全区小学教育的排头兵。

生长是麟绛小学师生追求的目标，是麟绛小学师生努力养成的生活方式。相信在"实施生长教育，奠基幸福未来"理念引领下，麟绛小学一定会发展成为学生热爱阅读与运动的学校，成为勇于创新与变革的学校，成为注重习惯养成的学校，成为对社会有责任和担当的学校，成为让师生感到生长幸福的学校。

每一粒种子，都蕴含着生长的力量；每一个梦想，都融入伟大的时代。生长着的麟绛小学明天必将面朝大海，春暖花开。

阳光育人美育生命

——长子县东方红学校办学思想及实践探索

长子县东方红学校 宋亚丽

长子县东方红学校的前身是创建于明天启六年(1626年)的廉山书院,是当时知县周维新创建的。廉山就是发鸠山,是精卫填海故事的发源地。廉山还是漳河水的发源地,"廉山书院"一名是希望长子县的教育事业像漳河水一样源远流长,越来越兴旺、发达。学校创办至今,在近400年的风雨历程中,校名几次变易,1976年被命名为"长子县东方红学校"。2017年,在县委县政府的关心和大力支持下,东方红学校搬迁至新校区,学校占地面积达到37714平方米,设计高端、大气、厚重,使百年老校焕发新颜。我们经过广泛调研、多方论证,基于学校的悠久历史和厚重文化以及"东方红"独特的校名,提炼出"阳光文化"这个学校文化主题。

一、阳光文化的内涵

"东方红,太阳升",太阳是地球最重要的自然光源,它普照大地,世界因它而生机勃勃,万物因它而茁壮成长,我们的生活因它而姹紫嫣红、五彩缤纷。

太阳每天东升西落,昭示事物发展变化的规律性,教育同样要遵循教育规律,尊重人的成长规律;太阳每天都有全新的升起,我们从太阳的"日新"凝练出学校精神的"日新",激励全体师生"苟日新、日日新、又日新";阳光普照万物,不偏不倚,彰显了教育的公平与普惠。总之,阳光的内涵是非常丰富的,阳光是光明和温暖的象征,是能量与力量的源泉,是博大也是包容的,是参与也是奉献的……

学校从阳光的自然品质、从400年"坚持办优质教育,不断追求卓越"的优良传统中汲取精神给养,逐渐内化为师生的价值追求,凝练成学校精神,并上升到学校文化管理。阳光既是百年老校的传统精神,也是东方红人的现代气质、价值取向和成长给养。

二、阳光文化的实施

2014年学校提出了"阳光教育"的现代化办学理念,以打造阳光的精神文化、环境文化、制度文化和行为文化为切入点,以创办阳光学校、培养阳光教师团队、培养阳光少年为宗旨,全方位构建学校文化发展战略,为学校的发展确立了一条阳光大道。

(一)阳光的精神文化熔铸校园之魂

办学之道,始于精神。我们的学校精神是"日新"。日新精神之立意"正大明光,卓异担当"。日新精神产生于历史,饱含着中华文明的基因和人文情怀。"东方红,太阳升,中国出了个毛泽东。"日新精神追念毛泽东的壮怀伟志、奋发卓立;思尧王禅位舜不传位于长子丹朱的天下为公的大局意识;追慕精卫矢志不渝、勇于拼搏的精神;追叙先贤鲍宣忠诚正直、精忠报国的浩然正气;追索廉山书院创学初衷,荟萃人文精神,志在民族兴旺;追求太行儿女敢为人先、自强不息的君子品格。

日新精神的确立，提升了学校的办学格局和境界，昭示我们要有家国情怀，要为国育才，为家育才，要把我们的东方红少年培育为"有家国情怀，卓异担当的少年君子"。

在日新精神的引领下，我们立足校情，博采众长，逐步形成了独具特色的"八个一"办学理念。一是以"阳光育人，美育生命"为核心理念；二是"文化立校，课改强校，特色办学，内涵发展"的办学思路；三是"六年阳光教育，光耀人生幸福"的办学愿景；四是"诚实做人，踏实做事"的校训；五是"公开、民主、博大、包容"的校风；六是"爱生、博学、善研、健体"的教风；六是"以玩以思，明礼知行"的学风；七是《梦逐阳光》的校歌；八是把"东方红"拼音首字母和迎着朝阳振翅起飞的雏鹰设计为校徽。凡此种种，各成体系又相融为一，组合成学校的办学理念，熔铸成学校文化的核心与灵魂。

办学理念，不只是文件中的口号和墙壁上的标语，更是全体师生的做人做事原则，潜移默化地内化为全体师生的精神动力。为此，学校采取五种措施，整体推进：一是阳光展示，把办学理念在校园内醒目地展示出来，让师生入眼、入耳、入心；二是阳光渗透，凡是新教师报到、新学生入校，都由校长、班主任分别为他们解读办学理念，让师生一入校便有章可循；三是阳光推动，凡是开学典礼、毕业典礼、升旗仪式、文体竞赛等大型活动，由校长向师生讲解办学理念，以使大家深刻体悟；四是阳光激励，凡是评优选模都要把贯彻执行有关办学理念的情况作为考核内容，敦促大家见贤思齐；五是阳光督查，教师工作有了失误，学生有了违纪言行，首先让他们对照办学理念进行反省，以使大家形成共识。通过这些措施，学校的办学理念不仅说在了师生的口中，记在师生的心中，而且融化在师生的血液中，落实在师生的行动中。

(二)阳光的环境文化滋润师生心灵

校园的环境文化，是校园文化的基础，是校园文化历史积淀的外在表现。阳光校园就是要让校园的每一面墙壁、每一棵树、每一处花草、每一寸土地都蕴含阳光的特质，营造出人与自然和谐、传统与现代交融的氛围。

2017年，在县委县政府的关心和大力支持下，东方红学校搬迁至新校区，以"阳光文化，日新精神"为依托，构建了"四横、八纵、五厅、十二廊"的校园文化格局。日新雕塑，造型优美，隽永深邃，昭示着东方红人与众不同的精神信仰。沐浴着"公开、民主、博大、包容"的和煦校风，漫步在景致宜人、书香飘逸、宁静和谐的校园中，处处可以感受美的熏陶，时时可以领悟到智慧启迪：文化长廊里，各类形式的历史、科技、艺术作品交相辉映、相得益彰；教学楼廊以明理、尚德、为学、感恩、尚美等为楼层主题，处处镌刻着的励志名言"润物细无声"地传递着文明与文化；主题展厅里，栩栩如生的标本带学生亲近自然、探寻生命的奥秘，悠扬动听的琴声引学生步入艺术的殿堂；室外展板上、展框里，赏心悦目的作品展示阳光少年的风采；廉山书院、电子阅览室、读书角中，处处有书香少年潜心阅读的身影。每一面墙都会说话，每一块图版都富有灵性，一幅幅、一句句、一处处都透射出传统文化的底蕴，洋溢着浓郁的时代气息。

步入室内，一项项高标准设施显示着一所现代化学校的应有气象：超星阅读机，综合电教室，配备3D设施的高规格演播大厅，传承历史的廉山书院，个性化的围棋教室、陶艺教室、传统中医教室、书法教室、舞蹈教室、音乐活动室等一一呈现。转入室外，高标准的体育场和篮球馆已成为学生最喜欢的地方，闪耀着学生活力四射、激情飞扬的身影。

游弋校园之中，既可以跨越时空，与历史对话，聆听古今良训，又可以与时代接轨，启迪智慧，发展个性，使学生不仅拥有了古人的高雅气质，也拥有了阳光少年应该具备的核心素养！

（三）阳光的制度文化激发师生活力

活力之本，源于评价。"网络化管理＋捆绑式评价"的教师阳光管理评价体系，评出了干劲，评出了能力。合学小组的评价办法，培养了学生的团队精神和合作意识。

在教师层面，我们实施了"网络化管理＋捆绑式评价"的管理模式。网络化管理，是指校级领导—中层领导—年级组长—班主任—任课教师—教辅人员的网络化格局，人人头上有责任，个个肩上有担子，既分工明确，又团结合作。捆绑式评价，是指把个人评价和集体评价结合在一起的考核办法。评价校委成员，把包年级组成绩和个人分管工作结合起来；评价年级组长，把个人考核积分和组内全体教师考核积分结合起来；考核班主任，把个人考核与班级十星级管理考核结合起来；评价任课教师，把教师成绩和其他工作结合起来。年级组管理已经成为我校创新管理的新模式，通过年级组长竞争上岗、周汇报、月培训、期末述职、年终测评等系列管理办法，增强了教师的集体荣誉感，实现了优质人力资源共享，呈现出优秀团队不断涌现的良好态势。

在学生层面，我们实施了合学小组考评制度，改变了过去单纯评价优秀学生或学生干部的评价办法，变成了评价合学小组的全体成员。学生每四人或六人组成一个学习小组，共同学习，共同活动。学校在期末或年终考核学生时，从学习成绩、课堂表现、遵守纪律、爱护公物、讲究卫生等多方面对合学小组进行集体综合考核，然后表彰三分之一以上的优秀合学小组，表彰人数达到千人以上。这样就给所有的学生（特别是学困生）提供了上台领奖的机会，增强了他们的学习信心和集体荣誉感，培养了他们与人合作的意识和能力。

公平、公正、公开的评价策略避免了暗箱操作，凸显了阳光管理，学校上下因此也形成了良性的竞争和激励机制，教职工的工作热情和学生的学习状态都写在了他们灿烂的笑脸上。

（四）阳光的行为文化助推师生成长

行为文化是学校的"活文化"。行为文化的内涵是多层次、多方面、多角度的。我们在探索校园的阳光文化时，主要围绕课堂、课程、教科研、实践活动等展开。

1. 阳光课堂拔节生命成长

教学之根，植于课堂。为了让课堂教学充满阳光、活力、高效，经过不断的实践、反思、改进，我们提炼出以"面向全体、关注个体、注重体验、发展能力"为核心理念的"问题导学——三课四环节"课堂教学模式，从有形的模式到无形的模式，从课堂延伸到课下，从关注教到关注学，从关注课堂质量到关注人的发展。

阳光课堂体现了阳光、公平。我们提出的课堂理念是"让每个孩子都享有展示的机会和成功的体验"。首先排座位是公平的，我们以合学小组为单位排座，小组每周整体前后左右平移；课堂学习机会是均等的，主要学习方式是"小组合学＋集体展示＋个人补充"。课上我们听到最多的声音是不绝于耳的"我们小组来展示""我有不同意见"，学生人人展示，个个发言。通过这种课堂培养了学生对学习的兴趣，使他们树立了信心，掌握了方法，提升了能力，特别是表达、倾听、合作、学习能力比较突出。现在我们高年级的学生拿到一篇文章，知道怎样去预习，怎样记笔记，怎样查找获取资料，并能把资料内化为自己的理解，甚至能自己上课。这些能力绝不是简单用分数能够衡量的，它会让学生受益终生。课上的全员深度参与给了学生一个喜欢学校的理由，学校也成为学生向往的学堂、乐园。

这样的学习方式对教师的要求更高了，课堂是开放式的，更考量教师的教育智慧和调控课堂的能力。教师因学生而精彩，课堂因学生而精彩。

2.七彩课程奠基人生幸福

课程是学生成长成才的保障。童年是七彩的，我们以儿童为中心，尊重儿童成长规律，实施个性化的教育，立足为每个学生量身定制课程。在"让每个儿童都有一个七彩斑斓的童年，让每个儿童都有属于自己的课程"的理念下，我校研发了五大类60多种七彩课程。其一，阳光蒙学爱家乡系列课程，包括"长子故事""长子名胜""长子美食""长子曲艺""长子方言""长子民俗"等课程。课程分布在小学六年完成，开设初衷是让学生了解自己的家乡、热爱家乡，留住长子记忆，讲好长子故事，做好家乡文化的传播者。其二，传统国学课程，旨在弘扬中华传统文化，了解中华文化的博大精深，培养学生热爱传统文化、热爱中华民族的爱国情感。这类课程包括"传统刺绣""中医""版画""民族舞""书法"等课程。其三，学科创新课程，是在国家课程的基础上选取有研究价值，学生、教师感兴趣的点，做深入的研究性学习的课程，如"李白诗社""鲁班锁""机器人"等课程。其四，个性发展课程。个性发展课程基于学生的兴趣、特点开设，包括音乐类、体育类、手工类、美术类等20多种课程。其五，长子非物质文化遗产课程。这类课程的设置是为了保护我们优秀的非遗文化，让学生从小接触，留住记忆，留住根，做好弘扬和传承。这类课程包括"长子古书""柳编""根雕"等10种课程。

七彩课程受到学生和家长的喜爱。首先，减轻了学生家长的负担，因为学生在学校就能学到各种才艺，省去了在校外培训的大笔费用。其次，激发了学生的兴趣、潜能。再次，为学生的一生幸福奠基。根据人的成长和发展规律，如果在小学阶段激发了兴趣，初、高中时就可能形成特长，到大学时可发展为专业或研究方向，参加工作后又可作为自己的事业。一个人一辈子能从事自己喜欢的工作，那将是一件多么幸福的事情！

3.七彩教研引领教师成长

苏霍姆林斯基说，如果想让教师的劳动能够给教师带来乐趣，使天天上课不至于变成一种单调乏味的义务，那就应当引导每一位教师走上从事研究这条幸福的道路上来。我们七彩教科研的核心就是引领教师成为研究者。

(1)深入开展研、讲、评三位一体教研活动，形成各学科课堂教学模式。

每位教师每学期必须上好四种课——过关课、年级组的研讨课、学校的示范课、个人的学期汇报课。研讨课按年级组实行集体教研，落实三级备课制，即寒暑假的全册备课、单元备课、提前一周课时备课。每周四、周五集体大教研活动，以教研组为单位，集体研课。研课包括七个环节：主备人初备(集体备课前印发说课稿和课件制作)—主讲人说课并演示课件—集体研讨(出高招、提供素材)—形成共案和公共课件(上传学校资源平台)—个人二备(形成个性化的双色导学案)—领导审核—个人教学反思，实行备课资源共享。通过全体教师不断实践、反思、总结，学校提炼出符合各学科特点的课堂教学模式。

(2)通过"课例研究+同课异构"提升教师专业研究素养。

每周每个学科组出两名教师进行课例研究。具体名额是这样分配的：由学科组推荐一名教师，学校随机抽取一名教师。教师经过三次上课、听课、修改后，形成优质课例。课例研究把教师的实践、反思、总结融为一体，既有课题实践，又有理念总结，对提升教师的研课能力是很好的途径。课例研究具体操作如下：个人备课—集体研讨—修改教案(同组听课)—

再修改教案(换班上课)—修改完善,形成一份优质课例—撰写总结反思。

(3)加强教师基本功建设,实施"七个一"素养提升工程。

"七个一":每周练习一张毛笔(钢笔)字,每周画一张简笔画,每周至少写一篇教育故事,写好每节教学后记,每月最少读一本书,每学期形成一篇论文或一个教学案例,每月制作一节精品课件或微课。每学期学校组织一次"七个一"展示,评比出优质作品及最佳基本功教师。

教师的专业化发展,是在内外兼修中不断探求、思索、积淀、成熟的过程。我们致力于让教师的心灵得到呵护,幸福感得到提升,使其在专业发展的道路上越走越远,成为有理想信念、有道德情操、有扎实学识、有仁爱之心的"四有"好教师。

(五)阳光活动,昂扬学生精神

我们依托核心价值观提炼出"阳光少年核心素养",使学生管理自主化、习惯养成系统化、家校共育网络化,并将其融于"八礼六仪"教育、主题文化节活动中,以"阳光少年"和"十星级文明班集体"评比为载体,让养成教育在校园中落地生根,培育有家国情怀、卓异担当的少年君子。

1. 学生管理自主化

以大队部为核心的宣传部、纪检部、体育部等八大部组成大队委。让学生自己去建设好自己的阵地,管理好自己的事情,组织好自己的活动。学生积极参与学校"十星级文明班级集体"的评比工作,认真检查卫生、文明礼仪、"两操"纪律等。尽管早出晚归、风吹日晒,但学生都坚守在自己的岗位上,他们用行动践行了什么是敬业、学会了什么是担当,为校园的文明和谐默默付出。

2. 习惯养成系统化

在丰富多彩的活动中,学生践行着"八礼六仪"。庄严的升国旗仪式、入队仪式,让学生明白了胸前的红领巾与祖国的关系,爱国的种子从此萌芽,热爱祖国不再是一个响亮的口号;隆重的拜师礼,让学生传承尊重师长的传统美德;毕业典礼中,学生带着一颗感恩的心踏上新征程……

3. 家校共育网络化

家庭是社会的细胞,家庭和睦则社会安定,家庭幸福则社会祥和,家庭文明则社会文明。2016 年,学校建立健全了家长委员会,成立了家长学校,完善了社会、学校、家庭"三位一体"的教育网络。培训中,家长的教育观念更新了;志愿活动中,学生、家长、教师一起携手走上街头,走进社区,做文明的传播者和先行者。家长与学校形成家校共育合力,拓宽育人渠道。

阳光教育让师生享受着学习与成长的快乐。"潮平两岸阔,风正一帆悬",东方红学校这所百年老校正扬帆起航,焕发出新的活力。

以德立校，以善为本，探索农村学校特色育人之路

泽州县高都镇泊南小学　田海兵

"育人为本，德育为先。"德育是学校教育的灵魂，对学生健康成长和学校整体发展起着导向、动力和保证作用，是提高全民族思想道德素质的奠基性教育和培养造就合格公民的起点，是落实立德树人根本任务、发展学生核心素养的重要途径。

高品质的学校离不开高品质的德育，高品质的德育离不开德育创新。在全省"坚守立德树人根本，落实学校特色办学"理念指引下，学校坚持以德立校、以善为本，依托高都古镇丰富的历史文化资源，深入挖掘、继承发扬善文化，在德育环境营造上进行探索，在德育力量聚合上进行改革，在德育评价上进行创新，对德育内容进行了优化和重构，走出了一条农村学校特色育人之路。

一、依托本土"一观一树"，寻善源

泊南村最有代表性的建筑便是二仙观。二仙观悠久的传说寄托着泊南世代传承的"孝"文化。（二仙是晋城本土神仙，传说二仙成仙前是姐妹俩，受继母嫉恨虐待，早早就被赶出家门，后来继母落难，二女却孝侍如生母，遂感动天庭度为天仙。后二仙多次显灵帮助百姓，百姓感恩为其修筑道场。）学校旁边有一棵千年古槐，根深躯大，枝繁叶茂。泊南古槐树有"三奇"："雷劈不倒"坚韧不拔，"火烧不死"生命力顽强，"树洞长树"兼容并包。

十年树木，百年树人。孝心传说，在村里流传已久，而千年古槐，守卫在学校旁边，冥冥中是一种注定的机缘。为此，我们"以古观为善源，以古槐为善根"，明确了以善文化为核心的学校特色。

二、依托学校一草一木，固善心

"爱是最好的教育，善是最好的教化。"围绕"善"这一定位，学校提出"办一所呵护儿童天性与健康，涵养善言善行的真善学苑和成长乐园"的办学目标。

（一）建筑文化以善为基，营造氛围

泊南小学的每座建筑都以"善"字命名。食堂取名为"择善堂"，学生宿舍取名为"积善楼"，教学楼取名为"至善楼"。无处不在的"善"字构建了学校"修德养善"的巨大磁场，让学生的学习生活笼罩在善德的氛围中。

（二）楼层文化以善为本，构筑体系

一层宣扬修德养善，以古槐活力向阳、知善成长为主题依托，展示学生的学习、活动照片或作品，激发学生的善德思维。二层宣扬善学启智，以名人小故事体现楼层主题，让学生在故事中受到启发。三层宣扬能文善艺，彰显学校艺术体育特色和地域文化等。四层宣扬嘉言善行，分别对善、言、行进行了诠释，指导学生如何才能做到嘉言善行。

(三)班级文化从善如流,张扬个性

各班有各自的班级文化,并以此命名,如雏鹰起飞班、阳光班、向日葵班、知识海洋班、奇迹班、雏鹰班、奋发向上班、逐梦班。

三、依托教育"一课一篇",做善章

(一)"一课"指润善课程

以校本课程"古槐""尽善尽美　善在晋城""上善泊南　力行至美"为中心,以诵读《弟子规》《千字文》、太极拳进校园活动为载体,一文一武相得益彰,实现课程、活动综合育人。

(二)"一篇"指泊南小学习惯养正教育篇

泊南小学位于乡村,生源大多为农民子女。针对学生家庭教育、养成好习惯基本缺失这一现象,围绕"善始善终,尽善尽美"的校训,泊南小学创造性研发出"两树一册三步走"的"习惯养正教育"方案。

"两树"指习惯目标树和宝塔升级树。"一册"指《七彩家校册》的"小学生习惯培养的有效操作模式",经过师生、家校的共同实践,取得了初步成效。"三步走"指列清单、定目标、播种子。经过两年不断实践、改进,习惯养正教育初见成效。饭来张口、衣来伸手的坏习惯少了,主动做家务的好习惯多了。上课走神、抢着说、不回答问题的坏习惯少了,课堂上会倾听、敢展示、能合作的好习惯多了。校园里,说脏话、乱扔垃圾、疯跑打闹的坏习惯少了,见了老师、长辈就问好,主动拣起垃圾,文明游戏的好习惯多了。

四、依托学校"一礼一行",扬善魂

(一)"一礼"指文明礼仪

为了让每一个学生都能知礼、懂礼、行礼,学校成立了润善礼仪部,制定了《泊南小学向善美德少年"善行八礼"细则》,设立礼仪岗和校级礼仪班作为全校学生的榜样,激励更多的学生成为向善美德少年。

"善行九礼":每天早晨和中午开校门时,负责迎接全校师生入校,行"鞠躬礼";经过文化长廊,面对孔圣人雕像,肃整衣冠,行"拜孔礼";教学楼前,面对国旗行"少先队队礼";教室门口,一日善德班长与同学行"摆手礼";课前十分钟,一日善德班长行"交接礼";预备铃响起,全体学生行"感恩礼",齐诵感恩词(感恩伟大的中国,感恩父母,感恩老师,感恩同学,感恩所有的一切,让我们向真、向善、向美、向上);上课铃响起,全体学生起立行"拜师礼";下课后,见到客人行"微笑礼";放学回家,第一时间面对长辈行"孝亲礼"。

"善行九礼"的推行,让学生融入成为向善美德少年的氛围中,见到老师、同学和来访客人行礼问好的场景在学校随处可见。每名学生展示着向善美德少年应有的彬彬有礼。

(二)"一行"指善德银行

银行的存款是把钱存进去,日积月累,积少成多,而善德银行存款的意义与储蓄金钱不同,善德银行是用来储存美德的,每个人优秀的善德行为都可以为自己在善德银行中存入一定的积分,我们把善德银行的内容具体量化为两大品质、15小项,如举止文明、诚实守信、尊重他人、惜时守时、懂得感恩、勤俭节约。

第一步,善德银行要选出行长。学生自愿报名竞选上岗,通过就职演说,全班学生投票,

选出行长，颁发善德银行行长的任命书。

第二步，选出行长助理、善德银行监督员、善德银行记录员，颁发任命书。

第三步，制定操作办法。善德银行存入取出须知：

(1)每人的基准分为 100 分，每做到一条存入 1 分，未做到 0 分，违反一条支取 1 分。

(2)由善德银行记录员填写善德银行存折，善德银行监督员审查。

善德银行活动以积累精神财富并利用一定的途径奖励的方式引导学生从身边的小事做起，例如，从学会关爱老人和小孩，别人有困难给以帮助，排队上车、下车，及时给老人、孕妇让座，礼让他人等做起，及时对学生的这些行为加以肯定，使学生认识到自己的优秀道德行为，并得以强化。

随着善德银行活动的深入开展，随着团结友爱、互帮互助、文明礼貌、虚心好学的整体氛围的形成，学生逐渐体会到优秀道德行为所带来的乐趣，使优秀道德行为逐渐成为他们的自觉行动。

从善如流，上善若水。而今，山西发展风帆正劲，美丽晋城生机勃发，古韵泽州迎来历史性发展契机。泊南小学以德立校、以善为本的特色办学，在培育了一批批时代新人的同时，也将善文化发扬光大。新时代的泊南小学，将全面贯彻落实全国、全省教育大会精神，不忘初心，牢记使命，谱写新时期泽州教育特色办学新篇章。

构建赋能文化,培育时代新人

——校园文化构建的思考与实践

运城市大运学校　王　萍

校园文化是一所学校的灵魂,是学校独特的精神标识,它镶嵌在学校发展过程中,融入师生的生命里,并以特有的方式为师生的成长赋能。作为一所新校,大运学校重视文化育人,在校园文化建设中,始终坚持以社会主义核心价值观为统领,以立德树人为根本,以师生发展为中心,以定向、融合、蓄能三步走的思路构建校园文化,用丰富多彩的文化温润学生心灵,引领他们扣好人生第一粒扣子,努力成长为具有家国情怀、国际视野、全面发展、个性绽放的新时代少年。

一、创新理念,科学研判,为校园文化建设把脉定向

这是一个关于"定向"的故事——

理念文化是校园文化的精髓,是学校发展、师生成长的航标。我们学校文化建设的第一步就是提炼理念文化,包括办学宗旨、办学目标、育人目标、校训、校风、教风、学风等。以立德树人为根本,以师生发展为中心,我们确立了"为每一位师生的幸福成长赋能"的办学宗旨,旨在让教育真正赋予学生自我成长、自我实现的能力。

在办学目标的确立上,我们的定位是多元、智慧,因为多元目标可以给学校发展和师生成长提供更为广阔的空间。运城市是中西部地区唯一入选"教育部智慧教育示范区"创建项目名单的地区,智慧校园将成为学校发展的必然,因此我们将办学目标确立为"创办多元智慧的未来学校"。依据国际国内教育发展方向,结合运城教育及我校实际,我们赋予"未来学校"六大要素:人工智能融合的教师—课程智慧系统,创新的知识和信息网络拓扑结构,开放融合的学习生态,灵巧学习及创新的赋能场,集成、智慧、因变的新学习场景,绿色、智慧和泛在互联的基础设施。

在育人目标的确立上,我们围绕"为谁培养人""培养什么样的人"展开思考,确立了"培养具有家国情怀、国际视野、全面发展、个性绽放的新时代少年"的育人目标。家国情怀回答"为谁培养人"的问题,目标四元素回答了"培养什么样的人"这一问题。

在校训提炼上,重在挖掘文化内生点。在国家层面,人民有信仰是民族有希望、国家有力量的基石,诚信是核心价值观的内容之一;在地域层面,运城被称为"诚信之邦",诚信是运城的名片;而捐建大运学校的大运集团办企宗旨是"敦厚诚信";就学生发展而言,自信是成功的第一秘诀。基于此,我们将"信"作为校园文化的 DNA,确立了"立信养德,守本创新"的校训。

围绕办学宗旨、办学目标、育人目标,我们提炼出校风、教风、学风等,形成一套与新时代教育同频共振、内涵饱满的理念文化体系。同时,将理念文化集中展示于明远楼一楼大厅,

渗透在教育教学的各个环节，推进理念文化入心化行，为师生成长赋能。

二、借力造势，内外融合，为校园文化建设谋篇布局

这是一个关于"融合"的故事——

术业有专攻，做教育是我们的专长，但我们不具备做专业化文化设计的条件。因此，我们学校文化建设的第二步是内外结合，联动推进。我们学校和校园文化设计专业公司有机融合，委托专业公司围绕我们的理念文化进行显性校园文化总体设计。他们从物理空间上将校园划分为教学活动区、阅读启慧区、体育运动区、多元实践区四大区域，并在四个区域设计了多元学习中心、阅读启慧中心、科技创新中心、健康体能中心。

多元学习中心以"兴趣、习惯、能力"全息式阅读为主题。一年级以培养阅读兴趣为主，二年级以养成阅读习惯为主，三至六年级以提升阅读能力为主。小学六年让阅读成为学生生命中像呼吸一样自然且不可缺少的内容，让学生在小学毕业时达到"爱读书、会读书、会应用"的目标。这一区域还将展示学生的绘画、手抄报等各种实践作品，激励学生向上、向新、向美。

阅读启慧中心分上、下两层，建筑面积约 290 平方米。一层集咨询服务区、临窗阅读区、席地阅读区、图书储藏区、交流研讨区于一体；二层以新书推荐区、休闲阅读区、集体阅读区、电子阅读区和作品展示区于一体，为师生创设了舒适便利的阅读环境。

科技创新中心在重点建设创客教室、科学教室、云教室等的同时，还建设了声乐、器乐、舞蹈、书法、绘画等专用教室，在楼厅、楼道里渲染浓厚的科技气氛，让学生对科技创新产生浓厚兴趣。

健康体能中心既有室外场地，又有室内场地，使得体育锻炼风雨无阻。室外设有塑胶操场、环形跑道、足球场、成人篮球场、儿童篮球场、跳远沙坑以及观赛台等；室内运动场占地面积 890 平方米，为在雨雪、雾霾天气中的学生锻炼提供了保障。

四大区域既相对独立，又相互融合。例如，多元学习中心也设有随处可见的阅读区。

三、立足现实，蓄势发展，为推动立德树人点燃引擎

这是一个关于"点燃"的故事——

大运学校是一所新建校，目前只有一、二年级学生且资金有限，因此文化建设的第三步是分步实施，合理使用资金；丰富内涵，逐步积淀完善。目前，我们重点建设了阅读启慧中心和科技创新中心，对多元学习中心和体能健康中心则根据实际需要进行了有侧重点的建设。

校园文化重在内涵积淀，我们把为师生的幸福成长赋能作为文化建设的永恒追求，把校园文化入心化行作为文化建设的最高境界。梁晓声认为，文化是植根于内心的修养，是无须提醒的自觉，是以约束为前提的自由，是为别人着想的善良。文化是灵魂，是思想，是理念，是精神，是修养，是境界。大运学校的师生在校园文化的涵养下形成特有的精神和修养是我们的期待，也是我们努力的方向。我们通过建设与时俱进的校园文化，寓力量于无形，施教化于无声，用优秀的校园文化为师生树魂、立根、打底色，达到内化于心、外化于行，形成一种文化自觉，让文化自信更接地气，让文化气韵更加悠长，让校园文化为师生的幸福成长持续赋能。

　　"一树蓓蕾莫道是他人子弟,满园桃李当看作自家儿孙。"教育的初心应该是"一个人的终身幸福",教师的境界应该是"一辈子学做教师",文化的价值应该是"凝聚师生的灵魂"。文化似水,水成于无形,隐于其中,却凝结一切;文化似水,润物无声,又难阻挡。我们将登高望远,乘势而为,以奋发有为诠释初心,以责任担当践行使命,不断开创校园文化建设新局面,奋力书写校园文化建设新篇章。

重振师道尊严,树立时代风尚

朔州市第四小学校　王建锋

一、师道尊严的起源及内涵

说起师道尊严,我认为古今中外概莫能外。在中国传统教育中,师道尊严是支配教育活动中师生关系的核心教育理念之一。追根溯源,其最早出现在《礼记·学记》中,"凡学之道,严师为难。师严然后道尊,道尊然后民知敬学"。

笔者理解,其有几层含义。其一,指为学之道。只有尊师,才能重道;只有重道,才能信道;只有信道,才能行为,才能在社会中形成浓郁且正确的教育氛围。其二,指为师之道。所谓有道之师,不但要求"学高",而且要求"身正"。为人师者,只有正其道、善其德、端其行,才能让他人信服并成为学习和效仿的榜样。其三,彰显尊师重道是我国几千年来的优秀传统。

古人说"传道、授业、解惑",教师首要的职责就应该是"传道"。"道之所存,师之所存。"从这个意义上看,师道尊严是中华优秀传统文化的重要内容,且应渗透到民族的血脉之中。

师道尊严是儒家文化的重要组成部分,而儒家文化自西汉"独尊儒术"以来,又提升为政治文化的组成部分。"国将兴,必贵师而重傅"使师道尊严成为国家上层建筑的先导性理念之一。

中华民族素来就是礼仪之邦,古往今来,尊师重道已成传统,应代代相传。

二、师道尊严的现状及挑战

曾几何时,"先生"一词也饱含了人们对教师的尊重与敬仰。那是对知识的敬畏,更是对饱学者的敬重。然而,随着历史的发展,师道尊严受到严峻的挑战。改革开放后,教师的地位发生了巨大的改变,但教师主导地位并没有得到有效保障。不少人把对教育现状的不满情绪,错误地转嫁到普通教师身上。在"孩子大于一切"的主观思想和社会环境下,人们开始怀疑这"太阳底下最光辉的职业",教师的尊严与人格受到严重威胁。

三、重振师道尊严

1. 重振师道尊严是新时代的要求

习近平总书记曾指出,一个人遇到好老师是人生的幸运,一个学校拥有好老师是学校的光荣,一个民族源源不断涌现出一批又一批好老师则是民族的希望;提倡全国广大教师要做有理想信念、有道德情操、有扎实学识、有仁爱之心的"四有"好老师。习近平总书记也曾将广大教师称为学生的"引路人",并叮嘱广大教师要做学生锤炼品格的引路人、做学生学习知识的引路人、做学生创新思维的引路人、做学生奉献祖国的引路人。尊师重教的习近平总书记对教育改革、教育公平、教师责任、学生成长、人才培养和学校发展寄予殷切期望,这也让我们体会到了教师这一职业的光荣和崇高。

2020 年,教育部部长陈宝生表示,师道神圣,不可违反。一个人、一个家庭、一个社会、一个国家、一个民族,违反了师道,迟早是要受到惩罚的。陈宝生部长重振师道尊严的提法备受关注。

新时代,教育肩负的使命更加重大。教师的工作是塑造灵魂、塑造生命、塑造人的工作,是打造中华民族"梦之队"的筑梦人,是帮助学生系好人生第一粒扣子的引路人,师道尊严也应该得到更高的重视。

2. 重振师道尊严需要政府的支持

师道的光辉,源自教师的坚守,离不开学生、社会特别是政府的支持。2020年1月,《中共中央 国务院关于全面深化新时代教师队伍建设改革的意见》(简称《意见》),提出实施教师教育振兴行动计划,明确要求不断提高地位待遇,真正让教师成为令人羡慕的职业。当前,教育领域的很多热点、难点问题,如老百姓意见最多的择校问题,在很大程度上是教师水平不同导致的,提高整个教师队伍的水平才是办人民满意教育的最根本之道。可以说,加强教师队伍建设抓住了深化教育改革的"牛鼻子",是教育改革发展的灵魂。因此,此次《意见》的出台,就是对战略全局的把握和对教师战略地位的精准把握。

陈宝生部长表示,此《意见》是一份开启新征程、开创新时代、开创新模式的文件。对于如何贯彻落实好这份文件,他提出应在六方面努力。"提",即提高教师地位和待遇。"改",即改革教师编制配备制度,要按照合理科学的师生比来配备教师队伍,改革教师准入和离职制度,提高教师入职学历等。"育",即振兴师范教育,培养适应现代化建设的教师队伍。"用",即要给教师"压担子、指路子、出点子、给位子、发票子",让其有实现自身价值的机会。"保",包括保障和保护,即提高用于教师队伍建设的经费保障,保护教师合法权益。"尊",即要全社会提倡尊师重教。

3. 重振师道尊严需要教师修师德、强内功

"水之积也不厚,则其负大舟也无力。"当前,受市场经济潮流的冲击、社会不良风气的影响,师道尊严面临着一系列新的挑战和考验,辱骂、体罚学生以及有偿补课、收受礼金等违反师德甚至违反法律的偶发事件,损害了教师声誉,败坏了教师形象,也引发了民众对教师群体素质的担忧。一些教师素质与师德水平不高以及教师整体待遇不高等因素,都严重影响了师道尊严。虽然这种情况只是个别的,远不能代表主流,但只要教师败德行为存在,就应该引起足够重视,而不能掉以轻心。

近年来,教育部先后出台了《教育部关于进一步加强和改进师德建设的意见》等多项政策,将师德建设作为学校工作考核和办学质量评估的重要指标,实行师德表现"一票否决"制,以"零容忍"筑牢师德高压线,严惩教师"师腐",守住师德"红线",维护了教师的职业荣誉,赢得了社会的广泛赞誉。

新时代赋予师道尊严新内涵,新时代赋予广大教师新要求。当然,重塑师道尊严,并不需要恢复过去的"天地君亲师",也不是像一些人提出的让教师拥有对学生的惩戒权那么简单。但教师职业与其他任何行业一样,无道则不立。要重振现代师道、保证教师尊严,必须对教师的地位和作用形成恰当的共识。

教师既是稳定的谋生职业,更是立德树人的神圣事业,我们倍加珍惜,并立志奋斗终生。我们要以永远在路上的执着来修师德、练师功、强师能。我们需要全社会的包容与理解,我们应以更高标准从严要求自己。抵制歪风邪气,嫉恶扬善,不忘初心,牢记使命,必将成为我们为师的自觉行动。我们真诚地接受社会和家长善意的批评和合理的建议,反对别有用心的恶意炒作和有罪推断。我们不要鲜花、掌声和赞美诗,我们只要为师者的尊严。

"讲信讲义、顶天立地"，让诚信教育之花开得更娇艳

长治市上党区工业园区学校　王建勋

"人之为人，贵在诚信。"诚信是儒家为人之道的中心思想，立身处世，当以诚信为本。千百年来，诚信一直是我们中华民族的优良传统，诚信教育也是我国传统教育的重要组成部分。今天，人与人之间的关系更密切，也更复杂，因此，诚信之道也就有了更强烈的现实意义。

山西省长治市上党区工业园区学校（简称"工业园区学校"）原名"信义学校"，坐落在上党区信义村。"校如其名"，工业园区学校是一所重视德育建设的学校，诚信教育是学校的立校之本。2011年，学校因地制宜，结合信义村的地域文化——"信义，讲信讲义、顶天立地"，构建了以诚信为主题的校园文化。

一、文化建设，为诚信教育营造良好环境

教育需要浸润，潜移默化的教育会起到润物细无声的效果。为此，学校加强文化建设，营造良好的育人环境，在校园、走廊、班级及办公室的文化建设上，突出诚信教育主题。

我校注重创设诚信的环境氛围。我们为了给全校师生创设一个良好的诚信氛围，在现有场地的基础上，集智集力以建设诚信校园为着眼点，开辟了"四墙、一树、一带、一路"。"四墙"，即诚信成长启示墙、中华成语故事墙和古诗文鉴赏墙、奥运冠军励志墙、"四做学生引路人"警示墙；"一树"，即学校装饰了20余棵文明礼仪诚信树；"一带"，即绿色诚信种植带；"一路"，即诚信启示路。绿色诚信种植带目前种有香菜、菠菜、胡芹、芥菜、胡萝卜等10余种蔬菜，从种植到浇水、施肥、除草，老师带领学生尽心尽力，感受劳作的同时，享受着成长和收获的喜悦。诚信启示路两边的松树上悬挂着各种诚信哲理名言，微风拂过，学生走在路上仿佛在和大贤大哲对话，从而得到诚信教育，进而化为上进的动力；诚信启示路路面镶嵌着40块刻有有关诚信的名言警句的石板，旨在让诚信教育"落石落地"，学生徜徉在小路上，悠然间接受诚信的熏陶。

同时，我校也注重创设诚信的班级文化。班级文化是学生诚信教育的主阵地。各班教室外设四块版面，展示内容为"诚信少年看时政""诚信少年在行动""读书驿站""每月一承诺"。室内围绕学生培养目标设立"讲诚信、有担当——诚信少年标准""学有成、业求真——诚信树""展个性、扬特长——个人作品展示"及"诚信名言警句"版面。各班定期开展班级承诺、自我承诺活动，让学生在亲身体验中实现教育内化。

二、丰富活动，为诚信教育搭建多彩舞台

诚信教育要从小抓起并贯穿于教育过程的始终。根据学生在不同年龄的心理特点和对教育的可接受性，我校开展了以争创诚信校园、争当诚信教师、争做诚信学生为主题的诚信活动。

周一升旗宣诚信。每周一升国旗活动中的国旗下讲话，领导、教师与学生共同解读诚实

守信的深刻含义。大队长带领全体师生在国旗下宣誓:诚实守信,从我做起,从小事做起,从现在做起。

主题活动显诚信。我校开展了"五走进"与"八大诚信主题月"等一系列诚信教育主题活动。"五走进":学校组织学生走进交警队学习安全法律法规,明白遵守安全法规的重要性,体会交警的辛苦和诚信;走进养殖园看家禽喂养、产蛋的全过程,明白只有诚信喂养出的家禽才不会危害人类的健康;走进社区帮助孤寡老人,体会只有真诚地帮助老人才会体验到付出的快乐;走进山西成功汽车集团、山西日盛达集团等企业,参观生产线,采访企业领导与员工,感受集体各部门间的高效协作、现代化的管理理念,体验诚信在企业发展中的意义与价值,知道诚信是对社会的一种高度的责任感;走进田间,在亲近自然、体验收获的过程中学习自然知识,了解家乡特产,充分体验到"谁知盘中餐,粒粒皆辛苦"的辛劳之处,体验前辈们的艰苦生活。"八大诚信主题月"活动:3月为"文明礼仪月",开展"学雷锋、树新风"活动;4月为"科技创新月",开展电脑绘画、手工小制作等活动;5月为"劳动科技月",开展蔬菜种植等活动;6月为"多彩艺术月",开展文艺汇演、书画大赛等活动;9月为"尊师感恩月",开展制作感恩卡、尊师感恩征文等活动;10月为"祖国母亲月",开展歌咏祖国诗词朗诵、书画大赛、征文等活动;11月为"活力健体月",开展篮球赛、乒乓球赛、运动会等活动;12月为"挑战自我月",开展奇思妙想、小发明等活动。

国学经典传诚信。学校以"诵读文化经典,争做诚信少年"活动为载体,以经典辅德、益智、陶情:"课前吟一吟"活动,各班充分利用晨读10分钟进行诵读,做到读而常吟之、学而时习之;"天天诚信诵读"活动,每周背诵一两首诗词或一段诗文,做到生生互检、生生互促;"周周赛经典"活动,每周各班以小组为单位进行诵读竞赛,评比出经典诵读诚信小组,记入小组成绩中。此外,我校还坚持诚信与读、评相结合,坚持诚信与师生、亲子相结合,坚持诚信与思想道德建设相结合,让国学经典浸润诚信之心。

家庭社会践诚信。诚信教育应是开放式教育,不是封闭在校园里孤立进行的教育,要努力争取家庭以及社会各界的支持配合,使之成为教育的合力。我校印发了《我们与诚信同行》手册,让学生和父母交流关于诚信问题的看法,提出可行的做法,共同实践,强化正确的舆论导向。

三、植根课堂,为诚信教育打下坚实基础

我校注重诚信教育在课堂教学中的无痕渗透。任何教育活动的开展只有与课堂教学有机结合,才能永葆生命力。学校充分挖掘各学科中的诚信教育素材,让诚信教育走进课堂,找准教材与诚信教育的联系点。几乎每一册语文教材中都有关于诚信教育的文章,"人无信不立","诚者,天之道也;诚之者,人之道也",学生都已默记于心;英语课上,老师通过故事教学、主题会话等活动,帮助学生明白做人要讲诚信的重要性;音乐课上,欣赏京剧《秦香莲》片段,教唱《一分钱》《好孩子讲诚信》;数学课上,张琦老师在"连乘问题"教学课堂总结时谈道:真诚的爱心是无价的,是千万颗你的、我的、他的诚心的连乘式子(一颗真诚爱心×你×我×他=一个美好的人间)。执教者充分挖掘学科教学的有利资源,使学生在课堂教学中受到潜移默化的诚信教育,不仅传授了知识,更重要的是培养了学生的人格。

"诚信课堂五标准"在学习中无痕渗透。随着课堂改革的推进,课堂教学的组织形式也在发生变化。新课程标准强调面向全体学生,充分发挥学生的主动性,强调教学过程是师生

交流、团队合作的研讨过程，提倡自主、合作、探究的学习方式。在这种背景下，我校创建了诚信小组合作学习方式，制定了"诚信课堂五标准"——诚信独学、诚信讨论、诚信合作、诚信展示和诚信作业。

四、校本课程，为诚信教育拓展更大空间

为实现"展个性、扬特长"的培养目标，结合实际情况，学校开设了诚信教育校本课程，为学生个性化发展搭建平台，为诚信教育拓展空间。校本课程分为必修课和选修课。必修课程包括诚信课堂和诚信少年看时政：以《弟子规》和诚信故事课堂为主线，通过诚信诗词、故事、名人逸事等，对学生进行正面的诚信教育；通过诚信少年看时政，引导学生聚焦社会焦点问题，激发社会责任感。

选修课程分为体育类（篮球、跳绳、乒乓球、羽毛球、踢毽子）、艺术类（葫芦丝、尤克里里、电子琴、二胡、舞蹈、书法、架子鼓）、国家课程拓展（朗诵、写作、电脑绘画）共三类 15 门。学生通过选修校本课程，张扬了个性，发展了特长，培养了诚信品格和社会责任感。

五、科学评价，为诚信教育前行保驾护航

我校制定了《工业园区学校诚信少年评价方案》，确立了综合评价细则，涵盖学科学习、行为习惯、体育锻炼等方面，建立起规范的诚信奖惩机制，完善了德育评价体系。首先，评选"诚信少年"。依据学生的申报内容、特长发展，将"诚信少年"细化为"孝亲少年""守纪少年""善学少年""阳光体育少年"等，旨在引领学生改掉缺点或强化某项技能。其次，评选"诚信班级"。将学校领导组评议和班级任课教师评议相结合、学生代表评议与家长评议相结合，评选出"诚信班级"。再次，建立诚信档案。为促进学生诚信品质的培养，记录学生的成长历程，通过学生自评、生生互评、教师评价、家长评价的多元评价方式，使学生能够更加严格地要求自己，树立诚信意识。

"诚者，天之道也；诚之者，人之道也。""民无信不立。""不精不诚，不能动人。"一字字、一句句都告诉我们，诚信是立人之本，是家庭和睦、社会发展的基础，是一个国家强大的精神基础。我校以诚信教育为主阵地，知行合一，从身边的一点一滴做起，将诚信教育落实到师生学习、生活的各个细节中，让诚信教育渗透到学科教育中，以校园、班级文化建设为载体，让学生在文化熏陶中成为诚实守信之人，让诚信之花在校园内绽放得更加娇艳。

浅谈对校长办学理念的理性思考与实践探索

忻州市忻府区北关小学校　王　伟

一所学校的办学理念是校长基于"办什么样的学校"和"如何办好学校"的深层次思考的结晶。办学理念的形成是一个思考、变化、形成的过程。因此，一所学校的办学理念随校长个人理论知识的增长、认知能力的提升、实践经验的累积而不断更新，受社会因素和时代特征所影响，具有很强的个人烙印。自 2009 年 1 月起，我先后在忻府区兰村中学、东方红学校、北关小学校（简称"北关小学"）担任校长，10 余年的实践使我对学校办学理念的认识和思考发生了质的飞跃。

一、在懵懂中摸索前行，逆势而上

2009 年 1 月，我就任兰村中学校长。兰村中学是一所乡办初中，有学生 412 人、教师 23 人。当时的兰村中学教师数量严重不足，生源越来越少，学校内部管理混乱，教学质量不断下降，使家长对学校失去了信心，学校生存岌岌可危。我在忐忑不安中接受了上级组织的任命，为了不辜负各级领导的信任和全校师生的期望，带着"初生牛犊不怕虎"的勇气，凭着对教育工作的热爱和对办好学校、造福百姓的渴望，挑起重担，深入思索，运用多年担任学校中层领导、副校长的经验，找准了以下几个切入点。

（一）聚人心，抓管理

我通过谈心，团结班子成员，稳定教师情绪，进而统一了思想，明确了责任，加强了师德修养建设，推动了教师专业发展，构筑了教师人格长城，形成了坚强的领导核心。同时，深化内部管理，进一步强化学生的主体地位，提高课堂教学的质量和效益，教育教学质量逐年好转，为学校的发展夯实了基础。

（二）找重点，抓中考

学校以育人为根本，以发展为主线，形成了良好的学风，激发了教师高昂的士气。通过全校师生不懈地努力，兰村中学当年的中考排名由原来的十名以外一跃成为忻府区第三。作为一所农村初中，取得这一成绩实属不易。

（三）定策略，抓招生

生源是立校之本。我一手抓学校管理，一手抓关乎学校生存发展的生源问题。学校向学区内的学生家长做了一对一的动员工作，动之以情，晓之以理，克服重重困难，使家长一改对学校过去的认识，愿意把自己的孩子送到我们学校，学校生源数量逐年增加。我在 2012 年离任时，初一新生人数已达到 347 人，全校学生总数突破 900 人，学生人数在忻府区所属初级中学（包括城区学校）中位列第三，被当时忻府区教育局副局长冯书生评价为"逆潮流而行的兰村中学"！

这一时期的我对办学理念的思考才刚刚萌生，认识和想法都比较粗浅，只是把解决当前的问题当成了办学的理念,生怕管理不好,事无巨细,亲历亲行,学校大事小事一手抓。当时我只是有信心、有决心、有热情、有思路、有方法,但现在回想起来很是汗颜——那时对学校的管理只停留在初级阶段,只重视眼前的利益和问题,没有长远规划;只重视做事,忽视了学习专业的学校管理理论;只解决了学校的规模问题,在学校的校园文化、制度建设等方面做得不够全面,缺乏对学校的专业引领,可谓只有温度,缺乏深度。这样的结果造成了我满足于眼前成绩,满足于微不足道的成就感和逐渐流于形式的管理,也成为我忙于工作、无暇学习的借口。

二、在实践中不断尝试,探索成长

在兰村中学担任校长的三年中,学生成绩逐年提高,教师队伍团结向上,学校管理规范有序,我所做的努力受到了忻府区教育局的肯定。2012年9月,我调任忻州市忻府区东方红学校担任校长。东方红学校是一所城区九年一贯制学校,学生多,教师多,教学水平在城区相对较好。环境的改变推动思考,学校的发展让我开始进一步学习、探索。

如何能从有效管理提升为长效管理,如何才能办好学校,如何引领学校走向辉煌,成为我和老师们经常讨论的话题。我们一起探索、实践,初步形成了"习惯成就梦想,奉献点亮人生"的学校管理思路。学校制定了三年发展规划,通过一步一个脚印地实施,让学生逐渐养成了良好的学习习惯、纪律习惯、行为习惯,让教师养成了良好的敬业习惯、学习习惯、服务习惯。

例如,周伯仁同学初一就读东方红学校,他在小学的时候成绩一般,属于年级50名左右的学生。升入初中后,由于养成了良好的学习习惯,他一年比一年努力,在九年级放寒假之前,最好成绩是班级第二名。周伯仁同学的母亲曾经对我说:"我儿子到了咱校后,变得特别要强,怎么也考不过赵全斌(年级第一),成为他的一个心结。"寒假期间,周伯仁同学每天坚持早上五点半起床,只要一有空闲,就拿出书来学习。经过一个寒假的刻苦努力,他的成绩跃居年级第一名,这个纪录一直保持到中考结束。当年他的中考成绩是忻府区第一名、忻州市第四名。这是东方红学校有史以来的学生个人最好成绩。

我记得刚来东方红学校的时候,教导主任就为教师请假而犯愁。然而三个学期后,学校教师的敬业精神让我敬佩不已——八年级一班的数学老师智新梅因病找我请假,看着她已有些粗肿的脖子(甲状腺病),感觉到她病情严重,我同意了。虽然请假了,但她每天输液后还坚持到教室指导学生。智老师在中考的最后一学期带了三个班的数学,我曾告诉她可以让别人帮忙,但是她一口回绝,说怕影响孩子们的学习,自己能够克服困难。

这样的事例不胜枚举,在全校师生的共同努力下,学校呈现出良好的校风、学风、教风。在此,我找到了一种高效的学校管理方法。我采用弹性的管理模式,建立了行之有效的学校管理制度、工作量化制度,并制定了相关的考核奖励办法。这一整套的管理制度与方法调动了教师的工作积极性,使教师在工作中有了目标,有了进取心。

此时的我,已经不仅仅满足于学校工作的按部就班和井然有序了,不再满足于完成上级安排的各项工作的及时有效和保质保量了,我也不再沾沾自喜于在自己这片小天地中如何光彩夺目,更不会津津乐道于教学成绩及中考升学率的名列前茅,我想的更多的是在把学校办得有特色、有内涵的基础上,让教师教得幸福,让学生学得快乐。

三、在学习中努力提升,呈现雏形

作为一名校长,只有不断学习才能与时俱进,才能开拓创新,才能引领学校更好地发展。

2017年，山西省教育厅面向全省选拔名校长培养对象。在经过国家教育行政学院专家的遴选后，我有幸被选中，并参加了国家教育行政学院组织的培训。我从众多同行、专家身上学习了先进、科学、有效的方法和思想，通过与多所名校比较，我找到了差距，明确了前进的方向。

近年来，我还养成了每日阅读的习惯。每天工作结束之后，我便沉浸在自己的世界中，寻找查阅各种书籍、资料。我阅读了大量的书籍，包含教育哲学、教育心理学、教育脑科学、高效课堂、小组合作、逻辑思维等方面的书。我在阅读中探知，在探知中前进，由"啃"读到"精"读，再到"悦"读，我享受着这个过程。求知欲和奋进心驱使着我在深奥的书籍海洋中潜行遨游，不断寻找着理论支撑、实践支撑，只为更好地为学生、教师、教育服务。

在先进理念的指导下，我带领团队修改完善了学校的三年规划，并起草了未来学校发展的可行性报告。譬如，学校的文化建设不能只停留在表面，更应注重内涵发展和底蕴积淀。根据学校的实际情况，把"中华优秀传统文化进校园"作为学校完成立德树人目标的特色教育活动，在"诵于口""铭于心"的基础上，更加注重"践于行"，给学生提供了充分张扬个性的平台。在全市举行的中小学生诗词大赛中，我校选手不仅获得了代表区局参赛的资格，还在全市20支代表队中脱颖而出，尤其在自由展示环节中，小选手们争先恐后地朗诵、说唱、演小品……他们的精彩表现让在场的观众赞不绝口。

在教师队伍建设上，我改变了用严格的考核制度强压的做法，引进了"名师引领、激励进步"的方法，成立了由特级教师、省级教学能手、学科带头人组成的名师团队，引领教师前行，教师的教学积极性有了极大的提高。2017年，15名教师参加了市区级公开课，送教下乡20人次，14名教师评上了中小学高级教师职务，两名教师获得了省级教学能手的称号，一名教师在全市优质课赛讲活动中获得第一名。思路的改变、方法的创新，让学校的工作上了一个台阶。

四、在行动中具体落实，沉淀理念

2018年8月，我调任忻府区北关小学担任校长。北关小学有教职工120余人，学生近3000人。这次调任，正好可以把我多年来的学习经验积累运用在这所学校，把我对教育的一些思考付诸实践。

习主席曾说，没有文化支撑的事业很难长久！教育事业更是如此。学校重视文化的力量，利用当地历史名人元好问这一人文资源，凝练出了我们的学校文化——"好问"文化；确立了"和润天性，桃理竞芳"的办学理念，"承遗山之风，做明德之才"的校训，制定了"悦读气自华，好问则裕之"的校风，"仁爱立范，诲人不倦"的教风和"诚正和雅，学问思辨"的学风，既实现了对优秀历史底蕴资源的发掘与利用，又丰厚了学校内涵，彰显了办学特色。

（一）"好问"文化

"好问"取自于"勤学好问"，代表质疑、思辨、创新，是善于学习的象征；亦取自于"元好问"之名，包含了元好问的人文精神与家国情怀，是从精神层面对学校教育的阐述，意为我们要办有灵魂的教育。

（二）办学理念：和润天性，桃李竞芳

"桃李"一般指学生，但在我们学校其代表不同的个体：学生、教师、家长。师生只有在和谐、愉悦的氛围中才能"滋养天性，彰显个性"，才能敢于问、善于问，才能敢于质疑、善于思辨、勇于创新。

(三)校训:承遗山之风,做明德之才

"承遗山之风"的"遗山"是元好问的号。元好问是"智慧的典型""德高贤者的象征""高尚气节的代表""仁人儒者之典范","承遗山之风,做明德之才"实际上就是立德树人。

(四)校风:悦读气自华,好问则裕之

"好问则裕之"巧妙地嵌入了元好问的名和字,"气自华"取自"腹有诗书气自华"。"书香飘逸,国学浸润"是我们学校的特色。"好问"就是"书香校园"的特质,更是我们的校园标识。

(五)教风:仁爱立范,解惑不倦

重点在一个"范"字上,如北京师范大学校训"学为人师,行为世范"之"范",意为教师要成为学生的典范,要成为社会的典范。

(六)学风:诚正和雅,学问思辨

"诚正和雅"是学生的做人之道,源于立德树人;"学问思辨"是学生的为学之道,取自"博学之、审问之、慎思之、明辨之"。

北关小学的"好问"文化,是滋养天性、彰显个性、以人为本的教育思想,不仅要求学生好问,还要求学生善学。在"好问"文化的引领下,学校践行素质教育,培育学生的核心素养,让人文之火点燃进取激情,促进学校发展。

学校文化引领学校课程,学校课程传承学校文化,学校课程既是学校文化的载体,又是学校文化的主体。我们围绕"好问"文化构建了"好问善学国4+1"课程体系,细化国家课程标准,补充课程资源,创新课程管理,转变学习方式,开发四类特色课程:语文阅读课程、英语活动类课程、国学践行课程、研学旅行课程,最大限度地彰显了课程的个性化与人性化特征,充分体现了课程的生命性与生活性和谐统一,并且打造了"好问善学思4+1"课堂模式,教学形成了"绿色课堂、学习小组、导师制"三驾动力马车,让每个学生按照自己的优势去发展,促进学生更好地个性化发展。

在2020年疫情期间,学校科研团队以"新冠肺炎"事件为专题,开发了低、中、高三个学段的疫情课程。围绕我校"好问善学4+1"课程体系,引导学生主动探究,深度学习,给学生上了一堂以前课表中没有的人生大课,其中承载的生命教育、科学教育、道德教育等是这个非常时期最有价值的教育。

岁月不居,时节如流。2009—2020年,经过10余年的探索实践,我提高了认识,明确了职责,树立了目标,知道了一位好校长就是一所好学校。在此基础上,我把自己10余年来的所得、所想、所悟应用到实践中,在实践中不断改革创新,确立了"和润天性,桃理竞芳"的办学理念,并将这一理念逐步融入师生的工作、学习、生活中,创建了以"书香飘逸,国学浸润"为特色,以名师工作室为引领,以校园文化建设为内涵的特色校园,力争打造师生的幸福人生,使学校成为师生的学习乐园和精神家园。

"十年磨一剑,砺得梅花香。"我们要以永远在路上的坚韧和执着,推进学校发展。越是"船到中流浪更急,人到半山路更陡"的时候,越要不懈奋斗,激流勇进。我将把满腔热忱投入教育事业中,用全部心血实现人生理想,带领全校师生共同谱写幸福教育的华丽篇章!

让"贤"文化成为乡贤区域文化的名片

临汾市乡贤街小学校　张海珠

文化是学校发展的灵魂，乡贤街小学校（简称"乡贤街小学"）建校于 1948 年，是一所极具地域特色的老城区直属小学。70 年的栉风沐雨，历代乡贤人经过多年的传承、实践、提炼并形成了独有的"贤"文化特色，学校坚持用"贤"文化引领学校发展，使乡贤街小学成为散发着文墨书香气息的尧都区优质校之一。

一、"贤"文化的渊源

乡贤街小学因位于尧都区乡贤社区乡贤街而得名。乡贤街小学所在地是平阳书院的旧址。平阳书院建于 1917 年，清末废除科举制度后，书院改为学堂；1948 年，接收原国民小学，成立了临汾县第一完小，是临汾解放后成立的第一所小学；1956 年，政府要求学校以街道命名，一完小改名为"乡贤街小学"。

乡贤文化历史悠久，纵朝代更迭、江山易主，但尚贤崇德的民风、学风、教风经过岁月的洗礼，逐渐形成"贤"文化体系并深深植根于乡贤街这片沃土。

二、以"贤"铸魂，形成理念文化

在"贤"文化的润泽下，学校的办学思想更加明确，教育愿景更加灵动，校训、校风、教风、学风浑然天成。

办学理念：尊重教育。

校训：读而通古今，行而知天下。

校风：读圣贤书，立君子品，育贤德人。

教风：学高为师，德厚为范，和合为魂。

学风：礼仪为首，乐学为根，成长为本。

校歌：《我们在这里起航》。

"贤"文化是敬奉贤人、见贤思齐的奉贤文化，是崇尚德育、翰墨飘香的书香文化，是尊师好学、礼让谦和的道德品貌，是启贤育美、包含爱与责任的暖心文化。

三、以"贤"治校，形成雅正管理文化

"贤"文化不仅是学校的灵魂，更是校园的精神体现。学校坚持从自主管理、目标管理、创新管理、常态管理四个方面追求极致管理，塑造雅正管理文化，实现了快速发展。

（一）自主管理

实行三个自主。部门自主管理：实行学校部门管理责任制，科室内部由分管领导自主分工。教师自主约束：制度公开、评价公开，教师对照制度自觉履职。学生自主管理：实行班级自主管理，通过教师的有效指导，学生依靠主体自身的力量进行自我教育和发展。

(二)目标管理

落实三级目标。校长制定一级目标,由分管副校长分解;分管领导制定二级目标,提出具体措施;部门直接责任人即中层干部制定三级目标,落实到一线教职工。

(三)常态管理

实现三个常态:教学、教研、德育工作的常态管理;以绩效考核为主线,创新评价方式,追求常规工作的常态化效果;将学校各岗位人员职责全部纳入考核范畴,实行月考核、月公示制度,形成了自领导班子到普通教师自觉工作的优质常态化氛围。

(四)创新管理

创新已经成为一种习惯。人无我有、人有我专是我校一直坚持的创新理念。在这样的思想引领下,我校的多项工作成为尧都区第一或者唯一。

四、以"贤"启智,形成贤正课程文化

经过近十年的实践,我们构建了贤正成长课程体系,与学校的"贤"文化相得益彰。贤正者乃贤良方正的人,贤正成长课程顶层设计就是要培养贤达之士,锤炼学生的关键能力,培养具有慧、善、健、雅特质的人。

贤正成长课程体系主要是"1+5+X"体系:"1"是国家课程,是规定动作,是保障教学质量的基础性课程。"5"是校本课程的五项专题,是学校的规定动作,学校梳理出40多门社团课程,并以五大版块菜单式呈现给学生。具体为贤仁养成课程(公民社会领域)、贤强健体课程(健康体系领域)、贤雅书韵课程(语言阅读)、贤哲艺术课程(艺术审美领域)、贤智创享课程(科技探索领域)。"X"是校本课程子课程,是自选动作,是促进学生个性发展的拓展性课程。

贤正成长课程体系包括五大领域:公民社会、健康体系、语言阅读、艺术审美、科技探索。国家学科课程分别归入五大领域中。根据贤德美性、贤形美体、贤言美情、贤乐美雅、贤习美智的要求,重点构建学会感恩、珍爱生命、诵读经典、欣赏自然、探寻科技五大专题课程,涉及乡土风情、公民道德、心理健康等,突出了学校的特色,提升了办学品位,使学校发展更具教育内涵。

五、以"贤"润德,形成礼仪行为文化

经过多年的浸润,学校形成了以贤润德礼仪行为文化。近十年来,学校通过班级自主管理、特色班级、文化班级创建三个层面的实践,使学生养成了16项好习惯。

(一)十项学习好习惯

十项学习好习惯包括良好的书写习惯,认真预习的习惯,学会倾听的习惯,善于思考的习惯,敢于提问的习惯,与人合作的习惯,自评互评的习惯,独立作业的习惯,课外阅读、记读书笔记的习惯,记日记的习惯。

(二)六项行为好习惯

六项行为好习惯包括入校习惯、卫生习惯、课间习惯、课间操习惯、放学习惯、做人习惯。

经过多年的坚持,学生对16项好习惯耳熟能详,并内化成了自觉的行动,养成教育成为学校一道靓丽的风景。

六、以"贤"立身，形成和合团队文化

我们将教师队伍建设与专业发展的重心定位在团队建设上，实行师德、科研、班级管理、教学效果等多层面的团队合作与评价，形成了以"贤"立身的和合团队文化。

(一)道德讲堂

我校坚持开展道德讲堂活动，每周一讲，每一位教师都是道德讲堂的主讲人，通过涵养身心，让教师表现出人性中最美好的一面，倡导教师做最美教师。

(二)团队管理

我校常规管理最大的特色和优势便是实行多层面、无死角层级团队管理。

行政管理有五个团队：领导班子决策团队，由校长、副校长组成；教学常规管理团队，由分管副校长、教导主任、备课组长组成；科研管理团队，由分管副校长、教研主任、教研组长组成；德育管理团队，由分管副校长、政教主任、辅导员、艺术中心主任、班级组长组成；后勤服务团队，由后勤主任组建。

学校成立了六个教师研学团队，实行捆绑式管理、月综合考评。六个研学团队围绕主题实行线上、线下教学研究，形成了常态化的研学氛围，多次获得市、区优秀教研团队称号，学校的"三二五"教学模式获山西省教学成果二等奖。

学校组建了六个班务管理团队，实行捆绑考核，每个月每个年级产生一名优胜者，六个年级评选优胜年级一名，鼓励个体优秀的同时要求整体提升。在各项活动的开展中大合作与小合作相结合，优势互补，同事之间加强了合作与帮助。

学校工会定期开展文化沙龙活动，丰富了教职工的文化生活，陶冶了他们的情操，提升了团队的凝聚力。

七、以"贤"育美，形成典雅书香文化

乡贤街小学有着深厚浓郁的书香文化底蕴，70年来，书香气息犹如空气般与学校的生命、学生的成长交相辉映，自然融合，由内而外散发着典雅的书香文化。

(一)古韵飘香的环境文化

"贤"文化气息在校园环境建设中体现得尤为突出：红砂岩的古代书简景观，展现了学校"读圣贤书"的校风；教学读书角和每个教室的书架，为学生阅读提供了方便；"一个中心十大主题"环境文化构想，营造了典雅又不失现代韵味的环境文化氛围。

(二)书香悠悠的读书文化

"读而通古今"是我校的校训，我们不仅从理念上倡导师生热爱读书，还将读书做成了常规，写进了制度，融进了课程，经过多年坚持，读书已然成为师生的一种习惯。

(1)诵读经典。学校本着分段有序、稳步推进的原则，将经典读物引入课程，如一年级读《三字经》，二年级读《弟子规》，三年级学习《千字文》，四年级以《论语》为教材，五、六年级以《大学》和唐诗宋词为教材。学校的国学经典校本课程荣获山西省教学成果奖。

(2)书法课堂翰墨飘香。学校开设书法课，一至六年级每天一节硬笔书法课，三至六年级每周一节软笔书法课，教育学生有责任将中华传统文化一代一代传承下去。

(3)全民阅读氛围渐浓。我校在阅读课程之外，还开展了暑假整本书阅读与展示、亲子

共读与展示、"我是朗读者"、教师美文读书及展示、家长美文诵读与展示、"1＋X"读书拓展等活动，通过课内课外、校内校外、线上线下推进，营造了教师、学生、家长全民阅读的良好氛围，让"书香校园"品质不断提升。

（三）至美至雅的活动文化

培育贤德之人是我校教育的终极目标，丰富的读书活动围绕"贤"文化精心设计，为学生带来了一次又一次视觉的盛宴。

（1）孔子学堂。我校开设了孔子学堂，使学生能够全方位地接触传统文化，在诗书雅乐中滋养性情，体验传统国学魅力。

（2）开蒙礼。古人云，童蒙养正。一年级的开蒙礼是国学校本课程的升华，学生身着汉服，拜孔，拜师，开笔习书，亲身感受入学是人生中的一件大事。

（3）读书节。每年一届的读书节活动形式多样，对学生形成良好的阅读习惯起到重要的引导作用。

（4）吟唱经典。吟唱经典活动如一股清流宁静致远，让我们感叹中华文化博大精深的同时，更体验到诗词的美、教育活动的美。

乡贤街小学的书香浸润了众多学子，书已然内化为一种气质融化在他们的生命里，相信爱读书的习惯将会伴随他们的一生。

八、以"贤"聚力，形成暖心共育文化

学校积极构建横向贯通、纵向衔接，学校、家庭、社会三位一体，共同参与、各尽其职、分层递进的德育格局，持续开展家校共育活动，开创了暖心的家校共育新局面。

（一）成立学校、班级两级家长委员会，形成教育合力

在家长学校的统一领导下，完善了30个班级家长委员会，发展了1410名家长志愿者，组建了30个家长志愿者团队，让更多的家长参与学校的教育教学活动，家校间增进了了解，化解了矛盾。家长成为班主任工作的好帮手。

（二）开展主题讲座，加强对家长培训

邀请了专业机构来我校给家长上家庭教育课，帮助家长解决家庭教育的困惑。

（三）定期召开家长会，家校携手共促成长

学校召开的家长会有新生家长会，每年面向一年级家长开展的学前第一课活动，全体家长会，"培育贤德雅行，铸就成才之梦"为主题的系列家长会。家长会的召开，使家校合力，达成了共识，拉近了学校与家长间的距离。

（四）开设家长课堂，凝聚资源，百花齐放

以班级为单位，在各班班主任的组织下，由班级家委会策划开展家长课堂活动，内容丰富多彩。

（五）组建爱心志愿者团队，齐抓共管

家校共育细化到班级后，家长、学生、教师之间的沟通更及时、更顺畅，保证了家庭教育与学校教育的一致性，为学生创造了良好的成长环境。

贤德的教育成就教育的贤德，乡贤街小学坚持文化兴校，以"贤"文化为魂，以关注细节、

创新管理为切入点，以培育贤德之人为目标，逐步将学校打造成了特色显著、品牌闪亮、雅正韵致的"书香校园"，跻身于尧都优质教育学校的行列。

学校先后承担山西省国家十一五课题"培养学生数学思维能力的研究""小学生发展性评价与检测实验研究"、国家十二五规划课题"传承国学精华 整合课程资源 弘扬民族精神""小学道德与法治课堂教学策略研究"。"走进国学经典 提升师生素养""问题导学自助互助三二五课堂教学模式"荣获山西省教学成果二等奖；学校连续九年获尧都区先进集体奖，先后荣获山西省基础教育课改先进校、临汾市文明学校、临汾市优秀教研团队、尧都区学校常规管理先进单位、尧都区教学质量优胜奖、义务教育均衡发展先进集体、市区少先队红旗大队等。荣获省区市模范教师、先进工作者、优秀班主任、教学能手等的教师达200人次。学生在省、区、市活动中屡次获奖。2018年，尧都区启动集团化办学模式，学校被区教科局确定为首批集团化办学优质校之一。

思政沁校园，尚美润人生

吉县东关小学　张月霞

苏霍姆林斯基说，使学校教会一个人生活在有着美好事物的世界上，使他没有美便不能生存，使世界的美创造其自身的美。吉县东关小学尚美育人、全面发展的学生培养模式，超越了美育及艺术教育的范畴，探寻的是审美视野下的学校教育，促进学生德、智、体、美、劳及人格的全面和谐发展，从而实现教育的外在形式与内在品质的完美和谐。经过几年的发展，尚美育人已沉淀为吉县东关小学最为清晰的文化烙印，使得其教育充盈着真、善、美的元素，逐步彰显出卓越的教育品质。"做更美的自己"——尚美育人理念及体系开启了吉县东关小学瑰丽的新篇章。

一、尚美教育的理论内涵

尚即崇尚、追求、尊重。美是人类最高的追求和最高境界。美是智慧的化身，爱美之人就是追求智慧的人。尚美教育是培养学生认识美、发现美、追求美和创造美的教育。它充分挖掘教育资源中美的因素，与学校的育人活动有机结合，将美渗透于教育、教学、环境等各个环节，以审美心理学、审美教育学、美学等多学科理论为支撑，通过环境美、内容美、形式美、手段美的影响，培养具有美的理想、美的情操、美的素养、美的人格的人，以实现人的全面发展。

二、尚美教育的重要意义

黑格尔认为，美是理念的感性显现；培根认为，美的精华在于内在的德行；亚里士多德认为，美是一种善，其之所以能引起快感是因为它善，强调善在美感中起的作用；苏霍姆林斯基说，美是一种心灵的体操，它使我们精神正直、良心纯洁、情感和信念端正，而教育中的那些美，更能使我们的灵魂得到升华。

不管专家学者的观点如何，毋庸置疑的是，美是善良和热忱之母，与文明相通，与丑相对，是道德纯洁、精神丰富和体魄健全的有力源泉。我们所追求的美是与善良相伴、与文明同行、与丑相对的美，即道德纯洁、精神丰富、体魄健全、和谐共生。

党的十八届三中全会通过的《中共中央关于全面深化改革若干重大问题的决定》提出，改进美育教学，提高学生审美和人文素养。这是在党的政策文件中对美育谈得最具体的一次。它对美育定位准确，有针对性，为我们今后改进美育教学指明了方向，意义重大，影响也必将是深远的。

三、尚美教育的办学理念

吉县东关小学始终坚持立德树人，以培养具有高尚的道德情操的人为出发点，构建全方位的育人体系。学校从"培养什么人""怎样培养人""为谁培养人"这一高度，认识新时代思想政治工作的形势和任务，坚持用习近平新时代中国特色社会主义思想统领学校育人工作，为每个学生的人生涂上最佳底色。学校构建和拓展了尚美文化育人新平台，润物无声地做好思想政治教育工作。

学校构建了大思政"三全育人"（全员育人、全程育人、全方位育人）工作格局，将立德树人作为每位教职工的根本任务，将立德树人贯穿于学校教育教学全过程和学生成长成才全过程中，把立德树人融入思想道德教育、文化知识教育、社会实践教育、家庭教育各环节，从校内与校外、课内与课外、线上与线下等多个维度聚焦立德树人这一根本任务。

思想政治工作不是一潭死水，不能单纯地用理论说教，要拓展立德树人新途径，在守正创新中强基固本、培根铸魂，筑牢精神之基。学校应在内容和形式上创新、拓展德育工作，全力推动思想政治工作传统优势同信息技术的高度融合，增强学校思想政治工作的时代感和吸引力。

"美"是一个既简单又复杂的概念。尚美旨在崇尚美德，追求美好，培养学生正确的审美观念，构建崇尚美、追求美、和谐的价值取向。建设和谐校园、特色校园，培养学生正确的审美观，实现学生尚美人格的发展是学校发展的主要目标之一。

学校致力于打造尚美特色文化，紧密围绕尚美教育特色，用美的理念培养学生，引导学生崇尚纯真、追求品质、向往美好，将尚美文化融入教育教学的各个环节，以美润德、以美启智、以美育人，在美的熏陶和感染下培养学生，促进学生全面发展。

四、尚美教育的实施措施

(一)加强德育队伍建设

教师，为人师表也。教师的一言一行时时处处影响着学生。一流的学校不仅要有一支敬业爱岗的教师队伍，还要有一支业务精湛的教师队伍。我校一直坚持名师领路、共同成长的策略。首先要重点培养，通过选苗子、压压力、订计划、助成长、解后顾等一系列有效措施，先培养出一位或几位名教师，然后发挥辐射效应，从而使全体教师共同成长、进步。

我们将教师的培养培训作为教师队伍建设的重要内容，将师德师风作为评价教师队伍素质的第一标准。引导全校教师树立课程思政意识，把思想政治教育贯穿到每位教师的教学、科研工作中。全体教师要按照习近平总书记的要求，做有理想信念、有道德情操、有扎实学识、有仁爱之心的教师。

美育中，学生是主体因素，教师是主导因素。教师通过美的情感、美的言辞、美的理性、美的气度、美的结构，揭示新思想、新知识的科学性、真理性，点燃学生的学习热情，使学生受到美的熏陶、美的启迪，培养学生对科学与真理的美好追求，从而开发学生智力。

(二)发挥课堂育人的主渠道作用

课堂，是德育实施的主阵地。学校积极落实国家义务教育课程计划中规定的"品德与生活""品德与社会""综合实践活动"课程，上好每一节思想品德课；除思想品德课外，还在其他学科教学中挖掘各学科教材的德育因素，进行学科教学的德育渗透，将教学与德育有机地整合起来；结合各学科特点和教学内容，进一步做到"四有"，即学科教研有德育，课时计划有德育，课后反思有德育，评课针对有德育。

经过多年的课改探索和实践，我们结合学校实际提出创建尚美课堂。尚美课堂关注教师形象气质美、教学语言艺术美，力求给予学生最美的教育，帮助他们树立美的理想，发展美的品格，培育美的情操。

(三)聚焦课程建设,实现课程的滋养作用

学校将"学科立美"的理念贯穿到整个课程的建设和开发中,以传统文化经典为主题,建设、丰富校本课程、地方课程,在文化传承中把"完善人格,陶冶情操,增长知识,开阔眼界"这一宗旨贯穿于育人全过程。

学校精心编写校本教材《诗意时光》,将中华优秀传统文化中的《千字文》《学对歌诀》《论语》《大学》《诗经》《左传》等经典及大量唐诗宋词选入教材,让学生诵读经典,直接与先贤对话,将传统文化中爱国、处世、修身的思想渗透到教育教学中,在蕴含美的国学中培养学生的"优美人格"。

学校开设文明礼仪课程,通过礼仪教育美化学生的仪表、言行,引导学生说文明话、办文明事、做文明人。学校开设校本书法课程,定期举办书写大赛,让学生在"认认真真写字"中涵养美好品质。

(四)强化养成教育,在规范训练中培养良好品质

学校详细制定了《吉县东关小学学生一日行为规范》,成立了学校礼仪督查组,每天督查登记,例如,要求学生讲卫生、不乱扔纸屑、不乱花零用钱、不在校园内打闹、不高声喧哗,教育学生要从小规范自己的行为,讲究公共道德,孝敬父母,尊敬老师,在言行养成中培养良好品质。

(五)优化育人环境

我们在校园文化建设中,构建以美怡情的环境文化,做到物质文化和精神文化内外兼美。学校将办学理念、校训、校风、教风、学风的文字设计在校园最醒目的地方,使其内化为师生的自觉行动,变成师生的共同追求。走廊文化、墙壁文化、楼梯文化、年级文化、功能室文化、教室文化建设,由学生自主设计,师生共同参与,主题鲜明,各具特色,使学生在自己精心设计的环境中领略创造之美,获得审美愉悦。

(六)开展主题教育活动

学校开展了丰富多彩的活动,让学生在形神兼美的活动中锤炼品行,提升素养。

(1)开展"每周一讲"的讲故事活动。我校坚持在每周五下午第二节课举行讲故事活动,内容有德孝文化故事、国学故事、长征故事、法制故事、家乡故事等,让学生能通过讲故事正心笃志、崇德弘毅、心存善念、理解他人、扶残济困、关心社会。

(2)开展"国旗下讲话暨班级风采展示"活动。坚持每周举行升旗仪式,对全校师生进行热爱祖国、热爱劳动、热爱生命、热爱科学等一系列教育,帮助学生形成正确的世界观、人生观、价值观。

(3)开展"传统文化二十四节气"教育活动。在传统节日、二十四节气时,学校通过公众号向学生推送传统文化内容,引导学生秉承传统文明,弘扬民族精神。

(4)开展"一班一品"内涵活动,推动班级德育建设,以美养心。

(5)开展社团教育系列活动。学校共开设了足球、戏曲、绘画、手工、小提琴、舞蹈、合唱等十几个社团,学生根据个人兴趣选择社团,在兴趣的引领下发展特长,感受成功的幸福,品味实践之乐,憧憬美好未来。

(6)开展"经典诗文教育"系列活动,使学生感受到我国悠久的历史文化脉搏,受到祖国博大精深的文化熏陶,从而提高文化素质,弘扬中华文化的优良传统。

此外,学校在重大纪念日组织各种教育活动,引导学生继承中华民族优良传统,珍惜幸福生活;成立心理健康室,配备心理专业教师,对全体学生开展心理健康教育;成立家委会,畅通家校沟通渠道;开展"尚美之星""最美少年"和"每周一星"评比活动,激发学生争当最美少年,促使学生雅言美行。

《周末画报》的撰稿人邵忠指出:"我们这个世界里,从来不缺少美,只是缺少发现美的能力。而发现美的能力与学问和知识无关,更重要的是心灵与视觉的修养与感受……我一直认为,美盲比文盲更可怕……现在的中国博士,其审美特别是视觉品位却不如发达国家的一个普通蓝领。审美和视觉品位的提升,已成为当今我们这个时代最重要紧迫的教育首要任务。"

美育不是一项单一的教育,不是简单地教会学生绘画、弹琴的技巧,而是对他们启智的过程,引导他们寻找美、发现美,把美渗透到他们的内心世界里,才算是真正成功的美育教学。让我们停下来花时间用心感受和观察这个世界,到那时,世界就会像鲜花一般绽放,呈现我们从未察觉到的丰富色彩和形态……

教育是人的建设的基础工程,成才先要成人,而审美和人文素养是成人的关键要素和基本的衡量指标。缺少审美素养,人会变得越来越世俗、低俗;缺少人文关怀,人会变得越来越冷漠。因此,围绕提高学生审美和人文素养来切实地改进美育教学,是美育内涵建设的根本,是审美教学革新、发展进程中必须坚持的正确方向,也是提高美育教学科学化水平的必由之路。

让生命在爱的阳光下幸福绽放

高平市城南小学　赵江峰

高平市城南小学是山西省义务教育示范学校。学校在推进课堂教学改革的进程中，结合长期以来的办学思考和对学校发展过程的深度剖析，确立了"阳光教育引领学校发展"的办学思路，提出了"让生命在爱的阳光下幸福绽放"的办学理念，明确了"给孩子最阳光的童年"的办学目标；坚持以阳光课程建设为起点，以阳光课堂打造为突破口，以阳光教师专业成长为重点，以阳光文化孕育为着力点，全面构建学生阳光、教师阳光、制度阳光的阳光和谐乐园。

一、注重环境育人，营造阳光校园文化

校园文化建设是学校工作的灵魂，也是学校开展德育工作、培养学生养成良好行为习惯的重要途径之一。近年来，学校把创建阳光环境、实行阳光管理、营造阳光校园作为校园文化建设的重点工作来抓。注重实施阳光管理，充分体现"每个人都是重要的"这一阳光管理理念，落实"关心每个人，尊重每个人，激励每个人，发展每个人"的管理宗旨，以文化引领人，以文化感染人。每个班级制作班级名片、学科组名片，建起了文化墙、图书角，以个性化班级创建为载体，形成各具特色的班级文化。校园里建起了理念长廊、笑脸墙、德育长廊、体育长廊、阳光少年长廊、家乡美长廊、民族大团结长廊等宣传阵地，力争让学校的每一面墙壁、每一块绿地、每一个角落都成为会说话的老师，随时随地规范学生的行为习惯。红领巾广播站开辟了"每周一歌""好书推荐"等栏目，以涵养师生性情，陶冶师生情操。

二、开发阳光课程，全面提升办学内涵

校本课程的开发与实施既是新课程的要求，也在学生全面发展、教师专业发展以及学校特色建设中起着重要的作用。围绕办学目标，在严格执行国家课程、落实地方课程的基础上，学校着力开发适合学生终身发展的阳光校本课程。学校开发并实施了"阳光诵读"课程。学生以《国学经典诵读》和学校为每个学生购买的主题学习丛书为基础，每天坚持诵读25分钟；每天下午30分钟的写字课旨在有效提高学生的汉字书写规范度，培养学生良好的书写习惯；每天上午40分钟的阳光大课间和下午30分钟的阳光课外活动，让学生走向操场、走进大自然、走到阳光下，全面提高学生身体素质，促进学生的身心健康；学校还在部分年级开设了书法、绘画、口语交际、写作、七巧板智力开发、篮球、军乐、架子鼓等28项兴趣组社团课程，学生可根据自身需要和特长自主选择；此外，开学、毕业典礼、红领巾广播站也作为特殊的课程纳入学校的阳光课程计划。

阳光课程的开发与实施，为全体学生提供了多样化选择的余地和发展个性的空间，进一步激发了学生的学习兴趣，拓展了知识视野，并在一定程度上实现了跨学科学习，为学校全面提升办学水平提供了有力的支撑。

三、立足阳光课堂,打造阳光教师团队

在实施阳光教育的进程中,学校全面推行了"1245 阳光课堂"教学模式,即一个宗旨——先学后教,两个目的——指导学生学会学习,带领学生爱上学习,四个特征——有温度、有情趣、有生成、有效率,五个课堂环节——激趣导入、自主学习、合作交流、展示点拨、拓展延伸。全体教师在实践中摸索,在探索中反思,在反思中修正,在修正中提高,在改善课堂教学、改革教学方法、更新教学手段等方面均得到了较大的提升,促进了学校教育教学质量的稳步提高。具体经验如下。

(一)模式定型

为了保证课堂教学改革的深入实施,学校把加强集体研讨式备课作为落实阳光课堂的重要支撑。集体备课采取"一天一碰头、一课一交流、一周一集中、一步一反思"的模式,做到了课前研究、课堂观摩、课后研讨三落实。通过采取集体研讨式备课的"导学案",推行学生小组合作学习模式,推行激趣导入、自主学习、合作交流、展示点拨、拓展延伸五环节教学法,全面落实课堂主导与主体的有机统一,实现教与学的和谐共振。研讨式备课模式和课堂教学模式的确立变讲堂为学堂,提高了教学的参与度、亲和度、自由度、整合度,活力高效的阳光课堂基本得以呈现。

(二)主题教研

为引领教师的专业发展,学校制定了以"打造阳光课堂,提升课改质量"为主题的教研活动思路。教研室围绕活动思路,坚持"学习与交流结合,教研与课堂结合,反思与实践结合"的原则,每两周进行一次主题教研活动。由教研室确定发言提纲,每次确定六名教师围绕主题展开发言研讨,形成了"探究—研磨—展示—反思—评议"的教研流程。

(三)强化培训

为了保证课堂教学改革的深入实施,学校积极通过多种渠道加强课改培训,努力把课改推进工作抓牢、抓实。组织全体教师到太原、翼城、长治、长子、阳城等地的兄弟学校进行观摩学习,让大家开阔了视野,学到了许多课程改革的新思路、新方法,解决了课堂教学中的疑难和困惑;同时邀请江西弋阳、山东青州、河南林州及晋城市、高平市的多位专家和名师到学校进行课改专题讲座、示范课,从课堂理念的渗透、方法的运用、教学步骤的设计等多方面进行了示范和诠释,为全体教师提供了经验借鉴。

(四)骨干引领

为更好地反映阳光课堂模式的优势和效果,学校坚持以推进高效课堂教学建设为抓手,以听评课活动为载体,以骨干引领、多课打磨为途径,努力实现"在教学中研究,为教学而研究,在研究中教学"。每学期都要开展"四课研磨"活动,即骨干教师引领的示范课、课题组探索方法的同课异构研讨课、中层以上领导推门听课的常态课、全体教师过关的达标课。示范课让骨干教师经历了对教学改革痛苦挣扎后的浴火重生,研讨课体现了方法中蕴涵的课改策略与理念,常态课让大家看到的是真实、原生态的课堂教学,达标课面向全体教师,强调教学改革中一个都不能少,从而保证了改革的全面性。

(五)语文主题学习实验

为了深入推进学校的课堂教学改革进程、有效提高课堂教学效率,学校组织参加了国家

"十二五"规划课题"小学语文主题学习课题实验"。语文主题学习是通过课内阅读、课内学习来学习语文,课堂上要求把 2/3 的课堂时间还给学生,让学生在轻松、愉悦的状态下开展阅读。在课题实施过程中,学校构建了"一主多元"的课程,为全校一至五年级每位学生购买了课题组统一编写的语文主题学习丛书,为学生提供了丰富、充实的阅读资源。学校把该丛书的每个单元看作一个整体,形成了单元主题学习模式;设计了单元导读课、预习过关课、精读品析课、略读感悟课、阅读拓展课、展示汇报课六种课型供教师在教学中尝试实践。为了促进学生全面发展和个性发展,实现教育教学的预定目标,在每学期期末考试阶段,学校实施了教学专项能力测查,对学生的阅读和写字、计算能力和思路训练及英语听力等方面进行综合考核,强化了教学中的重点环节,促进了学生综合素质不断提高。目前课题已开展两个学年,课题实验也进入了良性发展的轨道。

四、实施阳光评价,多维培育阳光少年

从 2017 年起,学校建构了立足学生核心素养提升的"七色光"阳光少年评价体系(见表 1)。围绕核心素养的六个方面,学校确立了阳光少年的 24 字培养目标,即身心健康、习惯良好、思维活跃、基础扎实、学有特长、多元发展;同时又将其具体化为明礼、守纪、善学、健体、悦读、创新、博艺七个层面,着力培养学生讲文明、守纪律、乐学习、健身心、好阅读、勇实践、懂审美七大素养,实现学生全面发展、可持续性发展的目标。

表 1　"七色光"阳光少年的内容及寓意

颜色	代表	寓意
红色	明礼之光	爱心之色。明礼知耻,崇德向善,自尊自爱,文明礼让,尊敬师长,团结同学,正直友爱,乐于助人。从小有民族情怀,有民族自豪感,成为知书达理、大爱博学之才
橙色	守纪之光	温暖之色。文明守纪、自护自律,时刻保持着对安全的"橙色预警"
黄色	善学之光	光明之色。敏学、善思、进取。学会学习,在掌握知识、提高能力的同时,掌握学习方法,养成良好习惯,为终身学习奠定基础,实现教育的延续性
绿色	健体之光	生命之色。热爱生活,身心健康,充满活力,积极参加各项体育活动,并能感召或组织身边人参加体育活动
青色	悦读之光	幻想之色。徜徉于书的海洋,乐此不疲地阅读,享受着阅读带来的乐趣和幸福,积极参与各级各类读书活动,并在活动中取得佳绩
蓝色	创新之光	天空之色。学习充满智慧和创新,在知识的海洋中,刻苦钻研,勇于探索,突破困难,获得成功
紫色	博艺之光	典雅之色。展现自我风采,陶冶高尚情操,在丰富多彩的活动中发现美、体验美、创造美。多才多艺,有健康的审美情趣和文艺特长,积极参与社会实践活动
"七色光"		阳光之色。润泽生命成长的历程,让学生在追逐阳光的过程中,不断超越自己,感受进步与收获的喜悦,成就绚烂美好的人生

同时,学校依据"七色光"阳光少年综合评价体系的七个层面设计出了与之配套的"七色光"阳光少年评价工具(吉祥物形象)——七个阳光娃,并确定了"七色光"评价体系的具体评价标准。每学期,每个学生只要通过努力至少能获得一至三种阳光娃称号,集齐七个阳光娃,就会获得学校最高级别荣誉——阳光少年。

五、搭建阳光平台,开展阳光家校合作

2018年3月,学校成立了三级家长委员会,即班级家长委员会、年级家长委员会和学校家长委员会。两年以来,学校在家校共育方面做了大量的、实实在在的工作,也取得了明显的成效。

(一)成立学校、家庭教育讲师团

为实现家校共育、携手合作,学校以自荐与他荐相结合的方式,充分挖掘家长资源,组建了家庭教育"教师讲师团"和"家长讲师团"队伍。定期组织进行专题研讨,并分年级、分批地为全体家长进行了多场家庭教育系列讲座。

(二)组建家长护学志愿者队伍

学校地处繁华街段,住户多,学校多,人流量大,尤其在上下学高峰阶段,交通拥堵十分严重,学生上下学安全成了大问题。2018年4月,学校新成立的家委会在这个问题上做了大量工作。首先,家委会和学校后勤保卫处联合向全校家长发出"绿色接送孩子"倡议,倡议所有家长在学校指定的地点接送孩子;建议住在周边的孩子,徒步上下学;开车接送孩子的家长,车辆一律不能至校门前路段。其次,征集护学志愿者,各年级家委会根据志愿者报名人数安排"护学岗"轮流执勤,志愿者身穿志愿者服装,手执小红旗,每天在上学、放学时间段准时来到校门口,维持秩序,疏导交通,引导学生有序入校、离校,同时劝导家长在指定的地方接送孩子。"护学岗"不但保障学生上下学的通道安全,而且还为校园安全增加了一道有力防线。

(三)举办首届"魅力家长进课堂"推广活动

一、二年级开展"你讲故事我来听——魅力家长进课堂"活动,三到六年级开展"百科知识讲坛——魅力家长进课堂"活动,努力使家校统一教育思想和行为。"魅力家长进课堂"活动不单是为了丰富学校课程资源、推动学校教育对家庭教育的影响,最重要的是,着眼于时代的要求和学生的发展,不断丰富教学和活动内容,将课堂延伸到校外,让教育不再局限于课堂、局限于教材、局限于校园,使学生通过更多的途径和方式获得更多的知识技能,拓宽视野,增长能力,促使学生全面发展、健康快乐成长。

六、开展多彩活动,培育阳光特色文化

近年来,学校积极践行"阅读生活化,学习终生化"的学习理念,以"阳光乐园,多彩童年"为主题,长期开展丰富多彩、形式各异的活动。如每年举办"四节",即春季充满挑战的科技节、夏季展示特长的艺术节、秋季紧张刺激的体育节和冬季展示学识的读书节。

每年的科技节中,学校为全体学生搭建展示自己的大舞台,让他们在自己喜爱的活动中近距离接触科技,感受科技的无穷魅力。如在纸船承重赛、纸飞机定点着陆大赛中,每一次尝试,每一次实践,无不让学生的素质得到拓展,个性得到张扬,激情得到释放。每年的艺术节,是学校借助晋城市、高平市开展的校园文化艺术节项目展开的,选送多个节目和作品参加市级比赛且取得了优异的成绩。体育节中一个个团体项目的比赛,提高了学生团结合作的意识与能力,增强了学生的集体荣誉感,让学生感受到集体运动的乐趣。读书节把"四节"活动推向了高潮。学校倡导教师厚学养德,将朴素的"读书是一种需要"上升为"读书是一种

有益的生活方式",促使教师提高业务素质;以形式多样的读书活动激发学生的读书兴趣,培养学生读好书、好读书的良好习惯。例如,学校启动了教师读书工程,让每位教师走进阅览室、走进图书馆,汲取知识的力量;实施了"我的阅读之旅"读书成长计划,每天晚上充分发挥家长的作用开展亲子共读活动,营造"书香家庭"氛围;另外,"好书推荐"读书交流会、"每天一诗词"课前诵读、主题黑板报、经典诗文诵读及"书香班级""书香少年""书香教师""书香家庭"评选等多项活动的开展,让全校师生拓宽了知识面,提升了写作水平,提升了综合素养,丰富了学校的办学内涵。

一张张可爱的笑脸,一行行坚实的足迹,城南小学的课改工作已走上了良性发展的轨道。在今后的工作中,学校将继续坚持科学发展,扎实实践阳光教育,在且行且思的行动研究中努力实践,耕耘不止,让生命在爱的阳光下幸福绽放!

教

学领导力：课堂育人

校长如何引领学校发展

平顺县第一中学校　冯喜明

校长在任期内应该全身心地投入,努力创新,积极进取,使学校年年有变化,让师生感到学校在发展,让社会看到学校有生气。作为校长,这是一种责任的体现、一种对事业的追求。因此,校长不仅要有仰望星空的规划蓝图和发展目标,还要脚踏实地地工作,总结昨天,把握今天,面向明天,在继承优良传统的基础上,走创新之路,走改革之路,唤起教师继续寻求职业生涯的发展、探求自我人生的新天地,激励学生自主学习、自然成长。

一、以课堂教学改革为突破点,提升学校教研水平,促进教师专业化发展

我国有着世界上数量最为庞大的教师群体,也承担着世界上最为艰巨的教育任务,因此,教师的在职教育和专业成长就显得非常重要。教师的专业能力必须在新课程改革的大熔炉里锻造,在课堂上锤炼。虽然新课程改革已走过了十多年,但有些情况并不理想,究其原因,很大一部分跟教师有关。正如李炳亭在《高效课堂22条》一书中所说:"教师不适应新课改,这就好比只会在泥泞路上开拖拉机,而对在高速公路上驾驶奥迪充满恐慌。这样的恐慌让一部分人敢于以学习的姿态去改变,而让另一部分人憎恨变革甚至刻意埋怨和破坏。"

校长必须着眼于教师的发展,探索新的管理机制。例如,通过读书舒展心灵、通过合作体验快乐、通过实践享受成功,凸显精神引领;通过开展案例行动、组织互动专题、进行课题研究来强化校本教研,为学校可持续发展奠定良好的基础。多年的教学和管理实践表明,教师只有首先认识并认同了新的教育理念,才会自觉而有效地进行教学实践,建立并运用新的教学模式,打造出高效课堂。

教师必须着眼于专业成长,不断地提高专业水准,提升教学水平。教师可通过学习教育理论,在理性认识中丰富自己;通过教学相长,在师生交往中发展自己;通过反思教学实践,在总结经验中提升自己;通过投身教学研究,在把握规律中端正自己;通过同伴互助,在借鉴他人中完善自己。

二、以学生习惯养成教育为切入点,强化德育功能,引领学生全面发展

心理教育家斯特娜夫人曾说:"孩子的心是块奇怪的土地,播上思想的种子,就会获得行为的收获;播上行为的种子,就能获得品德的收获;播上品德的种子,就能获得命运的收获。"因此,孩子的教育应该是重中之重。叶圣陶也说过:"什么是教育?简单一句话,就是要养成习惯。"在一个人的成长过程中,小学至初中阶段是形成性格最关键的时期。在此阶段,如果不让学生养成良好的行为习惯,不让学生好好学做人的道理,那么即使他们学到的课本知识再多,他们的脑瓜再聪明,也很可能在今后的学习过程中因某种原因而前功尽弃,或走上社会成为一个"半废人"。教育不应只关注学生在校期间的"成功",更应关注其走上社会后的发展。因此,家长和学校要积极引导学生养成良好习惯。学校可以对新生进行军训,让学生

体验独立生活，进行常规养成教育；让学生遵守《中学生守则》和《中学生日常行为规范》以及学校相关的规章制度，让学生从点滴做起，从小事做起，从最简单的事情做起。培养良好的行为习惯是一个长期的、潜移默化的过程，需持之以恒，不断强化，反复抓。为了让养成教育更具针对性和实效性，学校必须建立起以学生为中心的教师—学生—家长三位一体的德育体系。一方面，课内重视学习习惯的培养教育；另一方面，课外注重行为习惯的养成教育。在学校里，教师严格要求学生；学生回到家后，家长也对其严格要求，防止滋长坏习惯，以便继续深化养成教育。

三、以教学质量提升为着力点，实施精细化管理，促进学校内涵发展

《国家中长期教育改革和发展规划纲要（2010—2020年）》强调，要把提高质量作为教育改革发展的核心任务。树立科学的质量观，把促进人的全面发展、适应社会需要作为衡量教育质量的根本标准。树立以提高质量为核心的教育发展观，注重教育内涵发展，鼓励学校办出特色、办出水平，出名师，育英才。建立以提高教育质量为导向的管理制度和工作机制，把教育资源配置和学校工作重点集中到强化教学环节、提高教育质量上来。校长要深入思考如何促进学校的内涵发展、如何促进教学质量的提高。

校长首先要确立正确的发展观和政绩观，要以学校发展为己任。校长要做开拓者，在继承传统与开创未来之间担起责任。校长要综合考虑规模和效益，不仅追求量的增加，还应注重质的提高；要跟上教育发展的形势，坚持适度超前和可持续发展的原则。内涵发展是在学校实践科学发展观的必然要求，也是促进学校全面、协调、可持续发展的必然选择。

越来越多的实践证明，实施精细化管理是学校科学发展的要求。概括地讲，精细化管理就是"常规＋细节＋过程"的管理模式，要把"树立精品意识，打造精品工程，创建精品学校"的精细化管理工作思路落实到学校的每个方面，即狠抓常规、着眼细节、注重过程。

第一，把学校中的事精细化分解。学校中的事包罗万象，有大事和小事，有急事和缓事，有重要的事和不太重要的事。精细化分解事就是在对事整体考虑的前提下，对"事"进行"原子化"分解和整理，分解到一个人能够完成的地步。

第二，把学校中的人精细化培养。精细化职业素养就是工作规范化、专业化的一种职业习惯，包括教师的教学行为、教学技能、教学的意识和思想等。教学行为包括教学的语言和动作等，教学技能包括专业技能和人际处理技能等。当人的教学意识、教学思想、教学语言、教学动作、教学技能都达到规范化、专业化的程度，按照精细化的制度、流程完成工作时，那实现精细化管理就有了人的准备。

第三，把学校的管理制度精细化完善。合理的规章制度与人本管理不是"两张皮"，而是一枚硬币的两面。制度与人的素质是相辅相成的，高素质的人在完备的制度环境下会养成自觉遵守规章制度的习惯。真正健全、完善、合乎情理并得到有效落实的制度有利于学校的持续发展、教师的专业发展和学生的个性发展。学校在制定制度时，要致力于呈现细节化的规范，体现对细节的追求；要结合本校实际，先制定好学校章程，使之成为学校管理的基本依据；在学校章程的基础上，制定学校发展规划和各项管理规章制度，包括制定德育管理、教学管理、后勤管理、财务资产管理、校园安全管理等方面的管理制度，制定学校各种岗位人员的职责和工作标准，并作为检查和考核教职员工工作的依据。

第四，把学校中的人和事精细化评价。精细化管理要从评价考核抓起。精细化管理说

到底就是人的管理。精细化与人性化辩证统一才能挖掘人的潜力,才能激发人的工作热情。没有以制度为基础的人性化是没有底线的人性化。没有人性化的精细化管理是缺乏生命力的管理,它必将限制人的创造性,也不可能实现真正意义上的精细化管理,最可行的做法是用好考核这根指挥棒。没有考核评估的工作就像死水一潭,不会有生机与活力,必然使人缺乏主动性和积极性,不能推动工作的开展与创新。学校的工作安排到哪里,考核奖励就要跟到哪里,在公平、公正、公开的考核制度下创造性地开展工作,向业绩倾斜,向正气倾斜,让德才兼备、业务精湛、师德高尚、成绩突出的教师干得气顺,让年轻有为、积极上进的教师有施展的空间,让"有作为就有地位"的意识深入人心。

开展校园足球的探索与实践

晋中市经纬中学校　焦瑞军

绿树成荫的晋中市经纬中学校(简称"经纬中学"),坐落在经纬(集团)晋中纺织机械有限公司(简称"经纬厂")厂区内。建校 60 多年来,学校走过了一条由企业办学到政府办学的发展之路。校址虽几经搬迁,但与经纬中学始终不离不弃的是黑白相间的足球,是厂区内那块如绿毯般轻柔的足球草坪,是浸润在学校发展血脉中的足球文化。

走进经纬中学校园,你会为无处不在的足球元素而惊叹,惊叹之余你会被浓浓的校园足球文化深深地感染,你会自然而然地产生伸伸腰踢几脚球的冲动。

据校史记载,1963 年,经纬中学正式成立校男子足球队,仅仅两年后,就在市城区学校的比赛中取得全胜的战绩,赢得了"打遍晋中无敌手"的赞誉。1973 年夏天,学校男子足球队与山西省青年男子足球队进行了一场友谊赛,最终以一球小胜。这场胜利让经纬中学足球队名声大振。随后,这支球队有五名队员入选省队。1994 年,学校女子足球队代表山西省参加全运会,获得第四名。

2006 年,学校特招女子足球班,重新组建男、女足球队。足球队员们在专职教练的带领下,刻苦训练,努力拼搏,多次参加省级、国家级比赛,取得了优异成绩。2014 年,河北精英集团足球俱乐部在全国范围内遴选 15 名少年女子足球运动员送到国外进行足球学习。经纬中学女子足球班的 10 名学生脱颖而出。在 2014 年巴西世界杯期间,她们踏上巴西的土地,开始了为期三年的出国留学生涯。相关资料表明,选送整队建制的女子足球运动员集体赴国外学习,这在我国女子足球运动史上是第一次。2015 年 4 月,经纬中学应邀出席了由人民教育出版社、中国教育出版传媒集团共同举办的"中小学校园足球示范校"授牌仪式,成为全国 20 所示范校之一。2017 年,学校女足守门员马淑婷在德国集训期间,受到正在德国访问的习近平总书记的亲切接见。2018 年,学校女足一队荣获全国校园足球联赛高中女子组北区赛亚军。

一、夯实全员参与的足球基础

1952 年,我国百废待兴,时任上海市市长的陈毅把经纬厂选址在山西榆次。随后,一批又一批来自上海、浙江、江苏等地的工程师、青年知识分子和技术骨干带着满腔热情投身到经纬厂的建设中。他们在带来先进技术和科学管理的同时,也带来了现代足球文化。勇于拼搏、崇尚竞争、团结合作、乐于吃苦的足球文化滋养着一代代经纬人。在这块足球文化浓郁的土地上,足球运动自然成为学校师生热爱的传统体育项目。建校初期,学校就确立了"以足球打造特色,在普及的基础上提高"的校园足球发展思路。60 多年来,沿着校园足球发展的思路,学校从夯实足球发展基础做起,一步一个脚印地跋涉前行。为促进校园足球的发展,学校调整体育课的内容,将足球设置为体育必修课。凡进入经纬中学的初一年级和高一年级的新生,第一学期的体育课内容全部为足球,从基本的规则、基本的动作要领做起,使经纬的学生人人懂足球、人人踢足球。学校通过建立班级、年级联赛制激发学生的足球兴趣。每年春季，学校组织年级联赛，通过年级联赛普及校园足球，培养学生的竞争意识和集体荣誉感，同时为组建高水平的校级足球运动队选拔人才。在立足本校选拔校级足球运动员的基础上，学校拓展工作视野，把选拔的范围扩大到全市乃至全省，让那些有志于从事专业足球训练和比赛的孩子走进经纬中学，在正常接受文化课教育的同时，接受足球的专业训练，为中国足球发展培养后备人才。在实际发展过程中，学校鉴于教练、队员训练水平等因素，把发展女足作为主攻方向，辅之以男足的培养。通过坚持不懈的努力，目前学校已形成四个年龄梯次的女足训练队，在近几年参加的全国各类比赛中均取得了优异的成绩。从必修课、校内年级联赛到受邀参加国内高水平的比赛，经纬中学校园足球已走上了健康、有序的发展轨道。

二、渗透快乐足球的文化理念

淡化足球的功利性，强化足球的娱乐性和观赏性，还原足球的本质，渗透快乐足球的文化理念，让学生在训练和比赛中感悟足球、享受足球，始终是经纬中学开展校园足球所追求的目标。为此，学校与时俱进，开展了一系列教育实践活动，并积极渗透快乐足球的文化理念，寓教于乐。一是分年级确定足球文化专题教育主题，使学生在不同年级接受不同的足球文化教育。如初一年级举办的足球与卡通制作比赛，旨在引导学生以制作卡通画的方式认识足球、愉快地接受足球；高一年级举办了以"我眼中的中韩足球"为主题的辩论赛，赛前学生收集了大量关于中韩足球对抗赛中的原始资料，就每一场赛事进行分析、比较，在提高学生的辩论水平的同时，也传授和普及了足球知识。二是让校园的每个角落都彰显足球文化。学校在校园文化的总体设计中，充分考虑了足球元素，从班级黑板报到年级文化墙都要求明确体现足球内容。学校的校史陈列室专门开辟了校园足球发展历程专栏。校史陈列室里的一面面锦旗、一块块奖牌、一只只奖杯无不记录着经纬中学校园足球发展的点点滴滴。

三、构建可持续发展的校园足球运行机制

蔡元培先生曾经说过："完善人格，首为体育。"体育不但能强健体魄，而且是爱国主义教育的极好载体，是集体主义教育的极好舞台，是弘扬拼搏精神的极好形式。党的十八大以后，习近平总书记多次就校园足球的开展发表重要讲话，并将足球梦作为实现中国梦的组成部分。面对新形势下的新要求，学校在充分挖掘已有足球文化的基础上，积极拓宽校园足球开展的途径，努力构建着眼未来可持续发展的校园足球运行机制。一是学校开展足球运动得到晋中市教育局的大力支持，经多方努力将女足冬训和比赛费用列入专项经费，保证了女足正常的训练和外出比赛。2012年至今，每年寒假校女足全体队员集中赴广西北海足球训练基地冬训。在北海冬训期间，代表队通过邀请高水平教练的指导，和国内其他女足队进行比赛，既极大地提高了运动员水平，又积累了比赛经验。二是建设老、中、青结合的体育教师队伍，保障日常足球教学和运动队的训练水平。通过自主培养、购买社会服务等多种形式，目前学校有十名体育教师把主要精力放在学校足球运动的教育普及上。学校先后派出六名体育教师赴重庆、北京、太原等地参加校园足球培训，派出一名体育教师赴法国进行了为期三个月的足球培训。三是发挥校园足球的示范和辐射作用。晋中市教育局把经纬中学作为全市体育教师足球专业培训基地，近年来，学校已对全市300名体育教师分期、分批进行了

足球培训。学校主动与经纬厂工会对接，聘请厂里高水平足球爱好者到学校举办讲座，参与学生训练和比赛。目前，学校已基本形成了生机蓬勃、保障有力、可持续发展的校园足球发展格局。

浓厚的校园足球文化展现在球场，引申到课堂，活跃在校园的角角落落，渗透在学校生活的方方面面。从经纬中学走出的学生，对学校记忆最深的是柔软的草坪球场，留在心中的是团结拼搏、永远向前的足球精神。那植根于经纬中学师生心中的足球梦将在学校未来的发展道路上不断得以传承，并在传承中升华。

构建立体化教育模式，打造活动育人特色
——汾阳市第四高级中学德育工作的实践和探索

汾阳中学校　武　松

一、立足现实定思路

汾阳市第四高级中学（简称"汾阳四中"）是一所建校只有九年的新学校。我曾于2012年至2020年在汾阳四中工作，其间作为该校第二任校长，带领全校教师开展德育实践工作。而今，每每忆及那段岁月，仍令我热泪盈眶。当时，学校90％的学生来自农村，学业成绩不佳，行为习惯不佳。但我们确信，这些学生之所以走进校园，就一定有着追求进步、追求成长的愿望。正因为如此，我们尊重每一个有差异的鲜活的生命，尊重学生全面发展的需要。但是怎样才能提升学生的自信心，满足学生成长的需要呢？我们认为单纯的说教意义不大，只有在活动中让学生参与、体验、感悟、思考，发现、再教育、改变、反复、定型，才能让学生认识到自我的不足，迸发前进的动力，做到知行合一、快乐成长。教育的可持续发展就是使学生在原有的基础上获得最全面的发展，这样的学校教育才是有意义的。因此，我们确立学校德育工作的思路是"搭台子让学生展示个性，建社团让学生凝聚成团队，搞活动让学生收获成长"，努力实现"立德树人，和谐发展"的育人目标。

二、扎实工作促发展

我们的教育对象是一个个鲜活的、五彩斑斓的生命体，个体差异、家庭差异、需求差异等客观现实的存在告诫我们：教育工作不能单打独斗，不能简单行事，必须构建德育工作"立交桥"，即构建立体教育体系。所谓立体教育体系就是对学生进行多渠道、多层面、多方位的立体交叉教育，这是薄弱校提升办学水平的一大举措，更是全面实施素质教育、办人民满意教育的必然要求。

（一）以严格管理为抓手养成良好习惯

（1）建立一支由校级领导、中层领导、班主任、保安、宿舍管理员以及学生会成员组成的强大的监督管理值班团队，对学生的日常行为进行全方位的管理、考核，责任到人。

（2）年级、班主任依据《汾阳四中学生日常行为规范100条》对学生的日常行为进行考核，利用金鹰管理软件进行登记量化成分数，并做出相应的奖励与惩罚处理。

（3）宿舍管理处依据《汾阳四中宿舍管理条例》对学生宿舍进行管理，并及时登记与反馈，做到无缝对接。

根据《汾阳四中星级宿舍评定办法》，每半个月评定一次星级宿舍，每学期对优秀宿舍进行一次大规模的表彰。

（二）组建家庭、学校、社会三结合的教育体系

（1）办好家长学校，成立家委会，邀请家长走进学校、班级，设立"修身讲堂"，组织家长

讲座。

（2）建立家校互动平台，开通校讯通、班级微信公众号、书信往来及电话交流热线。建立了"阳光心语"心理咨询室，配备了专职心理教师，每天开展心理健康教育活动，利用《阳光心语报》、宣传栏、板报等宣传心理健康知识，拓展个别辅导和团体辅导相结合的心理辅导模式。

（3）班主任要定期或不定期地做好家访工作，要有家访记录。

（4）定期召开家长会，一般每学期两次。

（5）组织师生"走出去"参加社会实践活动以及教育观摩活动；将专家"请进来"做专题报告、辅导培训，如政法系统专家的法制报告、教育专家的励志报告、卫生部门专家的健康与食品卫生报告、交警与消防官兵的安全讲座。组织学生每学期根据社会实践活动要求，深入社会，了解社会，践行核心价值观。

（三）形成班会、级会、校会三个层次的教育格局

（1）班会，即主题班会，这是学生教育最主要的环节与主阵地，每周一次，要有主题、有组织、有时效。我们每年12月组织班会大赛，以提高班主任的班会组织能力。

（2）级会，即年级会议，每半个月组织一次，内容有学习习惯和行为习惯两个部分，由两位年级主任交替组织。

（3）校会，如周一升旗的简短校会、政教的专题会议、重大节日主题会议、开学典礼、成人礼、百日誓师礼、祭孔典礼、毕业典礼。

（四）建设教师、班主任、领导三个层面的育人团队

（1）教师教书育人。各任课教师根据学科特点，紧挖教材内涵，有机地对学生进行渗透教育；同时，建立"人人承包责任制"，在完成本学科教学的前提下，每人认领两名学困生，对他们进行学法指导和人格引领。

（2）班主任智慧育人。学校主要通过班主任本人的示范引领、班级温馨氛围的创设、金鹰管理软件的规范使用、主题班会的引领等来倡导正能量、打造好氛围。

（3）学校领导管理育人。领导是学校的一面旗，教学楼里展示领导的照片及原创话语，让他们成为全校关注的对象，通过他们的行为示范、专业引领来引导师生健康发展、快乐生活。

（五）打造校园、教室、宿舍三方面的育人氛围

（1）建设绿色、文明、和谐的校园文化环境。在原有校园文化的基础上，重点打造教学楼的走廊文化，做到一个年级一个白板，一个班级一个白板，每班都要有班旗、班训、班规，每班都有自己的班级文化建设规划，每位任课教师都有一条对学生的温馨寄语，每个学生都有一条励志座右铭。

（2）布置文化浓厚的教室环境。教室门上有温馨提示、格言警句，教室内有任务栏、名言警句条幅、班训、学习誓词、公示栏（曝光台）、光荣榜、图书角（人手一册名著）、每人每日的学习计划及人生规划。

（3）营造规范温馨的宿舍文化。宿舍内要有规范的各类标志，如宿舍牌号、集体照、值日生表、床前座右铭、宿舍管理制度，学生要保持宿舍干净、整洁，做到室雅人和。

（六）开展读书、讲座、办好事三项育人活动

（1）读书活动。读书可开启人类的智慧，净化心灵，凝练思想，提升素养。学校除了鼓励学生在活动时间进阅览室、图书馆外，还在每个班内建立图书角，为每个学生提供一本书刊，

并要求学生做好摘录笔记,坚持写读书心得体会。

(2)讲座活动。我们定期开办"修身讲堂",由学校教师或邀请的烈士家属、专家学者、优秀大学生代表等为学生做理想信念、历史使命、教育发展、职业规划、成长成才等方面的演讲、讲座、报告,帮助学生树立崇高理想、坚定信念、开阔视野、升华思想、提高觉悟。

(3)做好事活动。通过做好事活动使学生获得感悟与体验。如组织学生开展"济贫困,献爱心""做家务,敬父母""送贺卡,敬师长""擦橱窗,扫校园,除杂草,净环境"活动;参加社区服务、公共场所的公益劳动;参加扫墓祭祖活动,参观革命传统教育基地,开展"学英雄,见行动"活动。

(七)打造读书交流、课题研究、网络研修三位一体的教师提高机制

(1)由政教处牵头开展读一本书活动,读后教师进行交流探讨。例如,2019 年的《把信送给加西亚》、2020 年的《学生管理的心理学智慧》以及最近推荐的《卓越的管理者》,让所有教师在读书中得到提高。

(2)我们组织优秀的教师开展德育理论学习和实践问题研究,"运用'三育九养'理念改进中学管理和教学的实践研究"和"中学社团多样化发展研究"两项山西省"十二五"教育科研课题已正式立项,通过课题研究引领德育建设,实现教、学、研一体化。

(3)想方设法让教师尽快成长起来。学生的成长需要教师的引领、指导、帮助,要让学生成长,首先必须让教师成长起来。我们把教师的教育和培训抓在手上,通过培训、学习、听课、评课、竞赛、考核、评优等一系列活动和办法,提升教师的教育能力。让每个学科都有自己的学科活动特色,比如,赵晓茹老师成立的"联动共读"微信群现在已经有近 200 人,全校80%的教师加入了这个群。另外,学校为了方便教师阅读学习,在四楼专门成立了读书书苑,陈列了学科教学、班级管理等方面的很多书籍,以方便教师在空闲时间可以品读、交流和学习。四中教师正在逐步形成一个学习型的团体。

这就是汾阳四中的德育立体化教育体系。在形成这个体系的过程中,我们已经逐步形成了自己的特色。

在学生教育方面,我们逐步形成了四大系列活动:①以"军事训练,文湖远足"为主的爱国与传统文化教育;②以"社团活动,辩论演讲"为主的团结协作集体主义教育;③以"修身讲堂,体育比赛"为主的个体全面发展教育;④以"艺术展演,学科竞赛"为主的特长展示、能力提升教育。

具体来讲,每年开学前开展为期一周的军训活动,军训展演后全校师生徒步 5000 米去文湖,在文湖开展祭奠孔子、朗读《论语》、集体宣誓活动,以此增强学生对我国传统文化的感情,激发爱国主义情怀。

学校有 26 个社团,每天下午第三节课后的两个多小时为社团活动时间,每个社团每周最少活动一次,每位学生最少加入一个社团。各个社团蓬勃发展,已经成为学校一道亮丽的风景。例如,2020 年航模社团参加了全国的航模大赛,微电影社团拍摄的《蜕变》获得全国奖项,女子篮球队参加全省比赛名列第五,女足参加全省比赛名列第二。我们每年还举行"乐学乐思杯"辩论赛和"健力宝杯"演讲赛,希望通过系列活动,让学生有事做,使能力得到锻炼。

三、化解难题求办法

学校的实践成果让教师们欣欣鼓舞,但是,实践中的困惑也让我们一筹莫展:学生社团的出路在哪里？如何赢得家长、社会更多的理解、支持？如何帮助学生社团更加健康地成长？

德育工作是教育的首要工作，是做人的工作，于师生来讲是关乎终身幸福的问题。"汝果欲学诗，功夫在诗外。"我始终觉得，德育不是集会上的高谈阔论，不是课堂上教师近乎祈求的忠告，德育是润物无声的。生活中处处有德育，德育是需要教师用心去做的事情。德育工作始终在进行中。如今，我已离开汾阳四中，但对它的牵挂和依恋如故。愿汾阳四中在新校长的带领下发展得越来越好！

小议学校教育之"抑扬顿挫"

忻州师范学院附属中学　谢晓丽

植桃培李，教书育人，学校教育是每个学生人生经历中至关重要的组成部分，学生的成长与发展都与学校教育息息相关。

"抑扬顿挫"原意是指声音的高低起伏和停顿转折。抑，降低；扬，升高；顿，停顿；挫，转折。"抑扬顿挫"也指政法、教育等有轻重缓急。可见，这个词跟教育是有关联的。

一、学校教育之"抑"

在学校教育中，很多校纪校规和制度都是以监督、规范甚至约束学生行为为主，例如，学生一日行为规范就是以文字规定来规范学生一日的在校行为，正切合"抑"之"降低""控制"之意。

（一）"抑"是监督

青少年处于人生初始期，思维活跃，精力充沛，身体快速发育，行为习惯无定，又适逢青春期，孩子们容易头脑发热、冲动莽撞，行事极易造成不测后果，所以，学校教育的一个方面就是对孩子们的行为适时监督管理。监督的过程就好比对小树修枝裁叶，帮助其顺利成长。在学校教育中，我们经常碰到一些个性较强的孩子难以接受或不接受监督，但青少年成长不能随心所欲，在学校人人都须接受监督。

（二）"抑"是规范

无规矩不成方圆，现在每个学校都有自己的学生管理条例等规章制度，以此来规范学生的行为，给他们一个"范式"，使其"循规蹈矩"来达到学校教育的目的。例如，我们学校深化学习祖国优秀传统文化中的《论语》的部分内容，就是典型的以规范来"抑制"学生的行为，使其"随心所欲"而"不逾矩"。所以，学校教育之"抑"也是一种对行为的规范。

（三）"抑"是约束

学校教育之"抑"除了监督、规范学生的行为举止外还有约束之意。青少年的天性中有好奇勇敢的成分，尤其是处在叛逆期的孩子，往往有我行我素的行为。我们在管理教育过程中，经常会碰到一些无视纪律、自由散漫的学生，学校必须对其严以约束，尊重个性但不容放纵。

综上所述，"抑"之修复功能不可缺失。现在关于教育改革的很多文章对教育之"抑"往往持忽视甚至批判的态度，我个人认为这恰为学校教育之所需。记得钱文忠教授曾在《教育不是快乐的，不要对孩子让步》一文中指出："今天我们没有认真思考到底什么是教育。我们在不断让步，为自己找理由，为孩子开脱，凭什么教育是快乐的？教育需要惩戒！"

二、学校教育之"扬"

前文所说学校教育之"抑"为修复的话，那么，"扬"则为疏通。"扬"主要是调动受教育者个人的内在力量，引导其思想，激发其潜力，以提高学校的教育效果。

(一)"扬"是引导

学校教育中，帮助学生树立积极的人生态度是第一位的。我们通过语言说教、主题讲座、班团活动等德育载体，引导学生辨别是非、分清善恶，逐步形成正确的人生观、世界观和价值观，为思维、分析、判断等能力的发展奠定思想基础。

(二)"扬"是激发

学校教育教学中，教师的一个重要任务就是挖掘学生的潜力、调动学生的潜能，使其尽可能在个人品格和学业上充分发挥自己的天性和特长，使其不断有更高层次的追求、有更多的成功机会和更强的获得感。若教师在教育教学中都能做到这一点，我们就会解决现在学校教育教学中的许多问题，学校教育教学效果也会突飞猛进，正所谓"不愤不启，不悱不发"。这种激发就是学校教育教学和学生个体之间的并行上扬。

(三)"扬"是鼓励

在学校，学生作为受教育者，被动接受的东西要多一点。教师如果能积极调动每个学生的主观能动性，会收到事半功倍的效果。这个"调动"应是对学生的鼓励，在前面所说的激发的基础上，发现每个学生在各个方面、各个阶段的闪光点和兴奋点，积极鼓励其成为他人的榜样，这样会给予学生更多的信心，让学生逐渐形成自我认同，逐渐形成师生发展合力，让学校教育效果更加鲜明突出。

三、学校教育之"顿"

学校教育之"抑""扬"互补牵制，二者之间必有过渡。"顿"意为停顿。在学校教育中，"顿"就是师生的反思、内化行为。

(一)"顿"是反思

在各种规章制度的规范、约束和教师的说教、鼓励下，学生会有各种情绪和心理夹杂其中，教师应进行反思、调整和平衡，以便使教育手段更加有效、合理。这个过渡期也是受教育者接受管理、引导、鼓励、激发等教育之后的反思，学生要反思自己的思想认识和行为举止，调整自己的心态、情绪，促使各种教育手段方法有效体现在身心成长和学业发展上。举个简单的例子：两个学生发生肢体冲突，在情绪非常激动没有冷静下来的时候，教师对他们进行了一顿训斥。这时候学生是不会接受的，因为他们还没有回归到冷静的思维状态下，更不会反思自己的错误。正所谓，欲速则不达。所以教育的"顿"是让教师面对问题采取缓一缓的态度，而这个缓也许能让师生在思维的碰撞后有一个情感摩擦与心理契合的过程。在这种情景下，再进行教育教学就能达到效果了。

(二)"顿"是内化

画家作画讲究"密不透风、疏可走马"，教育也是如此。此处之"顿"正是教育的"留白"之处。"留白"也就是学生接受教育之后内化于行的巩固过程。一味地说教会有令人心烦之时，一味地激发鼓励也容易使学生飘然忘我，所以教师应当考虑学生的感受，适可而止，给学生自我提升的空间和机会，让学生把学到的思想和道理内化为自己的言谈举止，把学到的知识内化为自我提升的能力，这样的润物无声也是有效的。例如，课堂教学中更显"顿"的重要性。老师们经常困惑："老师提出问题让学生学，还是让学生自己思考提出问题？"后者明显比较难，可能一节课只解决几个问题，完不成教学任务，于是很多老师放弃了，转而更加意识到"满堂灌"的高效率。殊不知，改革并非一蹴而就，我们要给课堂一点时间，给学生一点空间。这就是教学之"顿"，"顿"即内化，而这种内化就是将教转化为学，调动学生的主动性，让学生自己学起来。

四、学校教育之"挫"

"抑扬顿挫"之"挫"意为转折，折射在学校教育中就是我们教育目的的转变、发展和超越。

(一)"挫"是转变

学校教育中无论采取什么手段都是为了学生的进步和发展。"挫"即转变。学生经过反思、内化，言谈举止有所转变，就说明我们的教育方法是有效的、可取的。而效果不佳时，"挫"也是教育者本身转换思路、转变方法、因材施教的过程。在这一点上，我更希望我们的教师能真正地转思路、变观念，愈"挫"愈勇！

(二)"挫"是发展

教育者和受教育者双方调整转变之后，教育的效果会明显提升，学校事业也会走上良性发展轨道。同时，教师也可借此总结经验，以优化发展未来的教育手段和方法。对学生来说，在接受教育和反思内化之后，其身心品格、能力素质也会提升发展。

(三)"挫"是超越

在经历前面的教育和自我反思、内化之后，教师的教育方式会不断改进，学生的知识和能力会不断发展，学校教育如虎添翼、效果更佳。这个发展的过程也就是一个超越的过程。

学校教育中的"抑扬顿挫"相辅相成，是一个循环往复、循序渐进的过程，照此去做，学校教育也会"起伏有序、和谐悦耳"；同理，家庭教育也是如此。"抑扬顿挫"助推教育成功。

办健康教育，促师生发展

大同市铁路第一中学校　　苟　明

大同市铁路第一中学校（简称"大同铁一中"）具有60多年的办学历史，为全市基础教育事业做出过卓越的贡献，创造过铁路基础教育的辉煌，也经历了变革的阵痛和陷入低谷时的沉思。然而，大同铁一中对教育的不懈追求从未动摇，长期秉承的求真务实、追求卓越的优良作风从未改变。顺境中的成功经验和逆境时的自觉反思都成为学校发展历程中的宝贵财富。我在大同铁一中度过了初中、高中时代，大学毕业后回到母校工作，从一名普通教师成长为校长，对学校的深厚感情是从心底滋长的。看到一批批学子在这里健康成长，看到很多大同铁一中的毕业生学成后回到母校从教，看到学校在我们的辛勤呵护下不断发展壮大，我倍感欣慰，同时也感到肩上责任的沉重，我要对学生负责，对教师负责，对学校的发展历史负责。

2017年，作为山西省名校长培养对象，我参加了多次培训和跟岗实践，学习了省内外名校的办学经验，自身的办学理念、综合素质得到提升。我们思考、总结大同铁一中发展的历史经验，分析学校的现状和面临的问题，对学校未来发展进行规划，全校上下形成共识：办健康教育，促师生发展。

一、办健康教育

健康的教育既是要求又是目标。学校各项工作都要遵循这一要求展开。健康体现在学校的方方面面，既体现在坚持社会主义办学方向，坚持党的教育方针，坚持素质教育，培养德、智、体、美、劳全面发展的社会主义建设者、接班人上，又体现在以规范的管理、良好的风气、德智同长的效果赢得社会和家长学生的认同上。健康包括师生的身心健康、教学行为的健康、人际交往的健康、行为方式的健康、管理方式的健康。

(一)健康的本质是规范

1. 制度规范

根据国家法律法规和各级教育行政主管部门的要求，根据学校的特点和实际，经过长期积淀，学校制定了涉及学校各工作岗位的工作职责和安全职责，制定了各类管理制度、办法、方案、规定120多项，有力地保证了学校各项工作的规范进行，从制度上促进了学校工作的健康运行。

2. 管理规范

学校大力推行管理改革。①分线放权：学校管理有行政、德育安全、教育教学、后勤四条主线，相关部门职责明确、互相配合。教育教学实行年级组负责制，根据本年级特点实施相应的教育教学活动。在年级主任主管下成立年级管理团队，吸收责任心强、业务水平高、管理能力强、工作业绩突出的教师加入，给他们提供成长的平台，调动其工作积极性，激发年级组活力。同时，制定切合实际的评价、竞争机制，用具体的工作业绩、教学成绩和目标达成度进行评价。②分层管理:按决策层、管理层、执行层三个层级定岗、定责、定人,一岗双责,各司其职,各负其责,失职追责。

3. 课程规范

开齐开全国家课程,重视体育、美育、劳动教育,围绕国家课程开发校本课程。

(二)健康的动力是创新

学校在发展过程中会遇到困难和瓶颈,必须在传承的基础上进行改革和创新。

1. 制度创新

一年来,学校先后讨论、表决通过了《大同铁一中教师专业技术职务评审推荐考核试行办法》《大同铁一中奖励性绩效工资考核细则》《大同铁一中岗位竞聘实施方案》。几项涉及教职工评价的方案实施后,教职工反响良好,认为其公平、公正、公开,体现了突出业绩的导向,既保证了教育教学质量,又促进了教师的态度转变和能力提升,提高了广大教职员工的工作积极性。

2. 育人模式创新

推行导师制,解决了课堂以外学生发展的实际问题。学校经过充分调研,专门为导师制的实施规定专门的时间、开辟专门的场所。鼓励各年级根据各自的特点开展各具特色的导师制内容,抓优、促中、补差,学业辅导、学法指导、心理咨询、兴趣发展等得以落实。

二、促师生发展

学校发展的根本是促进师生全面发展,要赋予师生以身心发展、求知能力发展、专业发展、学习力发展以及学校整体发展的不竭动力源泉,使其走上健康发展的轨道。

(一)促教师发展

优秀的教师队伍是学校发展的关键,要促进师德水平和教师专业化水平的提高。学校制定和实施了教师职业道德考核评价制度,实行师德一票否决制。考核结果作为教师聘用、职称评定晋级、表彰晋升的重要依据。同时,注意发现和树立师德先进典型,使教师整体师德水平不断提升。学校注重青年教师的专业化成长,注重教师教育观念的转变,注重教师教育情怀的培育。

根据发展需要,学校成立教师发展中心,为教师专业发展服务:指导 40 岁以下中青年教师做好专业发展规划,定期进行规划对标工作,与教师一起研究解决发展规划实施中的相关问题;加强青年教师培养工作;组织中青年教师开展"读书沙龙"活动,营造读书学习的文化氛围。2018 年我校有 10 名教师被评为"大同市师德标兵"。

开展教师教学能力提升研训工作,不断优化课堂教学,研究新的中、高考带来的教育教学系列改革。开展教师教学研讨交流工作,为教师提供展示、学习、交流的平台,促进教师教学水平的进步和提高。围绕教育教学中发现的实际问题开展专题研究,不断探索提高教育教学质量的有效措施。

目前,学校已建成一支"执着于事业,诚挚于人生",吃苦奉献,钻研业务的教师队伍,他们年富力强、结构合理、团结一心,传承着多年来形成的"勤、严、细、实"优良作风,整体水平明显提升。

(二)促学生发展

教育教学质量是学校发展的根本,其最终必然体现在学生健康成长和终身发展两方面。

1. 立德树人，德育先行

学校高中生源来自市属城区范围内各初中，按中考成绩由市招办统一划线录取，录取分数属全市第三档次。学生入学成绩偏低，缺少尖子生，有相当比例的学生缺乏人生目标，行为习惯、学习习惯差。学校需要挖掘学生的成长、学习潜能，促使学生真正动起来，点燃其激情，为学校教学质量的快速提升奠定基础。经反复研讨，我们认为，只要坚守促进学生全面发展的教育理念，充分发挥传统悠久、文化深厚、作风优良的优势，不急功近利，从根本上改变学生，就一定能够扭转局面，逐步走上质量提升的快速通道，因此，我们要从德育入手，向德育要质量。

学校以年级为单位，由年级管理团队组织班主任、任课教师认真研究本年级学生的特点，制定并实施适合本年级学生实际的德育系列教育活动，采取适合本年级实际的形式开展德育工作。选取学生成长阶段的关键时间节点进行形式多样的有针对性的德育活动，如行为习惯教育、励志教育、感恩教育、理想信念教育、学法指导、学法交流、生涯规划、心理健康教育、法制教育、优秀毕业生讲座，激发其学习动力，挖掘其学习潜能，形成上进动力。

为此，学校成立学生发展中心，指导、配合年级管理团队和班级管理工作，对学生进行专业培训、综合考核，制订年级学期德育工作计划，帮助学生树立正确的世界观、人生观、价值观，帮助抓好班风与学风建设，为学生全面发展奠定基础。

2. 质量至上，不断提升

理念的坚守，信念的坚持，对学生、教师、学校未来发展的责任促使全体教师齐心协力、努力工作，学校教育教学质量稳步提高，学生全面发展。2018年，高考二本以上达线率取得了"三类生源、二流质量"的重大突破，赢得了社会、学生、家长的极大信任，学校声誉不断提升。

明确了办学方向，就明确了发展的目标。然而，追求的过程是艰难的，实现的道路是曲折的，需要我们每一位有教育情怀的教育工作者坚持不懈，以强烈的社会责任感和勇于担当的精神去不断努力。

新课堂的时代变革与实践探索

长治市教学研究室　张一笑

新课程呼唤着新课堂。深化课堂教学改革、切实提高课堂教学质量是新时代基础教育改革的关键，是落实新课程理念、促进学生全面发展、提高人才培养水平的需要，对转变育人方式、创新教育教学方法、提升教育教学质量、发展素质教育具有十分重要的意义。

贯彻全国教育大会精神，落实《中国教育现代化 2035》战略部署，围绕《关于深化教育教学改革全面提高义务教育质量的意见》《关于新时代推进普通高中育人方式改革的指导意见》《关于全面加强新时代大中小学劳动教育的意见》等文件精神，进一步推动中小学课堂教学改革向纵深发展，促进育人方式转变，全面提升教育教学质量，需要进一步转变教育教学观念，转变教师教的方式，转变学生学的方式，转变课堂育的方式，在教育教学方面做出适应新时代需求的变革与探索。

梳理历史经验，综合当今课堂教学改革现状，在研究与实践的基础上我们做了新时代推进课堂教学改革的四点尝试与探索。

一、强化教学育人观，确立教学新理念

教学，就是要教会学生学习，提升学生的学习力和创新力。教学，还应强化育人价值，坚持立德树人，五育并举，关注学生，关注学习，关注学法，关注个体差异，多元评价，促进每一个学生健康而有个性的发展；坚持弘扬"发展为本"的理念，以学为本，因学论教，坚持素养导向，以知识为载体，实现学生兴趣、方法、思维、能力、价值观等的全面发展，促进学生德、智、体、美、劳全面发展。

二、转变教的方式，完成教师角色转换

课堂上要处理好教与学之间的关系，特别是要发挥教师的主导作用、指导作用，使教师成为学生学习的组织者、引导者、促进者、帮助者，因材施教，坚持启发式教学；不断优化教学设计，聚焦目标、问题、路径三个要素，突出目标导航、问题导学、路径导引。

（一）目标导航

每一节课都应该有明确的教学目标，依托课标、学情和教学内容等方面确立本节课的教学目标。一是落实素养目标，落实新课标提出的必备知识、关键能力、核心价值等培养目标，统筹各个学段、各个学科、各个教学环节，将教育教学的行为统一到育人目标上来，培养习惯，激发潜能，启迪智慧。二是关注三级目标，结合情境的复杂化程度、内容的结构化程度、思维方式的综合化程度，将素养目标分解为基础性目标、拓展性目标和挑战性目标三个层次，分别达到相应要求。

（二）问题导学

问题导学既是一种教学理念，又是一种教学模式，是山西课改的典型经验总结。教学中

把教学内容的知识点变成易操作的教学材料，即转变为具体的问题（或挑战性任务），形成问题串、问题组、问题链甚至问题矩阵，用解决问题的方式推进课堂教学，完成教学任务。将书本知识改造为等待学生去解决的问题，至少需要满足三个条件：一是精妙和巧妙，二是鲜活和灵活，三是综合和整合。在操作上可以采用两种方式：一是课题研究式学习，二是项目创作式学习。实施问题导学要满足四个基本要求：一是学校有基本的教学模式（变式），二是建立一个或若干个学习组织，三是提供学生学习指导方案（尤其是前置性学习指导材料），四是为学生提供自主学习的时间、空间并创设充分参与展示的机会。

（三）路径导引

教师要尽可能为学生的学习设计（提供）学习路径，指引学生学习，特别是要依托目标导航中的三级目标，制定课前、课中、课后每个阶段引导的内容、方法和策略。课前，教师要指导学生做好"先学"，建立"脚手架"，明确自主学习需要解决的问题或完成的任务，提供丰富的自主学习资源，保障自主学习时间，开放自主学习空间，确立自主学习效果的反馈评价机制。例如，前置性作业不等同于课前预习，它在传统的预习作业的基础上拓展了内容，更具科学性和趣味性。课中，教师要组织学生展示自主学习的优秀成果，互动解决自主学习中发现的问题，讲清重点、难点、知识体系，引导学生主动思考、积极提问、合作探究、总结规律，通过教师的点拨进一步提升学生的学习力和学科素养。课后，要注重通过实践性作业、针对性作业、弹性作业和跨学科作业等形式，对学生的学习效果进行形成性测试评价与个性化反馈。

三、转变学的方式，实现以学为本

新课堂的教学过程正在被学习过程替代。落实学科核心素养的教学改革重在关注学，要把教学目标转化为师生共同的学习目标，把有利于学习的教学内容交给学生，给学生提供学习工具，搭建"脚手架"，促进学生自学自育。新课程强调要充分关注学生的学，学的方式由被动转为主动，走向深度学习，因此在课堂上要积极落实六种基本的学习方式。

（一）自主

在教师指导下，学生在学习活动前能够自己制订学习计划、确定学习目标、做好学习准备；在学习活动中能够对学习进展和学习方法自我监控、自我反馈和自我调节；在学习活动后能够对学习结果进行自我检查、自我总结、自我评价和自我补救。学校要开放所有资源，尤其是线上教学资源，开放学习时空，实现课本让学生自己读、问题让学生自己提、答案让学生自己得、方法让学生自己找。

（二）合作

课堂正从传递中心走向对话中心，课堂改革重在小组合作，同伴合作是很重要的学习方式。学生为完成共同的学习任务，依托小组或学习共同体，明确责任分工，创建民主、平等、互动的课堂环境，开展讨论、交流和多向互动。

（三）探究

创设情境，促使学生自己探索问题，真正经历知识的重建或创造过程。鼓励学生提出问题、分析问题、解决问题，鼓励学生研究课题，实现从无疑到有疑再到无疑的循环学习过程。

（四）体验

让学生亲自参与或置身于某种情景、场合，通过身临其境来认识事物的发现规律，通过动手操作、模拟真实、直观感受等方式学习新的知识。

(五)展示

学生在课堂上展现自己的学习思考过程，表达自己的观点方法，分享自己的学习成果。课堂上教师要尽可能拓展展示的形式和空间，鼓励学生倾听、互动、质疑、交流，提升学生的展示能力。

(六)反思

反思就是学生在学习过程中主动对自身的思维方式、学习方式以及解决问题的过程进行监控与思考。学校倡导学生学思结合，知行合一，促使学生对问题再思考、内容再丰富、知识再加工、过程再论证，发展学生的高阶思维，提升学习力。没有反思的学习是浅表的学习。

四、转变育的方式，课堂体现九个新要素

把握"为党育人，为国育才"的初心使命，落实学科的育人价值，强化核心素养培养，大力推进教学改革，是新课程实施的核心内容。课程标准、学生学习、特定主题、内容整合、情境、技术、实践、选择、评价等方面成为关注的重点。

(一)基于标准的教学改革

学校课堂突出课程标准的统领作用和课标—教材—教学—考试—评价的内在一致性，力求贯彻课标新理念，体现课标新意图，围绕学科核心素养的落实，精选、重组教学内容，设计教学活动。我们进一步关注了学生的学习过程，以学科大概念、大单元为统领，突出学科思想与方法，创设与生活关联的、任务导向的真实情境，积极探索基于情境、问题导向的互动式、启发式、探究式、体验式课堂教学，注重加强课题研究、项目设计、研究性学习等跨学科综合性教学，认真开展验证性和探究性实验教学。

(二)基于学习的教学改革

对于学生而言，学习的确是需要学习的，不仅要学，还要习。课堂就是练习学习习惯的地方，如何提问、如何对话、如何质疑、如何倾听都需要具体方式和流程来支持。课堂要树立以学生为中心、聚焦学生学习的理念，先学后教，以学定教，因学论教，促使学生学会、会学。学情是教学的基础，要关注学生的需求、基础及差异等，借助多种工具，对学生的学情做基本的分析。应落实学习指向的三个维度：一是引导学生寻求学习本身的价值，发现学习的意义；二是重视学习方法、学习策略、学习工具的学习与使用；三是实现真实地学、有工具地学、深度地学。

(三)基于主题的教学改革

我们积极探索基于主题的教学设计。素养本位的课堂体现完整意义的课程单元，突出课程整体育人的价值。课程单元要根据学科内容的不同及其功能的不同，确定明确的主题，围绕单元主题进行整体设计。我们创新教材呈现方式，以学科核心素养为目标，以"大任务、大观念、大问题、大项目"组织学习任务的课时、知识、目标、技能、问题、情境、活动、资源、评价等，使之结构化，成为一个完整的学习故事或事件；做好单元设计，倡导任务驱动下以情境—问题—活动为主线的单元教学。

(四)基于整合的教学改革

课程整合的教学需要我们将学习主体、学习内容、学习时间、学习空间、学习资源和真实

情境等进行恰切性整合,发挥学科内知识间、学科与学科间、校内与校外、学科与活动间的综合育人功能,改变碎片化、割裂式的教学倾向,改变以知识点为体系的教学设计范式,推进综合学习,将课程目标要素的整合、活动与练习的整合、教学模式和方法的整合、评价标准和工具的整合、不同课程形式的整合灵活运用于课堂教学。倡导开展跨学科主题教育教学活动。

(五)基于情境的教学改革

情境既可作为教学手段,又可作为教学或评价的真实任务的环境或背景。教师要努力为学生创设自主的学习环境和氛围,如自然情境、社会情境、情境教学、信息化背景。"真实"不单针对当下或者学生个体的生活,也包含人类社会未来面对的不确定的生活世界。情境提供了实践反思和社会互动的基础,我们要合理创设情境,设置新颖的呈现方式和设问方式,能够促使学生主动思考、发现新问题、找到新规律、得出新结论。

(六)基于技术的教学改革

信息技术的应用带来教育与学习方式的深层变革,线上、线下的智能系统促进了"互联网＋"的落实。我们加强对"专递课堂""名师课堂"和"名校网络课堂"的探索与应用,实现从教的信息化向学的信息化转变,为学生的自主学习提供资源;支持学生及时互动、交流,为学生提供个性化、个别化、智能化学习条件,为学生提供展示、交流的技术支持,引导学生利用网络获取知识,完成作业,交流思想,共享成果。

(七)基于实践的教学改革

要完善德、智、体、美、劳教育体系,统筹课堂学习和课外实践是重要途径之一。要重视和落实各学科课程标准中有关实践活动的要求,注重做中学、用中学、创中学,做到学与用相统一、学与育相统一、输出与输入相统一,确保各类实践性、研究性学习以及劳动教学任务的完成。教学中,我们以实践为主线,以任务为导向,以项目为载体,突出落实学科的实践功能;努力优化实践活动的实施方式,拓宽综合实践活动渠道,健全社会教育资源有效开发配置的政策体系,因地制宜打造学生社会实践大课堂,建设一批稳定的学生社会活动实践基地,促进学工、学农、学军、学科技、研学旅行等一系列活动的开展。

(八)基于选择的教学改革

我们坚持因材施教,坚持自育自学,增强学生在学习中的选择权、在管理中的规则制定权、在活动中的组织权、在决策中的主导权、在规划中的决定权。选课走班成为课堂教学的重要组成部分。

我们加强对学生发展的指导,逐步扩大小组学习的自主权。开放实验室、图书室、微机室、各种专用教室、各类器材室、运动场所等,让各种教学仪器、图书能随时随地被学生接触、观察、使用。让学生走进博物馆、科技馆、文化馆、纪念馆、展览馆等公共场所进行学习。对有能力的学生,逐步下放教辅、资料使用的选择权和个性化课表编排权,促进学生个性化发展。

(九)基于评价的教学改革

新课堂强调点燃(自信心、好奇心),唤醒(志向、兴趣),激发潜能。新时代将评价作为发展素质教育、转变育人方式的重要制度,突出立德树人导向和学科核心素养导向,突出核心价值,强化多元评价。我们要努力创建主体多元、方法多样、重视结果亦重视过程的课堂教学评价体系。注重问题、情境、展示、对话等环节设计与表达的有效评价;注重对学习过程的观察、记录与分析,倡导基于证据的评价;注重诊断性评价、激励性评价、差异化评价、表现性评价,倡导交互反馈与嵌入式评价;注重学生自我反思与自我评价。充分发挥学业质量评价的"指挥棒"作用,关注学生运用所学知识分析问题和解决问题的能力,促进教、学、育方式的转变。

我们坚定地树立育人为本理念,把握"培养什么人""怎样培养人""为谁培养人"的根本问题,辩证处理教学过程中师与生的关系、教与学的关系、教与育的关系,重建课堂教学价值观,重组课堂教学结构,再造课堂教学程序,重构课堂教学文化,丰富课堂的教育涵养,提升课堂的发展性,是当前课堂教学改革的根本方向。

直学体验式课堂教学模式下的学生学习方法探究

原平市永康中学　边国玺

让人民群众享受到公平优质的教育是所有教育工作者的神圣使命。教学质量是学校的生命线，教学的主阵地是课堂。教育部部长陈宝生提出，深化基础教育人才培养模式改革，掀起"课堂革命"，努力培养学生的创新精神和实践能力。山西省教育厅原副厅长张卓玉一再强调教知识的逻辑必须转向教学习的逻辑。深圳罗湖区教育局局长王水发认为，依靠教的教学必须转向依靠学的教学，提升质量的核心就是要教会学生学习，课堂教学就是要由"讲学"改为"导学"，由"导学"进化为"自学"（即自主学习），这是课堂革命的必然趋势。我校打造直学体验式课堂教学模式，积极探索学生"读、记、练、议、评"五字读书自学法，重学生体验，在体验中出真知。读书自学法，发展了学生的学习能力，学生通过读教材，通过自主探究，培养了读书的能力、记忆的能力、合作的能力、自主学习的能力、分享的能力。

我校的校训：明德启智，尚实达人。办学方向：为学生一生幸福奠基。办学目标：教师幸福，学生阳光，父母快乐。实现路径：用心建构幸福校园，全力打造高效课堂。我校的高效课堂建设开始于 2006 年，走过了三个阶段的发展历程。

第一个阶段是 2006 年 9 月至 2011 年 10 月，我们"走出去"学习，"请进来"把脉，大胆探究，初步形成了具有我校特色的课堂模式，即高效课堂"两条腿"走路——"教师集体备课形成教学案，学生小组合作完成教学案"，学生参与度明显提高，课堂教学由无效变得有效。

第二阶段开始于 2011 年 11 月至 2015 年 8 月，我们参加了山西省教育学会，用课题引领课改，形成了"问题导学"六环节课堂模式，课堂教学由有效变得高效。

第三阶段是 2015 年 9 月，学校在调查研究的基础上，深入探究教育教学规律，开始了直学体验式课堂教学模式的积极探究，强调课堂即学堂，教学就是教学生学习，学生是学习的主人；关注学生在课堂上的参与度，关注学生的体验，让学生直接面对教材"读、记、练、议、评"，在体验中学会读书、喜欢上读书。

直学体验式课堂教学模式顺应教育教学规律，符合人的成长规律，带来的是一流的教育教学成绩，带来的是师生共同健康成长，实现了立德树人的目标，赢得了社会和家长的一致好评。

一、课堂教学质量是学校的生命线，是人民对教育满意度的"晴雨表"

教学的主阵地是课堂，不为课改找形式，只为质量想办法。课堂革命的目的就是提升质量，提升质量的核心就是教会学生学习。学生是学习的主人，课堂教学的目标理应是学生学习的目标，即学懂、记牢、练熟、会考、会学、乐学。学生学得懂、记得牢、练得熟、考得好，进而学会学习，对学习产生浓厚的兴趣，体验到学习带来的快乐，为终身学习打下基础。课堂学习由"讲学"改为"导学"，由"导学"进化到"自学"，是课堂革命的必然趋势。直读教材自学法是遵循教学规律、顺应课改潮流的有益尝试，更是一种培养学生自主探究精神的高效学习方法。

教材的编排决定了探究的轨迹,读书学习的规律决定了学习的程序。但当下许多学生在课堂上只是知识的搬运工,将知识由黑板上搬到笔记本上,由教辅书上搬到作业本上。学知识的过程中学生既然没有入眼、入口、入脑、入心、入行,也就不可能将知识吸收转化为观察力、表达力、思维力、自信力、创造力。布鲁纳认为,"学生的学习不是被动形成刺激反应的联结,而是主动学习获得知识结构",即"学生的学习过程是知识获得、转化和评价的过程"。而我校开展的学生"读、记、练、议、评"五字学习法正是这样一个过程。

二、"读、记、练、议、评"五字学习法

(一)圈点批注出声读,阅读自学教材

学生的自主学习从阅读教材开始,自学教材是一个"读思批注"的研读过程。对教材要逐词逐句研读,消化理解;逐段逐段研读,理清要义,归纳段意;研读题例,掌握规律方法;反思全文,建立知识体系。教材内容大多浅显易懂,学生"眼到、口到、心到、手到"地认真阅读,对教材内容基本可以掌握,若有疑难可随时互助研究解决。学生学好教材不是什么难事,只要方法得当,自学教材一般十多分钟即可完成。

(二)熟读加深理解,牢固记忆教材

肤浅学懂不是目的,重要的是熟读牢记教材。"好书需得百回读","书读百遍,其义自现",熟读精思加深了理解,有助于全面掌握教材。理解的东西能记住更好,懂了没有记住等于没学,记得熟才可能用得活。各科教材都要求学生用自己喜欢的方式去记忆,教材知识牢牢存储在大脑中才是真正的掌握。

(三)练题得法,得法再练,强化实践

"天才是重复的结果",做题练习是重头戏。学生做题练习要把握两个关键:一是练题要得法。做题是过程,得到解题的思路办法是目的,根据题型找到规律性,"练一题即可通一类",事半功倍。得法后再练,多练出智慧,多练出能力,多练熟能生巧,练熟是硬道理。二是学为了用,要通过实践练习把掌握的知识转化为解决问题的能力。充分发现并利用好自身及身边的各种资源,去解决学习和生活中的各种问题。例如,同学和小组就是学生学习的资源,个人做题有疑惑难决断,可两人研究或小组讨论,有疑惑即请教,有矛盾即争论,互助解疑去惑。

(四)小组合作学习是贯穿课堂学习始终的常态学习方式

"三个臭皮匠,顶个诸葛亮。"课堂学习中,学生发现问题随时提出,遇到不会的题随时讨论研究,合作学习成为常态,起到了帮扶作用,起到了解疑去惑、克难攻坚的作用,起到了培优转差的作用,起到了活跃课堂的作用。

(五)展示、评价学习成果,针对性总结归纳,点评讲解解题的思路办法

学生自主学习,学习效果参差不齐,难以确保准确,展示学习成果是检测学生最好的方式。对简单问题提问并解决,由同学补充;对复杂问题进行板演讲题,由师生补充完善。展示过程就是探究过程,就一个问题展开辩论,思维在这里碰撞,知识在论辩中求真。教师针对性地讲评,"一语点醒梦中人"。学习在这里得到深化,答案在这里得到统一,一节课的学习在这里画上圆满的句号。

　　研读教材自学是有规律的。学生直读教材的自主学习经历了"读、记、练、议、评"的学习过程，自学有法可依，有章可循。

　　学生采用"读、记、练、议、评"自学循序探究，在学习实践中锻炼了自学能力、阅读理解能力、记忆能力、实践练习能力、合作探究能力及交流论辩能力。随着学生自学能力的提高，学习效率大大提高。从我校实验的情况看，学生在直学体验式新课堂上，通过自学改变了学习方式，提高了学习效率。

三、直学体验式课堂教学模式的意义

　　学生自学探究简化了授学环节，大大节省了时间，使学生练习的时间更充足，提高了学习时效，提高了学习质量；让学生在自学的过程中学会了学习，发展了学习能力，提高了素质；改变了学习方式，改变了教学方式，使学生学会读书，真正实现了自主学习。

引领教师专业进步，助力学校持续发展

——治学之道案例

长治市沁源县王和中学　侯学丁

一、案例背景

师资队伍建设永远是学校的第一抓手，是推进课堂教学改革的内驱力，是全面提升教育教学质量的关键所在，是一所学校发展的不竭动力。

我校教师队伍是由扎根学校多年的中老年教师和招聘的特岗教师组成的，两支队伍人数各占教师总数的一半。虽然中老年教师的第一学历为中师，但教学管理经验丰富，教学成绩名列前茅。招聘的特岗教师，大多为本科学历，但缺乏教学与管理经验。

进一步促进这两支队伍同舟共进、专业成长，使两支队伍优势互补，新老更替，为学校的可持续发展奠定坚实的人力基础，成了学校工作的重中之重，也是突破学校发展瓶颈的关键所在。为此，多年来我把促进教师专业进步作为治学之道的切入口并取得了初步成效。

二、案例描述

教师追求专业进步，是为了自身的幸福求发展，并在发展中获得幸福。促进教师专业进步，关键的第一步是使教师认同自己的职业，认同自己所教的学科。认同自己所教的学科就是一位教师喜欢自己所教的学科，愿意在这个学科领域发展。这种认同，一是因为其本身具备这个学科的学科知识，二是因为教师在教授这个学科时在技能运用方面有着浓厚的兴趣和独到的见解并将工作视为挑战不断前行。

面对两支队伍的实际情况，我校各有侧重进行改革。中老年教师的学科知识面较窄，这就需要将其作为短板进行强化。学校相继通过在职研修、离职进修、网络学习、学历提升等渠道拓宽其学科专业知识面。新招聘的特岗教师，在课标把握、教材理解、教法运用等方面经验不足，学校通过研课标、通教材、展教法系列培训，通过实施"青蓝工程""技能大比武""四名工程"、教学联盟校、名师工作室、校本研训等项目提升年轻教师的教学技能，缩短其专业成长周期。

教师的工作需要得到学生、同事、家长、领导、同行的认同。认同的程度越高，教师的发展动力越大，特别是学生的认同更重要。为此，学校开展了教代会评"学年度模范教师"、学生会评"学生心目中的好老师"、家委会评"立德树人优秀教师"、教研员评"学科带头人""骨干教师""教学能手""名教师""优秀班主任"活动，并进行隆重表彰。

教师专业进步的持续动力是教师的成就感。教师的成就感源于多方面，源于学生的成功，源于研究的课题，源于成为学科的领军人物，等等。学校积极给教师搭建平台，创造条件，把优秀的教师推向更大的平台，让其展示自己的才华和成就。学校开设了"教师讲堂""教研论坛""名师资源库"，让教师向更高的领地进军。

学校还依托我县与北京师范大学的基础教育合作项目加大对教师的培训力度,践行"学习＋实践＋反思"的教师成长模式;借力县教研室、主盟校太岳中学助推我校提高教师素质,提升办学品质;坚持读书,加强学习,不断提高教师的理论业务水平、文化修养;强化校本研训,坚持"四本"(读书笔记、教学反思、教学随笔、研修笔记)的记录检查;立足课堂打造优质课,培养优秀教师;围绕"聚焦主业,增效课堂"主题,打造一批名师、名优班主任、骨干教师。

课堂是教师专业进步的主阵地。2011年我县全面启动了课堂教学改革,我校也融入了课改的大潮中。学校组织全体教师认真学习了《新课程需要什么样的教学观念》《静悄悄的革命》《高效课堂导学案设计》等教育理论专著。经过理论学习,教师在思想上受到了一定的启发,但实际操作层面上还是无从下手。学校先后组织学科骨干教师、全体教师深入省内外课改名校取经学习,借鉴他们的成功做法和课改经验,并邀请太谷教研室主任张四保做了专题讲座,确立了适合我校课改的教学模式。

学校印制发放了《王和中学课堂教学模式简介》作为校本研训资料,并对全体教师进行了系列校本培训,从操作层面给广大教师提供了技术指导。课改领导组研究出台了《王和中学巡课制度》《观课、议课、教研活动规定》《生本高效课堂教学评价细则》等相关制度,保障课堂教学模式有效实施。

为了进一步促进学校课堂教学模式有效运行,创建优质课堂,提高教学质量,学校领导、巡课组坚持深入课堂观课、议课,落实"人人过关,骨干带头,同伴互助,联盟引领,课题研讨,创新教研"的工作策略,同时把推门听课作为推动课改的常态机制。

推行课改以来,我们一直坚持探索班级学习小组建设以及过程学习评价,对各班的"组织之星""合作之星"以及"展示之星"实行每周一次班级公布激励、每学期四次全校表彰奖励。小组建设走向外延,政教处开展了"我与小树共成长"管理养护活动,后勤部门开展了自主管理餐厅和宿舍活动。

教师的专业成长有赖于三个方面:同伴互助、专家引领、个人反思。因此,在师资力量相对贫乏的乡镇中学,我们特别重视教师外出参加各种培训,只要有机会绝不放过,而且逐步形成了"培训就是最大的福利"的激励机制。每位教师除了坚持在每节课之后写教学反思之外,每月至少上交给教研室一篇反思体会和一篇案例。

学校教研室、教务处组织学科教师逐步形成了具有学科特点、课型特点的学科模式,例如,"问题·探究·分享·提升"的数学学科模式,"1＋1＋1"即"主题积累＋主题阅读＋主题写作"的语文学科模式,"学生自查纠错—组内交流讲解—考点归类展示—反思提升训练"的试卷讲评课模式。

我校教师专业发展虽然初见成效,但特岗教师的不稳定给该项工作带来了不小的隐患,再加上地处农村,距离县城较远,对较为优质的校外资源利用率不高,这些情况对大幅度推进教师的专业进步造成了很大影响。今后,我校将争取各方面政策,在"留得住"上下功夫,利用"智慧教室互动平台",借力优质学校的优质资源,进一步促进教师的专业发展。

启阅读视界，至悦美境界

——山西省绛县城关初中"6＋1"悦美课程体系的构建与实施

绛县城关初级中学　李宝山

教育部原总督学柳斌说过，一个不重视阅读的学生，是一个没有发展的学生；一个不重视阅读的学校，是一个乏味的应试的学校；一个不重视阅读的民族，是一个没有希望的民族。

"一个人的精神发育史就是他的阅读史！"朱永新在金华的演讲刷爆家长朋友圈！"得阅读者得中考"的呼声也越来越高。

可以说，阅读的重要性已经得到越来越多的人认可。但是，师生的阅读现状并不乐观。究其根本，有如下几方面原因。

（1）阅读认识片面。一些家长和教师为了保证升学率，担心学生读书浪费时间，只让学生看教科书和辅导资料，不允许学生阅读课外书籍，从而忽视阅读教育。学生的阅读受到了极大的限制，阅读需求难以满足，从而导致学生的思维受到了影响，视野得不到开阔，大大制约了他们的想象力和创造力。

（2）阅读缺乏引导。学生普遍没有养成日常读书的习惯，即使教师在课堂上强调阅读的重要性，但缺乏有组织、有针对性的引导，也很难让学生对阅读产生兴趣。同时，部分教师逐渐远离了阅读，对阅读缺少兴趣，在移动终端广泛普及的今天，个别老师的兴趣已经转移到手机、电脑上。

（3）阅读缺乏保障。阅读时间不能专时专用，不能自由地获取阅读的书籍也是师生阅读普遍存在的问题。

为了改变师生阅读现状，提倡师生阅读，我校推广大阅读工作。大阅读即全科、全员、全时阅读。"全科"指阅读内容涵盖面广，不仅包括文学名著，还涵盖其他学科的知识；"全员"指参与人员是全校师生；"全时"指利用一切可利用的时间来进行阅读。

我校充分开发和利用各种阅读资源，构建了"6＋1"悦美课程体系，即学生"6读"和教师"1读"，旨在变"应试短效阅读"为"素养长效阅读"，变"功利被动阅读"为"内趋式主动阅读"，以"大内容"（广泛阅读、全科阅读），"大环境"（氛围熏陶），"大群体"（师生共读）助推语文教学大变革，让阅读成为师生的生活方式。

一、学生"6读"

（一）早晨诵读

每周一升完国旗，全校师生齐诵口号"读经典诗文，品盛世文明"，然后各年级分别进行古诗文诵读，逐步培养学生对古诗文的语感，从而发现古诗文之美。

（二）中午演读

我们在校园内设置了"梦想舞台"，各班把所读名著中的经典情节改写成课本剧、小品进行排练，每天中午利用30分钟的大课间在"梦想舞台"上轮番表演，或说唱，或朗诵，用自己的表演来诠释对名著的理解。

(三)晚上听读

我们为每个学生宿舍安装了小音响,晚上睡前由专人播放 20 分钟的名家朗读,抑扬顿挫的播音让名著变得不再晦涩难懂,学生在专心致志地听书中不知不觉就进入了梦乡。

(四)在校讲读

学校每周开设两节阅读课,语文教师科学地设计阅读课的目标要求和实施坡度。首先,从可读性强的刊物、书籍入手,培养学生摘抄好词佳句、写批注、写心得体会、写书评的习惯;其次,从专题阅读着手,以泛读、精读等形式提升学生对经典名著传统文化的鉴赏能力。在阅读课上,学生通过故事会讲名著故事,通过读书报告会讲读书心得,用人人皆讲的方式分享阅读名著的收获。

(五)在家析读

整本书阅读可以有效地激发并培育学生的阅读兴趣,可以有效地发展并提升学生的语言能力、思维能力、审美能力以及传承传统文化的能力,可以有效地培养并发展学生良好的阅读习惯。因此,越来越多的语文老师开始重视整本书阅读。每周周末我校各年级根据所读名著实际情况,让学生编写"悦读经典"手抄报,写心得体会,通过对人物、语言、故事情节等方面的整体赏析,加深对名著的记忆和对名著思想的感悟。

(六)公众号展读

为了激发学生读名著的热情,学校开辟了"朗读间",配齐了录音和录制视频的设备,喜欢朗读的学生可以在此朗读自己喜欢的作品。信息教师把学生的朗读录音进行下载,挑选优秀的音频在校园广播中反复播放并发布在学校公众号内评选年度"最佳朗读者",获得家长和社会的认可和关注。

二、教师"1 读"

一位热爱阅读、精神生活丰富、道德高尚的教师能陶冶学生的心性,一位奋发钻研、博学多识的教师能成为集体生活的核心力量。阅读能提升教师的人文素养、学科素养和专业素养;阅读是教师专业成长提升的原动力,也是提升教师生活、职业幸福感的关键因素。

我们提倡教师阅读教育教学专业的报刊、教育教学经典著作、贴近学生心灵的文学书籍、自然科学书籍、美学书籍等,并要求教师在每周教师例会上轮流进行推介。

我们还组织"教师共读"活动,选择的书目是儒家经典《论语》,每周解读一则,在教师例会和升国旗时齐诵,从中汲取教育智慧,提高自身修养。

为了让师生有书可读,我校建立了"读书吧",把图书室的藏书选择性地挑选出来摆放在"读书吧"内的书架上,师生可以自由地在此选择感兴趣的书籍,既可以坐在沙发上短时浏览,又可以带到教室和家中长时研读,看完一本再换一本。"读书吧"环境雅致,令师生驻足流连。

为了鼓励师生阅读的热情,学校每学期开展"悦读之星""书香教师""书香班级"评选活动,并对获奖的师生、班集体进行表彰,对其中表现突出的师生上报县局,参与县级"书香教师"和"书香学生"评选。

阅读让我校学生的精神面貌发生了很大的变化,部分调皮的、不讲文明的学生变得文静了，变得斯文了。有不少学生常常因为读书而废寝忘食，对书的喜爱已经到了爱不释手的境界。在校园的一个个不易察觉的角落里，常常能够看到一些或坐或站手捧书籍的学生。如今，许多学生一天不阅读几页书，不寻觅几篇佳作，就觉得心里空荡荡的，大部分学生每天课外阅读时间不少于一小时，他们真切地感受到了读书的快乐。

阅读让我校大部分教师的教学观念也有所转变，教师的课堂教学也发生了很大的变化。

第一，注重多种阅读形式的运用。读的训练是阅读教学中最经常、最重要的内容，所以朗读应贯穿始终。在教学中，教师能充分意识到读的重要性，注重精读、略读、浏览等多种阅读方法综合运用，让学生自主理解阅读内容。

第二，注重课堂效率，追求"一课一得"。以前，教师在教学一篇课文时，常常怕漏掉什么重要的有价值的东西，指望一网打下去就能捞光所有的"鱼"。通过大阅读活动的开展，教师的观念得到了转变，在备课时对文本解读的选择充分考虑到学生阅读体验的承受力和消化力，抓住每一课的重、难点，引导学生研读教材，力争让学生在每一节课上都能真正有所得。

第三，注重学生独立思考。以前，我们有不少教师在学生没有充分阅读思考的情况下就进行小组合作，学生对课文的理解还不深入，认识也不深刻，小组合作的结果与所得必定是肤浅的、片面的，这样的合作表面上热热闹闹，实际上收效甚微。现在教师都认识到合作学习必须要在自学、自悟的基础上开展，只有在学生充分地独立思考的基础上再加强学生之间的交流，才能使他们互相取长补短，实现真正意义上的合作。

最美不过书香气，唯有书香能致远。在对各类书籍的欣赏、联想、共鸣、思考、质疑和研究中，我们感受到诗意和幸福。我们要在学生的心中根植阅读的种子，让他们的一生从此充满阳光，这正是我们所要追求的。

中阳三中同课异构教研模式解析

中阳县第三中学　李忠勤

多年来,中阳县第三中学(简称"中阳三中")以课堂为主阵地,以教师成长为主抓手,探索出同课异构教研新模式,提高了学校教师教育教学水平,优化了课堂教学,充分发挥了骨干教师的引领和示范作用。

一、标新立异,彰显自我

同课异构的目的是让教师充分发挥自身潜能,对同一节课进行与众不同的、超出常规的、体现自我教学风格的、高质量的教学设计。

在同课异构教研活动中,我们鼓励每一位教师不唯书、无定法、有创新;对每一节课,都细心加工、巧妙设计教学内容,创造出独具特色的导学案。同一内容,教师的教法、学生的学法不同,但是取得的效果都同样好。教师敢于挑战常规课堂,敢于标新立异、创设富有活力的课堂,彰显自己的教学风格。

二、回归本位,导学结合

课堂本位就是通过教师有效地教,顺着学生的需要教,指导学生学会学习。

从整个过程来看,教师变得更加睿智,课堂教学更加富有活力。教师精心设置教学,构建"一主五环"课堂教学模式。"一主"意含始终坚持学生为主体,把问题"踢"向学生,促进学生自主、合作、探究;"五环"即课堂教学的五个环节(知识梳理、智慧碰撞、自主展示、拓展延伸、情感升华),环环相扣,科学结合,构成课堂教学的有机整体。课堂上动手操作、师生对话、生生对话、汇报交流等有效学习场景随时可见。现在我们的教师敢教、会教,基本实现了对能独立学会的学生引导其自己学会,对独立学会有困难的学生启发其合作学会,对较深难的知识教师教会。课堂上教师教得有智慧,学生学得积极、主动,真正实现了"学生的学,教师的导"。

三、敢于挑战,追求真实课堂

所谓真实课堂就是在教师不提前接触学生,在对学情及教学内容只做好预设的情况下,进行教学的导。

在课堂导学中,教师用尽智慧、挖尽心思,在导中调动学生学,启发、鼓励学生学,把学生推进文本,融进教学内容中和知识探索中。虽然有时也出现导与学的碰撞和尴尬局面,但教师总能用适当的方法,调整到导与学的最佳状态,达到导与学的最佳效果。

四、全员参与,促进教师整体素质的提高

我们一贯提倡教师要人人有发展,但不求同步发展;提倡人人有风格,但不求同一种风

格。每个人都要完成自己的教学任务，形成自己的课堂教学风格，在课堂上有所追求，为此对我们教师提出以下要求。

(一)多学习

多向名师学习，让名师的经验发扬光大。经常听名师的课，通过互听、互评或校本集备发挥名师的引领作用。同时，也要求名师做好带教、帮教，促进教师整体教学水平的提高。

(二)多琢磨

"要上好课必须要先磨课。"磨课的过程就是对教材内容、教与学的方法进行细加工的过程，不通过磨课不可能上好课。简言之，不磨课教师心中就无数，心中无数怎能上好课？因此在备课中就要磨教材、磨教法、磨学生，追求课堂最佳效果。

(三)深研究

新课程需要研究型教师，如果不研究或者研究得不深，新课程的实施就不会得到突破性的进展。那我们重点研究什么，研究型教师该如何导，学生该如何学，这是新课改研究的核心问题。

(四)重实效

注重实效，就是要追求教与学的最佳效果。教师要精心设计教学情境，以吸引学生积极参与，无论是什么课、什么课型，都要培养学生的兴趣，发展学生的实践能力。一节课上，应该多种感官协调活动，要引导学生积极动脑、动眼、动口、动手，使学生既长知识，又长智慧。无论在什么课堂上，教师都要把培养学生的语言能力、思维能力、应用意识放在首位，让学生多思、多想、多做，让学生形成良好的学习习惯，真正让我们的学生能说、会做，让被动地教变为主动地学。

此外，注重实效，还要面向全体学生，让课堂成为全体学生的课堂，特别要关注后进生在课堂中的学习表现。在教研活动中，我们始终强调一条评价标准——"要面向全体学生，要随机而教"，这也是我们今后课堂必须实现的目标之一。

(五)修素质

对我们教师而言，上课不难，但上好课难，要上好课必须得有高素质。现在我校教师队伍建设的目标是促进教师的内涵发展。内涵指什么？就是指素质。素质不高不可能上出好课。教师在课堂教学中的高素质表现如下。

(1)具有较强的处理教材、驾驭教材的能力，能较好地利用教材教。

(2)精通教法，辅导得法，训练有道，课堂效果好。

(3)有较强的调控能力，善于启发，因势利导，运用评价调动学生学习的积极性、主动性。

(4)语言清晰、简练，说普通话，教态自然大方，板书书写工整，导学案设计合理。

(5)教具演示规范、准确，课件制作科学，使用高效。

学无止境，研无止境。课堂教学就是一门艺术，只有"艺高"才能让教师有底气，才能让教学达到至高至极的境界。今后，我校要进一步加强教师研修力度，让每一位教师早日修成"真功"，成为教学的强者。

润泽激情青春雨露，点亮精彩人生星辉
——青春系列校本课程创新管理初探

沁水县示范初级中学校　柳杰俊

沁水县示范初级中学校是我县一所历史悠久、底蕴深厚的优质名校，也是省级义务教育示范学校。学校始建于 1962 年，位于县城中心位置，现行八轨制，有 24 个教学班，在校生 1100 余名，教职工 126 人。学校曾经取得过辉煌的成就，相继获得"省级义务教育示范校""省级文明和谐校园""省级德育示范校"等荣誉，一直引领着沁水初中教育的发展。

但近几年随着教师年龄结构老化，年轻教师短缺，教师的教学理念、教学手段普遍落后，学校缺乏生气和活力，学生学习兴趣得不到激发，教学质量停滞不前，教育改革缺乏动力，学校发展比较缓慢。

面对重重困难，我们勇于迎接挑战。经过认真思考、咨询专家、外出取经、深入调研，广泛征求教职工和广大家长学生的意见，全面分析学校的现状（优势和劣势）、发展的机遇、所面临的挑战等方面因素，我们决定从明确五年发展规划，提升教师队伍素养，整合国家、地方、校本三级课程做起，通过搭建教师发展的平台，创造适合学生成长的教育，倾力打造平安、礼仪、书香、幸福、现代校园（"五园建设"），努力培养有责任感的现代公民，力争五年内建成全县领先、全市一流、全省知名的优质品牌学校，让学校真正成为教师工作生活的家园、学生学习成长的乐园。

在课程建设方面，我们努力探索把国家课程、地方课程和校本课程进行有机的融合，使我们开设的课程既能满足学生升学的需要，又能满足学生个性化发展的需求。为此，我们在把国家课程开全、开足、开好、开精的基础上，探索性地开发了青春系列校本课程，即诗词传承课程、四季成长课程、社团潜能课程和主题拓展课程。

一、青春系列校本课程之———诗词传承课程

古韵诗词，墨存风华，传承精粹，礼润示范。中华经典诗文博大精深，是中华民族优秀文化的重要组成部分。"雅言传承文明，经典滋润人生。"为弘扬国学文化、传承华夏文明，我校把诗词课程列为校本课程重要内容之一。

我校语文教师同心聚力，将精心选择的 120 首古诗词和 20 首毛泽东诗词，汇集成便于学生装在口袋里的小册子，利用课间和阅读时间有效地组织诵读，并向学生、家长发出"日日读诗词、背诗词，时时悟诗词、谈诗词，处处学诗词、用诗词"的倡议，要求家长与孩子共同学习，并做好监督工作。每天清晨，校园里琅琅的古诗文诵读声此起彼伏，令人情生优雅，仿佛梦回汉唐。学校每半月组织一次小比赛，并邀请家长到校亲自为取得优异成绩的孩子们颁奖。在学校、家庭的共同教育下，学生的诗词水平和诵读能力不断提高。

为了持续激发学生学习诗词的兴趣，我们在每年 6 月都举行全校性的诗词大赛或诗词展演。2017 年 6 月我们在沁水大会堂举办了首届"优学派"杯中华诗词知识大赛。16 个班级 8 个班组经过层层筛选组成 8 支参赛队，同时选拔了 8 个班组的 80 名家长代表参与决赛，决赛设置了必答题、抢答题、风险题、家长题、飞花令等环节，整个过程井然有序、精彩绝伦，赢得了广大家长及社会各界的高度评价。为进一步展示我校学生诗词课程学习的成果，2018 年 6 月我们又在沁水树理广场成功举办了"诵诗词、唱诗词、演诗词"展演活动。学生以班组为单位自导自演的《满江红》《毛泽东诗词选》《少年中国说》等节目，让沁水人民饱享了中华经典诗词的盛宴。今后，我校将会持续不断地开好中华经典诗词传承课程，让广大学生从小就从中华民族的经典诗词中汲取养分、丰富内涵，让我们的学生能带着对经典诗词的虔诚，在朗朗的诵读声中恪守纯净，收获成长！

二、青春系列校本课程之二——四季成长课程

我们从学校的具体实际出发，系统地、成规模地、有针对性地安排和部署了一系列中学生德育实践活动，依据时令变化，概括为四季成长课程，具体为"春之声""夏之行""秋之韵""冬之华"。

（一）"春之声"——感受美好与幸福

1."祭英烈、诵经典、炼意志"远足实践活动

新春伊始，到处一派欣欣向荣的景象。为了引导学生感受春天——用眼睛阅读、用耳朵聆听、用双手触摸、用心灵感应，畅想春天，享受自然之美，感受生活的美好，我们在清明节之际组织全校师生进行"祭英烈、诵经典、炼意志"远足实践活动。师生摆脱寒衣的束缚，走出校园，感受着春天的气息。校长进行远足活动动员后，学生们整装出发，士气高昂。

通过远足活动，学生了解了革命先烈的英雄事迹，感受了幸福生活的来之不易。该活动既考验了学生的体能，磨炼了他们的意志，又让他们学会了团结互助，学会了关爱他人，彰显了学生良好的精神风貌。

2. 关爱社会——志愿者服务活动

学校积极弘扬和倡导"奉献、友爱、互助、进步"的志愿服务精神，组建了志愿者服务队，努力营造关心公益、参与公益的良好氛围。

（1）组织师生志愿者参与文明卫生县城创建。学生志愿者对树理广场和新建西街部分路段的生活垃圾、建筑垃圾、乱贴乱画进行了彻底的清理。

（2）关爱孤寡老人。学生志愿者利用周末休息时间到县敬老院和部分空巢老人家中慰问，为他们打扫庭室卫生、整理生活用品，为他们提供力所能及的帮助。

（3）关爱自然，绿化环境。学生志愿者到烈士陵园参加义务植树活动。

通过开展志愿服务活动，不仅达到了弘扬"奉献、友爱、互助、进步"志愿服务精神的目的，还使志愿者们的境界得以提升，进一步提高了学生参与志愿服务活动的积极性和主动性。

（二）"夏之行"——释放活力与激情

1."庆五四、唱团歌、诵诗词、展风采"主题教育活动

夏天，我们让学生充分释放他们的活力与激情。在五四青年节来临之际，通过开展内容丰富、形式多样的"庆五四、唱团歌、诵诗词、展风采"主题教育活动，引导广大团员回顾历史、明确使命，激励广大团员继承和弘扬共青团的光荣传统，全面展示我校青年朝气蓬勃、健康向上的精神风貌，引导和动员团员为创建我校和谐、平安、幸福校园贡献力量。

2．"放飞梦想、心系母校、感恩师长"毕业典礼

6月是毕业的季节，也是收获的季节。6月的毕业典礼，是我们学校开展仪式教育的黄金时段。我们组织九年级全体师生召开"三年初中生活精彩片段回放""老师！我想对你说""我们毕业了——班级个性化毕业照""班旗班训交接仪式""20年后的我——梦想卡留校保存仪式"（班干部把装有全班梦想卡的袋子移交学校保存，留下学生的心愿和梦想，带走老师的祝福和思念，期待着与他们20年后在母校重逢），"走向成功门，阔步入考场"等活动，激励学生自信、自强，成就学生精彩人生。

3．家校携手，共育英才

暑期中，我们通过开展各种社会实践活动，如撰写调查报告、读经典书籍、收集好的家风家训、参观红色教育基地、展示自己的摄影作品，让学生感受社会、了解社会、融入社会。

（三）"秋之韵"——德育与体育齐头并进

1．入学教育细致规范

新学期开学，我们通过军训、开学常规教育、假期活动盘点、实践作业展示、班级团队建设、"我为教师过节"等活动，让学生在短短的一周内就恢复状态，进入角色。

2．体育锻炼精彩纷呈

我校把每年10月定为学校的体育月，秋季运动会、篮球、足球、跳大绳比赛为学生提供了展示的舞台。学生在竞赛活动中真正感受到体育的魅力、拼搏的精神和团队的力量。

（四）"冬之华"——安全与个性相得益彰

1．安全演练

为增强学生的安全意识和安全自救能力，每年冬季学校都精心筹划、合理安排一系列的安全演练，如消防、防校园暴力、防校园欺凌演练和交通安全教育。通过活动，不仅落实了应付突发事件的防范措施，还提高了实际应对和处置突发安全事件的能力，更进一步增强了师生的安全意识，使其真正掌握了在危险中迅速逃生、自救、互救的基本方法，确保了我校教育教学安全有序。

2．校园文化艺术节

元旦期间，我们开展具有时代特征、校园特色、学生特点的校园文化艺术节活动，内容包括朗诵比赛、演讲比赛、英语口才、主持人评选、绘画、摄影及各个社团成果展示。在形式多样的文艺活动中，学生的人文素养得以提升，特长得以彰显。

三、青春系列校本课程之三——社团潜能课程

社团潜能课程是实施素质教育的重要途径，是实现立德树人的重要载体，也是我校五年发展规划的重要内容。为切实引导广大学生在社团潜能课程中发展潜能、提高核心素养、推进我校校本课程建设，目前特开设了包括体育类、音乐类、书画类、学科类、综合实践类在内的25种社团潜能课程。

社团潜能课程开展时间为每周三下午2点50分至4点50分。学校有社团专业指导教师28名，助理教师25名，其中有无偿外聘教师10名；开展形式以室内外联合开展为主，做到进课表、进课堂，定目标、定要求，有考核、有展示。

为促进社团潜能课程的建设，充分调动各社团活动的积极性，加强社团潜能课程工作的制度化、规范化，使各社团潜能课程向着高层次、高品位的方向发展，学校成立了以校长为组

长的社团潜能课程工作领导组并制定了《社团潜能课程评比考核细则》。

我校开设社团潜能课程的总体目标是：积极整合校内外课程资源，努力实现学生社团活动校本课程化，使社团潜能课程成为学校课程设置的重要组成部分。繁荣我校的文化生活，提升我校的办学品味，丰富我校的文化内涵，展示我校的办学特色。坚持学生自主选择、自我完善与教师有效指导相结合的原则，进一步培养学生的实践能力，激发学生的创新精神，提升学生的核心素质，为每一位学生的终身发展奠定基础，同时催生一支敬业奉献、有创新意识、熟悉学生社团工作的指导教师队伍。

四、青春系列校本课程之四——主题拓展课程

根据初中生在不同年级、不同阶段的成长规律和心理特点，我们经过研究确定了在七年级开展礼仪主题拓展课程、在八年级开展美育主题拓展课程、在九年级开展生涯规划主题拓展课程。主题拓展课程以课题的形式进行，课题组成员负责编写校本课程并具体实施。主题拓展课程每周一节，同时在其他科目中进行渗透教育，相关行政科室配合强化。目前三个年级的三个课题组已经成立，七年级的初中生礼仪教育是我们的重点先行研究课题，我们把礼仪确定为校园文化创建的主要内容，把校训"明礼"、校风"崇礼"、教风"重礼"、办学理念"礼润示范"在主题教育中突出体现，并巧妙地将校名中的"示范初中"和礼仪教育糅合在一起，具体化为"明目标、创氛围、强教育、重引领、注行动"。通过润物无声的熏陶、无微不至的教育、持之以恒的养成，我们欣喜地看到懂礼仪、知礼仪、守礼仪、行礼仪在我校已经蔚然成风，井然有序的上下学队伍、良好和谐的师生关系、自主和谐的课堂氛围、安全有序的课间秩序正在形成。我校礼仪教育已经成功申报为省级重点课题，校本教材也正在编写过程中。

通过两年的教育实践，我们欣慰地发现，在规划的引领下，实实在在注重课程先行、课程育人，才使我校有了新活力、新气象、高声誉、好口碑。而课程开设的全面丰富、合理创新，又不知不觉做到了德、智、体、美、劳五育并重，契合了全国教育大会的精神，初步实施了新时代基础教育融合育人的新举措。

策略推动，促进教师专业发展

平遥县香乐乡第一中心校　唐志杰

学校的发展需要一支专业化水平很高的骨干教师队伍，需要优秀的、有教育优势和特色的骨干教师引领教师队伍的成长。"课程发展就是教师的发展，没有教师的专业发展，就没有课程的发展。"教育改革的成败在教师，只有教师专业水平不断提高才能造就高质量的教育。在新课程实施过程中，应立足校本，采用多种方式对教师进行培训，促进教师的专业成长。

一、驱动策略：为教师专业发展创设外部环境

教师的专业发展是一个长期探索、不断进步的过程。这一过程，永无止境，教师培训必须贯穿其专业生涯始终。学校要创设良好的外部环境，让教师在专业发展的道路上逐步成长。

（一）学校要努力营造教师主动发展的校园氛围

教师教育的视野应从传统的教师专业准备阶段扩展到教师专业发展的全过程，教师教育应为教师专业发展的全程提供支持。为此，我们学校形成了一系列教师教育机制。

（1）定时定量学习制。组织教师学习新课程理论，推进读书计划，要求每位教师每学期阅读一至两本业务专著，做好读书笔记，树立终身学习思想，不断提高理论水平，开阔自己的知识视野，养成良好的道德素质，提高自己的教学技能。

（2）自主发展学分制。每位教师根据自己的专业发展方向自主选择学校提供的自训项目，每学年达到规定学分。建立教师专业成长档案，每学年评选自主发展先进教师，促进教师不断地提升自我。

（二）学校要努力唤醒教师专业发展的主体意识

今天，我们不但要唤醒学生的主体意识，而且要唤醒教师的主体意识。学校的发展离不开校长。但是，一所学校的办学理念不应仅仅停留在校长的个人头脑中，必须将它转化为全体教职员工的共识。学校必须通过各种学习、研讨，鼓励教师尽可能把校长提出的理念转变为自己的认识。引导教师将学校的办学理念转化并落实到自己的教育教学实践中。鼓励教师用自己所学和领悟到的理念大胆实践，不断积淀，逐步改进自己的教学行为。

（三）学校要建立教师评价机制

学校对教师的评价以促进教师发展为目的，主要采取自评、互评、校评相结合的多元化评价机制。以我校的备课检查为例。一是教师自评，评自己的优点，分析以后改进的方向。二是教师互查，即教师互看教案，找同事教案中的特点、优点及亮点，做好摘录与点评。三是校评，即学校领导对教师的备课检查侧重于对"随笔""反思"的检查，考察教师记录中的"教学闪光点、问题分析、理性反思和改进措施"及其对学生反应的敏感性，对教学过程的自我修正、自我控制能力，努力发现每位教师的亮点，并及时加以肯定。同时，还允许教师根据自己的实际决定考核时间和次数。这样，教师在研究性变革的实践中不断生成教育智慧，工作积

极性大大提高。

(四)学校要体现教师专业发展的人文关怀

一所成功的学校要在教师专业发展中扮演重要的角色，要高度重视教师发展中的人文关怀，把提升教师专业发展作为提高办学质量的生长点，使教师成为具有深厚文化底蕴和学术研究的高素质教师，使学校成为教师赖以生存的精神家园。在学校，教师把学校领导当作人文关怀和人生智慧的导师，当作可以推心置腹的朋友，甚至当作避风挡雨的大树。正是在大树保护下，他们无忧无虑地追寻着自己的梦想。对教师的人文关怀，还要追求一种文化管理，即以人为本，搭建民主平台，构建民主、平等、和谐的管理氛围，让教师参与学校的管理，凸显教师的主体精神，捍卫教师的人格尊严。

(五)学校要努力打造教师专业发展的平台

1. 师德创优，提高思想修养

提高思想修养、是教师专业发展的前提。教师必须具有优秀的师德，它是爱和忠诚于教育事业的体现。它强调的是奉献和责任，是为人师表，是教书育人。首先，守规范是前提。遵守教师职业道德规范，是学校文明建设的主要任务，也是师德的载体。以人为本、敬业奉献是师德工作的重点。其次，讲公德是基础。为人师表，以德为荣，历来是教师的品格。教师更应带头学公德，讲公德。教师要爱国守法，明礼诚信，团结友善，勤俭自强，敬业奉献；要践行公德，廉洁从教，维护学校信誉。再次，树形象是保证。教师形象关乎学校的形象。爱校从热心、关心、尽心做起，热心于本校各项工作，处处为学校着想，事事关心学校信誉，维护学校形象，弘扬高尚师德，抵制有偿家教，时时牢记学校光荣我有份，尽心尽责做好本职工作。

2. 校本研究，促进教师的专业发展

教师的岗位主要在学校的课堂上，教师专业发展的需要也是在学校教学和课堂实践中产生的。学校应充分利用资源，发挥教师的主体作用，打造教师团队精神，为教师在学校成长搭建平台和创设条件，真正实现教研的校本化。

二、互动策略：为教师专业发展创设团队氛围

(一)创建学习型教研组：集体备课

教研组是学校开展教学研究活动的组织形式之一。它是教师与教师之间相互学习、交流教学心得、研究教学方法的平台。构建学习型教研组，是为了促进教师的专业成熟。我校教研组内教师互相学习、互相帮助、互相竞争的气氛十分浓厚，每个教研组有一至两位校内学科带头人，每周活动一次，主要以集体备课为主。集体备课坚持资源共享、优势互补、酌情加减、课后反思的原则，进行制度化管理。一是备课时间、地点、人员制度化：以教研组为单位，每周固定时间在各办公室集体备课。二是备课内容和主备人员制度化：教研组每人主备一至两个单元，就具体内容进行细致、深入地备课。每周教研组活动时，按单元由负责主备的教师先讲解自己所备单元的整体思考和每课的重难点、教学设计以及教具准备等；其他教师边听边在课本上做详细的记录，然后全组教师共同商议，制定出一份比较完善的教案，并把这一单元的教案保存好。三是个性修改制度化：每位教师根据个人教学风格及本班学情，对集体备课教案进行再创造，使之成为一份适合个人特色和本班教学的个性化的教案。四

是及时反馈制度化:在集中教研组集体智慧与使用个性化教学策略后,对效果要及时反思,总结得失,形成习惯。教学反思是教师由经验型转变为研究型、专家型的必由之路,这种反思不是一般意义上的回顾,而是反省,即思考、探索和解决教育教学过程中各个方面存在的问题,具有研究的性质。

(二)骨干教师引领:师徒结对

骨干教师是学校的精英,相对来说教学经验丰富,教学能力较强。我们学校制定了师徒结对制度。每位青年教师拜一位骨干教师为师,每一位骨干教师收一至两名青年教师为徒弟。一位骨干教师一学期至少向青年教师开课两节,并指导青年教师上课四节。青年教师须自觉、主动地向指导教师请教,每月听指导教师的课四节以上,对照自己,取长补短,改进教学,并开出四节以上的课让指导教师进行指导,虚心听取指导教师的意见,不定期地向指导教师汇报学习情况、工作体会和教学感悟。学校每学期进行一次全面考核,表彰优秀指导教师和被指导教师。

(三)建立交流互动式校本培训格局

校本培训是对教师进行继续教育的一种有效做法。我们学校根据教师队伍状况,每学期有计划、有主题地开展校本培训,解决教师在教育教学过程中存在的问题,使教师懂得寻找解决问题的方法。学校利用例会、课间操对教师进行理想信念教育、教学管理教育、激励教育、心理健康教育与指导,充分调动教师的积极性,挖掘教师的潜能,提高教师群体专业化素养。学校还为教师的学习提供条件,购置有关教育方面的书籍,推荐有关教改的文章,为教师的学习搭建平台,采用形式多样的方法营造了浓浓的学习氛围、研究氛围,促进教师群体奋发向上,追求自我专业发展。

(四)抓好听课、评课活动

公开课教学是教师对教材的处理、教学手段、教学方法、教学机智等各种能力的展示,也是教师教学理念、基本素养的体现,因此我校认真组织听课、评课活动,让评课成为教师成长的有效途径,在评课活动结束之后,每位教师在广泛听取意见的基础上把这堂课重新安排、设计,写出更好的教案,并附上教学反思。

三、主动策略:为教师专业成长搭建阶梯

(一)引导教师制定个人发展规划

制定教师个人发展规划是推动教师专业发展的有力措施,是激发教师内驱力的重要手段。教师要实现专业发展,必须对自己的发展进行规划。规划就是用可以预见的目标来引导自我发展、激励自我发展;规划就是明确地计划自己的工作和学习,向着既定的目标努力。此外,教师可以根据自己的追求,设计自我发展的方向,追求自我价值的实现。规划的内容包括以下几方面。

1. 自我分析:全面充分地认识自己

教师要对自己的能力、兴趣、需要等个性因素进行全面分析,充分认识自己的优势与不足。找到自己最擅长的领域和专业发展方向,找到自己最适合的领域以谋求个人的最大发展。这种自我分析与专业发展的需求要考虑到学校的需求、学校的愿景与发展规划、教育的发展及教师专业的发展趋势。

2. 环境分析:把握专业发展的大方向

教师要收集专业发展的信息,把握专业发展的方向,抓住专业发展的机会,平衡自身需求、学校需求和学生需求间的关系,分析专业发展的资源条件等。

3. 目标确立:形成愿景

没有清晰的目标,就不可能形成专业发展规划。为此,教师首先要明确自己发展的旨趣,明确发展的方向和路径,进而明确期望达到的结果,综合考虑自己的个人特点和环境因素,确定现实的发展目标。目标包括长期的目标和短期的目标。越是短期的目标越是具体的,长期规划中也应包括较为具体的阶段性目标。

4. 策略拟订:设计行动方案

一旦确定目标,就必须考虑实现目标所要采取的策略,即由具体的措施和活动构成行动方案。可采取的活动包括听课、研讨、检查学生作业、辅导、同伴教练、专业阅读、写教学札记、学教学案例、加入专业组织学习新技术,等等。策略部分还应包括实现目标或完成具体活动所采取的步骤或阶段、所需要的条件和资源以及获得这些资源的方式和途径。

(二)建立教师专业成长档案袋

教师专业成长档案袋可以让教师在回顾自己的工作历程、体验成功的同时产生自豪感,激发继续努力的斗志,挖掘自己的潜能,促进其向更高层次发展。它可以使教师进行客观的自我评价、自我反思。成长档案袋在展示成绩的同时,也可使教师不断回想取得成绩的过程和方法,从中找到成功的经验和失败的教训,学会自我反省,以完善自我。教师通过学习不仅了解了相同学科教师的业务成长记录,还可以拓展自己的专业知识和教学方法。

(三)要求教师积极反思

美国心理学家波斯纳提出了教师成长公式:成长=经验+反思。教师的专业发展是一种自我反思的过程。反思帮助教师把经验和理论联结起来,从而更加有效地运用自己的专业技能。

(1)写教后记。教师在课堂教学完成以后,在教案的最后把教学的成败或对教学的思考记录下来。这是我校教师书写教案的一个基本环节,是教师备课笔记中的一个重要部分。开始,我校的要求相对简单,只要求进行教学回顾,探讨教学设计是否合理、教学方法是否恰当、教学目标是否完成等,后来转化为对教学的思考、反省、探索,要求提出并解决教学中具有研究性质的问题。这也是我校每月一次教学常规检查的必要项目。

(2)写教学叙事。我校要求每位教师每月选取自己在教学教育中的一个事件进行叙述,并以个案形式撰写成文,每学期共五次,期终教导处进行检查并评奖,向全体教师公布结果。通过教学叙事,教师对自己教学中一些常见或突发问题与现象进行回顾与反思,从中发现问题,探求规律,从而改进自己的教学并形成理性认识,提高自主分析、解决问题的能力。

写教学叙事的过程,实际上是教师专业素养提高的过程,也是教师主动参与解决教学实际问题的过程,更是教师由经验型向研究型转换的过程。

教师的专业成长离不开学校有效的管理制度,离不开教研组和备课组的合作交流,离不开课堂教学的探索与实践,更离不开自身的奉献和努力。只有上述四个条件达到和谐统一,才能有效地促进教师的专业成长。

提升幸福感，激发主动性

——教师职业幸福感提升的可行性做法浅探

新绛县希望学校　席全明

没有幸福感、没有积极向上的心态，不仅不利于教师自身的身心健康、专业成长，也不可能培养出具有积极心态的阳光学生。只有具有职业幸福感的教师才能把教育工作作为自己人生价值的追求，才能以积极、主动的心态投入教书育人的工作之中，创造性地开展工作。那么，如何让教师充分体验教师职业的幸福感呢？以下是我结合工作实际在提升教师幸福感方面的一些浅薄认识。

一、关注教师身心，营造温馨氛围

（一）暖心慰问常态化

教师管理要注重人性化，如坚持给过生日的教师送贺卡、送节日祝福、探望生病的教师、慰问教师家属、与教师谈心沟通、解决教师生活中的困难等，让教师感受到学校大家庭的温暖和关怀。

（二）师德建设不放松

利用教师例会、寒暑假培训积极开展师德师风教育活动，举办"新时代教师师德大讨论"专题论坛，不断提升教师的师德修养，评选"师德标兵"和"感动希望人物"，树立标兵意识，营造"讲师德、树师表、比奉献"的良好氛围，促进教师人格的升华。

（三）快乐健身要坚持

开展工间操，每天早上组织教师活力健身。组织教师开展多种集体活动，如拔河、跳绳、羽毛球、乒乓球等趣味活动比赛，不但丰富了教师的课余生活，缓解了教师的工作压力，而且让教师感到集体生活的乐趣。

（四）集体活动促情感

冬至组织教师包饺子、元旦进行联谊活动、三八妇女节外聘专家对女教师进行心理健康培训等，给教师提供释放压力的平台，增进教师与领导之间、教师与教师之间的沟通交流，培养教师的集体主义情感和爱校爱家的意识。

（五）沟通渠道保畅通

通过开通校长邮箱、创建微信群等方式搭建沟通平台，畅通教师反映心声的渠道，让他们有苦有处诉、有难有人帮，痛痛快快上班，痛痛快快做事。

二、创建教师成长平台，实现自我发展

（一）专业成长有空间

开展教师读书成长、基本功达标、课堂教学大比武等比赛交流活动，搭建专业成长平台，

提升教师的理论素养和专业水平;实施名师工程建设,鼓励教师积极参加各级优质课评比、论文征集和课题申报,坚持让教师在每周例会上分享自己的教育故事、教学经验等,力求通过丰富多彩的自我展示活动,为每位教师提供施展才华、体验成功的平台,为教师营造良好的发展氛围。

(二)管理实效重减负

改变以往"给教师加压,给学生减负"的做法,改进教学管理,减轻教师的额外负担,如采用集体备课与个案补充修订、详案与略案相结合的办法,消除照抄教案等现象,重点看教学流程设计、教法学法指导等,从重数量转向重质量,提高教学实效性,减轻教师负担。

(三)评价考核要客观

教师岗位考核采取过程性评价和终结性评价相结合的办法,既看终点的成绩,又看教师成长过程中的进步和发展,使评价更加全面、科学、合理,保证评价的客观、公正。

总之,人文管理的落实、高尚师德的塑造、专业素质的发展、多彩活动的开展,都能使教师找到职业的幸福感。一旦教师有了幸福感,就不会把工作仅仅看成谋生的手段,而是将其作为自我成长、自我发展的有效途径,就会认为教育是一项值得奋斗、努力终生的神圣事业。教师幸福了,才更容易培养出幸福快乐的学生,才能为社会培养出更多具有健全人格和高尚品质的人才,才能从真正意义上实现学校的不断发展。

践行教育真谛,追寻教育高质量

芮城县第三中学　张智勇

芮城县第三中学(简称"芮城三中")是我县一所县直初中,学校占地面积 80 余亩,现有教职员工 132 人,24 个教学班,1200 余名学生。学校前身为我县民办初中育才学校。2011年在芮城县初中教育资源整合、城区学校均衡布局中,学校转为公立学校并更名为"芮城县第三中学"。自建校以来,我校以"办有品质的学校,做有情怀的教师,培育有灵魂的学生"为办学宗旨,传承优良,追求卓越,专注教师专业发展,聚焦高效课堂建设,完善育人机制,实施五育并举,全面提升育人水平,竭力打造"质量三中""特色三中""书香三中""人文三中""形象三中",我校先后获得"全国教育科学'十三五'规划课改先进实验学校""运城市教育教学先进单位""运城市基础教育先进单位"等荣誉称号,教育教学质量评价连年位于运城市前茅。

一、队伍建设方面

(一)党建引领,铸魂聚力,提升团队战斗力

一所学校的发展,离不开党的领导和党的教育方针政策的指引。几年来在教科局党委的引领下,我们认真组织全校全体党员干部学习党的十九大精神、习近平总书记重要讲话精神;利用各种主题党日活动、党建活动强化作风建设,强化忠诚、担当、做表率干事创业的精神;充分发挥党员干部的先锋示范、旗帜引领作用,真正做到党建统领、党建铸魂、党建凝神、党建聚力、党建提质,着力打造一支思想政治觉悟高、教学业务能力强的优秀教师团队。

(二)传承优良,守正创新,不断追求卓越,永葆优秀本色

芮城三中的全体师生拥有宝贵的优良传统,那就是求真、务实、扎实肯干、勇于拼搏、追求卓越。学校拥有一批业务精良、真抓实干、乐于奉献的优秀教师,如杨天平、王巧凤、杨全升、刘雪松。他们在 20 世纪 90 年代就成为芮城教育的脊梁和骨干,他们爱岗敬业、教风严谨、师德高尚、业务精湛、作风优良、成绩优异,是学校的宝贵财富。他们的帮传带、精神传承、作风传承,是我校不断前行、永葆优秀的精神法宝,也是我校校风淳朴、教风纯正的作风保障。

(三)优化管理体制,以人为本,创建清净有为、抓实肯干、和谐高效的工作环境

教师是教育之本,是兴校之源。好教师是学校的光荣,好的机制是不断涌现好教师的源泉。以人为本,关爱教师,充分激发广大教师干事创业的积极性和活力是学校管理的一大主题。近年来,我们不断优化各种常规管理制度、绩效考核制度、教学评价制度,树立管理就是服务、管理就是调动的管理思维,努力使我们的制度更科学、更人性、更实效,使我们的管理更加和谐而规范、严谨而高效。我们认真落实全县中小学县管校聘实施方案,全力为教师创建清静有为、扎实肯干、和谐高效、奋勇争先的工作氛围,使我们的教师在愉悦中工作,充满

激情地工作,以奋进之姿高度负责,为我校各项工作连年取得优异成绩打下坚实的基础。

二、常规管理方面

在教学管理方面,我们秉承学校的优良传统,扎实做好常规教学的每一个环节,做好教研、坐班、听评课、批改、纠错等基本常规,年级管理严要求、勤检查、定期通报、多督促,培优补差,对学科战略、弱科扶助等常抓不懈。我们针对尖子生较少、尖子不尖的突出问题,聚焦教师专业发展,提高教师的专业水平,提升育人质量;针对学生家长反映作业多、课业负担重的问题,我们聚焦打造高效课堂,提高课堂效率,切实做到减负增质、减负增效。为了能够很好地解决这两个影响我校进步发展的矛盾焦点,我们在教学管理求创新、求突破,结合我校师源现状——教师队伍整体干劲大,业务尖子少,我们提出"创建一个中心,解决两个基本点",即认真挑选我校长期以来教学成绩优异、课堂教学效果好、课业负担轻、师生家长普遍认可、业务精良、师德高尚的县域名师,组成教师专业发展中心,成员共有八位:杨天平、刘雪松、王红妮、陈丽萍、薛耀辉、王巧凤、申鹏高、薛华。他们是省级学科带头人和骨干教师,也是我校的名师工作室的教研人员,承担着提升我校教师的专业发展和提高教师课堂教学水平、打造高效课堂的双重任务和光荣职责,即解决两个基本点。一方面,教师专业发展中心通过专题培训讲座,指导教师进行学科研讨学习、学科专业素养深度学习,命制学科测试题,培养中青年骨干教师,帮扶弱科教师等措施,对全校教师进行专业发展引领;另一方面,通过名师示范引领和对学科教师进行听评课把关指导、课堂教学学案设计指导、课堂教学水平评价等方法帮助教师提升教学理念、提高课堂教学质量。教师的专业水平和课堂教学水平在年终教师考核中由教师发展中心给予评价打分。教师专业发展中心的老师多次举办讲座、指导公开课,有效地促进了我校教师的专业发展,提升了课堂教学质量,推动我校课堂教学改革全面进行。

在高效课堂建设方面,我们提出了向什么样的课堂要质量的命题:

(1)向精心的备课要质量;

(2)向有效的课堂策略、课堂设计要质量;(倡导向学为主、先学后教、少讲多练要质量)

(3)向科学智慧导学策略要质量;

(4)向严谨而高效的课堂管理要质量;

(5)向师生积极的课堂状态要质量;

(6)向自学、互学、展学的大胆互动要质量;

(7)向严格要求和良好的学习习惯要质量;

(8)向因材施教、分层教学要质量;

(9)向有效拓展和科学探索实践要质量;

(10)向和谐而平等的师生关系要质量。

要做到这十个方面,要求教师教学做到高效课堂六要素,即用知识承载课堂,用智慧经营课堂,用激情点燃课堂,用问题引导学生,用方法指导学生,用爱心感染学生。为了切实保障高效课堂落到实处,我们还推出了"三评三控一清单"措施。"三评"即教师评课,学生评教,家长评教。"三控"为控制讲课时间,控制作业数量,控制分层优化;"一清单"即每周作业清单。通过"三评三控一清单",有效地规范了教师的教学行为,提高了课堂教学的实效性,有效地控制了学生作业负担过重的问题,受到家长和社会的好评。

三、德育建设方面

作为教育人,我们要为学生的成长负责,为学生的全面发展负责,为国家的未来和一方社会的未来发展负责。一直以来,学校始终贯彻执行"立德树人,全面育人,全程育人,全方位育人"的教育理念,重视对学生综合素质的培养,促进学生全面发展,践行五育并举。学校先后组织了篮球队、足球队、田径队等训练队伍;组建了书法、绘画、合唱、舞蹈、器乐、动漫制作、航模等十多种兴趣活动小组,发展学生的特长。学校定期开展丰富多彩的德育系列活动,包括主题演讲、校园文化周、校园体育节等,不仅丰富了学校的内涵建设,更重要的是激发了学生活力,使学生在活动中提升了能力,提高了学习内动力。几年来,我们先后组织学生赴西安交通大学、运城大运汽车制造厂、运城寰烁公司总部等进行社会实践和研学活动,使学生感受厚重的中华历史,感受时代脉搏,领略科技创新前沿,使学生开阔了视野,提高了理想信念,增长了见识和担当精神。特别是疫情期间,我们分批组织学生进街道、进社区,参加防疫防控宣传,让学生走出校门,走向社会,在社会实践中体验公民的责任和义务,锤炼了他们的意志,为学生未来发展奠定了坚实而宽厚的基础。几年来,我校师生先后在省、市、县举办的各种艺体活动展演和竞赛中取得令人瞩目的成就,校田径队多次获得县运会第一名,学校先后荣获"运城市德育示范校""运城市德育示范校""运城市艺体教育先进单位"等荣誉。

新时代需要新作为,新发展需要新努力,新跨越需要新境界,让我们以此为契机,为我们垣曲教育、芮城教育、河东教育的高质量发展贡献我们的智慧,为实现中华民族的伟大复兴,建设教育强国、人才强国、制造强国、创新强国、军事强国等现代化强国做出我们教育人应有的贡献。

全学科阅读方法的探索与实践

——以汾阳市府学街小学为例

汾阳市府学街小学　程建明

小学阶段是人生发展的起步时期，是学生阅读能力培养的基础环节和关键阶段。阅读能力的强弱直接关系着学生以后取得成就的大小。全学科阅读作为一种为学生终生发展奠基的阅读形式，具有融合性、实践性、开放性等特点。在小学阶段积极开展全科阅读尝试，探索全科阅读体系，对促进学生全面发展、终生发展具有极其重要的意义。

以人为本，促进人的全面发展，是科学教育发展观的核心。党的十九大报告做出新的全面部署，要优先发展教育，深化教育改革，建设全民学习、终身学习型社会。阅读作为一切学科的基础，是学生获取信息的有效途径和必备能力，大量的、全方位的阅读能使学生站在全新的视角，以更加灵活多样的方法获取信息、解决问题、掌握知识。研究发现，数学教学中要指导学生阅读主题图，要阅读问题中的已知条件，求取未知；英语教学中有情境阅读、分角色阅读、外国绘本阅读；音乐、美术课中有鉴赏性阅读、体验性阅读；科学课中有探究性阅读。可以说，阅读存在于每一门学科教学中。学生只有坚持阅读，思维才不会停滞，创造力才不会枯竭。

伴随新课改的不断深入，现代阅读的要求远远超出我们对传统阅读的认识，学生的阅读涉及文学、数学、哲学、逻辑、历史、科技、艺术等多个方面，即全学科阅读。全学科阅读是指全部学科教师（语文、数学、英语、科学、音乐、体育、美术、道德与法治、信息技术等学科教师）参与指导下的学生阅读活动，阅读内容包括学科教材和课外读物，阅读形式有纸质阅读、视听阅读等。

全学科阅读立足课程改革的融合性、实践性和开放性，以学习者的需要为基础，通过阅读使学生提升阅读速度，掌握一定的阅读技巧，养成良好的阅读习惯，为学生的终身发展而阅读。全学科阅读将阅读从语文学科的单一阅读中抽出来，向全科扩展，达到全科知识的融会贯通、有机整合。多项研究表明，阅读对儿童的智力开发大有益处，培养学生从小树立全学科阅读的意识，能够让阅读成为学生不竭的智慧源泉。

小学阶段开展全学科阅读，能够全面提升学生的综合阅读能力，让每位学生不仅从小喜欢读经典文学书籍，更能读懂科普类书籍、原版英文书籍、图像表格等，使全学科阅读拥有了更立体、更丰满的展现方式。面对未来社会的发展趋势，全学科阅读更应被重视和提倡，全学科阅读的探索和研究是时代的召唤、社会的要求、学生的需求。全学科阅读的意义在于全面提高学生以下几个方面的综合素养。

一、语文学科的课外阅读研究，为其他学科阅读夯实基础

叶圣陶曾说："语文是工具，自然科学方面的天文地理生物数理化，社会科学方面的文史哲经，学习表达和交流都要使用这个工具。"随着对语文课外阅读的研究，我们探索出了指导

学生课外阅读的有效途径和策略,构建了规范、有效、科学的阅读指导课模式,使学生掌握了朗读、默读、精读、品读、略读、浏览等不同的阅读技巧。语文教师研究、实践、总结了课外阅读指导的方法,形成了阅读指导课的不同课型,如读物推荐课、阅读方法指导课、阅读欣赏课、读写迁移课、班级读书会、读书笔记交流会。全校营造了浓郁的读书氛围,家长支持学校的阅读活动,教师有了研究阅读、指导阅读的意识,学生喜欢阅读并形成较好的阅读习惯、有一定的阅读速度,这为全学科阅读的研究提供了很好的基础。

二、教材阅读的指导,教会学生学科阅读的基本方法

教材是教师教学与学生学习的知识载体和主要依托材料,是学生获得知识的第一手材料,是学科阅读的出发点,也是学生阅读课外读物、扩大知识面的基础和前提。现行小学阶段的各科教材,内容丰富有趣,语言幽默生动,而且贴近学生的生活实际。因此,教师首先要对教材有整体的把握,了解教材编写的意图,清楚教材内在的逻辑线索,才能更好地指导学生阅读教材,教会学生独具学科特点的阅读方法。

在北师大版数学教材中,每一个知识点的讲授都由一幅主题图导入。主题图内容丰富,采用图片、游戏、表格等形式,图文并茂、生动地呈现素材。在教学过程中,教师通过指导学生阅读图片,从具体情境中提取关键信息,理解重点词句,让学生带着问题观察、思考、阅读,把握图中的细节处重点阅读,对数学信息进行比较阅读,通过看、思、议、问、讲、练培养了学生在阅读中有序思考、准确思考、深入思考的能力。

在英语(PEP)教材设计上,编者十分注意培养学生的自主学习能力和独立应用所学语言的能力。教材以精彩的动画故事、童谣歌曲生动地展现了语言情境,让学生看得愉快,学得轻松。英语教师根据教材编写的特点,在长期的课堂实践和教学研讨中教会了学生英语阅读的方法——激活型课堂阅读教学,即根据阅读的文本信息内容,采用情境角色扮演法、思维导图法、文本故事再现法、朗读竞赛法等方式,激活课堂,提高了学生主动阅读教材的兴趣,让学生学会英语阅读的方法,激活了学生学习英语阅读的热情,促进了学生英语学习的效率,提升了学生英语阅读的思维品质。

经过探索,我校教师以各科的教材为蓝本进行阅读教学,教会了学生学科阅读的方法,如音乐课、美术课中的鉴赏阅读法、体验阅读法,体育课中的游戏阅读、规则阅读、相关文化阅读,科学课中的观察阅读、探究阅读。学生也可用课堂上习得的方法在课后进行拓展实践。

三、课内课外相结合,提升学生的阅读能力

全学科阅读教学构建了立体、开放的阅读模式。学校以教材为出发点,链接相关课外阅读材料,实现课内与课外相结合,建立了开放、多元的课程理念。教师通过在课堂上指导学生阅读教材,不但教会学生有效阅读的方法,而且了解了学生的阅读兴趣点、困惑点。根据学生的需求,找准课内教材与课外读物的衔接点,适时地推荐学生读课外读物,由课内向课外辐射。这里为大家提供七种比较实用的阅读模式以供参考。

自主阅读:新课程理念突出强调了学生学习的主体地位。要培养学生自主学习的意识和习惯,引导学生掌握学习技巧,尊重学生的个体差异,学生不再是单一的知识接受者,而是学习的主人,所以在课外读物的选择上,鼓励学生自主阅读,使其有课外阅读的自觉性。

探究阅读：在阅读活动中创设一种研究的情境，学生通过自主独立地发现问题，通过收集资料表达自己的观点，培养了探究精神和创新能力，在探究阅读中获取了探究的乐趣。

合作阅读：学生在自主阅读的基础上有自己的见解后，通过共读交流课与同伴合作交流，互相取长补短，不断丰富自己，加深对作品的理解，提高认识，获取深刻的体验。

迁移阅读：学生在课内掌握了学科阅读的方法，迁移运用到课外阅读中，迁移运用到其他学科的阅读中。如数学学习中审题技能的掌握，可以提高对科学、英语、语文等其他学科的审题能力。语文学习中的阅读技能又促进了学生对其他学科的阅读理解能力。

解疑阅读：学习的过程是一个不断产生问题、解决问题的过程。学生在学习的过程中会遇到一些问题，教师应及时发现，整理疑点。教师可以通过推荐课外读物，学生或合作阅读，或自主阅读，分析、整合、解决疑点，真正理解课堂上所学知识。例如，科学课上，当教师提出"地球上有那么多水，我们会缺水吗？"这个问题时，由于学生身处水资源充足的环境，导致无法真正体会到水资源的珍贵，教师可为学生提供相关保护水资源的书籍，帮助学生在阅读中解惑、构建新知。

补充阅读：以教材中所学的内容为基础，用恰当的课外读物给予所学知识有效的补充。如在学习《神奇的"莫比乌斯带"》一课时，学生通过"动手做"主动思考，合作交流，了解了"莫比乌斯带"的特征，深切地感受到了"莫比乌斯带"的无穷魅力，激起了学生强烈的好奇心。教师适时推荐学生共读《世界科普名著精选：拓扑学奇趣》，使学生感受数学的无穷魅力，拓展了数学的视野，激发了学生学习数学的热情。

延续阅读：新课程改革后，很多名家名篇入选新编语文教材中。这些美文浓烈的感情和优美的语言深受学生的喜爱，既是学生学习规范语言的典范，又能使其受到文化的熏陶、审美的愉悦。学习名篇后，教师指导学生延续阅读名著，向学生推荐相关书籍，以使学生进一步增强对文本的理解，同时扩展了知识面。如学习《冬阳童年骆驼队》后，指导学生延续阅读《城南旧事》；学习了《祖父的园子》后，指导学生延续阅读《呼兰河传》；学习了《猴王出世》后，指导学生延续阅读《西游记》；学习了《草船借箭》后，指导学生延续阅读《三国演义》；学习了《凤辣子初见林黛玉》后，指导学生延续阅读《红楼梦》；学习了《刷子李》后，指导学生延续阅读《俗世奇人》。

四、学科整合，全面提升学校办学水平

新课标指出，要注重学生的读书、积累和感悟，拓宽学生学习的领域，注重跨学科学习，使学生在不同内容和方法的相互交叉、渗透和整合中开阔视野。在研究实践中，我们将同一内容、同一主题的文字、影视、美术、音乐统整在一起，做到了不同学科之间的大融合；对同一主题进行全方位的解读，让学生眼观之，耳听之，手舞之，足蹈之，使学生在重复中深入主题，细细回味，用心思考，不仅开阔了学生的视野，培养了学生的阅读能力，还提高了学生深度思维的能力。我们希望学生在学习过程中能够做到举一反三、触类旁通。在学生还没有养成深度思考的习惯、还不懂得如何举一反三时，教师可以找出这些"一"和旁边的"三"，培养学生良好的学习习惯、思维习惯，以促进学生全面发展。

近年来，在全体师生的共同参与和努力下，我校开展的全学科阅读活动取得了良好的预期效果，受到广大师生和社会各界的一致好评。全学科阅读的成果概括起来有以下四个方面。

(一)拓展了学科的知识内涵

传统教学以知识点为主,学习材料单一,学科知识独立,导致学生在学习过程中的理解较为狭隘。开展阅读教学,通过对教材的深层次挖掘、多方面的知识链接、多学科的相互融合,学生形成了更为开放、多元、综合、立体的知识体系。

(二)提升了学生的综合素养

全学科阅读的开展,有效地促进了学生核心素养的提升,学生在科学阅读中激发了想象力、创造力、求知欲,在美术阅读中提升了鉴赏能力,在音乐阅读中培养了审美能力,在语文阅读中提高了文学素养,在数学阅读中发展了思维能力,在英语阅读中提高了对语言的感悟力。通过开展全学科阅读,既培养了学生广泛阅读各类书籍等信息资料的兴趣,又养成了学生爱阅读的习惯。学生的阅读能力得到提升,不仅能读懂信息,还能有效地捕捉信息、处理信息。学生在阅读中有思考,在阅读后能表达。

(三)促进了教师的快速成长

通过全学科阅读的开展,教师也养成了热爱阅读的习惯。此外,教师处理教材的能力也有提升,全科教师都能"活"用教材,准确把握、处理教材,能构建以教材为原点、链接相关阅读材料、课内课外一体化的阅读体系,建立了多元、开放的课程新理念。与此同时,教师通过对阅读方式的探索、对学生学习方式的探究、对阅读材料的筛选、对阅读资源的整合、对学科知识的研究,专业素养也得到了全方位的提升。中华人民共和国建立 70 周年之际,汾阳市府学街小学以备课组为单位,组织开展了"红色精神,代代相传"为主题的阅读活动。语文教师组织学生整本阅读《闪闪的红星》《英雄人物故事》,还开展了主题诵读活动;道德与法治教师在课堂上召开了"红色经典故事会"活动;数学教师给学生讲红领巾诞生的故事,与学生一起计算红领巾的面积,在活动中学生掌握了三角形的面积计算公式;音乐教师教唱红色经典歌曲《红星歌》《我和我的祖国》;美术教师指导学生制作主题手抄报;体育教师组织学生在操场上开展红色传递活动。全校各学科教师在统一主题下开展活动,激发学生热爱党、热爱国家的情感,使学生对红色精神、红色革命有了更深的了解,在学校掀起红色经典阅读的热潮。

(四)加快了"书香校园"的建设步伐

学校是育人的摇篮,人文校园需要有人文化的教育环境。每一所历经百年的学校,必有其不可替代的价值,有其独特的文化。学校的发展是一个不断追求、丰富、创新的过程,阅读教学就是学校的成长基因,"书香校园"就是学校的名片。随着课题研究的不断深入,汾阳市府学街小学已经形成了浓厚的阅读氛围,校长、教师、学生、家长一起阅读,共同陶冶情操,努力净化心灵,力求提升境界。在课题研究的引领下,学校的文化建设、班级管理、课程开发、少先队活动都紧紧围绕课外阅读这一特色展开,展现出勃勃生机。在全学科阅读的课题研究中,学校编写了校本教材《日有所诵》,设置了课外阅读课时。校园内增设了孔子讲学塑像、读书长廊、藏书近四万册的学校图书馆,徜徉在校园中,随处可见师生手捧心爱的书静坐在碧绿草坪上,一派和谐的阅读氛围!

在全学科阅读的实践过程中,我校也存在着一些不足之处和困惑,如没有进一步扩大阅读的外延、丰富阅读的内涵,没有形成完整的认知体系;教师在阅读实践中缺乏及时的反思和总结,缺乏理论高度的认识和提升;家长对全学科阅读的认识程度不同,导致对全学科阅读的支持力度不一;社会上的公共图书资源相对有限,且现有的书籍针对性不强,等等。针对以上全学科阅读过程中存在的不足和困惑,我校在今后的教学过程中将不断努力,积极探索,并呼吁社会各界积极参与,力求进一步完善全学科阅读。

文峰塔下古韵千年,酒香故里诗意飘香!我们府学街小学全体教师将秉承教书育人的宗旨,坚守全学科阅读理念,坚持引导学生阅读,积极探索阅读内涵,不断丰富阅读外延,力争做教育路上的先行者和引路人!

丰富德育自主活动，培育学生德行之根

太原市小店区八一小学　郭　琴

"根的教育"是八一小学的价值追求和文化特色。学校在"强根固基，一样也不能放；润泽童心，一个也不能少"的办学理念引领下，以"本真做人，善思乐学，健康阳光，基础扎实"为育人目标，践行"博观而约取，厚积而薄发"之校训，实施"育根""扎根""润根""护根""固根"等工程，夯实学生德、智、体、美、劳全面发展的根基，奠定学生坚实走向未来幸福人生的根基。

德育是学校育人事业的重点，是"根的教育"中的"育根"工程。围绕"尊重规律，活动丰富，实效明显"的德育目标，八一小学开发德育课程，创新德育形式，全方位促进学生道德品质的发展。在各项德育策略中，学校尤其重视德育活动的系统设计和常态实践，以形式多样的德育活动丰富学生的道德体验，深化学生的道德认识，促进学生道德行为的确立。各项德育活动目标明确，内容具体，形式多样，效果突出，具有鲜明的特色和品牌效应。

一、活动规划：系统化、规范化

基于学生道德发展的需要，结合本校的资源实际，遵循德育的基本规律，八一小学对学校德育活动进行了整体规划和系统设计，构建了传统节日主题活动、纪念日主题活动、升旗仪式主题活动、"八礼"仪式教育活动、社会实践主题活动五大类德育活动框架，形成了完善的德育主题活动体系。

传统节日主题活动，主要包括清明节、端午节、中秋节、重阳节、冬至节等主题活动。通过多种形式的节日主题活动，使学生了解和体验传统民俗文化，汲取传统文化的道德营养，促进学生的道德发展。

纪念日主题活动，主要包括雷锋纪念日、三八妇女节、植树节、教师节、母亲节、孔子诞辰纪念日、抗战胜利纪念日、烈士纪念日、国家公祭日、劳动节、国庆节、元旦等纪念日主题活动。通过不同形式的主题活动，激发学生热爱祖国和报效国家、热爱劳动的情感，养成学生尊敬教师、乐于助人、感恩孝亲、保护环境等良好品质。

升旗仪式主题活动，主要指贯穿于全年的周一升旗仪式教育，以社会主义核心价值观和传统文化为内容，每周设置一个主题，分班级轮流策划和主持升旗仪式，通过升旗仪式升华学生的道德情感。

"八礼"仪式教育活动，主要包括每年一度的入学礼、入队礼、感恩礼、毕业礼、开笔礼、进阶礼、状元礼、拜师礼仪式教育活动，按年级特点分置在不同时期，不同年级仪式重点不同，强化对学生的品德熏染和陶冶。

社会实践主题活动，主要包括环境教育、安全疏散演练、"小小讲解员""小小图书管理员""跳蚤市场"、敬老双拥等德育主题活动，在活动中增强学生的道德体验，增进学生的道德情感。

以时间为纵轴，以内容和年级为横轴，五大类德育主题活动纵横交织，构成科学完善的德育主题活动网络，形成月月有活动、班班有特色、人人有参与的德育主题活动格局。

同时，为了保证德育活动的有序性和实效性，学校规范德育活动，每学年初制定好两大德育计划：一是全年德育主题活动计划，二是每项德育主题活动计划。活动计划有目标、有内容、有步骤、有评价，以科学完善的计划保证德育主题活动的有效性。

二、活动设计：课程化、序列化

为了提高德育活动的效益，学校尝试将德育活动课程化和序列化。课程化重在对活动进行顶层设计，通过制订活动计划，明确活动目标和内容，设计活动步骤和活动成果形式，确定活动效果评价方式等；序列化指在分析相关课程资源的基础上，根据学生的年龄特点，对每项活动设计适合不同年级学生的序列化主题。目前，传统节日主题活动课程已开发完成，并于2018年全面实施。下面以清明节和端午节活动课程为例。

清明节活动课程：一年级开展"书声琅琅诵清明"诗歌朗诵活动，二年级开展"书页飘香话清明"讲故事活动，三年级开展"食在清明品味传统"制作食物推介会活动，四年级开展"走近清明感受传统"知识竞赛活动，五年级开展"清明时节忆先烈"祭奠英烈活动，六年级开展"追思先人勿忘生者"祭祖体验活动。

端午节活动课程：一年级开展"与诗共舞诵端午"诗歌朗诵活动，二年级开展"端午起源话习俗"故事会活动，三年级开展"端午知识大比拼"知识竞赛活动，四年级开展"情浓端午粽香千家"粽子制作活动，五年级开展"端午时节念屈原"作文竞赛活动，六年级开展"过传统节共中国情"情景剧演出活动。

序列化主题活动的设计与实施，让学生在校六年每年都过不一样的节日，体验不同形式的活动，全面感受传统节日文化，深刻体验传统民俗文化。

三、活动实施：主体化、实践化

道德品质的形成要经历知、情、意、行的转化过程。在这一过程中，无论是道德知识的学习，还是道德情感的激发、道德意志的锻炼，都需要在主体的实践活动中实现，即只有主体主动参与和亲自实践，道德认知才会最终转化为道德行为。遵循这一德育规律，八一小学在各项德育主题活动的设计与实施中，将学生视为主体，调动学生参与活动的主观能动性，让学生亲自实践、亲自操作，在实践中丰富体验，激发情感，促进道德行为的确立。以下面几项活动为例。

母亲节护蛋行动：每年母亲节，开展"护蛋领悟感恩，感恩滋润生命"护蛋活动。每个学生用一整天的时间全程开展护蛋体验活动，像妈妈般呵护鸡蛋宝宝，保证鸡蛋宝宝不被碰碎。在全天一刻不离的护蛋行动中，激发学生对母亲的感恩之心和关爱生命之心。

传统节日文化体验活动：在传统节日主题活动课程中，设计带有实践性的活动任务，丰富学生的文化体验。如清明节开展"祭奠英烈扫墓""追思先人祭祖扫墓"等活动，端午节组织四年级学生开展包粽子体验活动，中秋节开展月饼制作、"中秋赏月"等活动，冬至节全校学生开展包饺子体验活动。这些活动以实践形式替代了传统的文化知识讲解，强化了学生的实践，让学生在体验中丰富了对传统文化的认识，在体验中传承了中华文化。

"跳蚤市场"实践体验活动：每年5月，学校开展"跳蚤市场"活动。活动由学生自主策划,自主管理,同学间开展旧书旧物交换活动,在互换中获得公平交易、低碳环保、勤俭节约、助人为乐等方面的实践体验,在体验中锻炼能力,确立情感、态度、价值观。

纪念日主题体验活动:在各种纪念日主题活动中,重视实践体验。在学雷锋活动中,带领学生走进乡村,为乡村贫困小学赠送图书及学习用品,为乡村孤寡老人送去急需物品;植树节带领学生为学校周边的大树浇水、松土,每人种植小盆栽;在国家公祭日集体默哀;在国庆节集体向国旗敬礼。在实践体验中,学生深化了道德认知,激发了道德情感。

社会实践体验活动:充分利用本校小店区防震减灾科普馆的资源,组织学生进行地震体验,在体验中强化学生的安全意识,锻炼学生自我保护的能力;鼓励学生走进博物院和图书馆,担任小小讲解员和小小图书管理员,在角色体验活动中促进行为转化。

四、活动形式:情境化、多元化

基于各项德育活动的育人价值,顺应小学生道德发展的规律,八一小学在开展常态德育活动的基础上,创新德育活动形式,使学校德育呈现出情境化、多元化的特点。情境化指创造真实或模拟的道德情境,让学生身临其境地参与活动,认同道德价值,激发道德情感;多元化指针对不同的德育活动,采取不同的德育活动形式,以丰富多彩的形式开展德育活动。富有特色的德育活动形式主要有以下几种。

情境展示:在开笔礼、进阶礼、状元礼、拜师礼等仪式教育中,学生身着古装,直观呈现传统文化的形式和精髓,增进仪式教育的效果。

情景剧:在以"帮助老人、关心长辈"和"诚实守信、涵养德行"等为主题的升旗仪式上,设计"孝亲敬老"和"借书"情境,以情景剧方式向全体学生示范礼仪规范。

汇报展演:每年6月1日,学校围绕不同主题开展毕业会演活动,会演以班级为单位展示,并发放精美的毕业手册。

自然笔记:在"共建生态文明,描绘美丽太原"为主题的环保公益活动中,学生以自然环境为创作主体,通过细致观察和资料收集,对动植物进行写实记录,形成图文并茂、内容客观、感悟颇深的自然笔记。这一活动强化了学生尊重自然、顺应自然、保护自然的责任心。

其他形式:在抗战胜利纪念日、烈士纪念日、国家公祭日等爱国主题活动中,通过观看图片、电影、视频等形式,让学生受到革命精神的洗礼;在孔子诞辰纪念日,全校学生诵读《论语》中的经典名句,接受传统文化教育;国庆节全校师生高唱国歌,教师节学生诵唱歌曲,以歌曲的形式激发学生爱国、尊师情感;另外,在传统节日,开展了诗歌诵读、知识竞赛、小报制作、演讲比赛、操作体验、现场体验等多种形式的活动,激发了学生参与活动的主动性。

内容丰富、形式多样的德育主题活动,融知识性、教育性、趣味性于一体,调动了学生参与的主动性,对学生深化道德认知、激发道德情感、锤炼道德意志、确立道德行为具有深刻的影响。

五、活动效果:实效化、外显化

通过开展内容序列化、实施主体化、形式多样化的德育主题活动,学生的文明素养、道德素养、公民素养等大大提升,德育主题活动产生了明显的效果。

学生日常行为规范文明,上学、放学秩序井然,与人交往遵守礼仪,尊敬师长,主动践行道德规范;学生道德素养得以提升,诚实守信、孝亲敬老、友爱同学、乐于助人、责任担当等良好道德品质得以确立；传统节日主题活动，让学生在体验活动中丰富了文化知识，强化了对祖国文化的认同，升华了对祖国文化的热爱和自豪感；通过抗战胜利纪念日、烈士纪念日、国家公祭日、国庆节等纪念日主题活动和少先队主题活动，让学生在追溯历史、缅怀先烈中受到爱国主义教育和革命精神的洗礼，爱国、爱党情感得到升华；在各种社会实践活动中，学生的环保意识、公民意识、实践能力不断得到发展。近年来，八一小学接待了大量来自全国各地的考察团，考察团对八一小学学生的文明素养、道德素养给予了高度的评价。

　　"强根固基，润泽童心"，八一小学师生秉持核心育人理念，迈着坚实的步伐，以丰富、厚重的德育活动培育学生的德行之根，为学生走向绚烂多姿的明天奠定了做人的根基。

"根"课程体系的建构与实施

盐湖区解放路第三小学校　李红斌

盐湖区解放路第三小学校始建于 1965 年,现有 38 个教学班,学生 2499 名,教职工 110 名,是一所历史悠久、文化鲜明的老校、名校。学校位于运城之腹,毗邻盐湖,地接中条,孕山水之灵气,毓名流之神韵,践行传承智慧、立足当下、创新未来的学校精神,打造书法和民乐两门品质课程,坚持以人为本、全面、整体、创新育人的原则,培养出一批批有民族情怀的盐湖有"根"少年。学校先后被授予"德育工作先进校""基础教育课程改革先进学校""书写教学特色学校""艺术特色校""优秀家长学校"等荣誉称号,享有很高的社会声誉。

一、寻根定魂,古城蕴生"根"文化

教育是文化的载体,学校可以被看作汇聚、承传、选择和创新文化的高级文化体。教育与文化的这种特定关系,决定了文化对教育源源不断的滋养作用,同时也决定了教育有继承和弘扬民族优秀文化的责任。

盐湖区解放路第三小学根植于河东这个有着悠久文明史的地方,有着得天独厚的文化优势。运城,古称河东,雄踞晋陕豫金三角,是关公故里、盐运之城。物华天宝,人杰地灵,数千年来,名流辈涌。嫘祖养蚕,流芳千古;后稷稼穑,泽被苍生;尧舜禅让,立仁树典;大禹治水,弘义建功。另有政治家张仪、水利家李冰,名将卫青、霍去病、李牧、尉迟恭、薛仁贵,名相司马光,诗人王勃、王翰、王维、王之涣、王昌龄……尧都舜都禹都,三帝古都标根祖;中华中国华夏,诸多称谓昭河东。历史和时间给我们留下的文化瑰宝,形成独特的"根"文化。

党的十八大以来,教育发展要以立德树人为根本目标;习总书记反复强调要"文化自信";运城市委市政府提出要打造"古中国"文化名片。在这样的文化背景下,作为诞生于、成长于这所城市的老校和名校,我们有责任和义务发扬传统,弘扬文化。

当我们做出这样的选择时也面临另一个问题:教育是着眼未来的育人工程,我们面临的教育对象其实属于未来,我们为他们做的一切奠基,其实也是面向未来生活,那么创新和传承就具有同等重要的意义。如何做到合二为一,在传承中创新,于创新中留"根",就成为我们的出发点和落脚点。

教育的迷人之处,在于教育对象成长、发展的可能性、不确定性和可塑性。半个多世纪中,我们曾积极不倦地追求创新、求变,从最初的"培养四有新人"到"以爱育爱",一代代在实践中探索,在探索中反思。实践中,我们发现正如一个人的立世之本是德一样,一种教育的持续之本是"根"!一味地追求个性解放和顺应天性的娱乐式教育,让我们走入了一个"学生主体"的神话。无根草木不能活,无"根"文化无以延续、无法发展。每一个教育对象都是有"根"之人,我们必须给予相应的有"根"教育,促使他们由"根"而发,枝繁叶茂。

继承和发扬"古中国"地域民族文化精华就是盐湖有"根"少年成长的最近发展区。孟子的性善论,提出了"圣人与我同类者""人皆可以为尧舜";苏霍姆林斯基说,教育儿童通过周围世界的美、人的美，看到精神的高尚、善良和诚实，并形成自己美的品质；习近平总书记说，广大青年人人都是一块玉，要时常用真善美来雕琢自己，不断培养高洁的操行和纯朴的情感，努力使自己成为高尚的人。寻找、唤醒、强化这种文化无意识，对于盐湖有"根"少年的自我认同、文化自信有着举足轻重的作用，也为他们将来走向社会、走向世界打下坚实的文化底蕴，这就是我们提出的"根"教育。

二、守根铸魂，慧心拾得"根"教育

以开放的心态、开阔的视野，纳民族之雄风、汇世界之浩瀚、成千秋之伟业，我们将新时期的办学理念重新定位为"培根育人"。围绕"培根育人"的理念核心，校训定位为"根深叶茂别样美"；校风为"做有根之人"；学风为"脚踏实地，向善向上"（"人之初，性本善"是人之善"根"，教育是条向善而生的路，脚踏实地地做好指引者和守护者，让孩子遵从本心的善，发现和发扬孩子最本真的善，成为善心、善行、向前、向上的有"根"少年）；教风为"树德练能，积厚成器"（树德、练能乃为师立业之本，作为教师，必须"根"基深厚、德才兼备才能培养出德、智、体、美、劳全面发展的有"根"之人）；育人目标为"培养真善美健的有根少年"。

成长是什么？成功是什么？对于一个少年来说，成长和成功就是将来长成树，必定根深叶茂、顶天立地；长成花，必定亭亭净植，香远益清。一个有"根"少年，要从"根"文化中，汲取哪些营养，成就哪些品质呢？从古代学子必须具备的"六艺"（礼、乐、射、御、书、数）和现代教育要求的德、智、体、美、劳以及当代"中国学生发展核心素养"的六大素养（人文底蕴、科学精神、学会学习、健康生活、责任担当、实践创新）中，我们总结出有"根"少年必须具备的，也是必须从教育中汲取的"四品"：向善、求真、健体、尚美。"根"教育系统就是要播种"向善之根"（知礼仪、讲诚信、乐沟通），"求真之根"（善思考、敢实践、懂合作），"健体之根"（爱运动、有毅力、增自信），"尚美之根"（展才艺、会欣赏、能创作），从而让"根"教育体系中的孩子具备适应终身发展和社会发展需要的必备品格和关键能力，成长为有能力获得成功生活、适应个人终生发展和社会需求的"全人"。

我们把"根"教育文化外显为我校的 logo。其主色调是红、绿、棕三色。中国红代表传统精华、活力和原动力；绿色代表成长、进取和创新；宣纸棕代表地域文化、书香营养。我校的 logo 由三部分组成：下面红色的三个篆书"人"字寓意着学子向善、求真、健体的优秀品质；三道宣纸棕的"线条"，形似河流、沃土，取义传统文化对学子成长源源不断地文化滋养；顶层绽放绿色的"嫩芽"，代表着学子蓬勃成长，各美其美，迈向世界的矫健姿态。整个 logo，采用小篆书就，外形飘逸俊秀，兼具书法之美和艺术之美，突出了我校书法和艺术的两项特色。

三、承根扬魂，着力实施"根"课程体系

借力新样态学校建设的平台，经过专家引领，教师共创，我们的"根"课程体系建构成型。

（一）课程体系

我们的"根"课程体系对应"四品、四域、三层次"，培养有"根"少年。"四品"是指向善、求真、健体、尚美，具体表现为十二个核心素养：知礼仪、讲诚信、乐沟通、善思考、敢实践、懂合作，展才艺、会欣赏、能创作，爱运动、有毅力、增自信。为实现十二个核心素养，对应的四大课程领域是"善"课程领域、"真"课程领域、"健"课程领域、"美"课程领域，每一个领域又从基础课程、拓展课程、综合课程三个层次，层层递进，纵横有序，形成一个完整、科学的课程体系。

"善"课程领域，属于人文与品德领域，着重培养学生知礼仪、讲诚信、乐沟通，包括基础课程中的语文、英语和道德与法治，拓展课程中的主题阅读、主题探究、语言艺术表演、书法等课程，最终在文化节上综合呈现。

"真"课程领域，属于数学与创新领域，着重培养学生善思考、敢实践、懂合作，包括基础课程中的数学、科学、综合实践和信息技术，拓展课程中的智能计算机、趣味数学、思维体操、科学小制作，最终在科技节上综合呈现。

"美"课程领域，属于艺术与审美领域，着重培养学生展才艺、会欣赏、能创作，包括基础课程中的音乐、美术，拓展课程中的书法、民族器乐、合唱、舞蹈、国画等，最终在艺术节上综合呈现。

"健"课程领域，属于运动与健康领域，着重培养学生爱运动、有毅力、增自信，包括基础课程中的体育、安全和心理健康，拓展课程中的跆拳道、羽毛球、乒乓球、篮球等，最终在体育节上综合呈现。

(二)课程实施

学校课程实施主要采用三种整合方式：学科内整合、跨学科整合和校内外整合。

1. 学科内整合

如果说某一学科是一艘船，那么适当引入美术、音乐等有效资源，或适当加入不同年级同一主题的学科教学，那么这艘船就会变成一艘豪华游轮。

2. 主题式跨学科整合

主题式跨学科整合就是集各年级、各学科为一体的航空母舰。这样的整合开阔了学生的视野，提升了学生的综合素养，同时促进了教师的专业发展。

3. 校内外整合课程

书法和音乐对社会风气、道德修养的形成都具有潜移默化的作用，属于区域文化精华。学校打造书法和民乐这两门品质课程，既是对"根"文化的继承和发展，也是对我校已有优势的继承和发展。

书法课程是我校"根"课程体系中"美"课程的拓展课程。我们整合校内外家长资源，通过外聘专家，培养学生的书写兴趣，保证书写的专业性；采用网络学习和走班强化训练等多种学习方式，保障学习强度；并开发书法校本教材，现在硬笔书法教材和软笔书法教材均已成册，使课程有目标、定内容、成系统。每年艺术节上，展示栏里学生的优秀作品琳琅满目，书法比赛中人才辈出！学校被山西省评为书写特色学校。

民乐课程也是我校"根"课程体系中"美"课程的拓展课程，种类丰富。目前开设的有古筝、琵琶、二胡、笛子、巴乌、葫芦丝等共18类，指导教师来自社会各界和家长志愿者，最后通过节日活动和艺术节等平台，让学生人人都有展示的机会，人人都参与，个个都精彩，从而达到全面发展、个性张扬的育人目标。

(三)实行走班教学

走班就是打破原来常态下的年级和班级组织，学生依照自己的兴趣和特长，自主选择专业和老师，建立新的班集体统一教学。

走班教学，满足了学生的兴趣和发展需求，丰富了校园文化生活和内涵，促进了学校健康可持续发展。

四、存根留魂，科学评价有"根"少年

学校构建了有"根"少年评价体系，围绕"四品十二核心"（"四品"是真、善、美、健，"十二核心"就是十二大核心素养）进行评价，人人争当有"根"少年，个个"根深叶茂"。

我们采取将即时性评价与总结性评价相结合的方式，帮助学生养成一边成长经历体验、一边积累丰富感悟的好习惯，让考核和评价不再用于甄别和对比，而只用于自查和鼓励。

对于国家基础性课程，我们实行分等级评价；对于课堂表现，实行星级评价，学生自评、同学互评和教师评价相结合；对于各类拓展课程，我们设立了"求真少年"评价系统的"智多星""小科学家""数学王子（公主）"等荣誉，"向善少年"评价系统的"德孝少年""公益之王"等荣誉，"尚美少年"评价系统的"慧眼如炬""百灵鸟""舌战群儒"等荣誉，"健体少年"评价系统的"飞毛腿""大力王"等荣誉。让每一个学生通过自主申请、记录过程、统一展示、分类奖励的步骤，自主、积极、主动获取自己擅长和有兴趣的领域的荣誉，最终成为有"根"少年。

新样态学校建设就是让每一只鸟儿都能按照它独有的方式歌唱；就是让每一朵花都能按照自己的花期尽情绽放；就是让每一个孩子都能成为自己的样子。

我们将脚踏实地，培"根"育人，让有"根"少年"根深叶茂"，让学校展现新样态，让教育焕发新生机，让学生拥抱新未来！

播撒语文馨香,加强基地建设

长子县丹朱镇东街学校　李建芳

语文是一座文字的山,语文是一片语言的海,语文是一部思想的书。在语文教学改革和创新的道路上,我校几经迷茫、几经困惑,经过不断探索和磨炼,曾经苦涩的迷茫似乎有了些许的明朗,在经过了一些大胆的改革后,有了些许收获。

一、打造有"味道"的语文课堂教学

(一)"不同文体上出不同语文味"

最近这几年,我们语文课上承载的非语文的东西太多,从天文、地理到思想品德,似乎无所不能,可唯一不能解决的恐怕就是语文本身。语文课上,老师草草地让学生了解一下课文,就深挖教材中的微言大义,诱导学生亦步亦趋地走向教参中的答案,架空了文本。在"主题先行"的框架下,让学生戴着"脚镣"跳舞,好像孙悟空怎么跳,也跳不出如来佛的手掌心,看上去热热闹闹,其实只是在老师划定的圈子里翻跟头罢了。语文课不再有"语文味",陷入了"百课一模、千篇一律"的自娱自乐式的教学误区中。想打破这种"百课一模、千篇一律"的局面,力求使不同文体体现出不同特色,如果仅纸上谈兵恐不会走得很远。所以,我校将"不同文体上出不同语文味"作为近三年语文教学研讨的目标。从确立目标至今,我校已先后推出散文、故事类记叙文、诗词、说明文、写作等主题研讨教学,经过一轮轮的反复磨课、一次次的教学研讨,这几类文体的教学已初具成效。在不同文体的教学研讨中,有幸得到了教研室王艳青老师的多次指导和精辟的点拨,使各种文体的教学模式得以明了。

在诗词教学方面:我校要求一、二年级学生诵读儿歌、童谣、浅显的古诗,做到自由读,读准字音;节奏读,感受韵律;示范读,体会韵味;静听读,想象画面。要求三至六年级学生在阅读诗歌中领略诗情,做到字字落实释词意、朗朗上口诵诗文、历历在目想画面、津津有味悟诗情、意犹未尽找延伸。

在散文教学主题教研活动中,我们就散文教学教什么、为什么教、怎样教进行了多次研讨。在王老师的指点下,我们初步决定,在散文教学中,要做到:散文美教,引领学生充分地读,美美地读,读出语言之美;散文散教,在整体感知后,引领学生理解感性词句,品读欣赏语言,感悟文章主旨,最后视情况进行迁移训练;散文聚教,同样是在整体感知后,通过抓关键词、文眼等方式直奔文章书面上直白表达的道理,直至透析散文主旨。

在说明文的教学中,要让学生先自学以了解事物的特点,然后合作寻找说明方法,最后总结强调表达方法。在故事的教学中则要求初读故事了解内容、读中感悟理解寓意、延伸故事讲演情节。

不管哪种文体的语文课,我们都将朗读放在了首要位置。在朗读中,我们对不同文体有不同的要求:抒情散文美美读体会情感、叙事故事稳稳读找出核心、说明议论重点读显出特点、古诗新词节奏读感受韵味、寓言故事转换读体会寓意、童话故事轻快读彰显童趣。

(二)语文专项训练课

学生在课堂中的表现充分暴露出他们的听、说、读、写能力远远跟不上课改的步伐,要想让语文教学趋于规范、更加扎实,必须提高学生的听、说、读、写能力。针对这项工作,我校推出了两种专项训练课:看图写话、整本书自主阅读。

首先,我们对看图写话教学进行了探究,其间经历了四个阶段:第一阶段是图画日记,教师确定主题,学生根据主题画出图画,只写相应的词语;第二阶段是图画记事,学生根据主题绘画,并根据图意,用积累的词写一段话;第三阶段是单元阅读与看图写话,意图在于结合本单元主题,看图写话;第四阶段就是现在正在运用的思维导图看图写话,给学生一幅完整的图,让学生观察后,先进行思维导图,再写话。经过不断改进,我们发现,思维导图看图写话效果明显。其一,能帮助学生理清思路;其二,能抓住写话的侧重点,主次分明;其三,使学生做到有序观察,有理有据。运用思维导图引领看图写话时要做到:看(按一定的顺序观察)、说(说说看到了什么)、想(想到了与图相对应的词语)、写(在导图指引下按顺序写)、比(比一比谁写得好)。由此,学生由原来的写话不主动、不会写变得愿意写、有话写。

其次,我校制订了整本书自主阅读计划,要求各班学生每天在校阅读 10 分钟,每周汇总一交流,上好一节阅读交流课。一学期读完一本书,上好阅读总结汇报课,即阅读前导读课、阅读中推进课、阅读后总结课。通过这些方式不断指导、促进学生自主阅读整本书的积极性和持久性。与此同时,我校还制定了高年级自主阅读测试、单元主题阅读训练、单元主题手抄报等教学活动。我们还将课内与课外结合起来,树立"大课堂观",以 40 分钟为圆心,建构开放的大课堂,让课内与课外成为语文能力起飞的双翼。我们增加了阅读小报,让学生把从书中领悟到的展示在书面上。通过整本书自主阅读各项活动的开展,学生由被动读书变为主动读书,大厅开放图书场地中的读书热成了课间一道亮丽的风景线。

二、尝试有特色的教学教研活动

(一)"六步三环"教研模式

"没有规矩,不成方圆",要想加强基地建设,打造特色语文教学,不能一开始就搞一些肤浅的特色和花样,只有当教师有一定的学习意识和研究意识,教研特色才会悄然形成,否则就会出现"费了力不好看"的局面。所以我校推出了"六步三环"教研模式,其中"六步"体现在教学研讨工作中,分别为个人初备、集体研讨、个人初讲、集体初评、个人复讲、集体复评六个步骤,"三环"体现在观课、议课环节中,分别为教材理解、教师表现、学生表现三个观测点。"六步三环"这一教研模式的思路是以课堂实践为平台,以课堂观测研究为手段,寻找解决问题的有效策略。针对这一模式,我校全体教师进行了多次深入研究,不断尝试,不断实践。在全体教师的共同努力下,"六步三环"教研模式已逐渐成熟,在联校组织的多次大教研活动中,一次又一次地展示了其风采,并得到了教育局和联校领导的肯定,也让全体语文教师受益匪浅。另外,我校的"三环"评课模式已经辐射到了其他兄弟学校。

(二)语文教学与其他课程进行整合

我校初步尝试在完善本校"三读一测"的主体教学模式下,将阅读贯穿在各科教学中。数学课上,"三读"明算理,初读知内容,再读理思路,三读找延伸,既锻炼了学生的语言表达能力,又提高了学生的思维能力。音乐课上,"三读"知韵律,要求学生先大声读歌词,然后跟着音乐有节奏地读,最后学唱歌曲。美术课上,"三读"想画面,先诵读古诗,再谈感受,然后想画面,最后将古诗内容画出来。

思维导图走进数学课堂,已经辐射到数学教学中,数学教师开始尝试用思维导图的方法进行单元小结和整册书所有知识点的归纳整理。

阅读小报延伸至数学和英语教学中。数学教学中运用单元预习小报预习新知,用单元回顾小报复习旧知,英语教学中亦是如此。尝试几次后,我们发现数学和英语阅读小报对教学还是有很大益处的。

三、完善有意义的校本课程

语文教学的扎实推进和长期发展需要一个幕后推手,那就是校本课程。结合我校实际情况,特将诗词诵读作为校本课程开发资源。

成立诗词诵读社团:低年级段以何彦勤老师为指导教师,高年级段以杨丽萍老师为指导教师。两个小团体分别从各年级中精选50名朗诵小能手,成立一个小社团。在两位教师的精心指导下,学生的阅读能力大大提高,由此,以点带面,向全体学生辐射。

学科渗透:每门学科根据古典诗歌的内容,结合学科特点,增加相关内容,渗透在各学科的教学中。例如,音乐课上的诗词联唱,美术课上的诗词作画,体育课上让学生整队后诵读《三字经》,将《弟子规》改编为我校的课间操等。

围绕诗词诵读开展综合实践活动:将诗词诵读延伸到课外活动中,2020年我校开展了"阳光下成长,书香中起飞"活动,各班以诗词为核心,一、二年级以诗词诵读与舞蹈相结合,三、四年级以诗词诵读为主,五六年级则是大型诗歌朗诵。诗词特色教学与课外活动有机结合,形成诗词大家说、诗教不畏难、诗情满校园、诗画趣盎然、诗意润心田的诗词校园氛围。

四、争取有显著的实践效果

目前,我校在语文教学中已经明确了方向,始终谨记:不能种了别人的园,而荒了自家的田,学校、教师、学生层面均取得明显效果。

在教师成长层面,语文教学改革,锤炼了语文教师的专业基本功,提升了教学水平,优化了课堂教学策略,促使语文教学更有效、更优质。

在学生发展层面,我校学生的语文阅读概括能力、信息筛选整合能力、语言表达运用能力大大提高,学生的语文素养也得到了提升。

在学校长期发展层面,我校将融合其他学科的力量,助推语文课程向深度和广度发展;同时也发挥其辐射作用,形成学科合力,互推共荣,同时促进学校教学工作的长期发展。

语文世界是自由的心灵世界,语文课堂是营造幸福的语文课堂。学无止境,教无止境,研无止境。在加强基地建设、追求特色语文教学的道路上,我们转变的是观念,沉淀的是思想。我们会让语文教学远离浮躁,回归本真;远离浅表,走向深刻。

问渠那得清如许,为有源头活水来

翼城县北关小学校　吕德胜

近年来,翼城县北关小学校(简称"北小")作为我县乃至我市基础教育的排头兵,教育科研工作取得了可喜的成绩。回顾这一路走来的教改之路,"问渠那得清如许,为有源头活水来"这句诗浮现在了我的脑海中。多年来,我校始终把科研兴校、科研兴教作为学校发展的生命线,坚持以培养学生的核心素养、践行立德树人的教育方针为导向,以解决课堂教学工作中的实际问题为立足点,以多种教研形式为着力点,以理论与实践相结合为生长点,用课题研究做指引,加强对课堂教学改革的研究,不断构建课堂教学新模式。以研究促改革,为学校发展和教师专业成长营造良好氛围;以改革促研究,使得教育科研工作不断走向过程、走向实践、走向问题、走向合作,全面深化课堂教学改革,推动我校教科研工作向纵深处发展!

一、找准校本教研立足点,探究日常教学小现象

(一)深入教学一线,做实课例研究

校本教学研究从本质上说是一种行动研究。我校以课例作为研究的载体,实现了教师与教师、教师与研究者的合作研究,通过课例讨论、情境设计、行为反省等行动,实现课堂教学质量的提高和教师专业成长。

我们不是将公开课、展示课作为课例研究的主体,而是将常态课作为课例研究的主体,在最平常、最真实的课堂教学中进行探讨。如针对口语交际在考试中的重要性日渐凸显的现象,我们在六年级开展了口语交际课的观课与议课。所听第一课为人教版六年级下册《口语交际》习作四,学生围绕"学会生存""自我保护"开展遇到危险或灾难时自己如何自救、别人是如何应对的交流。由于学生的生活经历有限,在谈及自救环节时,学生交流的内容不多,在交流别人是如何应对危险与灾难时,由于学生没有做好材料的收集与整理,故而整节课的效果并不理想。我们在和语文教师进行了交流和对其指导之后的第二周又入班听了第五单元的口语交际课"科技发展,利大还是弊大",该课要求以辩论会的形式开展。这次教师做好了充分的准备工作,播放了经典辩论会视频,讲解了辩论会的常识,让学生提前思考并收集了许多辩论使用的论据来论证自己的观点,整堂课充实饱满,环节清晰,学生思辨激烈,思维高度活跃,课堂效果达到预期水平。

通过上述案例,我们发现课例研究的整个交流流程包括原行为、新设计、新行为三个阶段,其间有两轮在寻找差距中的反思与调整。通过对课例的研究,找出已有行为与新理念、新经验的差距,完成理念的更新;在此基础上修改原来的课堂设计,再到课堂中去实施;通过教师与研究人员听课,再结合新设计与实施情况进行反思,寻找差距,重新调整与设计,在这个实践—反思—再实践—再反思的过程中实现了螺旋式上升,从而实现了教师的专业成长和教学质量的提高。

而这样的课例研究在我校已形成常态,它不是开学初搞的一阵子普听课活动,而是成为

我们教研文化中不可或缺的一部分。"始终关注课堂"是北小人的共识,更是北小人的行动指南。

(二)依托课堂教学,坚持问题研究

任何研究都始于问题。在校本教学研究中,我们不能只热衷于热点问题、重点问题,却对自己日常教学生活中的小问题、实际问题视而不见。所以,我们本着以问题为导向、以解决问题为突破口的工作思路,深入课堂,捕捉课堂教学中的小现象,通过对教学小现象的研究,解决最贴近教学实际的问题,让教师感受到踏踏实实的收获和成长。

例如,对于试卷讲评课,我们深入课堂进行认真观察,发现对同一学科同一份试卷教师讲解的过程不同,效果也截然不同:有的教师不给学生思考与改正的时间,发下试卷就开始讲,且讲得多,看似试卷讲完了,但学生在薄弱环节并未真正产生"免疫力",并未真正掌握;有的教师给时间,让学生自己动脑筋思考错在哪里、该如何做,给空间,让学生以小组为单位,谁错了谁来讲,其余组员认可即为错题过关,使学生真正掌握。当然,不同学科的教师对试卷讲解的处理方式不尽相同,课堂效能也不尽相同。我们和教师一起交流研讨后,分析了各种讲解方法的利与弊,让教师主动达成共识:应该发挥好小组的作用,利用小组的交流互助,让学生动起来,从而提高课堂效率。

例如,经过我们多次听推门课发现,有的教师虽讲课有方,但课堂管理能力欠缺,总是呈现出学生纪律性差、班级管理不能及时跟进的课堂样态。于是我们进行了全校范围内的观察与调研,发现从整个学校来看这个问题不同程度地存在,比例接近5%。针对这样的课堂现象,我们立即采取了两项行动:一是由政教处和教研室共同牵头,组织全体教师学习班级管理的相关知识,从科学管理的角度对教师进行全员培训,提升管理理念,提高管理水平。二是对管理问题较为突出的教师,由教研室相关人员组织进行深入班级的观摩与学习,即学习管理有方、有特点、有效果的班级课堂管理办法,实现理论学习与实际借鉴并举。经过一个学期的跟踪式观察,这些教师在课堂管理上均有了起色,为实现课堂效果优化和提升提供了保障。

又如,我们深入课堂发现,教师"以本为本",但却囿于课本,拓展延伸补充不够或不能统一的现象大面积存在,直接影响着学生知识面的拓展和视野的开阔,更无法实现跨学科整合课程的推进。结合我校实际情况,我们立即组织并着手编纂了《课程工具箱》《日积月累》《影响孩子一生的古诗词》《翼城花鼓》《数学导学案》《英语习题集锦》《北关小学学生日常口语》《北关小学英语话题作文集》《语文课外阅读》《科学实验教学指导手册》《生活中的科学现象》等校本教材作为课本的延伸与补充,作为我校的又一教学资源。这些校本课程的开发有力地扩充了师生的课堂资源,切实地解决了一线教学中资料、习题短缺或不配套、不适用的问题。

通过上述对这些教学现象和教学问题的研究,教师切实感受到了研究的意义,增强了研究的动机,提高了研究的兴趣。在最习以为常的地方发现问题,也极大地调动了教师的积极性,很好地激发了他们的问题意识,使他们意识到了问题无处不在,只有不断解决问题,才能创造性地完成教学工作。

其实,课堂小现象距离教师最近,但是小现象的解决却需要团队的大智慧。对小现象的研究,也使教师对于课程改革的内涵进行了全面的理解,有助于教师在实践中将理念转化为具体行动。我们要在日常最不经意间发现教学问题,从最常态的教学现象中发现小现象,通

过比对分析,通过对小现象的研究理解课程改革,进而有力推进课程改革。

(三)开展课题研究,引领全校发展

教育问题其实可以分为两大类:教育实践中的问题和教育理论方面的问题。教育中的一般问题不是教育科研课题,而教育中的普遍性问题才能成为教育科研课题。我校先后承担了国家、省、市各级课题研究:"小学单元整合教学模式""小学学业评价研究""有效开展小学生大量阅读的途径与方法""特色学校建设与研究""校外社区教育资源的开发与利用""培训者队伍建设""培养小学生数学素养的实践研究""小学书法课堂教学策略研究""山西中小学办学特色研究",并积极推进"语文主题学习"这一全国教育科学"十二五"规划课题研究,针对每项课题都制定出详尽的方案,切实推动课题研究与建设。2013 年 11 月 22 日省教科院在我校召开"临汾市翼城县北关小学课程整合研究展示暨山西省'小学特色学校建设与研究'子课题工作研讨会",把我校教研教改推向全省,受到教育界的高度好评。同时我校的教研团队也走上了向专家型、研究型教师成长之路。

课题的选题来源于日常教研活动主题,来源于教学实践的需求,来源于课堂。在研究的过程中,教师找到了许多新颖、有效的研究方式:进行学生访谈、新旧教案比较、新旧教材比较、新旧课堂教学实录的比较分析、教学能手课的思考、新旧课堂评价标准的比较、新旧试卷的比较、质量调查、照片研究、录像思考、我的教育故事等。所有的研究只为一个目的:解决问题,改革教学。

围绕课题的研究内容和操作要素,进行听评课教研活动,同样有着重要的意义。课题实践课就是围绕教科研立项课题的研究主题和操作要素而设计的,并应用于教育教学实践活动的课例(包括综合实践课)。因而教师结合课题的要求而上的课也叫"课题实践课"。上好课题实践课是开展课题研究必须经历的一个重要环节,也是教科研课题实施过程的集中表现。

要上好课题实践课,首先要备好课。课题实践课的教案要突出课题研究的目的、内容和操作要求等。其次,在课堂教学的各个环节体现课题研究的精髓。课题研究的精髓是指课题研究的主题或中心思想,往往在课题的题目中体现出来。如课题"培养小学生数学素养的实践研究"研究的主要问题是如何通过探究培养学生的符号意识、空间观念、数据分析观念、统计观念、数学应用意识等。学生数学探究能力的发展,与学生的学习动机、原有认知水平、多路思维能力和学法有效运用等要素密切相关,但是培养探究能力的核心问题是对学生多路思维能力的训练。因此,训练学生多路思维能力是本课题研究的关键所在。我们组织开展听课题实践课是课题化教研活动的主要形式,而组织教师评析课题实践课则是课题化教研活动的中心环节。总之,围绕课题实践课开展的听课、评课教研活动,要力求体现"自圆其说"和"他圆其说"。

通过上述三方面工作的开展,教师达成了共识:其实,校本研究并不神秘,所有对未知事物的探索,就是研究。想问题即研究,学习即研究,备课即研究,反思即研究,解决问题即研究。

二、紧抓校本教研着力点,打造北关教研新常态

(一)依托"三段式"教研,引领课堂教学

多年来,我校实行垂直管理与扁平化管理相结合的管理模式,在这样的管理模式框架下

产生了具有北小特色的"三段式"教研模式,即教研室/教务处/政教处/特长处—教研组—教师。教研室对应的教研组有四、六年级语文、数学学科组,全校英语、科学,六年级品德学科组;教务处对应的教研组有三、五年级语文、数学学科组,一至五年级品德学科组;政教处对应的教研组有一、二年级语文、数学学科组;特长处对应音体美学科组。

每个分管处室配有每个学科对应的学科负责人。他们作为兼职教研员,本身有着过硬的业务背景和较为成熟的理论水平,经过各项赛事、送教、讲座的历练,有着丰富的教育教学经验。他们和教研室的专职教研员一道开展日常教学研究工作:听评课、参与各种教研活动、和教师一道准备各项赛事……这样就使我们学校教科研的队伍打破处室的限制;全校的教科研团队由教研室的四人迅速扩展为十人,为各项活动的开展提供了有力的人力资源保障与智力保障。

教师个人、教师集体、学科负责人作为我校校本教研的三个核心要素,构成了我校校本研究的三位一体关系。教师个人的自我反思、教师集体的同伴互助、学科负责人的专业引领是我们开展校本研究和促进教师专业成长的三种基本力量。校本研究是一种理论指导下的实践性研究,理论指导、专业引领是校本研究得以深化发展的重要支撑。在"三段式"教研中教师获得的是"如何做"的实践智能,研究的结果直接指向问题的解决和行动的完善与改进。自我反思、同伴互助、专业引领三者具有相对独立性,同时又是相辅相成、相互补充、相互渗透、相互促进的。学科负责教师作为教科研活动的重要一环为我校教科研工作的可持续发展贡献自己的策略与智慧,是我校教科研工作中一道亮丽的风景线。

(二)开展"大小"教研,促进教师成长

为了保障教研活动的有序开展,我校制定了教研活动流程,其目的是精心策划每一次活动,确保实效性,并形成现有的"大小"教研并举的特色。

大教研包括每学期开学初的集中学习培训、电子备课研讨和每周的学科教研。对于大教研,我们要求全校教师全部参与,周一下午第二节课和自习课为英语学科教研时间,周一下午第二节课为一、四、五年级数学教研时间,周一下午自习课为二、三、六年级数学教研时间,周二早自习为科学、思品、电脑、音乐、美术教研时间,周二下午第二节课为一、四、五年级语文教研时间,周二下午自习课为体育和二、三、六年级语文教研时间,周五早自习为花鼓学科教研时间。每周教研内容有理论学习,有专业引领,如学习课程标准,学习如何培养小学生的核心素养,学习专业的朗诵知识,学习常用教师口语,也有由教研室学科负责人在之前的例会上宣布的研讨主题,主题全部来源于教学过程中大家密切关注的或亟待解决的问题,如如何有效地检查作业,如何更好地发挥小组长的作用,班级微信平台的管理与使用,如何减少计算失误。教研时人人发言,切实讨论交流,旨在通过研讨消除问题,解决问题,提升技能,共同成长。

小教研主要是学科负责人在深入课堂发现问题后随机组织教研组的教师交流、研讨,可以是课堂亮点的分享,可以是课堂问题的研讨探究,也可以是共性问题的剖析。小教研还包括教师上课前的研讨、课后的反思交流等这些更接近课堂本真的内容,也可以是对大教研中研讨的话题的深入交流和探讨,还可以是对教学实践中的困惑的讨论。

这样的"大"与"小"、这样固定与自主两种教研形式在教学实践中均不可或缺,他们互为补充,构成了我校校本教研格局的最基本的开展渠道与落实路径。四个处室联动开展的教研模式,已形成了我校校本教研新常态!

(三)制度创新,健康发展

制度创新也是我校教科研工作的一大亮点,如集体备课制度、观课议课制度、外出学习汇报制度、教研活动制度、教研常规检查制度、业务学习提升制度、教研组长聘任与选拔制度、师徒结对培养制度、教师一周一反思一月一总结制度。用制度管理,学校教研工作并然有序;用制度规范,学校教研工作才能得到长足发展。

例如,我校的外出学习汇报制度,从接到文件确定外出学习人员到学习人员的登记备案,从学习归来后总结心得、课件的上交到学校组织外出学习心得的分享与交流,这一系列的流程都有具体详细的要求。在要求框架内,每一名外出学习的教师都不是盲目地学、随意地学,而是带着目的和任务专注地学、认真地学、高效地学。学习汇报交流环节,更是对外出学习的深化与延伸,除了外出学习的教师在准备文稿、课件这个过程中得到锻炼与提升外,其他参与聆听交流的教师也可获益,可以说使外出学习效能的最大化了。

三、把握校本教研生长点,打通理论实践促提升

(一)搭建各种平台,理论转化为实践

"不闻不若闻之,闻之不若见之,见之不若知之,知之不若行之。"有了对课堂的观察与探讨,有了对课堂小现象、课堂真问题的关注与探究,有了对相关课题的深入研究,这于我们的教科研工作来说并不完整,也不全备,但离开了实践的检验与印证,离开了实践的推进与引领,任何研究都将失去价值与意义。正如毛泽东同志所说,通过实践而发现真理,又通过实践而证实真理和发展真理,我们努力搭建各种平台供教师展示,让教师成长。

自2013年11月22日省教科院在我校召开"临汾市翼城县北关小学课程整合研究展示暨山西省'小学特色学校建设与研究'子课题工作研讨会"后,我校接待的前来参观学习的兄弟学校有临钢学校、吉县西关小学、临汾市实验小学、临汾解放路第二小学、乡宁城东小学、襄汾学校、襄汾县第三小学、临汾九中、临县黄白塔寄宿制小学、安泽县城关小学、乡宁县东街小学、临汾市第二实验小学、曲沃实验小学、洪洞县玉峰街小学,还有河北邢台教研室及其他学校的教师。近年来,语文、数学、外语、音乐、体育、美术、科学等学科组深入县域各农村学校轮流送课达480余节。2015年,我校成为翼城县首批中小学教师国家级培训计划(简称"国培")基地校,承担并高质量地完成了教育部、财政部的多个项目,各个学科作研讨展示课293节,组织召开研讨会135场,培训国培导师168人次。无论是兄弟学校的参观学习还是双边校际交流,无论是依托国培项目还是各种形式的送教下乡,必不可少的环节就是听课、评课、研讨。我们一边展示课堂,一边通过交流座谈教研教改经验与困惑,学习他们的先进理念和教研教改典型做法,努力实现双边互动,合作共赢,迈出校内教研到校际教研的步伐,实现从理论到实践的飞跃。

(二)参加各项赛事,开阔教研平台

假如说校际的交流研讨已不能满足我校教师成长的需求的话,那么参赛历练无疑是教师专业成长的必经之路。为提升教师驾驭课堂的能力,我校力推教师参加各项赛事。开学第一个月为组内赛课,评选出优秀教师参加学校优质课大赛,进而参加盟区赛、县级和市级优质课大赛。近几年来国家级大赛上也有了我们的身影,全国第五届"七彩语文杯"大赛上,我校王艳巧教师荣获一等奖,席鹏获全国百家教师;在第39届至第45届"创新杯"全国青年

教师教学艺术大赛中，我校教师席鹏、李娜、薛晓琼荣获特等奖殊荣，刘爱珍、李晓慧、杨志娟、张昭华、张娟、郝娟、侯亚辉荣获一等奖佳绩，王向泽荣获二等奖佳绩。2013年翼城县教科文局更是发出了向北关小学学习的号召！

让广大教师通过备赛夯实理论知识和专业技能，通过参赛将我校教研的平台延伸至太原、北京、南京、深圳、成都等，延伸至全国各地更广阔更优秀的人才聚集地。通过专家的点评与指导，通过观赛的分析与思考，通过与对手的交锋与碰撞，通过自己的反思与学习，参赛的确让教师得到了历练和成长，同时也印证了我们北关小学的发展方向与思路是正确的，理念与做法是可行的，教师队伍是优秀的。无论对于个体还是团体来说，参赛无疑增强了我们前行的动力与信心，有力地促进了我校青年教师向名优教师转变，也有力地推动了我校教科研工作迈开更大、更坚实的步伐向课改更深处走去。

创建特色是一所学校生存与发展的需要，是时代的呼唤。它需要特定的条件，包括校长的风格、学生的需要、教师的特长、科研的支撑、学校的底蕴和外在的环境等。其中，科研的支撑及"科研兴校"已成为大家的共识。

以北关小学教研室为龙头的一班人积极开展和参与校本教研，他们正积极思考如何使教科研工作在新时期从微观的课堂教学研究转向中观的学科课程研究和宏观的学校办学特色研究。

"不谋全局者，不足谋一域"，今后，我们将以特色学校建设项目作为学校发展的契机，以"山西中小学办学特色研究"这一课题为指引，发扬以学为基、以严为先、以实为要、以干为本的工作作风，多措并举切实加强我校校本教研。习近平总书记曾多次说，学所以益才也，砺所以致刃也。我们定会不断学习，勇于实践，更敢于创新，为将我校教科研工作做出更多成绩而不懈努力！

以"1+X"多元阅读,构建学校阅读新常态
——山西省吕梁市离石区朝阳小学实践案例

吕梁市离石区朝阳小学　孟变华

一、新常态下的学校阅读

"新常态"一词是习近平总书记形容我国经济发展的新特征,也是对党的十八大以后我国社会发展的高度概括。当今时代,知识创造和更新的速度加快,技术的发展让知识变得更加可得和易得,智能化和数字化同时也带来了碎片化和个性化,体现在阅读上,就是人们阅读的手段和方式越来越多元,而深度和质量却有所下降。在学校阅读教学中,我们发现学生在阅读过程中存在着阅读内容片面、选择随意、阅读层次较浅、阅读方法单一、没有形成良好习惯、学生阅读较被动且阅读总量不足等问题。新常态下,提升学校阅读质量,亟须加强学校层面的整体设计,发挥学校在育人过程中的引导、督促和评价功能。

二、"1+X"多元阅读的提出

温儒敏先生针对语文阅读教学中存在的问题,提出了"1+X"的阅读策略,即每讲一课,就附加若干篇同类或者相关作品,让学生自己去读。"1"是一篇课文、一首古诗等,是阅读的基石,具有统领作用。教师的教学设计和学生的阅读要围绕这个"1"展开,来扩充"1",实现由"1"篇到"1"本,由"1"个到"1"类。

在"1"的基础上,围绕"1"进行的拓展延伸就是"X"。"X"可以是群文串读,也可以是整本书导读、经典联读,可以是名著,也可以是绘本和戏剧。"X"的覆盖面广,可以根据学生学习的兴趣和特点进行选择,适应学生学习的自主性和主动性。但在"X"的选择上,要充分注重教师的指导和规范,以免出现随意和低效的问题。

多元阅读是综合多种阅读形式和方法进行的阅读。多元阅读有多元化的阅读目标、方法、内容和评价手段。基于此理论基础,山西省吕梁市离石区朝阳小学,结合学校自身实际,从学校顶层设计出发,积极推动"1+X"多元阅读体系在学校落地生根,取得了较好的实践效果。

三、"1+X"多元阅读教学策略

(一)设计理念:五育融合,促进学生全面发展

在"1+X"多元阅读教学的设计上,我们坚持五育融合的理念,通过阅读活动的开展,促进学生的全面发展。五育融合是新时代下教育发展的要求,它要求教育活动不是简单地把德育、智育、体育、美育、劳育割裂开来,而是采用一种综合的方式使五育相互贯穿、相互渗透、相互滋养,以实现学校育人的整合之力。

在具体操作上,阅读课程的实施从学校层面进行顶层设计,而不仅仅是语文学科组、语

文教师的事。我们组建了全科阅读的教师团队,让所有学科教师共同参与,围绕一篇课文或一本书,从各自学科的角度进行讨论。全科阅读的关键词是全学科参与、多角度阅读。全科阅读书目为每学期1~2本,这种方式打破了长期以来各学科孤立、失联的状态,拓宽了学生看待问题的角度,培养了跨学科的视野。

除了这种"育内融合",也有"育间"和"跨育"的融合方式。如在语文单元课文的学习中,适时结合德育和劳育的要求,进行教学组织与设计。在单篇课文的学习中,以问题为导向设计项目,打破各育的界限,在学生实践过程中实现整体融合。如"读书嘉年华"主题阅读活动中,学生在教师的引导下,以小组分工和讨论为主要形式,自己设计活动的方案、海报,自选主题、自行策划等。在这样的活动中,单一学科的知识不足以解决所有的问题,各育就这样有机地融合在一起。

(二)课程建设:多元阅读课程群的探索

在具体课程建设上,我们以开放的思维和创新的方式形成了面向学生、教师与家长的多元化的阅读课程群。

1. 学生阅读课程

(1)学科阅读课程。

在学科内,针对学生的层次和特点,我们设计了群文阅读课程、整本书阅读课程和读写课程,三类课程既依次推进,又相互交叉,共同促进学生阅读水平的提升。

群文阅读以多样化"议题"为纲,专题式地组织多篇课文,有的是以"作家"为议题,有的是以"表达形式"为议题,有的是以"观点"为议题……这样"一组一组"地阅读,更关注学生的阅读数量和速度以及学生在多种多样的文章阅读过程中的意义建构,打通了课内与课外,形成了语文课程教学的一种新形态。

学校还积极倡导整本书的阅读。早在1941年,叶圣陶先生就明确提出"把整本书作主体,把单篇短章作辅佐"的主张。温儒敏教授曾经在《给部编版教材编者的一封信》中提到,要将精读和略读的区分度加大,略读不只是比精读简单,还承担精读未能担负的那些功能,比如试验和练习浏览、检视、快读、猜读,而在精读课中这些方法是很少用的。从这个意义上说,整本书的阅读,是培养学生阅读策略的凭仗和依托。我校在"中国小学生基础阅读书目"的基础上,构建了一至六年级整本书校本课程体系。在书目选择上,学校注意了以下四点:第一,绝对是经典的。第二,必须是儿童的。第三,强调是分层的。第四,应该是全面的。所选的书以儿童文学为核心,兼选自然科学、人文科学等方面的优秀读物,让学生获得全面的营养。这样的阅读,也印证了萧伯纳的"苹果—思想互换论"。"师生共读—自由阅读—师生共读—自由阅读"形成良性循环的阅读生态圈。

在具体实行中,我们还积极推动阅读与写作的融合。开展"随课微写"——在阅读中巧妙进行"写"的活动的习作训练方式。随课微写具有这样的特征:选点小,用时少,篇幅短。让学生进行读写结合的即时练习——一课一得,课课有得。

(2)活动阅读课程。

学校以学生活动阅读课程为手段来提升学生的阅读兴趣和阅读水平,营造"书香校园"氛围。活动阅读课程包括常规阅读活动、名家经典阅读周、好书推荐日、读书漂流周、成语文化节、教育戏剧节等丰富多元的活动。

常规阅读活动,即把阅读渗透在学生的日常生活中,把阅读真正变为学生学校生活的一部分，成为学生重要的习惯。常规阅读，主要由读、写、讲、画、编组成，即坚持早读、午读、晚读，确保"读书时间"；学生坚持每周写读书心得、班级坚持每学期投稿50篇；鼓励每日课前一讲，分享生活趣事或书中所学，评选"朝小演说家"；把古诗学习与绘画联系在一起，鼓励学生根据诗歌内容与自己想象，给诗配画；学生编手抄报、自办报、黑板报等。

名家经典阅读周，每年举行两次，分别在世界读书日（4月23日）和孔子诞辰日（9月28日）前后举行。活动中，整周的时间全部用来集中学习某一位名家的经典作品。教师列出名家经典的书单，设计"导学单"来设计和引导学生的阅读过程。在学生对名家作品有了一定的阅读量的基础上，教师与学生一起，对这些作品的文字风格、写作技法、思想感情进行分析讨论。

教育戏剧节用角色代入让学生学会换位思考，促进学生健康人格的养成。学校每年都会举办盛大的戏剧课程汇报活动，从剧本的选择、角色的分配到剧目的排练以及海报的制作，每个学生都能在参与的过程中找到属于自己的位置，挑战不一样的自己。这种"先读后演"的形式，可以说是一场深度的二次阅读，让每一个参与者深受其益。目前为止，学生排练演出过的戏剧超过了40场，剧目包括《丑小鸭》《卖火柴的小女孩》《绿野仙踪》《木偶奇遇记》《夏洛的网》等。

2. 教师阅读课程

为促进教师阅读素养的提升，形成教师的专业自觉，学校从理论学习、阅读教学、研究能力等方面出发，为教师设计了相关课程。

（1）阅读理论课程。学校组织教师学习阅读的基本理论，提升理论素养。学校成立了"1+X"多元阅读教师工作室，工作室为教师列出相关理论指导书单，倡导领导和骨干教师引读、同伴共读、以写促读、教研带读、内外联结。推动"专业阅读五个一"工程，即诵读经典图书一本、阅读名著一本、个人选读教育图书一本、阅读学科专业图书一本、看经典电影一部，全面提升教师的理论素养和学习热情。学校以《群文阅读的理论与实践》为重点进行学习，从理论方面挖掘群文阅读的概念源流及其深刻内涵，力求全体教师更新观念，打破"阅读在课堂，阅读是语文老师的事"等观念，形成大阅读的观念与意识。

（2）阅读教学课程。课堂是阅读能力提升的主阵地，阅读教学是根基。在理论学习的基础上，工作室积极进行教学设计的革新，每两周组织一次课题专项教研活动，把理论学习、问题研讨和课堂诊断结合起来，以理论学习带动教师教研水平的提高，最终带动教学质量的提高。目前，学校开展的"以读为主，读写链接""积累与诵读相结合学古诗""绘本教学的趣味性"等教学策略的研究都取得了效果。

（3）阅读研究课程。学校还积极推进教师教研水平的提高。学校将有研究经历、教研水平强的教师组织起来，分为若干个小组，并为各小组聘请校外专家和导师，在选题、研究设计、研究方法、论文撰写等方面进行专题课程的开发，每个教研小组负责一个主题，如"基于学生核心素养构成之基础——学生阅读能力培养与提升研究""小学语文低段整本书阅读策略实施研究"，在相关领域总结经验，为教师提供教学研究的方法论。在此基础上，组织全体教师进行专题学习，融研究与教学一体，整体提升教师的研究能力。

3. 家长阅读课程

学校还积极开发针对家长成长的阅读课程，通过"书香家庭"等的评选，促进家庭阅读意识和氛围的提升，实现家长、学生、学校的共同成长。开展"小手牵大手——亲子读书"活动，邀请有兴趣、有能力的家长担任本班的阅读推广人,到学校开展班级阅读活动。提倡"我与父母同读一本书"活动,加强亲子之间的交流讨论,引导孩子学会语言表达、善于思考的习惯。家长与和孩子针对一本书,一起评论或辩论,谈心得,说感受,论用词,讲结构,实现父母与子女同读、同写、同感悟、共交流。

(三)效果评价:个性、多元的评价方式

多元的阅读教学需要多元的效果评价。在评价上,不以简单的数字作为衡量阅读的标准,评价的目的在于激励而非比较。学校发放了阅读足迹记录册来记录阅读中的心得体会,设计阅读晋级方式,以"读书小学士""读书小硕士"和"读书小博士"等称号来激励学生。为每位学生建立阅读存折,通过自主申报—小组考核—分段认证—校级审核—存入阅读银行的流程考核与确认,及时下发读书成长卡、读书徽章、阅读之星奖牌,让阅读及时获得有效反馈,真正"着陆"。

四、"1+X"多元阅读的实施效果

(一)以"1+X"多元阅读,提升学生阅读水平

经过长期的实践,学生阅读水平和质量均有明显的提高。"1+X"多元阅读实施之前,我们对学生进行了前测。调查发现学生阅读书目较单一、课外阅读时间不足、家长对孩子阅读缺乏指导和监管等问题。半年后,对实施多元阅读教学的班级进行后测,发现学生对课外阅读的兴趣大大加强,阅读方法更加科学,阅读效率大大提高,更多家长参与到了学生的阅读中。以三年级为例,实验前统计的学生每分钟阅读字数为152,实验后提高至180。其他各年级均有10%~50%的增长,学生的阅读水平显著提升。

(二)以"1+X"多元阅读,深化家校合作质量

通过"1+X"的多元阅读实践,越来越多的家长开始关注学生的阅读情况,并参与到学生的阅读活动中。我们以《中国父母基础阅读书目》为指导,提倡家长放下手机,陪伴孩子一起读书,并制定了具体的积分和评比规则,作为年度"书香家庭"评选的一项依据。同时,由于家长的年龄、职业、学历等背景不一,家长的资源就成为天然的教育和阅读资源。学校定期举办家校读书会,由某一专业领域的家长来带领一本书的阅读,既提高了阅读活动的专业性和多元性,又激发了家长参与的积极性、成就感,拉近了家长与孩子、学校间的距离,并组建了家长学习共同体。家校合作不再是一项学校任务,而成为家长和教师主动、自觉的行为。

(三)以"1+X"多元阅读,促进教师专业成长

学校通过课题引领、理论研读、培训交流等方式,把"1+X"多元阅读课程的实施与教师教学、教研、专业发展、职称评定联系起来,实现教师专业成长的跨越。阅读—研究—反思—实践—创新—阅读,教师专业成长就在这样的循环中实现了突破。

(四)以"1+X"多元阅读,推动校园文化建设

学校还以开展"1+X"多元阅读为契机,系统规划,推动校园文化和"书香校园"的打造。以"一路书香,一生阳光"为愿景,把阅读当作生存发展的基因,从文化氛围创设到制度保障,从教师到学生,从学校到家庭,从自读到共读,从课程到活动,践行"让书籍陪伴学生生活"的理念,积极向"书香校园"的内涵探索和纵深发展。

通过阅读,师生一起体验生命的活力。校风、学风、家庭教育观念有了可喜的转变。多

年的深耕,学校欣喜地加入新教育实验校、群文阅读实验校、光影阅读学校、分享式教学基地、中国新闻网"书香校园"优秀案例,阅读在校园内外蔚然成风。

五、未来展望

"X"本身意味着无限可能,"1+X"的多元阅读形式也有着无穷的组合方式。而更重要的是,"X"意味着学生个体的无限独特性和发展的无限潜力。未来,我们将把不断解放和发挥学生的创造力作为根本,深挖"1+X"阅读的价值导向和育人功能。在立德树人目的的指引下,加强课程体系建设,创新信息技术手段应用,推进教师、家长和学生学习共同体的建设,实现每位学生、每位教师、每位家长充分、全面的发展。

前置性作业背景下课堂小组合作学习模式的探究

介休市实验小学　孟国芬

一直以来,学生课业负担过重是教育的难题。就课堂教学而言,忽视主体、高耗低效、作业机械重复、功能单一是导致这一问题的重要原因。《基础教育课程改革纲要》《山西省教育厅关于深化基础教育教学改革创新育人模式的意见》《晋中市优化课堂组织形式 调整作业结构措施》这些文件都不约而同地指向了小学生减负:要求建立以问题设计为关键、自主学习为基础、探究合作为核心、展示交流为特征的新教学模式。倡导深度学习,构建生本课堂,把教学的重心始终放在学上。以学生发展为本,培养合作意识和能力,将素质教育真正贯彻到课堂。

2018年介休市实验小学"关于小学课堂教学模式的研究与实践"课题经专家论证,准予开题。在全市小学生减负工作精神的指导下,我们积极开展"前置性作业背景下课堂小组合作学习模式的探究"。以学生发展为本,积极探索小组合作学习模式,实现人人参与、个个展示、自主学习、自主管理是我们的实验目标。前置性作业充实了小组合作学习的内容,小组合作学习完善了前置性作业在课堂教学过程中的交流、展示环节。将两者有机结合,探索相应的教学模式,是我们研究的方向。目前前置性作业背景下的小组合作学习在我校班级教学中已经成为重要的教学组织形式。具体做法如下。

一、前置性作业

(一)什么是前置性作业

前置性作业是生本教育理念的一个重要表现形式。它指的是教师在向学生讲授新课之前,让学生先根据自己的知识水平和生活经验所进行的尝试性学习。它改变了传统作业中以巩固为主的单一功能,增加了拓展型、探究型、实践型为主的作业,让学生完成作业的同时能关注时事、关注社会、关注生活,从而更好地学会学习、学会求知、学会合作、学会探究。

(二)设计前置性作业遵循的原则

布置前置性作业坚持以下原则:低入性原则、趣味性原则、实效性原则、个人作业与小组合作作业相结合原则、开放性原则、可操作性原则、时效性原则等。例如,一年级《影子》一课的前置性作业就充满了趣味性。

玩一玩"追影子"或"踩影子"的游戏,一边玩一边让爸爸(妈妈)帮你记录你发现了什么,填在下面的括号里。

(1)我发现影子有时长,有时短。光线从顶部照射下来,影子就(　　　);光线斜着照射过来,影子就(　　　)。

(2)我发现,太阳在我前面,影子在我(　　　)面,我背着太阳走,影子在我(　　　)面,我迎着太阳走，影子在我（　　　）面。

（3）我发现，不管我们穿什么颜色的漂亮衣服，影子的颜色总是（　　　）。

（4）我发现：（　　　　　　　　　　　　　　　　　　　　　　）。

六年级《京剧趣谈》一课的前置性作业设计则体现了个人作业与小组合作作业相结合的原则。

（1）自主探究：你对京剧有哪些了解？请搜集资料，制作资料卡。

（2）小组合作：欣赏一段京剧名家名段，尝试用文字、思维导图、图片、视频、表演等形式记录并展示京剧的艺术之美。

(三)前置性作业的类型

根据教学的实际需要，可设计不同类型的前置性作业，如材料类、实践类、思考类、阅读类、跨学科类、主题类，当然，也可以多种类型综合运用。

如《长方体和正方体的认识》一课的前置性作业就体现了实践类和思考类作业的综合运用。

（1）找一找：生活中有哪些物体的形状是长方体？想想它们有什么共同特征。

（2）做一做：请你动手制作一个长方体，认真体会制作的过程，再仔细观察，把你的发现记录下来（制作材料可以是土豆、萝卜、橡皮泥、纸片、小棒、吸管等）。

（3）画一画：请你尝试利用手中的笔、尺子画一个长方体。

二、前置性作业背景下课堂小组合作

(一)前置性作业背景下课堂合作教学基本步骤

前置性作业背景下的课堂合作教学一般有六个步骤：设计前置性作业，完成前置性作业，课堂组内合作，全班展示互动，当堂分层练习，课堂总结延伸。

1. 设计前置性作业

教师根据教学目标、教学重点、教学难点、教学关键点等要求设计前置性作业，在正式教学前一天或几天布置，学生按要求完成。

2. 完成前置性作业

学生根据前置性作业的要求，提前一天或几天完成作业，一般要求独立完成或根据教师的要求对特定项目内容与家人、同学合作完成。

3. 课堂组内合作

首先，教师要在课前对作业完成情况进行全面检查，把脉前置性作业的重要课堂交流点、学生完成的困难点，并对前置性作业的完成情况做出基本评价。其次，在课堂上根据教学内容与进度，适时研讨并展示前置性作业学习情况。先进行组内学习，针对组内成员的前置性作业成果进行交流、研讨、补充、质疑等活动，最终形成小组学习成果并准备汇报。

4. 全班展示互动

根据学习内容的不同以个人或小组为主体进行展示，经过生生互动、师生互动，最终形成班级学习成果。

5. 当堂分层练习

根据教学目标设计不同层次的练习题，让全班学生根据自己的实际情况完成相应层次的练习。

6. 课堂总结延伸

课堂总结的目的是让学生获得的知识形成系统,让学生的思维得到延续,让学生自己建构的知识与学科本身所具有的知识接近一致,达到"课已尽、思未了"的效果。

(二)课堂学习活动和前置性作业的对接

就教学而言,深度学习是在教师引领下,学生围绕着具有挑战性的学习主题或任务,积极参与、体验成功、获得发展的有意义的教学过程。我们试图以前置性作业与课堂学习活动的有效对接推进深度学习发生,构建生长式课堂。下面是常用的几种对接方式。

1. 反馈—讨论式对接

学生完成前置性作业后,课堂教学中集中交流、展示、质疑、归纳总结,以便学生更好地理解新知。

2. 质疑—释疑式对接

前置性作业为基础,课堂教学时不失时机地穿插学生的质疑问难环节,以师生之间、生生之间的互相释疑完成对新知的理解与感悟。

3. 主讲—助讲式对接

在了解学生前置性学习情况的基础上,小组交流后由若干名学生担任主讲,教师和其他学生作为助讲协助完成课堂自主学习。

这些对接方式对教师提出了更高的要求——精讲,做到"六讲好,六不讲"。"六讲好":讲好重难点、规律、方法、易混点、易错点、易漏点。"六不讲":不讲学生已经会的,不讲学生能学会的,不讲学生怎么也学不会的,在学生思考或做题时不打岔,在学生发表不同见解时不讲刺激的话,在学生思考过程中不急于讲话。

我们以"主讲—助讲式对接"的课例来说明。

四年级《语文》上册文言文《王戎不取道旁李》的教学,教师设计了这样的前置性作业:①解解题目;②学学字词;③读读古文;④说说大意;⑤品品人物:我觉得王戎_____。

在学生独立完成的基础上,课始,教师安排小组内交流各自的研究结果以及存在的问题。教师在巡视中了解学生此时还解决不了的问题,结合课前对前置学习单的检查反馈得到的信息,有针对性地引导学生关注以下重点内容:生字"戎"的书写及古今演变、多音字"折"读音的正确辨析;理解题目意思;师生合作读文,体会句子的正确停顿;在这个过程中理解重点词"尝""竞走",体会古今异义以及"取之""问之"中"之"的不同意思;尝试多种形式梯度背诵;试着把这个故事讲给大家听。

我们看到,在课堂交流反馈的环节教师始终以"你还存在哪些疑惑或困难?"为教学出发点,呈现本课知识点,突出重难点、易错点,关联生长点,安排以小组为单位进行梳理,汇报小组合作后能解决的问题,并承担主讲任务,引导学生将自主学习、小组合作的成果呈现给大家。

小组依然解决不了的问题就是课堂新的教学资源,新一轮的课内探究便据此展开。我们看到:对方没讲明白时,会有人及时提问;对方没讲全面时,会有人及时补充;对方观点有漏洞时,会有人质疑;对方模棱两可时,会有人辩论;对方观点错误时,会有人反驳;火候已到,会有人基于倾听、概括、表达基础上做适当的总结。整个对接过程环环相扣,步步深入。在这个过程中,教师讲话不多,随时启发学生思考,评析学生答案,有鼓励,有期待,有指正,要言不烦。在充分激活学生语言和思维能力的基础上，教师着眼于"疑"，即抓住关键内容，把握恰当时机，提出了更具探究价值的问题："戎动而诸儿不动"，怎么理解？学生豁然："唯戎不动"实为"动"，是静观，是独思，不动是假动是真动！教师趁热打铁，品读人物。学生经历了真正的学习过程，答案也就异彩纷呈：

……取之，信然。诸小儿论之，一小儿赞曰：戎乃神童也；一小儿曰：戎乃吾师矣。

……取之，信然。诸小儿哗然，一小儿俯首叹曰：吾等弗如尔。一小儿曰：汝之聪慧，卓尔不群。

……取之，信然。诸小儿曰：戎为明者也。一小儿惊叹，曰：戎乃神童也；一小儿曰：乃奇也。戎曰：吾非生而知之者，乃常理也。

（三）实施分层练习

分层练习以"不同的人"在分层练习当中"得到不同发展"为指导进行设计与实施。一般从以下三个方面落实。

1. 分层把控学生

建立健全组内运行机制，根据学生的家庭生活环境、日常学习表现、情感价值态度、学习习惯、经验等方面的不同情况综合考察后对其进行分层。随着学习进程的不断推进，根据每个学生的进步情况进行调整，保证每个学习小组内人人都是学科长，科科都有"领头雁"，从而使得每个学生都有责任意识、竞争意识。

2. 分层练习设计

根据课本每道练习题的目的，结合合作学习的情况对练习进行整合与二次开发，形成一题多问、一题多变、一题多目标的设计构架，实现同一道习题有不同的练习深度的目标，体现由易到难、由直观到抽象、由学科知识到生活应用，以保证练习的深度与广度。

3. 分层实施评价

我们积极鼓励教师要不断研究分层练习实施的有效策略，真正让分层练习有效甚至高效实施，最终促使学生巩固知识、积累经验、凝聚方法、形成能力、积淀思想、提升学科素养的多维目标的实现。小组合作学习评价重点关注如下几点：①评价态度，以尊重学生的人格为前提。②评价内容，既肯定学生学习结果，又鼓舞学生学习的努力程度。③评价视角，站在学生的角度。④评价标准，以个体纵向比较为主。⑤评价公正，让学生有进展的信心。⑥评价方式，以教师评价、学生自评、互评、家长评、成长记录袋为主。

（四）小组合作课堂上教师经常做的事

1. 课堂上多问"你们同意他的看法吗？"

让学生像老师一样学会对别人的意见进行分析评论，把评价的主动权交给学生，并结合自己的理解给同伴以合适的帮助。

2. 课堂上多说说今天学了什么

课堂上多给学生提供概括与总结的机会，从小培养他的处理信息、概括总结能力。

3. 课堂上多猜猜这个问题哪儿容易出错

课堂分享时，留出时间让台上、台下的学生进行交流或提供意见。最后老师要问："你猜猜这个问题哪儿容易出错？"或者"你现在想如何修改自己的分享？"坚持不懈，培养学生善于反思的好习惯。

4. 课堂上多试试能不能把自己的看法讲给同伴听

要把自己的想法说出来，就需要连贯的、持续的、甚至是加工后条理化、结构化的表达，把自己的想法表达出来，甚至像老师那样把别人教会。这就是锻炼思维、提升思维、树立主人翁意识的过程。

5. 课堂上多练为精彩鼓掌

欣赏是学习的阶梯，是友谊的桥梁。合作学习中，我们要求学生为精彩鼓掌，为进步鼓掌，为谁也没有料到的创意鼓掌。

三、实践成果

两年来，我校教师牢固树立开放的、综合的课程观。教学中努力创设科学、有效的前置性作业以及学生乐于接受的问题情境，注重小组合作，培养学生的自主、合作意识和创新精神，初步取得了一些成果。

（一）教师的课堂角色得到了转变

在前置性作业背景下，课堂小组合作学习中的教师角色有了很大的转变，其成为调控者，让合作更有序；成为参与者，让合作更有趣；成为指导者，让学生更得法；成为促进者，让学生更得意。

（二）学生的合作意识得到了增强

前置性作业背景下的课堂小组合作学习减轻了学生的课业负担，激发了学生学习的积极性，让他们掌握了自主学习和合作学习的技能，提升了团队意识，充分体现了"让学生自主探索，成为学习的主人"这一新课标基本理念。

（三）学生的非智力因素得到了发展

小组合作学习为所有的学生提供了成功的机会，对学生的兴趣、情感、意志、性格、气质等非智力因素的发展产生了重大影响，塑造了学生自信、坚强和乐观向上的性格品质，使其学会认知、学会做事、学会合作、学会生存、学会做人，具备了适应社会环境的优良心理品质。

（四）学校的教学质量得到了提升

改变课堂结构，精讲精练，分层布置作业，精选精改，打造真课堂、高效课堂。通过近两年的改革实践，课堂上学生成了主角，尽情地展示，大胆地创新，展现了自我，提升了能力，课堂教学效果得以提高，教育教学质量也大幅提升。

我校对于前置性作业背景下的合作学习，不论是在理论探讨方面，还是在实践应用方面，都已取得一定的成效。实践探索任重道远，我们将在各级教研机构的领导下，在全体参与教师的共同努力下，将"前置性作业背景下课堂小组合作学习模式的探究"向纵深推进。

小组合学，孩子乐学

晋中市太谷区实验小学校　王学忠

我校课改推进了十几年，虽然取得了丰硕的成果，但是依然有不少教师主宰着课堂，学生被动学习。针对此现象，我们认真剖析原因，找准问题，把问题转化成课题进行研究，经过实践与探索，形成了一套切实可行、行之有效的学习方式，即"小组合学，孩子乐学"，大面积地提高了学生的学习素养。

下面我从合作小组的组建、分工、培训、作用、评价与考核六个方面来详细论述。

一、小组的组建

开学第一天，班主任要对合作学习小组进行分组，四人一大组，两人一小组，本着组内异质、组间同质、整体差异最小化的原则，四个人分别为一号组长、二号组长、三号组长、四号组长。然后安排座位，顺序一般是二、四、一、三，这样安排是有目的的，即方便互查、方便交流、方便帮助后进生。紧接着，各小组自己定组名，学生都很有创意，定出了如"激流勇进组""梦想飞翔组"的组名。

二、小组的分工

确定好小组成员之后，紧接着要进行分工。一般来说，一号组长为大组长，全面负责本组的工作，包括填写成长储蓄卡、检查本组的家庭作业、组织小组的交流研讨、疑难问题的解决、小组的管理等；二号组长负责平时两人小组的一切活动，三、四号组长监督组长的工作并努力提升自己。

三、小组的培训

小组的培训工作是一个长期的过程，发现问题就得培训，一般我们的做法是开学第一天放学后，留下组长进行两方面的培训，一是思想教育，二是方法指导；第二天放学后，留下组员进行两方面的培训，一是感恩教育，二是细节的指导。

四、小组的作用

小组的作用主要表现在以下四个方面。

（一）互检互查

其指检查家庭作业，或者检查课堂上所做的练习，看组员是否完成。一般的方法是一、二号互查，然后一号查三号的，二号查四号的，有问题反馈给教师，没有问题就给组里加分。

（二）解难释疑

对于个别学生不会的问题，可以在组内进行解决，组长可给组员讲解。

（三）互讲互查

其主要用于课前复习或是在练习时，学生在独立解题的基础上合作交流，以求知识与技能的共享。

（四）纠错改错

原则上，改错要落实在纸面上。我校数学与语文教师尝试用纠错本，让每位学生把每天的错题改一次，把同类型的题再做一道。小组成员互查互验，看是否正确，不但要纠正错误本身，还要分析错因，找出错根，并在小组内讲解出错题目与知识点。学生展示时，小组长就批阅了。教师一浏览就知道应该订正哪道题，不需要订正的就不讲了，这样可以节约时间。

五、小组的评价

小组评价很重要，没有评价小组就形同虚设。评价是盘活小组的润滑剂。评价时我们采取的是小组捆绑式评价，将本组的一切得分都紧紧地捆绑在一起，如成绩、课堂表现、课间活动、下学路队等方面的得分紧紧地捆绑在一起。表扬不以个人为单位，而以四人小组为单位，做到一周一小结，一月一小表彰，两月一大表彰。具体方法：每周五第三节课是班队会，我们每周利用 10 分钟进行本周小组得分的总结，然后填写在成长储蓄卡中，前三名为冠军组、亚军组与季军组，第四名和第五名为优秀小组，另外选出进步小组，分别发放流动小锦旗。为了做好记录积累，我校统一设立了"合作共赢，快乐成长"专栏，冠军得三颗大五星，亚军得两颗，季军得一颗，优秀小组得一颗小五星，进步小组得一枚进步章。

六、小组的考核

为了真正发挥小组的作用、让每位教师都将小组用活，我校在每个学期都对教师进行考核。具体方法为每月进行成长储蓄卡及教师指导记录的检查，每次听课要对小组活动进行量化打分，期末记入教师的评估中，真正将小组评价落在实处。

总之，我们从培养学生的核心素养出发，重在培养能力，让其在合学过程中学会学习、学会做人、学会合作、学会生存，增强了学生的主人翁意识。学生在合作中不但锻炼了胆量与能力，而且学会了合作、交流、处理问题。小组合学，孩子乐学，合作共赢，真正培养了高素养的人才。

立足校本研修，促进教师专业成长

大同市实验小学　王玉荣

从 2018 年 3 月，学校开展了"以校本研修促教师专业成长"的课题研究，构建了生态化的校本研修模式，探究出不同发展阶段教师群体校本研修的目标定位、研修内容和研修方式，在实践的过程中，对研修活动进行了一些改进，取得了一些成效。

一、立足需求，构建生态校本研修模式

大同市实验小学是一所有着百年历史的学校，2013 年起学校走上了集团化办学的新路，学校规模快速扩张。2013—2018 年共招收新教师 94 人，教师素质参差不齐，学校的发展遇到了前所未有的挑战。学校的发展靠的是教师，学校要发展，首先要让教师成长起来。时代的发展、人民的需求、学校的发展对教师提出了更高的专业要求。实验小学从教师培训、校本教研到校本研修，一直走在促进教师专业发展的路上，但是反思我校的校本研修，有一些值得重视和需要改进的问题，主要表现为校本研修的实效性差，研修活动更多的是培训，而不是研修，基本是以听为主要方式的学习，教师是被动的参与者；校本研修的针对性差，忽视教师真正的需求和个体差异，研修简单化、统一化。事实上，不同年龄、不同发展阶段的需求是不一样的。总之，学校现有的研修内容、方式已经不能满足学校发展的需要，因此，学校借鉴相关经验，针对学校实际，研究制定了生态校本研修模式的结构框架，即"三阶""四步"生态校本研修。

生态校本研修，是指从学校的教育哲学出发，根据每个发展阶段教师的不同需要，充分发掘、优化配置学校教育资源，为教师提供个性化、全程化的校本研修。

"四步"是教师在生态校本研修过程中遵循的基本学习规律：体认—践行—思辨—创新，教师通过体察和认识教育过程中出现的问题和现象，由感性认识上升到理性认识，进而指导实践，从实践中发现问题，反思辨析，改进方法，创新方式，实现发展，在实践中再去体认，循环往复。

"三阶"是三个不同成长阶段的培养对象及与其所对应的研修目标、研修内容、研修方式。

我校依据教师的教龄及教学水平，将教师分为三个成长阶段：合格教师成长阶段——教龄为 0～3 年的新教师，骨干教师成长阶段——教龄为 3～10 年的合格教师，名师、专家的成长阶段——教龄为 10 年以上的教师。

受发展阶段、年龄、环境、教育背景、个体的实践活动等因素的影响，每位教师所表现出来的发展水平和发展需求是不同的，因此学校将教师按照群体结构进行划分后，遵循差异性原则，制定了相应的群体发展目标和研修内容。教龄 0～3 年教师的主要任务是"站稳讲台"，掌握基本教学技能，尽快适应学校教育教学工作，树立正确的教师职业观。教龄为 3～10 年教师的主要任务是"站好讲台"，熟练运用教学技能，掌握一定的科研能力，以课堂教学为切入口，开展基于课堂实际的课例研究，逐渐认同小学教师的专业性和独特性，注重自身

专业发展。教龄为10年以上教师的主要任务是掌握比较系统的教育教学理论,立足实践开展教育研究,学习科研方法和成果表达等,再通过成果表达形成独特的教学风格或教学思想,树立坚定的教育信仰。

师徒结对、教案预审、集体备课、基本功比武是第一阶段教师的主要研修方式;名师引领、课例研究、主题教研、课堂教学竞赛是第二阶段教师的主要研修方式;专家引领、课题研究、开发校本课程是第三阶段教师的主要研修方式。这几种研修方式是相互交叉的,教师还可根据自己的需求和研修的实际情况,自由选择其他研修方式。

二、重视实践改进,提高校本研修实效

在本次课题研究之前,学校已经有了多种形式的校本研修实践。本次课题研究过程中,强调让教师浸润在真实情境中,以解决问题为导向,以提高校本研修实效性为目标,对其中的一些研修方式做了完善和改进。

(一)师徒结对

师徒结对是我校针对教龄为0~3年的教师开展的主要研修活动。师徒结对就是老教师与若干新教师结为师徒,由老教师对新教师的教学活动给予指导和帮助,发挥传、帮、带、导的作用,促进新教师迅速稳定地发展,缩短青年教师对教学规律的探索周期。

以往的师徒结对主要的研修方式是听、评课,这样的方式对提高新教师的课堂执教能力有一定的促进作用,但是指向课堂实践问题解决的策略不具体,师傅的指导和徒弟的操作无梯度,这就使得新教师在置身于真实的教育教学环境中遇到真实的问题时,往往难以将之前所学知识和理论转化应用于实际问题的解决,因此他们更需要在工作情景中接受指导,获得直接经验,为独立解决工作实践中的复杂问题打好基础。为此,学校围绕真实的问题,以解决问题为重点,以成长小组为组织方式,让新教师经历由模仿到独立、由理论到实践的转化,从而提高新教师的执教能力。

成长小组由一位学校名师、一位学科骨干教师、4~5位新教师共同组成。学校名师在学科骨干教师具体指导的基础上分类进行理论指导与实际操作训练,如教材分析要领、学情分析方法。学科骨干帮助新教师诊断课堂教学中存在的问题、原因,具体指导其完善教学设计,改进教学流程。成长小组中的新教师相互充当资源,相互帮助,共同探究,通过备课、说课、观课和议课等环节反思教学,积极寻求有效教学的策略。成长小组在三个层面运行。第一,备课阶段。学科骨干教师提供多份不同教学内容的单元和课时教学计划,新教师进行选择,并且进行模仿性的备课活动。第二,教学实践阶段,新教师与名师、学科骨干教师互相听课,新教师在名师、学科骨干教师的引领下进行不同主题的研讨,包括教学对象、教学内容、教学形式、教学组织等。第三,成果展示阶段,新教师在名师、学科骨干教师指导下完成教学展示活动,可以是整堂课教学的展示,可以是教学片段的展示,也可以是对某一教材内容的说课展示。

师傅也可是校外的名师,如窦桂梅、王崧舟、于永正、吴正宪、华应龙。学校组织教师开展"拜名师活动",要求是读一本名师的著作,记一万字读书笔记,观看五节名师课堂实录,写两篇学习感悟,上一节名师翻版课。

这样的研修过程是师徒和谐共赢的过程:一方面,徒弟在真实的课堂中观察师傅的实作,感知和捕捉师傅的智慧、知识和技能,然后在师傅的指导下,将在课堂上所习得的理论知

识、实践技能逐渐转化,尽快实现从模仿到独立、从理论到实践的转化,提高工作适应能力;另一方面,师傅在指导、分享的过程中,有所学习,有所反思,从而唤醒自身的专业发展意识,提高自己的教育教学水平。

(二)集体备课

集体备课是学校学科组经常采用的一种与教学有关的研究方式,也是学校常规工作之一。过去我校集体备课的流程是钻研教材,个体初备→中心发言,集思广益→二次备课,形成预案→教后反思,理论提升。实践中,我们发现存在着教师参与度低、教研之前准备不充分、形式比较单一、教研组长专业引领作用不明显的问题。

针对问题,学校进行了改进,现在的流程是确立课题,聚焦问题→钻研教材,个体初备→无生授课,集体研讨→二次备课,形成预案→跟踪听课,二次共研→课后反思,理论提升。

第一步为内容确定阶段:在集体教研前先确定课题,并制定出本课题需要研究的主题内容,收集聚焦要研究的 2～3 个问题。

第二步为精心准备阶段:每位教师都要认真研究课程标准、年段目标、单元目标,明确本节课的教学目的、教学任务、知识结构和教学进度。每位教师都要做好充足的准备,合理分配任务,主备教师要有详案,其余教师要有同一课题的简案或结构思维导图,并由主备教师准备相应的专业提升学习材料。

第三步为正式研讨阶段:由主备教师进行无生授课,把教师讲解的时间合理安排,最大化地做到精讲,同时要有学生参与环节的多种预设,其他教师进行评课、议课,提出修改意见,然后由主备教师进行说课,并在大家的建议下修改教学设计,其他教师也可同步完善自己的结构思维导图。

第四步为教学实践阶段:每位教师在教研基础上形成自己独特的教学设计,也就是个案,第二天进行课堂教学,教研组长组织集体听课和课后研讨,上课结束后教师在原有个案基础上进行自我反思,最终形成精品教案。

第五步为资料存档阶段:每个教研组从开始确定内容到最后一步形成个案都要在教研组长的带领下整理每一步的过程性资料,最终形成每一学期的教研资料存档,学校同时要整理附上每次的检查记录资料。

教研组长的培养和教研组的文化建设是高质量集体备课的保障。集体备课是帮助新教师专业成长的一个重要方式,它可以使新教师尽快规范教学,同时又为教师搭建了一个合作、共享的平台,通过观点与观点的交流、智慧与智慧的碰撞让教师获得专业成长。

(三)课例研究

课例研究就是以具体的一节课为对象展开的研究,研究如何上好一节课,重点解决上这一节课中存在的某些教学问题,聚焦于促进学生真正发展,把研究融入备课、说课、上课、观课、议课全过程。

我校的课例研究是与同课异构结合进行的。同课异构是指开展课例研究时围绕同一内容或主题的教学。

课例研究的步骤与要求如下。

第一,确定研究主题阶段。

第二,原设计阶段。分为教学设计—课堂观察—课后会议—会议小结四个基本步骤。

课例研究组的所有教师都要参与教学设计。首先要查阅书籍以及搜索前人做过的相似问题的研究，然后各自执笔写出教案。教师在设计的过程中要有这样一种理念：这堂课是要在课堂中实施并接受课堂的检验的，这堂课的目标不是为了展示出一堂完美的课，而是为了促进学生的发展。教师初步设计好教案后，组长召开小组会议，大家对教案各抒己见，进行讨论、修改，直至最后确定一份用于研究课的教案。在这次小组会议上，组长还要做出观课安排：确定下阶段课堂观察时主要聚焦研讨的2～3个问题、人员分工、设计课堂观察量表、思考怎样召开课后会议进行评课议课等。

上完研究课，研究组的所有教师立刻针对这堂课展开讨论。由授课教师先发言，就这堂课的效果以及存在的问题进行反思。研究组的其他教师再对这堂课提出自己的看法。在这一阶段，组长对议课过程也应有具体的分工与安排，组长是主持人，要有专门的记录人和一名做总结发言的人。

第三，新行为阶段。按照修改教学设计—课堂观察—课后会议—会议小结四个基本步骤进行。

这一阶段的研究课比起第一次有更多的成员参与，包括研究组的成员、学校领导、专家，在专家引领下进一步调整教学行为，形成精品课例。若有必要，还可继续进行第四轮、第五轮研究，直至精品课例呈现。

第四，成果形成阶段。实践后的成果提炼是把做出来的写出来，把内化的理解进行结构化的、层次性的外化，包括撰写课例报告，每位教师聚焦某个具体问题的一节微课，每组最终的精品课教学录像，其他教师围绕研究撰写、上交教学设计、教育叙事、教学论文等。课例研究的过程性资料有教学设计改进稿、观课议课记录、课后会议记录等。

第五，成果展示阶段。每个学科展示课例研究精品汇报课，每个学科进行课例研究总结汇报会，评出优秀教学设计、优秀课堂实践、优秀微课、优秀课例成果、优秀课例小组。

课例研究以解决教育教学中的实际问题为主，为教师搭建了理论与实践相结合的平台和相互交流与学习的场所，有助于改进教学行为，有助于提高教师的实践和研究能力，从而促进学生的全面发展。

(四)主题式教研

主题式教研，即从教学中的小现象入手，探询存在的小问题，开发解决问题的小策略，进而全面改善教师教育教学行为。

教师针对教育教学中遇到的习以为常、见怪不怪的小现象进行反思，筛选、查找问题，聚焦一点，确定为小专题进行研讨；开发小策略，把这些小策略拿到教学实践中印证，查看是否有效；教师把在研究策略、印证实施中的成功案例撰写出来，汇集成册，形成校本研修的宝贵材料。

我校的主题式教研聚焦课堂，紧紧围绕"先学后教，以学定教"的理念，积极发现课堂中存在的问题，寻找解决策略。举例如下。

面对"教师提问繁杂细碎，课堂教学低效"的问题，我校提倡主问题设计的教学策略，要求教学环节力求精练。以语文学科为例，教师提高整体把握文本的能力，提出"牵一发而动全身"的主问题，问题直指教学重点，力求突破教学难点；围绕问题深入全面地解读文本，从不同角度深化学生对文本的学习，帮助学生成为积极的思考者。

针对"学生预习欠方法"的问题，我校教师团队创新了读、查、思、行、疑的预习方法，即要求学生读文本、查资料、多思考、动手做、能质疑。各科目都细化对预习的具体要求，同时对学生的预习情况进行检查、反馈,对亮点给予鼓励,让学生获得认同感,进一步促进学生的主动参与性。

针对"小组合作流于形式"的通病,我们建立活而有序的合作规范,并通过训练使之成为常规。小组学习中关注学生参与的广度与深度,注重培养学生逐步养成良好的习惯:一是独立思考的习惯;二是积极参与、踊跃发言的习惯;三是认真倾听的习惯;四是学会遵守课堂纪律和合作规则的习惯。在不断的实践练习中,小组学习的实效性大大提升。

我校的主题式教研突出了"小"的特点,即将研究通俗化,让研究渗透于日常活动中,推动更多的教师以研究的方式改进教育教学,在研究中实现专业发展。

学校立足校本研修,实现了不同层次教师的专业发展,在促进教师个体价值实现的同时,推动了教师群体的发展;通过促进教师的专业发展,提高了教育教学质量,实现了学生、教师、学校的共同发展。

让评价助推学生的精彩
——浅谈高效课堂中教师评价语的作用

襄垣县古韩中心校北关小学　武红英

新课改以来,我们试着从高一级层次——生命的层次来重新认识课堂教学,以学生的全面发展为主线,以教师评价为助推器,使我们的课堂教学焕发出真正的生命活力。

一、鼓励,教师评价的目的所在

小学生热情好胜、自尊心强,喜欢别人赞扬自己。教师的评价会对学生的学习情感起到及时的调节作用。不管是表扬还是批评,不论是一句话还是一个眼神,都会化为学生的情感体验并产生相应的行为表现。因此,教师一定不要在鼓励性语言上吝啬,对优秀的学生要鼓励,对大多数普通的学生也要借鼓励来促进其进步,对学困生或自信心不强的学生更要加倍鼓励他们。

二、真实,教师评价的魅力之基

鼓励性语言是教育的法宝,它们对于学生有着无穷的诱惑力,对学生的学习无疑是一剂兴奋剂,有了这种热情,课堂上才能充满生机与活力。但是评价只有以事实为依据,才能激发学生内在的积极性,要发现并及时表扬值得鼓励的地方,避免廉价的表扬,不能毫无根据地大加评价。这就要求我们的教师评价要有理有据。我在一次外出讲课时执教何其芳先生的《一夜的工作》。在展示课上,一个学生随着小组成员一起走到展板前展示,他介绍的是周总理的故事,但他磕磕绊绊的语言、颤颤巍巍的语音,很快在班内引起了一阵窃窃私语,甚至还有一些学生的嘲笑声。我发觉后先环顾四周用目光制止了其他学生异样的声音,然后走近那个学生的身边观看,我顿时被震撼了！他手里拿着整整三页纸,上面工工整整地写满了周总理的各种事迹,全部是他用铅笔抄写的。更可贵的是,即使有异样的声音,即使那纸上的字还需要组长一个一个地提醒他,但他仍认认真真地读着……静静地等着,直到他读完,我举起了他的那三页纸让同学们看,并把我的感受真实而深情地表达给了他们,全场响起了雷鸣般的掌声……那一刻,我分明看到了那个被表扬的学生眼中闪耀着的感动,我更看到了其他学生们眼中闪动着的真诚的赞美和由衷的敬佩。那一刻,我感受到的是——当你的评价中给予真实和真诚时,评价的魅力便是不可估量的。也只有真实而有理有据的评价才能博得学生的信任,才能赢得学生的心,才能让我们的评价真正有效。

三、多元,教师评价的尺度之标

陶行知先生曾说过:"培养教育人和种花木一样,首先要认识花木的特点,区别不同情况给以施肥、浇水和培养教育,这叫'因材施教'。"这便提示我们,在教学评价中要重视学生的个性差异和学习潜能,容纳学生不同但合理的认知和思想,因人而异地实施多元评价。

　　在《卖火柴的小女孩》一课的课堂朗读展示中，当普通学生读完相关段落时，我是这样评价的："读得那么缓慢，那么深情。老师感受到你对小女孩的同情了！"我把自己的评语有意识地处理为"一语双关"，即在课堂中对评价学生的语言进行了一些艺术化的处理，既在无形中渗透给学生以情感（小女孩的凄凉和无助的感觉），又赞扬了学生读出了感悟，引导其他学生也可以如此朗读。在对待拓展性回答问题、声音响亮的优秀学生时，我会毫不犹豫给予充分的肯定并鼓励他做到更好，如，"你的见识可真广，连安徒生作品的时代背景都了解得这么清楚，如果能把材料中与课文有关的内容整理一下，那就更精彩了！"既表扬了他们的主动学习，又为他们指明了努力的方向。如果遇到声音小的同学，我就说："你的表达真好，好多同学想听，你能再大声读一遍吗？"此时，学生一定会领略到成功的喜悦，学生爱学习了，学习积极性也会越来越高。这些话语可最大限度地发挥不同层次的学生学习的内在潜力，使其思维得到充分锻炼，既调动了不同层次学生的学习积极性、树立了他们的学习信心，又更大程度地激发了学生的学习热情，使得更多的学生感受到学习的快乐，让他们都能自由、和谐地发展。

人文怡品格，读书慧人生

左权县示范小学　杨志华

读书不一定能改变你的人生，但一定能提升你的品位。立德树人是教育的根本任务，培养学生阅读的兴趣、习惯，就是让学生在人文的思想中怡情冶志，形成品格，使学生学会智慧地生活。我们学校的做法是把新华书店引进校园，实现零距离阅读，用最好的资源，用最好的服务，成就师生读书，培养学生良好的阅读兴趣、成惯，改变师生心智，提升师生素养，推动全民阅读。

一、分析读书之势

我校现有 3100 名学生，图书 45000 多册，兼职图书管理员 1 名。由于应试教育的影响依然存在，家庭、社会的读书氛围还未形成，学校受各种应试教育影响，对学生阅读重视不够，再加上有些藏书过于陈旧、无针对性，不适合学生阅读，学生借阅情况不容乐观。学校也尝试过开展班级图书漂流活动，但效果依然不尽如人意。

当前，困扰我们的还有现代信息产品对学生的影响。由于小学生的自我约束能力、辨别是非能力差，家庭教育滞后，导致有的学生沉迷网络游戏，不仅影响身心发育，有的甚至威胁到生命，学生的人生观、价值观受到冲击，给后天教育蒙上了阴影，学校教育难度加大。

我们发现，在小学一年级，阅读经历程度不同的学生表达、思维、识字、回答问题的质量差距较大，阅读少已经影响到学生的智力开发和早期发展。

近几年，左权县域经济发展不景气，实力企业寥寥无几，无法支撑县域经济发展。读书少、习惯差培养不出高素质的人才，已经成为制约一个地方经济的主要因素。一个家庭的兴衰，与家庭教育资源的优劣有很大关系。一个地方的长远发展，归根结底是教育的发展，人才的培养。不读书的民族是没有希望的民族。

二、探索读书之法

惜时如金，嗜书如命，酷爱读书的钱锺书，除了读书，几乎没有其他爱好。

锺书，顾名思义，便是钟情于书。许多人说，钱锺书记忆力特强，过目不忘。他本人却并不以为自己有那么"神"。他只是好读书，肯下功夫，不仅读，还做笔记；不仅读一遍、两遍，还会读三遍、四遍，笔记不断地被添补，所以，他读的书虽然很多，却不易遗忘。

培养学生从小读书的习惯，做好童子功，在最单纯的年龄阶段做最有益处的事，会收到事半功倍的效果。"数百年家庭延续无非积德，天下第一等好事还是读书。"读书未必可以改变我们平凡的生活，但它一定可以改变我们的灵魂。在读书这件事上，学校应该好好设计与规划，克服急功近利的心理，让学生每天都能静下心来，拿起书，也拿起笔，缓慢而坚定地读下去，直到读书真的成为生命成长中的一部分。

三、深耕读书之经

(一)凝练办学之魂,根植阅读思想

学校秉承"学有道,名致远,达天下"的校训,紧紧围绕"以文立人,以文化人"的办学特色,让学生多读书,读好书,读经典,读整本书,积极打造"书香校园"。

(二)夯实读书之基,构建读书课程

(1)集体阅读提质和自主阅读提量相结合。把集体阅读纳入课程设置中。把山西省规定的基础书籍(100本)作为学生集体阅读大课的内容。通过集体阅读,形成了规定精读篇目、教师精心指导、课后分组交流的集体阅读教学形式,收到良好效果。

(2)班班开设国学课与课前经典国学朗读相结合。学校把每周五下午规定为国学学习时间。学校分学段、分年级开设国学课,加强学生对祖国传统文化的学习。一年级主要学《三字经》,二年级主要学《弟子规》,三年级主要学唐诗,四年级主要学《论语》,五年级主要学宋词,六年级主要学《大学》《中庸》。

(3)课前15分钟朗读、写字与课后30分钟家庭阅读相结合。学校设置了每天上午15分钟的经典朗读课和下午15分钟的写字练习课。通过背诵优秀诗文丰富学生的语文知识储备;通过下午课前15分钟的写字练习及三至六年级开设的书法课,激发了学生对传统文化的热爱。为落实新课标的要求,学校硬性规定学生的家庭作业中必须有30分钟的阅读作业。

(三)搭建更多平台,实现读书之实

学校创办了由新华书店投入、学校定书目的校园书店。截至2020年10月15日,校园书店共存放有图书2542种18104册。所有学生阅读的书籍均以教育部规定的小学生必读书目为主。

书店创办以来,学生阅读随着学校不断进行阅读提档加速,不断升温,阅读人数不断增加,实现阅读全覆盖指日可待。

阅读势态的不断向好,不但使我校教育教学质量稳步提升,而且使学生的行为习惯大有改观。

以前学生经常在楼道里打闹,现在楼道里随处可见学生驻足阅读的身影;周末校园书店免费开放,家长与学生共读成为学校新的看点,阅读成为热词。

(四)强化阅读培训,营造阅读气氛

我们首先对家长进行培训。先为文化底子好的家长和素质好的学生讲阅读的重要性,从对书籍的介绍到怎么与孩子共成长,共做讲座八场,基本做到了30%左右的家长能接受培训。接着进行微信宣传,让信息能传达给每一个家庭。

(五)邀请专家做客,加快阅读成型

仅仅靠我们自己关起门来进行阅读,是达不到更好效果的。为此,我们与新华书店达成协议,每年书店请专家入校指导,学校组织参加培训。2016年徐庆群女士到校进行阅读方面的培训;2017年作家叶子紫到校进行写作方面的指导,参加学生家长达5000人之众;2018年我们又请清华大学博士生张一峰到校进行阅读习惯方面的培训。每年一次的专家进校园活动,不但帮学生养成了正确的阅读习惯,而且对激励他们成长、成才也起到了鞭策作用。

(六)多种形式交流，激发阅读兴趣

要提高阅读效果，阅读交流至关重要。2016 年岁末，我们以 2014 年央视节目《我的一本课外书》为模板进行了一次全校性的样板阅读交流活动。通过让学生人人发言谈阅读，达到人人能阅读、个个有提高的目的。在阅读考核评价上，我们细化管理，如记了多少篇阅读笔记、交流活动视频是上传给教导处、学生交流中把握了几个关键点。

(七)走出去实践，升华阅读素养

行万里路、读万卷书，都是提高学生知识素养和文化素养的前提，为此，我们经新华书店牵线搭桥，与作家叶子紫签订了暑期学生外出实践提高研学旅行计划。2018 年暑假我校 6 名学生到北京参加活动。研学学生在叶子紫老师的引导下参观了清华、北大校园和鲁迅、茅盾、老舍等文学巨匠的故居，为学生学习了解名人成长环境以及成才经历搭建了更加宽广的平台。更主要的是，在叶子紫老师的零距离指导下，学生运用语言文字的能力快速提高，学生阅读、写作兴趣更浓。

(八)重视评价功能，促进阅读提质

阅读平台的搭建、阅读氛围的营造、专家助力等环节已具备，但如果缺少评价与鼓励，阅读热潮就会在岁月的流逝中退却，阅读要上新台阶，要上高水平，呈现新气象，实现以文化人、文化强校，就会是一句空话。为了保持阅读的强劲势头，我们在每年的阅读活动完成后，进行全校性的激励评价。2017 年我们举行了第一届"共享阅读"总结表彰大会，共奖励优秀班集体 6 个，共享阅读优秀教师 7 名，书香少年、阅读小博士、阅读明星共 30 名；共享阅读优秀家庭 4 个，亲子共读优秀家庭 1 个。2019 年元旦我们举办了师生同台共庆活动，并举办第二届"共享阅读"总结表彰活动。在原基础上增加表彰类别与名额，并新添教师个人阅读奖励和学习型教研组评选活动：学校在本学期要求教师自阅一本必读书，如《小学学什么》《班主任管理艺术》等校园书店丛书，让全体教师都能参与阅读、共享阅读，为教育教学充电，为提高精神文化助力，为实现学习型校园、书香校园营造更好的书香气，为实现文化强校输入新的文化血液。

人文怡品格，读书慧人生。阅读不仅能丰富我们的知识，修炼我们的品格，更能发展我们的思维、想象。只有从小重视阅读，从小培养阅读兴趣，养成良好的学习阅读习惯，才能形成良好的品格自然形成，才能提升人文素养。

山西省汾阳市西河小学"大启慧"教育探索

汾阳市西河小学   原瑞丰

山西省汾阳市西河小学自 1996 年建校以来,始终坚持"尚实求新"的核心理念,立足立德树人五育并举;始终坚持传承汾阳地域人文特色,对标发展学生的核心素养,以"学思相融,知行合一"为办学宗旨,以"大视野、大格局、大情怀、大课程、大联动"的办学思路探索了"大启慧"教育的内涵,形成了以珠心算与珠心算学教育、阅读与经典诵读研学教育、English Oral Show 教育、公民素养教育、"TAP"教育为办学亮点的教育教学课程体系,彰显了"珠算启智,文风塑行"的独特办学特色。

一、"大启慧"教育内涵

所谓"大启慧"教育就是本着"兼容"的国际视野,面向未来,对标一流,立足落实立德树人,聚焦培养学生发展的核心素养,传承汾阳地域人文特色,以"珠算启智,文风塑行"特色引领,以情化人,以爱育人,以高尚的情操熏陶人的教育。

"大启慧"教育的内涵包括以下五个维度。

(一)大视野

教育国际化是新时代中国特色社会主义发展的必然趋势,也是中华五千年文明长盛不衰的核心所在。基础教育更要有"兼容"的国际视野、"命运共同体"的情怀,在讲好"中国故事"的同时,学习域外先进文化。

(二)大格局

立足汾阳地域人文特色,面向未来、面向国内外,对标一流,坚持"珠算启智,文风塑行"特色引领。

(三)大情怀

立足立德树人,德、智、体、美、劳五育并举,以情化人,以爱育人,以高尚的情操熏陶人。

(四)大课程

立足国家课程、地方课程,大力开发具有西河小学特色的校本课程,培养德、智、体、美、劳全面发展的社会主义建设者和接班人。

(五)大联动

以学校—家庭—社区三位一体大联动模式,多层次、全维度携手共育。

二、"大启慧"教育内容

"大启慧"教育内容包含了珠心算与珠心算学教育、阅读与经典诵读研学教育、English Oral Show 教育、公民素养教育、"TAP"教育。

(一)珠心算与珠心算学教育,传承西河人文,坚持特色引领

珠心算学教育的形成过程正是西河小学自 1996 年建校以来,坚持"尚实求新"的核心理念,"学思相融,知行合一"的办学宗旨,"以人为本,文化强校,规范引领,和谐共进"的治校理念的缩影;是西河小学校本课程开发的基石和典范;是西河小学教师专业化成长汲取营养的源泉。

1. 缘起

早在明朝成化年间,汾州著名的数学家王文素就"长于算法,留心通证",以一生的精力,完成了《新集通证古今算学宝鉴》。这一数学巨著循九章古制,承宋元先河,选精集萃,代表了当时数学、珠算的最高水平,为后人留下了宝贵的财富。传承汾阳地域人文是西河小学立校之本。学校提出"珠算启智",既传承了汾阳地域人文——王文素留下的宝贵财富,又力求通过珠心算课程的实施,开发学生的大脑,促进学生的注意力、感知力、记忆力、思维力、空间想象力等能力的发展。

2. 雏形

建校初,西河小学广泛地征求学生家长的意见,并通过调查问卷的形式了解了学生的兴趣趋向以及数学教师的现状,充分考虑学校的资源,对珠心算校本课程开发的优势与不足进行了深入的分析评估:西河小学有教学经验丰富、富有工作热情、具有钻研精神的数学教师;学生学习珠心算有广泛的兴趣;相对来说经费投入少,学校投入小,家长经济负担少;另外,课程开发也受到省、市珠心算协会和财政局、教育局的大力支持。

西河小学数学教研组的教师,广泛查阅资料,"走出去"学习取经,把专家"请进来"指导;揣摩要领,探索模式,一点一滴地逐步完成了教材组织、课堂模式改进,珠心算校本课程的雏形日臻完善。珠心算校本课程开发,极大地促进了数学课堂的教学,激发了广大学生的学习热情;同时,提高了教师的教研业务能力、课程开发能力、团队协作能力,在不断地探索中西河小学拥有了校本课程开发与研究的经验和教训。1997 年学校被定为汾阳市珠心算教育试点单位。

3. 优化

2002 年在新课程改革背景下,西河小学根据课改需要,在汾阳市教研室的主导下,对珠心算教材进行了适应性整理改编。同时,珠心算课程被纳入汾阳市小学基础教育教学地方课程。珠心算课程、教材的完善改进,实现了老、中、青教师代际间的传承,为西河小学储备了年轻化、专业化的师资力量。

4. 整合

随着科技的发展,珠心算热潮渐渐归于平淡。作为西河小学的办学特色之一、国家非物质文化遗产,珠心算面临着前所未有的机遇和挑战。该何去何从? 2011 版《数学课程标准》让我们深刻地理解:珠心算融入数学教学已不再是以传统知识、训练计算技能为目的,而是更加关注在珠心算数学教学过程中让学生经历知识的形成和思维方式的多样化过程,让学生在丰富多彩的珠心算数学实践活动中寻找解决问题的不同策略及形成良好的情感和态度。西河小学立足学生发展核心素养的需要,通过对珠心算和数学内在规律的深入研究,在探索中找到了新突破口——珠心算与数学学科的整合,形成了有时代特色、地域特色的珠心算学。

（二）大语文、大阅读与经典诵读研学教育，积淀文化底蕴，感悟人文情怀

1. "文风塑行"特色引领之一——深度实施大语文教育

西河小学自建校以来，以"文风塑行"为特色，把语文教育拓展到学生生活的各个领域，使他们的学校生活、家庭生活和社会生活有机结合起来；深度落实学校—家庭—社区三位一体的大联动、多层次、全维度携手共育模式；始终把立德树人作为语文教育的灵魂，融语文知识、语文能力、发展智力素质和非智力素质为一体，帮助学生形成良好的听、读、说、写习惯，不断完善和提升学生的人格与人文修养。

2. "文风塑行"特色引领之二——深度开展大阅读教育

西河小学在 23 年的语文实践教学中，以大语文观、大阅读观视角，始终把阅读教学放在首要的位置，提倡全员阅读、全科阅读、全域阅读、全人阅读。学校通过对广大师生、家长进行问卷调查，充分了解学生的阅读现状，探讨了师师共读、师生共读、生生共读、亲子共读的可行性，并逐步形成了西河小学共读、荐读、导读、赏读评价体系。

3. "文风塑行"特色引领之三——"传承与创新"系列校本课程

阅读的终极目标是什么？是表达，是交流。现今，口头与书面的双重表达又成为教学的重点。"魅力汉字""低吟浅唱""文心雕龙"，针对不同年龄段学生的语文认知规律，有趣的校本课程又一次出现在我们的视野里。

表 1　"传承与创新"系列校本课程

年龄段	年级	校本课程	课程目标
低段	一年级	魅力汉字	以"字"为载体，融德育、美育、劳育于"识字"教育中
	二年级		
中段	三年级	低吟浅唱	朗诵、传唱中感受古典文化的博大精深，树立民族自豪感和自信心，继承和发扬传统文化中健康和向上的道德观和人生信念
	四年级		
高段	五年级	文心雕龙	引领学生深入观察生活，阅读研学，提升听、读、说、写能力
	六年级		

（三）"TAP"教育课程异彩纷呈，彰显个性发展，塑造健全人格

西河小学立足发展学生核心素养的需要和学校教师学科背景、专业特色，结合汾阳地域人文特色，成立西河小学"TAP"教育中心，深度实施五育并举。"TAP"是三个英文单词的首字母。其中"T"为 technology，指科技，"A"为 art，指艺术，"P"为 physical education，指体育。它是教学的延伸和拓展，是学校校本课程的重要组成部分，是丰富学生学习活动、开发学生创造力的一个重要途径，是活跃校园文化气氛、拓宽学生智育渠道、挖掘学生潜能、培养学生特长、促进第一课堂教学的有效手段。

西河小学广泛地吸纳社会艺术专业人才，打造特色艺术教育，提升学生群体艺术素养。启蒙艺术团、合唱团、女子行进乐队、百人琵琶团、魅力非洲鼓、书法、油画、国画等社团活动的广泛开展让学生在文化情境中感受成长的快乐和成功的喜悦。为使学生"快乐运动，幸福成长"，西河小学全面推动了校园足球、篮球、乒乓球、跆拳道教育的健康发展，深入挖掘和提炼"快乐、好玩、乐学、苦练"的体育精神。

(四)English Oral Show 教育,聚焦国际视野,讲好中国故事

2019 年 1 月,西河小学接到"信息技术在中小学英语教学中应用"的子课题"人工智能技术和智慧学习空间中小学英语教学中的应用研究"任务。学校对英语教师的现状进行了分析:现有英语教师共 10 名,其中本科学历有 3 人,专科学历有 3 人,中师学历有 4 人;英语教育专业毕业的仅有 3 人,教师整体发音不够标准,发音技巧较为欠缺,不利于研究的进行。幸运的是张鹏、李桃两位"80 后"教师发音很规范且对发音技巧很有研究。针对这种情况学校设置了 English Oral Show 课程。

通过 English Oral Show 课程的实施,西河小学三到六年级学生口语表达有了显著的提高。在 2019 年汾阳市、吕梁市、山西省中小学生英语朗读能力在线展示活动中,西河小学取得了骄人的成绩。三到六年级 2500 名学生参加了汾阳市级比赛,全部晋级到吕梁市级比赛,晋级率高达 100％。

(五)公民素养教育,培育核心价值、落实立德树人

西河小学始终把公民素养教育渗透在智育、体育、美育和劳动教育之中,融入学生日常生活的各个方面。用"细水长流"来形容西河小学一直以来的德育工作是最为恰当的。新时期,西河小学正在努力打造系统的、可操作的、有西河特色的德育课程体系,即公民素养教育课程体系。

23 年来,西河小学在汾阳全市素质测试中连年折桂,受到了广大师生及家长好评。回首过往,展望未来,西河人不忘初心、牢记使命,只争朝夕、不负韶华,落实立德树人,进一步深入理清"大视野、大格局、大情怀、大课程、大联动"的办学思路,深入探索"大启慧"教育的内涵的科学性、关联性以及相互之间的关系;继续深入引领校一家一区大联动的办学之路,办人民满意的教育。

以生为本,办学生喜欢的学校

榆社县东升小学   原曙亮

钱学森之问——为什么我们的学校总是培养不出杰出人才,令国人陷入沉思,我也为之困惑。中国的教育到底是哪里出了问题? 众多教育专家不约而同给出答案:教育方式存在问题。因此教育教学改革成为每所学校和每位教师探讨的永恒话题。

我总在想,为什么我们教师辛辛苦苦,没日没夜地工作,换来的却是不理想的结果? 本以为学生会感谢我们,但事与愿违。有的学生厌倦了学习,烦透了课堂,反感了教师。曾记得有新闻报道,学生在高考结束后把书籍撕得粉碎的壮观场景,令人震惊。

原因很简单,就是他们在学校学习中体验到的更多的是痛苦。我不想说学习是快乐的,但我希望学习不全是痛苦的记忆。尤其让人担忧的是,今天有的小学生也是如此,从小就厌恶了学习,这真是一件很可怕的事情!

我研读了《全国名校长谈教育》这本书以后,豁然开朗,心想:办学生喜欢的学校是我们每个教育者的追求,因为学生喜欢了,就愿意了;学生喜欢了,就主动了。爱因斯坦说过,"兴趣是最好的老师",的确,一个人一旦对某种事物有了浓厚的兴趣,就会主动去求知、去探索、去实践,并在求知、探索、实践中产生愉快的情绪和体验。

通过一年多的实践与思考,我逐步理清了思路:创建学生喜欢的学校,是我追求的目标。

如何才能做到让学生喜欢? 首先要尊重学生,有着为学生终身发展奠基的目标;把为教师的好教而设计的教育,转向为学生的好学而设计的教育,实现学生积极、主动、活泼、健康地发展;有着"一切为了学生,高度尊重学生,全面依靠学生"的教育观和教学观。

要想让学生喜欢,就要让学生参与,建立民主平等的学校文化。学校要敢于问计于学生,让学生做学习的主人。教育的内容要让学生喜欢,教育的方式要让学生喜欢,一切围绕学生来设计学校的行为。

一、创设学生喜欢的环境

积极建设学生喜闻乐见的校园文化环境,让校园成为学生的乐园。在校园建设中,充分考虑学生的兴趣爱好以及性格特点。例如,学校的板报要让学生自己来设计;安装设施设备也要考虑学生的身体特点,便于学生使用;各种场馆的建设与运作要敢于问计于学生。这些工作可以通过向学生进行意见征求、问卷调查、座谈等方式,让学生真正参与校园建设和管理。只要他们参与了,就会关注,就可能喜欢。有喜欢的环境才可能有喜欢的学校,学校就会成为学生学习的乐园。学生在喜欢的环境中学习,心情一定是快乐的,学习也一定是高效的。

学校在设计教学楼的主题色调时要注意选择活泼、明快的颜色,要有童心、童趣。楼道文化建设中使用的图案、文字也要有意避免全部是方方正正的,要设计一些卡通画等儿童喜闻乐见的图案。图书架、图书角也要设计得尽量有趣。教室内部装饰也要考虑适合少年儿童的年龄特点,明快、清晰。即使是学生使用的作业本及文具也要考虑是否适合学生。

二、开设学生喜欢的课程

　　教育公平是指受教育机会的公平。让每个学生有自己喜欢和适合的课程才是教育的真正公平。学校构建多样化课程是实现教育公平的有效途径。所以，依据学校情况积极开设校本课程，实现课程多样化，让学生有自己喜欢的课程，是办学生喜欢的学校的又一个重要内涵。

　　学生个体之间有着很大的差异，单一的教育方式必然会扼杀学生的学习兴趣，教育也必然会是千人一面，不可能适应未来社会的需要。就如我们在饭店吃饭一样，每个顾客吃一样的饭菜一定不会有人接受。因此，学校应开设多样化的课程，让学生能有自己喜欢的、适合的课程，尽可能地让每个学生都有机会选择一门喜欢学习的课程。当然只学习喜欢的课程是不可能成才的，但起码可以借此来让学生体验学习的快乐，以带动其他学科的学习。也许，在今天看来他选择的课程只是一种喜欢，但这门课程教给他的知识在明天极有可能成为他赖以生存的资本，成为成就人生的基石。

　　因此，学校在完成国家课程的同时要尽最大可能多开设一些学生喜欢的校本课程，即使是微型的、与考试无关的课程，只要学生喜欢，我们就要大胆开设，坚持不懈地开设。开设课程门类可以通过调查学生确定，不局限于艺术、体育等方面的，既可以是科技、国学、朗诵等方面的，还可以是乡土文化方面的，处处以学生喜欢为选择的方向开展，凡是对学生今后的发展有价值的就可以考虑。设计难度不能过大，要求不可以过高，培养目标也要与学生的年龄特点和性格特点相适合。

三、构建学生喜欢的课堂

　　课堂是教育的主渠道，是学生学习的主阵地。要积极进行课堂改革，构建让学生自主学习的课堂，让学习成为一种自觉的行为；提倡教师把时间还给学生，把课堂还给学生，真正体现以生为本的教育理念，努力实现学生愿学、善学、乐学。

　　学生喜欢的课堂应从关注学生成绩向关注学生成长转变。我们提出"同自己的过去比，同自己的昨天比，进步就是成功"的育人观点，保护学生学习的积极性，培养学生的学习兴趣，注重学生自主学习能力的形成和自学习惯的养成，减轻学生过重的课业负担。为此，教师要积极进行教育教学的研究和创新，从内心看重学生，不仅仅是看重今天的学习成绩，更应该看重今天的学习给予学生明天的多大意义；从每一节课、每一句语言、每一个行为做起，真正为学生种下激发潜力的种子；为学生创新能力的提高着想，为学生的学习兴趣着想；像关心自己的孩子一样，关心他们的未来，而不是仅仅停留在今天。

　　学生喜欢的课堂应实现民主、平等的师生关系。可以让学生选择学生认为有效的方式组织教学。学生能够自学的，尽量组织学生自学，自学不能完成的，再组织学生互学，互学也有困难的可以组织小组讨论。教师应避免一言堂，以点概全。要充分尊重学生的意愿，能不讲的尽量不讲，把课堂时间还给学生，让学生成为课堂的主人。具有主人意识的学习状态和学习方式，一定是高效的。

四、开展学生喜欢的活动

　　有不少人认为，学校开展活动是浪费时间，影响学生的学习，从而在某一些学校和某一些学段减少了学生的课外活动,甚至有的学校怕耽误学生学业连课间操都停止了,也有的学校在临近复习阶段停掉了所有与考试无关的课程。这是愚蠢的做法,也是极不负责的做法。这种做法无异于杀鸡取卵、拔苗助长。试想,人如果长时间做一种事情,即使是喜欢的,也会疲劳和厌烦,何况是很辛苦的学习。

广泛开展多样化的活动,尤其是实践性的活动,是促进学生优化学习的有效措施。其不但不会耽误学习,而且能大大提高学习效率。一般情况下,大多数学校能做到在活动内容上适合学生。但我想强调的是在活动的组织和构思上,应尽可能让学生来参与和完成,在规模上尽可能让大多数人参与。参与不仅可以让他们得到锻炼,还可以增强他们的责任意识。参与面越大,受益面就越大,杜绝少数人表演、多数人观看的形式,以避免产生新的不公平。

我们可以依据传统节日以及本校实际,设计一年、三年乃至六年的学生实践规划,在不同的年龄或学段组织开展不同的实践活动和艺术活动。春天可以踏青,秋天可以采摘,冬天可以越野;低年级可以参观近处的博物馆和社区设施,高年级可以下乡进行务农服务;在节庆时可以让每个班、每个同学设计自己的活动,可以做小歌手、小画家,也可以做小小发明家。每一处都有学生喜欢的风景,每一处都有学生的田地,全方位开展适合学生的活动,让学生在丰富多彩的实践中体验耕耘之后的收获、辛苦之后的快乐。

办学生喜欢的学校,是我们一直追求的梦想,也是实现教育激扬生命的途径。喜欢不是轻轻松松,也不是自由自在,而是在辛苦付出之后获得成就感。因此,作为教育者的我们必须从内心真正抛弃功利思想,立足学生终身发展,力求让学校持续健康发展。以学生为本,要全方位建设学生喜欢的学校,让学生在环境、课程、课堂、活动等多个方面得到快乐的体验,让学校成为学生喜欢的地方,让学习成为学生喜欢的事情。

创建"书香校园",彰显学校特色

高平市实验小学　张凤玲

我校是山西省"小学特色学校建设与研究"课题实验校,几年来,本着"书香养正,玉成于爱"这一核心理念,积极营造浓郁的读书氛围,培养师生良好的读书习惯,在创建"书香校园"的实践中形成了独特的办学特色。

一、创建"书香校园",要让学生有书读

(一)开放校图书馆

苏霍姆林斯基说,图书馆是学校精神生活中心,是精神生活的重要基地之一,儿童的许多兴趣在这里得到满足,激发幻想的火花往往在这里点燃。为了给学生提供丰富的读书资源,学校每年不断增加图书购置的投入,不断充实图书馆的藏书。优雅的环境、丰富的藏书、富有童趣的字母桌使师生流连忘返,现代化的电子借阅设备使借阅更加方便。每天各班级轮流来阅览室阅读。学校最大限度地满足学生的读书需求,让学生爱读书、好读书、读好书。

(二)设立迷你书柜

学校在教室设立别致典雅、美观实用的班级迷你书柜,书柜里摆满各种各样的图书,这是各班开展"好书大家读"活动的成果。教师要求每位学生定期向同学们推荐好书,最大限度地激励学生去选书、读书,实现班级图书共享。为了进一步提高书籍的利用率,每学期举办两次"晒图书"活动,在同年级班与班之间开展,将本班的图书交流到另一个班,实现年级图书共享。学校在校园花间树下设置了一个个造型别致、色彩鲜艳的小房子,那就是独具特色的校园迷你书柜。课间,学生随手取书阅读,畅享读书乐趣。这个敞开式的阅读窗口,起到了"读书漂流"的作用,实现了全校图书共享。

(三)建立家庭图书角

为使读书范围、种类进一步扩大,学校向每个学生家庭发出建立"学习型家庭"和营造"书香家庭"的倡议书,倡议家庭建立适合家人阅读的图书角,家长与孩子共读书、共交流,通过搭建亲子共读、家长讲堂等平台提高家长的读书积极性,实现家校结合、家校共育。

二、创建"书香校园",要让学生有时间读

(一)抓集体晨读

每天清晨,我校的每一个学生都手捧书籍开始朗读,这就是每天20分钟的经典诵读时间。稚嫩的童音、琅琅的读书声在校园里回荡,声声入耳,句句动听。每个年级都有必读的和选读的书目,如一年级的《弟子规》,二年级的《三字经》,三年级的《千字文》《百家姓》,四年级的《笠翁对韵》,五年级的《声律启蒙》,六年级的《论语》。学校要求语文教师进行具体指导,让学生不仅能汲取知识、陶冶情操、提高表达能力,而且要内化为学生自己的行动。

(二)抓课堂读书

学校每周为各班安排两节阅读课,形式不拘一格,或自己读,或三五个人围在一起读,还可以在教师带领下,围绕一个主题开展班级读书会等交流性阅读活动,大大提高了阅读的效果。

(三)抓课外读书

充分发挥教师的导向性作用和学生的主体性作用,让学生与家长共同制订读书计划。教师定期检查学生课外读书的情况,敦促学生利用课外时间读书,体验读书的快乐。

三、创建"书香校园",要让学生有兴趣读

要解决学生有兴趣读的问题,就必须要有丰富多彩、形式多样的读书活动作为依托,以此来推动师生的阅读行为走向深入。要把每个学生引导进书的世界中,让他们热爱书籍,让书籍成为学生成长的指路明灯。

(一)融读书寓校外活动之中

我校学生参加上级组织的各种读书实践活动,成绩突出。在第四届全国语言文字规范汉字书写大赛中,918名师生获奖,学校荣获组织一等奖和团体一等奖;在全国"中华魂"主题教育活动中,学校多次获得组织奖,多名学生获得个人奖;在山西省"中华魂"主题教育活动中,我校每年都有学生获奖,2018年有一名学生获得晋城市唯一一个省级一等奖,两名学生分别获得晋城市一、二等奖,因工作突出,学校荣获山西省"中华魂"主题教育活动20周年创新活动奖;2018年优秀童谣创作大赛中,晋城市获奖的十首童谣中,我校入选三首,作品《价值观永不忘》荣获晋城市唯一的一等奖,《中华好娃娃》荣获省级优秀童谣奖;学生参加中央电视台《子午书简》栏目"我爱诵读"比赛,进行节目录制,向全国播放;编制的集体朗诵节目《少年中国说》通过层层选拔,作为山西省唯一的节目被邀请参加2015年全国未成年人网络春晚;在省市级"中华经典诗文"诵读比赛活动中,多名学生取得优异成绩;我校学生代表高平市参加晋城市中小学生集体诵读比赛,获得佳绩;参加社会名人赠书仪式,并表演校本剧《孝行天下》,接受中华传统孝道文化洗礼;与著名作家面对面访谈,激发学生对文学的热爱之情;2018年晋城市中小学生集体经典诵读高平赛区的比赛中,我校荣获一等奖;2018年高平市海峡两岸青少年共诵经典活动中,我校的诵读节目《弟子规》成为开场节目。

活动的开展,不仅激发了学生的读书激情,还让他们收获了读书带来的快乐。有了书的陪伴,学生的生活充满智慧,充满书香;有了书的陪伴,学生的生命更加鲜活,生活更加充实。

(二)融读书寓学校活动之中

1. 组织竞赛活动,促使学生去读书

借助校园文化艺术节开展主题鲜明的演讲比赛、诵读比赛、读书擂台赛、校园剧表演赛等精彩纷呈的活动,寓教于乐,兴趣浓厚。这是知识的比拼,是实力的比拼,更是综合能力的比拼。我们不仅看到了是今天的孩子,也看到了明天的栋梁,再一次理解"孩子是祖国的未来、民族的希望"这句话,也再一次感受到教师工作的伟大和责任。

2. 加强实践体验,激发学生读书热情

为激发学生的读书欲望和求知精神,我们把学生关注的目光从课内引向课外,从书本引向实践,再从实践引回书籍中去。

创设农耕文化园。高平是炎帝故里，为了播撒文明的种子，提升学生实践能力，传承农耕文化，弘扬炎帝精神，学校创设了农耕文化园。农耕文化园是学生最喜欢去的地方，也是他们最操心的地方，那里有他们亲手种植的各种植物和农作物。体验的过程是最快乐的，阳光下，他们的脸上闪耀着晶莹的汗滴，满是笑容。他们迫不及待地进入角色，松土、播种、施肥、拔草，忙得不亦乐乎，享受着劳动的乐趣，也体会到"粒粒皆辛苦"的不易。他们在园子中动手实践，发现问题及时记录，回去再查找资料。解决问题的过程就是读书的过程，就是求知的过程。他们不但能在一草一木、一物一事中感受到灵魂的颤动，而且能在纷繁复杂中学会平静、客观、理性地思考。

充分挖掘校园资源。在我们眼中，学校就是个偌大的植物园。学校环境优美，花香四溢，绿化面积近五分之一，有绿竹、红枫、紫藤、海棠、樱花、木槿、法桐、龙爪槐、月季、紫薇、丁香等几十种植物，三季有花，四季有绿，花树相映，芳香怡人。一年四季都可以看到教师带领学生驻足观察、拍照记录的身影。

大自然是一本书，是思维的摇篮，它具有一种奇妙的特性：儿童发现得越多，获得的快乐感越大，他们就会感到越多的未知，因而提出越多的问题，于是，他们就更执着地专注于求知和解疑，对大自然进行思考的水滴就可汇成浩瀚的思维之海。

3. 通过表彰评选，展示学生读书成果

以读书节为契机，进行"小小作家""阅读小能手""小小朗读者"评选和表彰。

（三）融读书寓班级活动之中

各个班级开展各具特色的争创"书香班级"读书活动。有的班级每天课前进行诗词吟诵，周周举办"飞花令"，举行诗词大会，浸润曼妙书香，感悟经典力量；有的班级在黑板一角开辟"每日警句"专栏，让学生每天品味一句名言警句，从中感悟名人名言深刻的内涵；有的班级开展"每日一故事""谈天说地三分钟"展示活动；有的班级举办"读书博览会"，以"书海拾贝""好书推荐"等小板块，向同学们介绍自己最近看过的新书、好书，交流读书心得，在班级里形成了良好的读书氛围。

只有读书，才能引发满足好奇心之后的惊喜；只有读书，才能为人打开丰富的精神世界。一个人在青少年时代如何读书、读什么书决定着他日后能否成为一个善于思考的劳动者。

四、创建"书香校园"，要让学生持续读

（一）科学编制学校课程

为了增加学生的阅读量，拓宽学生的视野，提高学生的阅读和写作水平，培养综合素养，学校分低、中、高三个年段编了校本教材《好习惯养成——快乐学习》。此教材被评为晋城市校本教材一等奖。该课程主要由读、议、学、练、评等环节组成，课程自始至终体现实用性和科学性。其中一、二年级注重读写知识、读书欲望的开发；三、四年级注重善于倾听、勤于动手等良好读书习惯的培养；五、六年级注重学会思考、敢于质疑、学以致用等深层次习惯的培养。以上对于学生读书习惯养成的渐进性、延续性和实践性均有较好的效果。学校结合语文教材单元主题，搜集整理名著名篇，每篇课文拓展 2～4 篇，编印了系列校本教材《我爱阅读》，深受学生喜爱。学校还将"讲好中国故事""讲好高平故事""做最美实小少年"这三大板块内容在各楼层醒目位置呈现，并列为校本课程，供学生学习。

（二）制订学生读书计划

学生个人读书计划先由教师指导，再与家长沟通制订。我们通过家长会、班队会、宣传画、校刊等多种途径，让家长和学生切实理解此计划的益处及长远意义，使计划得到家长的重视和支持，教师和家长共同为学生营造良好的读书空间。

（三）建立三个读书卡

一个是借阅卡，学生可根据自身需要到校图书馆借阅图书；一个是阅读记录卡，为了保证读书效果，每天进阅览室读书的班级，教师指导学生及时填写；一个是家校联系卡，由家长和教师共同填写，每两周交流一次，家长及时反馈学生计划实施情况，教师提出指导意见。

我校围绕"培养学生良好读书习惯"这一研究课题，开展了沙龙式教研活动。活动中，我校分八个会场向200余名教师展示了学生自主读书交流活动和教学专题教研活动。学校整理出版了《润花集》《花儿朵朵》《畅游书海》等系列丛书。

我校500名师生共同演绎了大型诵读表演《学堂乐歌》，分三个篇章：第一篇章《三字经》，第二篇章《弟子规》，第三篇章《爱的教育》，古韵萦绕，诗香飘飘。我校创建"书香校园"活动成效显著，在全市起到了示范、引领、带动作用，高平电视台邀请我校师生制作了大型公益广告，并倡导市民多读书，做有道德、有修养的高平人。

我校作为山西省建设特色小学的首批实验校，通过全体师生的共同努力，在创建"书香校园"的实践中取得了较好的成绩，办学经验被《山西省创建小学特色学校成果集锦》《山西省创建小学特色学校校长风采》《语言文字报》《德育报》《教育理论与通讯》《晋城教育》《高平教育》等报道。

成绩只能说明过去。打造一流"书香校园"是我们不懈的追求。我们将以更高的标准要求自己，不忘初心，与时俱进，让我们的"书香校园"实现新的目标，达到新的高度，结出更加丰硕的果实。

浅谈如何让孩子爱上阅读

文水县实验小学　张丽琴

　　阅读是一项全面的智力活动。在阅读过程中，孩子的注意力、观察力、记忆力、想象力、思维能力同时参与，对提高孩子的学习能力有着巨大的推进作用。可以说，阅读能力是所有学习能力的核心。如果孩子在小学三年级之前没有学会阅读，很大程度上会影响其整个学习阶段的成绩。另外，阅读也是一种陶冶内在的教育，它以自我感悟的方式取代了说教的方式。孩子在阅读的过程中，以主动吸取的方式取代了被动的接受方式。孩子在阅读的过程中，丰富了知识，学会了思考，获得了情感的体验和艺术的熏陶，规范了自身的行为，拓展了生命的阅历。

一、目前小学生的阅读状况令人担忧

　　阅读是灯塔，能为孩子指明前进的方向；阅读是渡船，能帮孩子摆脱愚昧的苦海；阅读是香花，能浸润孩子纯洁的心灵。但现如今许多家长和教师没有意识到阅读的重要性，致使小学生的阅读状况令人忧虑：有的学生没有良好的阅读习惯，阅读能力低下；有的学生对阅读毫无兴趣。这会直接影响他们的能力和素质，影响他们的前途和命运。

　　在家庭方面，许多家长按照个人喜好，让孩子读一些深奥、枯燥的所谓的名家名著，孩子不仅看不懂，还打击了阅读的兴趣和积极性。另外，即使孩子选择了有兴趣的书籍进行阅读，家长也没能及时进行细心引导，很多一知半解的东西让孩子迷茫，大大降低了孩子阅读的功效和意义。更有甚者，许多家庭一味追求孩子各科的学习成绩，对阅读书籍根本不重视，没有给孩子提供舒适的阅读空间和机会，这样孩子不喜欢阅读也就难免了。

　　在学校方面，不少学校没有为孩子创造阅读的机会，许多老师重分数而轻其他，阅读自然容易被忽略，孩子爱上阅读自然也是一纸空谈了。

　　在社会方面，在各类资讯高度流通、信息高度发达的今天，各类网络小说和影视作品在网络中疯传，良莠不齐，让幼小的孩子眼花缭乱，无从选择，再加上各类手机游戏的吸引，使得孩子根本无暇顾及阅读真正的好的作品。

　　总之，多方面的因素导致当今的孩子不喜欢阅读，甚至不知道阅读是何物！面对如此状况，家长和教师有着不可推卸的责任。如何培养孩子的阅读兴趣、提升孩子的阅读能力已经成为教师和家长迫在眉睫需要解决的问题，甚至整个社会都应迅速行动起来，为孩子创造良好的阅读环境，让孩子真正爱上阅读。

二、从家庭的角度让孩子爱上阅读

　　家庭教育对于小学生来说，是最为重要的教育组成部分。家长的言行身教对孩子一生的发展有着不可估量的重要作用。因此，从家庭的角度让孩子爱上阅读是非常重要的一环。

（一）创造良好的家庭氛围

　　让孩子爱上阅读最简单的方法，莫过于让家长先成为爱书的人。如果家长坚持每天都看书,把看书当成自己生命的一部分,那么慢慢地孩子也会把看书当成生命中的一部分。

在家里为孩子建构一个属于自己的阅读小窝,选一个光线充足的房间或角落,放置一张书桌,准备一个小书架,地面铺设一块卡通图案的地毯,孩子可以随意选取自己喜爱的书籍,坐在松软的地毯上或是在书桌前放松自在地阅读。墙壁上可用孩子与父母共同制作的装饰物进行美化,书本可以或开或合地放置其中,使整个小窝充满温馨的感觉。相信如此舒适、惬意而又童趣化的阅读环境,吸引孩子进来阅读,提高孩子的阅读兴趣就水到渠成了。

(二)带孩子感受阅读的气氛

书店是一个容纳书籍的知识海洋。家长应经常带孩子去逛书店,让孩子徜徉在书的海洋中,感受读书的气氛。在书店里会遇到其他看书的孩子,让孩子从心底感觉阅读是一件习以为常的事,是很自然的事。书店里有各种各样的书籍,孩子们可以随便翻看,他们总能找到自己喜欢看的书。如果孩子发现自己喜欢的书不在父母的选择之列,家长也可以让孩子购买自己喜欢的书,体验买书的乐趣,从而产生对书的兴趣。

(三)给孩子推荐合适的书籍

当孩子读自己喜欢读的书时,会读得津津有味,全身心沉浸在书中的世界里,与书里的人物同喜同悲。当孩子读自己不喜欢的书时,会感到枯燥无味,乱翻一气并草草了事。因此,要让孩子对阅读产生兴趣,作为家长,就要适时地引导孩子选择合适的书籍,让他们有好书可读,且爱读、乐读。另外,家长还要时刻关注孩子的学习情况,紧扣课堂教学,根据孩子学习进程选择合适的书籍提高他们阅读的兴趣。

(四)指导孩子掌握正确的阅读方法

好记性不如烂笔头。在孩子阅读兴趣得到激发的同时,还应教给孩子科学的阅读方法。可以让孩子准备一本摘记本,每当读到好的文章时,摘录自己认为精彩的句子、优美的修辞、好的用词等。阅读之后,孩子可以拿出摘记本来琢磨琢磨,以加深记忆,深化阅读的效果;还可以写上自己的感受,发现的新问题、新知识。日积月累,潜移默化,这些就成为阅读的收获。阅读累了,在本子上描描画画,或花草树木,或虫鱼鸟兽。这样,既给阅读增添了无限的情趣,又稳定了孩子对阅读的兴趣,还为日后的学习打下坚实的基础。

(五)让孩子体验到阅读的成就感

很多情况下,成就感是孩子前进的最大动力。为了让孩子保持阅读的兴趣,家长应该利用多种方式让孩子体验成功的快感。例如,父母先把一篇小故事分成几个角色,在讲完故事之后,和孩子一道进行角色对话,在家庭里演绎一台"小话剧"。这样不仅孩子的兴趣浓,也加深了父母与孩子之间的感情。再如,引导孩子把自己熟悉的、感兴趣的内容讲给小朋友听。孩子在讲解的过程中,不仅加深了印象,更能在小朋友的赞美、羡慕中得到满足,感受到阅读的乐趣,从而更加激发孩子的阅读兴趣。

(六)通过奖励让孩子爱上阅读

也许会有人质疑通过奖励的方法让孩子爱上阅读的做法,但很多实践表明,对于小学生来说,奖励的激励是科学而重要的。家长可以统计某段时期孩子的读书量,结合孩子对所读书籍的理解程度和收获,对孩子予以适当的奖励,这样会让孩子对读书充满新奇的希望,激发孩子阅读的积极性,让孩子的阅读习惯更具有连续性,让孩子真正爱上阅读。

总之,家庭环境和家庭教育是孩子成长的第一要素,也是培养孩子正确的人生观、价值观的基础。因此,要让孩子真正爱上阅读,广大家长必须扮演重要角色,肩负重大责任。

三、从学校的角度让孩子爱上阅读

学校是除了家庭之外孩子最为重要的学习成长场所,而班级是孩子在学校中学习的核心地带,因此,教师对班级的环境营造是非常重要的,是培养孩子阅读兴趣和提升阅读质量的重中之重。

(一)营造良好的读书氛围

要想让孩子形成良好的阅读意识,就需要让他们每天在学校都能受到良好环境氛围的影响,而布置充满书香气息的班级是关键。

首先,在班级的墙壁上贴一些读书的名言,选择一个板块张贴学生摘抄的好词佳句。建立读书记录牌,贴上全班学生的名字,然后学生每读完一本书,就写上书名、大概内容和阅读感受等。在宣传窗中设立读书专栏,内容包括新书推荐、经典选读、优秀手抄报展、获奖名单等内容。

其次,建立班级图书角。图书一部分来自学生捐赠,另一部分由班级购买。要建立简单而又可行的借阅制度。虽然是班级自己的图书,但也要让学生养成良好的借阅习惯,因为书是公共物品,要求学生爱护好每一本书。让一名学生专门负责管理图书角。初始阶段由教师亲自管理,经过一段时间对学生的培养后,安排特定的学生当班级图书角管理人员,每天进行书籍整理。学生平时在班级里可以自由借书,若要带回家看,则须登记。

另外,还可以进行资源共享,与其他班级建立合作关系,进行资源互换,让学生能够花最少的钱看最多的书。

(二)形式多样的阅读方法

要想让学生对阅读感兴趣,首先要让他们知道什么是阅读。教师可以让学生大声朗读课外书,并逐步让一些读得好的学生为大家大声读书,甚至可以轮流上讲台朗读。教师可以让学生自由地挑选自己的读物、选择自己喜欢的阅读方式去尽情享受阅读的乐趣。

除了班级阅读外,还可以定期带学生去学校阅览室进行集中阅读。这种阅读方式非常开放,就像自助餐,学生可以自由地选择自己喜欢的课外书。他们很喜欢这种方式,他们可以从自己的兴趣爱好出发,选择自己喜欢的书,拓展阅读兴趣和阅读面,平时不爱看书的学生也会慢慢地喜欢上阅读。

(三)分享彼此的阅读成果

阅读的习惯不是一朝一夕就能养成的,如果教师不及时检查、督促,学生的阅读习惯容易自然流失。为了激发学生持久的阅读兴趣,提高阅读质量,教师在班级中要把阅读引向深入,如每学期进行若干次不定期的阅读展示和定期评比,让学生的阅读形成良性发展的常态。

其中,阅读展示包括学生制作的阅读手抄、优秀的读书笔记,让学生学会在阅读的同时要摘抄好词佳句,从而提高阅读能力。

定期评比包括定期开故事会、进行不同项目的评比,如评选"文明阅读奖""坚持阅读奖""博览阅读奖",对阅读取得一定成绩的学生进行鼓励,让他们体验到阅读的成就感。

(四)教师、家长的良性沟通

教师要想引导学生爱上阅读,首先要与家长进行良好的沟通,得到家长的支持。教师要向学生家长说明阅读的重要性,并要求家长在百忙之中抽出时间陪孩子到书店或图书馆,让孩子畅游书海,为孩子选购一本或几本孩子喜欢又适合的书刊。让家长鼓励孩子多读书、读好书,在完成作业的同时,指导孩子安排合理的读书时间。要提倡家长和孩子一起阅读交流,并尝试辅导孩子写读书笔记等。

现在的家长都想让孩子学得多、学得好,只是很多家长往往一厢情愿地为孩子买许多学习的书,尔后逼孩子去读,把孩子读书的兴趣都抹杀了。因此,教师应给家长一些建议,帮助其制订有效的阅读计划,每天规定特定的阅读时间,每周安排一天作为陪同读书日,亲自陪孩子进行阅读,并做读书笔记等。另外,教师在购买图书方面要给家长做一些推荐,让家长不要盲目购买书籍,这样不但浪费钱,更会忽略孩子的兴趣爱好。

总之,学校班级是培养学生阅读兴趣和提升阅读效果的重要场所,教师有效地开展班级阅读活动,不仅对学生的学习进步有巨大推动作用,还能极大地开拓学生的视野,丰富学生的学识。培养学生良好的读书习惯,提升学生的语文素养,是每一位教师的重要职责。教师要积极拓展新渠道,为学生创造一切条件,因材施教,让学生真正地爱上阅读,徜徉在书海中,积累语言,亲近母语,陶冶情操。

苏霍姆林斯基说:"无限相信书籍的力量,是我的教育信仰的真谛之一。"

书籍是人类进步的阶石,一本好书会影响一个人的一生。让孩子爱上阅读,非一日可成,这需要整个社会密切协作,需要学校和家庭多方面努力,需要一个相对漫长的过程。"授之以鱼,不如授之以渔。"教师和家长不要让孩子单纯地为了读书而去阅读,而是要培养孩子正确的阅读理念,引导孩子掌握正确的阅读方法,让孩子真正从内心爱上阅读,从书籍中汲取成长的养分,从书籍中吸收无穷的智慧,从而健康地长大成才。

浅谈教师专业发展的路径
——大同市云冈区新胜第三小学校教师队伍建设

大同市云冈区新胜第三小学校　张　梅

习近平主席曾说，一个人遇到好老师是人生的幸运，一个学校拥有好老师是学校的光荣，一个民族源源不断涌现出一批又一批好老师则是民族的希望。从习主席的话中，我们不难看出一位好老师轻则影响孩子的一生，重则影响一所学校的发展，甚至影响到一个民族的未来。好老师对于学生、学校和民族都起着举足轻重的作用。为了加强教师队伍建设，努力打造一支师德高、师业精、师能强的教师队伍，我规划设计了教师专业成长"五部曲"，即读书中成长、培训学习中成长、表彰激励中成长、同伴互助中成长、课题研究中成长。具体做法如下。

一、书香熏陶——读书中成长

朱永新说，一个人的精神发育史就是他的阅读史。读书对于教师来说尤为重要，读书不仅能提升教师的专业知识、业务能力和教学水平，还可以让教师增长智慧、明辨是非、提升境界、知使命、明责任，拥有教育理想和教育情怀。所以我要求教师多读书，读好书，读积极向上的书，广泛涉猎与专业精读相结合。为了督促教师读书，让读书成为习惯，学校举办了一系列读书活动，如线上读书定期分享、线下一月一次的读书交流、师生共读一本书、读书笔记展览活动，希望通过形式多样的读书活动，让书香溢满校园，让书香润泽生命，让读书像呼吸一样自然。

二、"请进来、走出去"——培训学习中成长

坐井观天，闭关锁校，故步自封，学校迟早会被淘汰。为了让大同市云冈区新胜第三小学校（简称"新胜三小"）拥有美好的明天，我创造一切机会，让教师"走出去"，把专家"请进来"，让教师开阔眼界，增长见识，知道外面的教育多么先进和精彩，看到全国各地的优秀教师如何做好教育完成教学，从而知道差距，寻找不足，努力学习，提高本领。

2017—2018年，新胜三小共有14位教师参加了全国各地本科院校国家级高校培训。选派中层管理人员参加了清华附小、大兴实验二小、运城人民路小学的教育教学教研活动。我带领90多名教师分五批参加了大同市示范性综合实践基地"学本教学"青年教师培训。12位教师在暑假期间担任了北师大亚太国际教育培训中心的助教。

另外，为了让更多的师生受益，除了让优秀教师"走出去"，我还把名师、专家"请进来"。所以，我校成为大同名师小学语文工作站站点校，每学期有三位全国特级教师入站指导名师课堂；邀请北京市三位骨干教师到我校讲课，全校教师有幸全员参与名师讲课、导师评课、导师讲座和导师的同课异构等。

我校为山西省中小学教师国家级培训计划基地校，2019年有来自太原、灵丘的研修团

队到我校跟岗实践。2020年除了研修团队外，还有更多的特岗教师到我校跟岗学习，影子培训倒逼教师成长。

我校还是北师大亚太国际教育培训中心教师专业发展基地校，2019年有来自上海、重庆、西安、北京、太原的全国特级教师到我校进行课例展示和讲座。优秀的讲座和课例展示为教师的教学注入了新鲜的血液和源头活水。

通过"走出去""请进来"，我校的教师有机会和教育界优秀人近距离接触，不仅教师的专业技能得到提升，教师的素质修养和思想境界都发生了很大的变化。

三、树榜样、立形象——表彰激励中成长

学校通过开展每学期教学常规检查和绩效考核评价，每学年在全校范围内评选并表彰"新胜三小感动校园好老师"活动，积极选拔推荐好老师参加市区级优秀教师、名师、学科带头人、骨干教师培养工程以及大同市名师的送教下乡活动；通过大张旗鼓的宣传表彰活动，鼓励引领教师教育教学发展的方向，实现培养一人，引领一群，带动一校的目的。

四、青蓝过程——同伴互助中成长

我针对个别年级、个别学科学生成绩差距较大，本着"共同学习，一起进步"的理念，在学校中启动了"青蓝工程"，让有经验的老教师一对一跟班，发现问题，给出方法，让好的教学经验和管理方法得到传承，发挥传、帮、带作用，帮助个别教师快速成长，进而促进我校教育教学质量再上台阶！

五、科研课题——研究中成长

为了积极打造一支学习型、研究型、反思型、专业精深的教师队伍，我组织带领骨干教师积极参加省级和国家级的课题研究，近三年结题的是省级课题"培养学生主动获取数学知识的策略研究"。目前学校正在进行研究的课题有山西省省级课题"薄弱学校校园文化建设行动研究——以云冈区新胜三小为例"和"小学语文阅读能力的提升与研究"；2018年9月，我校有幸成为广东省省级课题"基于名著导读的中小学语文核心素养培养途径与策略的研究"的基地校。两年来，学校通过扎扎实实地开展课题研究，快速提升了教师队伍的专业技术水平和科学研究能力。

当然，学校若想走上高速发展的快车道，必须培养一大批有理想信念、有道德情操、有扎实学识、有仁爱之心的好教师，我们除了谱好、唱响"五部曲"，抓好学校的常规教学外，校本教研、校本培训、集体备课和业务学习也必不可少。我们根据学校的实际情况出台相关措施，组织相应的活动，为教师的成长提供全方位的保障，让他们在教育教学活动中明白教好书、育好人是历史的使命，是时代的呼唤，是民族的责任，是职业的操守，从而静心教书，守住心灵的一方净土，潜心育人，甘心做学生的铺路石、指航灯，完成国家和民族赋予教师的责任、义务、使命和担当，争做中华民族伟大复兴的筑梦人。

小学生经典背诵兴趣与动机的培养

朔州市实验小学　赵志杰

"诵经典美文，做少年君子。"以经典背诵来陶冶学生的高雅情操，丰厚学生的人生底蕴，越来越成为许多学校的共识。针对我校经典背诵的现状，我和老师们在小学生经典背诵兴趣与动机的培养方面，做了如下探索和尝试。

"经典"，顾名思义，就是指经久不衰、永恒不变的万世之作，是经过历史的迁移和时间的洗礼流传下来的"最有价值的著作"。其包含任何具有经典价值的作品，包括古代、现代、中国、外国的一切优秀文化作品，但是本文所提的经典以中国古代经典作品为主，包含儒家经典、唐诗、宋词等。"经典"与"背诵"合称为"经典背诵"，是利用学生记忆力最好的时段诵读中国传统文化的一种学习活动。新一轮课程改革中，语文课程标准强调，淡化语文技能的培养，将目标转向熟读、背诵、积累语感等学习能力的培养，对名篇佳作的背诵篇目、数量做了具体的要求。至此，"经典背诵"教学正式进入语文课堂。

学生的背诵兴趣是促进记忆的重要因素，是文本与学生之间的纽带，是背诵活动得以顺利进行并长期保持的源泉和动力。如果学生对经典背诵产生了兴趣，就能正确地认识自身对经典的需要，产生强大的心理动机，使脑细胞的活动能力充分发挥，就会表现出惊人的记忆力、集中力，在充满欲望与热情的快乐情绪中完成经典的背诵。

学生的学习动机是直接推动学生进行学习的一种内部动力，是激励和指引学生进行学习的一种需要。它关系到学生是否愿意学习以及学习效果，学生学习动机的培养和激发，既是促进教师改革教学内容和方法的手段，也是提高学生学习效果和综合素质的途径。

背诵中华传统经典，在我国教育界已开展得如火如荼，关于经典背诵的实践与课题研究也风起云涌，如"把经典名篇引入课堂研究""小学语文阅读中外经典，享受读书乐趣""读千古美文，做少年君子""诵读传统经典，促进小学生品德养成研究""儿童诵读中国传统文化经典与潜能开发研究""诵读教学与学生认知能力培养研究"。然而，将背诵与兴趣结合进行专门的研究较少，尽管越来越多的教师关注到兴趣动机对背诵的重要性，培养背诵兴趣动机的手段也有不同的角度和侧重点，但总体而言这类研究比较零碎，不够系统和完整。至于如何通过培养学生对经典背诵长久稳固的兴趣与动机来提高语文素养的研究则几乎没有。因此，进行对经典背诵的兴趣和动机的培养研究显得尤为重要。

一、当前小学生经典背诵中存在的主要问题

（1）背诵兴趣不够浓厚。学习兴趣与学习效果之间的关系十分密切，尤其是对于"经典"这个注重长期积累的学习对象来说，兴趣是学好经典的前提。同时，兴趣也是学生开发潜能、开展自主学习、拓展课外运用的基础。不少学生一提到背诵就一筹莫展，认为背诵是一件苦差事。能够凭借自己对经典的兴趣主动背诵的学生更是凤毛麟角。这一现象对国学经典教学的改进提出挑战的同时也提供了一定的契机。

（2）背诵动机不够明确。目前，经典背诵以应试作为主要目标，没有正确的背诵动机做引导，国学经典很难成为学生的精神食粮，承载着中华民族精神文明的国学经典沦为语文试卷上一道苍白的试题。

（3）背诵时间不够充足。摇头晃脑地吟诵诗文是古代教育中一道亮丽的风景，古代读书人几乎把所有学习时间都用于背诵诗文。现代人用于背诵诗文的时间相对于古人而言少之又少，小学生课业负担较重，背诵经典的时间得不到保证，无法细细品味国学经典的魅力，以至于深感其索然无味。

（4）背诵方式过于机械。关于经典背诵的方法不胜枚举，但是在实际的教学中，背诵方式却十分单一，背诵任务绝大多数都是课后完成，学生谈何有兴趣地去背诵？

儿童时期是一个人一生中心灵最纯净、记忆力最好的时期。在此阶段接触最具智慧和价值的国学经典，可以奠定孩子一生高远的智慧和优秀的人格基础，成为其一生不断消化、理解、受益的文化根基。习近平总书记在十九大报告中指出，文化是一个国家、一个民族的灵魂。文化兴国运兴，文化强民族强。没有高度的文化自信，没有文化的繁荣兴盛，就没有中华民族伟大复兴。中华民族五千年的历史文明中，积淀形成了博大精深的中华传统文化，而国学更是中华传统文化的精华和瑰宝，具有恒久的生命力和强大的吸引力，这从中央电视台连续举办《诗词大会》得到国人的广泛关注、创下非常高的收视率就可见一斑。人们从诗的语言、诗的声音、诗的情感中领略五千年悠久历史文化的无限魅力，感悟经典文化音符灵动跳跃的华美乐章，激发对万里河山的赤子之情。正是因为国学经典具有深厚的文化根基、文化底蕴和文化精髓，因此，在语文教学中特别是小学阶段的语文教学中，必须注重国学经典教育，让小学生从小接受、喜欢中华传统文化，成为经典国学的传承者，成为更有文化素养的新一代。而且，对于小学生而言，背诵国学经典是学习国学、理解国学的有效途径，正所谓"熟读唐诗三百首，不会作诗也会吟"。

另外，当前语文课程标准十分重视读书、积累与感悟，注重优秀的传统文化对学生精神成长的熏陶感染作用。在心理学领域，兴趣是个体非智力因素中的一个重要方面，是学习动机中最活跃的一个因素。培养学生对经典背诵的稳定兴趣和动机，国学经典教学中的诸多难题便可迎刃而解。因此，将兴趣与动机这两个心理学概念与传统的背诵教学法相结合，对促进学生语文素养的提高具有十分重要的意义。

二、经典背诵兴趣与动机的发展策略

如何提高兴趣薄弱、动机匮乏的学生的学习效率，让他们爱上经典背诵？如何在教育新理念、新形势下，探究有效激发学生经典背诵兴趣与动机的教学模式、教学方法？这些是摆在我校师生面前的问题。通过针对影响学生经典背诵的动力、兴趣机制的研究，我们形成了一套具有我校特色的学生经典背诵兴趣与动机的发展策略。

（一）积极创设条件，营造背诵氛围

我们着力构建儒雅的校园文化，让师生生活中充满书香，最大限度地让校园的每一面墙都能跟学生"对话"，使静态的校园成为国学经典背诵的育人佳境，让学生抬眼望人文，举目品经典。

我们还采用了"请进来""走出去"的方法。学校每个学期都邀请有关方面的专家来讲学，实地到经典背诵工作做得好的兄弟学校参观学习，借鉴好的经验做法。

我们也充分利用校园广播，每天晨读前播放配乐的古诗歌曲，下午午休后播放国学经典诵读，让学生感其声、领其情。各中队利用每周一的升旗仪式，轮流展示有班级特色的经典诵读，让学生走近经典，耳濡目染中华优秀传统文化的同时又得到上台展示的机会，从而提升背诵经典的兴趣动机。

全校倡导学生做到晨间集体背诵、午间休闲背诵、睡前放松背诵，以培养学生的经典背诵习惯。同时，利用传统节日，适时应景地开展诗词朗诵会，让学生充分感受圣人先贤的智慧和情怀。

(二)推荐读物，选择背诵内容

为了更好地将经典背诵落到实处，我们采取多管齐下的办法，唤起学生经典背诵的兴趣与动机，以提高背诵效率，使经典背诵成为有效的诵读。选择音律和谐、节奏明快、朗朗上口的作品，使学生易于吟咏背诵；把背诵内容分为低、中、高三个层次，逐步渗透，不断提升；研究确定每个年段的背诵内容。同时，注重整合，激发背诵兴趣。在课题研究实践的过程中不局限于在语文课堂上指导背诵经典，还注重国学经典与其他学科、活动的有机整合，提高学生的背诵兴趣，如把国学经典与音乐、美术、信息技术学科进行整合。

(三)开展活动，体验背诵乐趣

为激发学生国学经典背诵的热情，引导学生持之以恒地背诵国学经典，我们探索把背诵和活动紧密结合在一起的有效途径，用丰富多彩的主题活动让经典背诵更富有吸引力。通过经典背诵活动的开展，让学生在活动中体验到经典背诵的乐趣。为引导学生逐渐提升经典背诵的层次，激发背诵兴趣与动机，养成正确的背诵习惯，学校坚持"多奖励、不强求""多表扬、少批评"的原则，研究制定了一套激发背诵兴趣与动机的评价方法。

最后，我们还要真诚地邀请家长加入背诵行列，进行亲子共读、共演、赛读、赛背，一起在经典的海洋中遨游，共同领略经典的无穷魅力。

无限相信阅读的力量

太谷师范附属小学　郑守兵

阅读不能改变人生的长度，但它可以改变人生的宽度；阅读不能改变人生的物象，但它可以改变人生的气象。一个人的精神发展史，就是一个人的阅读史。喜欢读书的教师最有可能成为受学生欢迎的教师，所以阅读是教师稳健成长的途径之一。

基础教育课程改革催生了我读书习惯的养成，因为不读书学校就无法进行课改，于是我喜欢上了阅读，懂得了不读书是一种对教育工作的渎职，不带领教师读书的校长也是一名失职的校长。虽然我不幻想教师在我的引领下都能够立即很好地读书，或者带领学生读书，但我坚信，我倾注心力投下的这枚小小的石子，肯定能够在教师心湖中激起美丽的涟漪。事实证明，这种美丽的涟漪在全体师生的心湖中震荡得越来越大，越来越美。

日子要一天天地过，书要一页页地读，水滴石穿。书就像微波，从内到外震荡着我的心，徐徐地加热，于是我的精神分子结构改变了，成熟了，阅读的效力也就凸显出来了。

一、阅读使人心情愉悦

阅读修缮了我的灵魂，使我变得更精神、更阳光。读一本好书就如同邂逅一位大师，你可以和书中的人物一起欢笑、一起流泪，可以在不同的书的世界里体会不同的生活和精神世界。日本著名作家黑柳彻子的《窗边的小豆豆》和《小时候就在想的事》，带给我无数的笑声和感动。我在笑声和感动中深深地思考：现代教育应当如何理解和发掘出每个孩子的完美天性，让孩子一生都生活在灿烂阳光中？其让我能够理解孩子说话做事的原因；能够淡定地面对孩子的顽皮和错误，不再埋怨他们；能够成功地教育孩子、享受孩子带来的幸福和愉悦。在工作和生活中，我既读有字书，又读无字书，如看百家讲坛，悉心结交爱读书的人，坐在一起交流。此外，我还在网络中与相关人士交流，每次交流完毕，心情都很舒畅，仿佛从空气清新的田野中刚刚归来。

二、阅读让人学会继承和创新

阅读是一种继承，也是一种创新。我在阅读时总会摘录一些好的做法和经验，或结合自己的实践来运用这些方法，并随之做出一些改革和创新。在阅读中我学到了成功的方法和经验，也收获了失败的教训和启迪，于是懂得了继承和创新。课程改革伊始，在中学工作的我结合课改对评价的要求，发明了"坐标比值法"的学生文化成绩评价方法，并结合上海市学生评价方法，制定了一整套适合我校的教育教学评价体系，多次在省级会议上交流，我校被评为"省教育厅优秀基地校"。我读了《第56号教室的奇迹》后，被这位美国教师深深感动，于是我推荐全校教师阅读此书。根据书中的教育教学方法，结合自己的教育实践，我向全校教师提出了20条建议并培训了全体教师；读《快乐星球》，并和学生交流，让我确定了学校第二届阅读节以"童话"为主题；看了于丹的《论语感悟》，我确定了学校第三届阅读节的主题为

"让中华优秀传统文化走进校园"；看了当代教育家李希贵的《为了自由呼吸的教育》，我学习了教育调查研究方法，用数据来指导我校的教育教学……总之，对一个观点、一篇文章、一个视频、一个讲座，我都有意识地捕捉其中的可用之处，在实践中不断继承，不断整合，不断改革创新。我坚信，只有热爱阅读的校长，才能有效地管理学校；只有热爱阅读的校长，才能更好地育人；只有热爱阅读的校长，才会有勇于创新的精神和动力。

三、阅读让人拥有一定的竞争力

阅读是最长远的备课，阅读是文化底蕴的积淀，阅读让我有底气生存在这个充满竞争的社会。"一所学校的核心竞争力是学校领导课程开发与教育指导的能力"，这是华东师范大学教授陈玉琨说的。这种课程与课堂教学指导能力的培养，需要经过不断学习，而学习就要通过不断地阅读来完成。为了更好地迎接教育改革的挑战，我一直坚持做好"六个一"：每天读书一万字，每天网上阅读一小时，每周坚持记读书笔记一篇，每周看一张教育教学光盘，每学期坚持和教师同读一本书，每学期坚持和学生共读一本书。我的办公桌上常放着三种刊物：《人民教育》《中国教育报》《中小学管理》；关注李希贵、李镇西、朱永新等教育名家名师的书籍及学校动态，阅读陈玉琨教授的演讲录、苏霍姆林斯基的《给教师的一百个教学建议》等书籍。不知不觉中，阅读影响着我的教育思路和策略，影响着我的人格和修养，影响着我的思维和语言，于是我在学校开展"书香校园"的建设、高效素养课堂教学的改革、构建"3＋1"课程体系等，开展了教育叙事研究、阅读学习研究、网络博客研究、教育调查研究、教育论坛研究来促进教师专业成长，提升课堂效率。正是阅读让我厚积薄发，具有一定的竞争力，引领学校在竞争中发展。

四、阅读让师生拥有共同语言

和教师、学生拥有共同语言的有效方法就是读他们的书，这样就拥有了更多和他们交流的话题，就会形成民主、平等、和谐的干群关系、师生关系，推动教育事业又快又好地发展。于是我在全校开展了"教师同读一本书""师生同读一本书""亲子共读"等活动，以期在共读中有更多交流的话题，拥有共同的语言，这也便于校长和教师之间交流、师生之间交流。苏霍姆林斯基的《给教师的一百个教学建议》让我和老师们知道了许多好的教育教学方法，并通过交流、演讲、论坛、写作形成共同语言。这样的阅读，一方面便于全体教师交流，另一方面也使作为校长的我能在全校范围内就某一个措施加以推广，便于工作的开展。在家中读孩子的书，让我和孩子拥有了共同语言，能够交流书中的内容、用儿童的语言说话、用儿童的眼睛观察、用儿童的耳朵倾听；有时孩子也向我推荐他认为好的书和文章，一起分享书中精彩内容。这样就拉近了孩子与家长的关系，从而解决了孩子越大越不愿意和大人交流的问题，进而促进孩子健康地成长和发展。

五、阅读让人学会理性反思

在阅读中思考，在思考中研究，在研究中求是，在求是中走路，这是我阅读学习所追求的境界。在阅读时，我会做一些批注、写一些感悟，结合自己的教育教学实践进行理性反思。其实阅读就是读别人的文字，把别人的文字凑成的思想、情感化作自己人生的感悟。我的十几年的工作经验和阅读的点滴体会，主要汇集成了《教育教学评价》《有效校本研训，促进教师专业成长》《区域推进书香校园建设》《有效推动教育均衡发展》《小组合作学习的策略与研究》《开展有效课堂教学的几点策略》等实践总结，由我主讲的《农村教师怎样开展教育科研》光盘也在全省发行，这些都是阅读与实践相结合理性反思的结果。这样的阅读使我对自己的专业所需能够敏锐识别，广泛吸纳；这样的阅读为我的形象增添了一些厚重的质感；这样的阅读为我的生活增添了一些文化雅致；这样的阅读为我的工作增添了一些巧妙与机智。

　　阅读，让贫乏和平庸远离我们，让博学和睿智丰富我们。多年的阅读生活，让我收获颇丰，从写一篇文章的引用到理性反思的写作，从一个教育方法与策略的应用到教育的改革与创新，从贫乏的教育底蕴到厚积薄发、积微成大，从盲目顺从到特色引领、以教促读、以读促教，阅读让我不断成长。如果因为阅读而让自己具备了美丽和清淡的底色，那么我希望我能够在这清淡而又美丽的底色上描绘出清晰、简单、永恒的线条。请无限相信阅读的力量吧！

　　留一点时间给阅读，陶冶我们因繁杂生活而麻木了的情绪；找一点时间给阅读，矫正我们因忙忙碌碌而迷失了的方向；挤一点时间给阅读，开启我们因机械地工作而遮掩了的心扉。

组织感召力：服务育人

高中中层干部执行力不足的原因探析

临县高级中学　陈国民

提升中层干部的执行能力是一所普通高中（简称"高中"）能否实现有效管理的关键。执行能力就是把校级领导制定的方针政策和工作方案落实为实际工作的能力。它是高中中层干部综合素质和能力相互结合的表现，具体表现为开拓创新、不拘一格的思维方式，着眼未来、顾全大局的洞察力，立说立行、言出必行的管理风格，勇于担当、乐于奉献的工作作风，坚定落实、永不言弃的工作态度和高效及时、指挥有方的调控能力。

我们通过调研走访，发现大多数高中的中层干部整体素质比较高，能本着全心全意为学校、为学生服务的精神，在开展工作、处理问题中坚持原则，顾全大局，以学校整体利益为先，表现出了无私奉献、乐于担当的精神，深受校领导和师生的信任。但由于种种原因，在普通高中教育教学管理中依然有一些不尽如人意的地方，这些不足之处已成为制约高中健康发展的痼疾，亟待解决。

一、高中中层干部在执行过程中存在的问题

高中中层干部大多是从一线教学骨干教师中选拔出来的，这些教师在教学工作中教学成绩突出、能力超群、表现出色、人缘很好，所以成为高中中层干部最合适的人选。可他们一旦被选拔为中层干部，由于自身因素的限制，比如他们的思维定式、心理适应能力的强弱、角色调整的快慢、管理水平的高低、综合素质的好坏，再加上一线教学工作和教育管理之间存在着很大的不同，使他们在执行校长（校务会）的办学理念、治校方略和具体工作的过程中，普遍存在着办事不够精细化，只求差不多，"上有政策、下有对策"等现象。

（一）缺乏主动，被动应付

一些高中中层干部由于长时间从事一个部门的工作，以致工作中缺乏应有的激情和热情，对一些边缘性工作表现出漠不关心、事不关己、高高挂起的态度，像寒号鸟一样得过且过，甚至对学校决议的工作和事务也是能拖就拖、效率低下。有的中层干部只抓表面工作，注重虚名，不求实效；有的中层干部只是消极应付，浅尝辄止，流于形式；有的中层干部只求完成任务，不求卓越，敷衍了事。

以上现象其实就是责任意识和使命意识不强的表现，因为责任意识和使命意识是提升工作执行力的原动力，责任意识和使命意识一旦缺失，执行力就无从谈起，当然就更不会主动担当责任，也就更没有高效的工作绩效一说了。正是由于缺失了这两种意识，部分高中中层干部不把工作当成自己终身追求、为之奉献一生的事业来对待，而是把工作当作一项为了挣工资养家糊口、不得不完成的领导安排的任务来对待，从而导致了他们的执行力极其低下。

（二）没有计划，缺少方法

我们通过调研发现，一部分高中的中层干部对学校的政策把握不到位，不能正确理解领

导层的决策意图，找不准核心，开展工作不是按步骤、按计划、按目标进行，而是简单地按照个人的主观意愿来做，执行过程也是虚于应付，注重表面文章，所以最终的执行结果和学校决策层预期的效果相差甚远；还有部分中层干部由于业务能力不够，开展工作时不分主次、轻重缓急，眉毛胡子一把抓，东一榔头、西一棒槌，看上去很辛苦，可实际上工作质量和效率却极为低下，让所有人都跟着他们受累。为此，高中应该着眼于解决中层干部的执行理解力、沟通力和解决问题的能力。

出现这些问题，与高中中层干部的知识缺乏、能力有限和素质不够有十分紧密的关系。在现实学校管理机构中，由于部分中层干部的思想认识、文化程度、水平能力等还达不到其所担任的岗位的要求，所以在处理问题时就往往感到力不从心，甚至出现"门外汉"的做法。

(三)缺少担当，缺乏合作

笔者在走访中发现，一部分高中中层干部对自己主管的工作不负责任，能推掉的就推掉，不能推掉的就简单应付；对于领导安排的工作，不积极行动、认真落实，而是避重就轻，敷衍了事，不求有功但求无过，弄虚作假，滥竽充数，心情好时就执行，心情不好时打折扣执行，缺乏承担责任、主动合作的态度。细究这种现象出现的缘由，是因为这些中层干部身上缺乏一种开展工作的主动性和担当精神，缺乏一种勤勉踏实、立说立行的执行作风。所以，要提升学校中层干部的执行力，形成高效的、合作的、共进的氛围；要加强中层干部的思想教育，着力增强他们的担当精神、奉献精神和合作精神。

出现上述种种现象的根源是学校管理缺乏及时有效的监督机制与奖罚分明的激励机制。在学校教育教学工作的执行过程中，如果缺失了及时的检查和监督，就会导致出现如下情形：中层干部出现失误行为甚至错误行为，却没有得到及时的、有效的纠正和制止，从而造成严重后果；同样，在中层干部取得成绩时，也没有得到及时的、有效的表扬和激励，这样，久而久之，就会严重影响中层干部的工作主动性和积极性，影响他们的创造力，最终引发中层干部的消极思想和工作惰性，造成他们抱着干好干坏一个样，少作为、不作为就不容易出错的应付思想，从而导致执行力的低下。

(四)思想混乱，角色错位

1."向下"越位

部分高中中层干部在开展工作时仍然把自己当成一线教学骨干，不能很好地带领整个部门去开展工作。特别是碰到一些矛盾冲突时，他们总是站在教师的角度看待问题，为了取得众多教师的支持和好评，不惜牺牲学校的整体利益，把自己错误定位为"教师代表"，开展工作中扮演"老好人"的角色。

2."向上"越位

在实际工作中，学校的中层干部对学生、家长、教师掌握着比校长更为丰富的信息量，理应为学校提出一些合理的建议和意见，以供校长或校务会参考。然而，有的中层干部在自己的想法和建议没有被领导采纳时，就怀疑领导的能力和水平，对领导安排的工作采取消极应付、不执行、打折扣执行、拖延执行或按照自己的想法去执行。

3."垄断"错位

一些中层干部由于长期负责某个部门的工作，时间久了往往会把这个科室当作自己的"自留地"。有时这些中层管理者在开展工作时，首先想到的是个人和本部门的利益，而不去考虑学校的整体利益，本末倒置，最终做出一些损害学校荣誉和利益的事。

4. "官僚"本位

一些中层干部深受中国几千年官本位文化的影响，当他一旦被学校任命为某个科室的负责人后，就认为自己是"官"了，于是就经常按照"官场"上的一些思维模式对待同事，高高在上，唯我独尊；饱食终日，无所作为；贪图享乐，满足现状；遇事推诿，办事拖拉；不按客观规律办事，独断专行；常常弃职责于不顾，对上阿谀奉承、溜须拍马，对下颐指气使、飞扬跋扈。

以上这些，都是弱化高中工作执行力的障碍。要想提高高中中层干部的执行力，必须通过健全严格的选拔制度、建立完善的考核机制、加强思想教育等措施来强化这些中层干部的思想意识、角色意识、责任意识、绩效意识、管理意识，从根本上解决问题。

二、高中中层干部执行力不强的原因分析

(一)对战略决策理解不够，执行过程走样

高中中层干部的执行力指的是高中中层干部通过落实校长(校务会)的办学理念和治校方略，帮助校长(校务会)完成原先计划的任务，达到预期的办学目标，最终，实现校长(校务会)的办学理想的办事能力。但在实际工作中，由于高中中层干部的理论素养有高有低、操作能力有强有弱、办事能力有大有小，就会有部分中层干部不能按照校长(校务会)的治校方略和办学思路开展工作，而是按照自我意愿和认识开展工作，结果在执行过程中就出现了偏差，执行的结果也就可想而知了，从而出现预期目标和结果相背离的局面。

(二)无目标无计划，执行不到位

高中校长的办学理念、治校方略、工作计划等能否顺利地落实到位，主要在于中层干部以及他们领导下的中层科室的执行力。而在实际工作中，部分中层干部执行意识比较淡薄，没有认识到学校的健康发展要靠一步一个脚印、一步一个台阶苦干实干才能实现这一朴素的真理，也就没有全心全意地去执行校长和校务会制定的工作目标和任务，导致在工作实践中不能始终如一、坚持不懈地去追求任务的实现，从而出现"雷声大、雨点小""光响雷、不下雨"甚至只是停留在表面执行或者干脆不执行的工作局面，这样下去，学校和校务会规划制定的工作目标和希望达成的效果终将会化为乌有，成为泡影。

(三)开拓创新不够，执行缺少思路

高中中层干部应具备一种基本素质，即在工作中勇于开创、大胆求新，这也是作为领导干部的基本要求之一。在管理实践中，中层干部各自的经历不同、所接受的教育程度不一、思维逻辑有差异、价值观念不同，导致一部分中层干部食古不化，故步自封，开拓性思考问题少，创新性解决问题的策略不够，再加上能力有限，在工作中只会生搬硬套，不会有针对性地提出解决矛盾和问题的方法，只会逢山开路、遇水架桥，工作就像陀螺旋转，要靠外力的鞭策和推动。如此办事水平，如此简单操作，最终必将影响学校的全面发展。

(四)缺乏合作精神，抵消执行效果

当今时代是一个需要团结协作的时代，单打独斗的个人英雄主义已经没有存在的意义和空间。一个团队之所以称为团队，核心就是要有团队精神，缺乏团队精神就难成为团队，或者说不是真正意义上的团队。那么，什么是团队精神呢？所谓团队精神，就是为了实现共同的奋斗目标和梦想，团队成员在执行过程中心往一处想、劲儿往一处使，团结协作、和衷共济、拼搏进取、扎实工作，从而开创崭新局面的一种集体精神。在实际工作中，一些高中中层

干部由于缺乏团队意识,在工作中不能主动去沟通协调、与他人合作,拈轻怕重,揽功诿过,碰到问题互相推脱责任,缺乏主人翁精神和意识;任人唯亲,以人划线,缺乏宽广的胸怀;领导能力弱,表率作用差。这样的团队,显然没有战斗力,没有向心力,更难以形成工作合力,也就不会达成"众人划桨开大船"的工作效果。

由于上述种种问题的存在,高中中层干部的执行力必然会被大大地削弱,甚至成为负能量,最终造成各项工作无法顺利推进,以致无法完成既定的工作任务,达不到校领导预期的目标。

学校课堂改革过程中校长的自我定位

太原市第十一中学校　樊晓东

导论： 未来十年内，约有 12 亿 15～30 岁的年轻人进入职场，依照我们目前所采取的相关方针，只有 3 亿左右的人能够得到工作机会。我们可以给其他 9 亿人什么？如果我们想要迈向和平发展并且为这些年轻人提供希望，我认为这是很大的挑战。

——芬兰前总统马尔蒂·阿赫蒂萨里

这个挑战落在了教育人身上，需要我们从教育方面去思考。我认为，校长是学校课堂改革的谋划者，校长是学校课堂改革的先行者，校长是学校课堂改革的设计者，校长是学校课堂改革的行动者。

一、校长是学校课堂改革的谋划者

谋划就要看得远。课堂教学虽然是学校的一部分，但是谋划课堂定位，使教师有所发展，校长需要有长远的目光。正所谓，不谋万世不足谋一时，不谋全局不足谋一隅。要谋划就必须备课、学习、思考，因为教育改革和社会发展相关。

谋划我国教育改革时就要考虑国内教育现状和历史发展，我国最早的教育改革要属春秋时期的教育嬗变。铁器和牛耕的出现导致教育的变化，出现了孔子"有教无类"的教育思想，出现了私学；第二次改革是清朝的教育转轨，鸦片战争后，随着工业时期的到来，科举制废除，教育从学"四书五经"转到了学习西方的课程；第三次是信息时代的教育变革，使我们的教育不能再以传统的方式授课，教育方式信息化。

我们今天谋划课堂改革就是要以古为镜，见贤思齐。从时代变化来讲，信息时代已经到来，我们的孩子出生在数字化的时代，我们需要和他们一起拥抱新的时代。从教育设计来讲，我国教育以立德树人为根本任务，要培养全面发展的接班人，即未来的人。复旦大学丁光宏教授曾说，要培养一个不一样的全人：有理想抱负、有志向及社会责任感；品德纯正、具有较高的道德判别水准；了解自己，明确自己要成为什么样的人；具有较强的学习、研究能力和发展潜能。我们站在信息时代变革的十字路口，学校要让学生有灵魂、有分数、有故事。

二、校长是学校课堂改革的先行者

好的谋划者必须是先行者。这里所说的先行是指理念先行。《国家教育现代化 2035》提出要实现教育现代化。那什么是教育现代化？其是一个国家教育发展的较高水平的状态；是对传统教育的超越，是传统教育在现代社会实现的转化；是一种教育整体转换过程。教育现代化的核心是实现人的现代化。人的现代化可以概括为四个特点：心理是自信的、思想是开放的、态度是理性的、行为是尊重的。校长必须引领教师看到未来的需要，让教师有更宽广的视野才能成就教育。

三、校长是学校课堂改革的设计者

学校实现什么样的课堂，才能培养适合未来发展的人？我认为需实现现代化，聚焦"问学 AI"。"师者，所以传道授业解惑也"是一直以来对教师的定位，而处在信息时代的教师应该是什么样的？我认为，现代教师应该是为弱者传（有教无类），为品格授（培养品质），为思者解（培养能力），为未来教（核心素养）。

我校适应时代需求，结合校情、学情，提出了运用信息技术助推教学变革，设计了先学后教、以学定教的"问学 AI"课堂改革新模式，组建了 PAD 实验班。

（一）"问学 AI"课堂的解读："三问、两学、一爱"

"三问"，可从两个层面来理解：第一个层面是立足事物发生发展的角度，从开始、过程及结果进行提问，明白"是什么、为什么、怎么办"，知其然（感性），知其所以然（理性），知其超然（悟性）。第二个层面是立足关心学生的角度，从学生的过去、现在和未来提出问题，方式可以是师生间、生生间的互动。

"两学"，包含被动学和主动学。翻转课堂，提前推送微课，在看似被动学的表象下，学生已经在独立思考，主动学习，体现在课堂上就是思维碰撞的讨论、大胆展示的自信。

"一爱（AI）"有两层含义：AI 代表的是人工智能，就是先学后教，以学定教，实现学生的个性化学习；另一层含义是爱心和关心，也就是说我们这个课堂里用大数据手段教学，从学生的实际出发，线上、线下实现混合式学习，时刻关注学生对学习的兴趣和内心对学习的体验和感受，教师和学生同频共振。

（二）"问学 AI"课堂"不是什么"？

（1）不是秀技术、摆花架子的课堂。

（2）不是给校长做的表演课堂。

（3）不是把 PAD 功能用到极致效果就好的课堂。

（4）不是依靠 PAD 给教师减负的课堂。

（5）不是可汗学院。

（6）不是无纸化办公。

（7）不是视频教学。

（8）不是新型武器。

（9）不是教师的替代品。

（10）不是所有问题都能解决的。

（三）"问学 AI"课堂"是什么"？

（1）是翻转课堂。

（2）是个性化和混合式学习方法结合的课堂。

（3）是利用视频做好预习的课堂。

（4）是先学后教、以学定教，为学生量身定做资源的课堂。

（5）是更关注知识学习效果和学习能力培养的课堂。

（6）是更利于师生沟通，更易建立师生密切关系的课堂。

（7）是立德树人、智慧展示、成就师生的课堂。

(四)"问学 AI"课堂"怎么做"？

(1)完全按翻转课堂模式规范教学，教学设计按模板进行。

(2)课前预习的视频点击率必须达到100％。

(3)全身心投入，实现教师现代化。

课堂改革不能是强制的，不能强制教师按照这个课堂模式教学，校长一定要引导教师自觉去实践，正如梅贻琦的"从游论"：学校犹水也，师生犹鱼也，其行动犹游泳也，大鱼前导，小鱼尾随，是从游也。从游既久，其濡染观摩之效自不求而至，不为而成，反观今日师生关系，直一奏技者与看客之关系耳，去从游之义不綦远哉！此则于大学之道，体认尚有未尽，实践尚有不力之第二端也。

四、校长是学校课堂改革的行动者

课堂改革要让所有教师动起来才能成功。变革中的必要元素有愿景、技能、激励、资源、行动和方案。真正实现变革，这些要素缺一不可：教师要知道自己具备进行变革的能力和技能；要相信变革是好的，未来还会比现在要好，变革是值得付出努力的；要知道运用个人的物质和资源去实现变革；需要一个具有说服力的计划让他们实现愿景。

校长的作用就是要把所有环节都安排好。如果所有的元素都能就位，我们就可以通过合理的改变帮助教师实现目标。

总有一群这样的人：是变革的代言人，能看到未来的方向，并想要通过自己的努力和他人的帮助来实现梦想。就如甘地所说，如果想改变世界，就首先要将自己变成理想的样子。当有足够多的人行动起来，就会形成一场运动。如果这场运动有足够的能量，就会形成一次改革。在教育领域，这就是课堂教学改革。而这群人就是我们教育者！

求净，向善，促学

——学校宿舍管理实践案例

襄汾县实验高级中学校　郭旭升

一、背景信息

我校是一所全寄宿制普通高中，地处县城，在校生 1500 人。我校生源较差，录取分数为 500 分左右（县城一中录取分数为 600 分）。80％的学生来自乡村，多半学生是留守孩子，因为父母常年外出打工，他们由祖父母监护。学生每周六上午回家休息，周日下午返校。宿舍楼专设管理员室，配备管理员，负责学生"两休"秩序的管理、打扫楼道及卫生间的卫生。2015 年暑期前，宿管员大多为夫妻两人，在楼管室生活居住，除了床铺外，还有炊具、电视机等。学生宿舍为八人间，高低床破旧变形，宿舍环境脏、乱、差。我校借鉴名校管理经验，出台了《实验高中学生行为管理考核细则》，依细则对学生的违纪行为进行处理。

二、案例正文

（一）发现问题

2015 年暑假前，我校楼管室里有床铺，所以宿管员在晚上 10 点 30 分（宿舍熄灯，学生开始晚休）至 10 点 45 分在楼道巡查管理，维护晚休秩序。学生晚休之后，宿管员就回到楼管室休息，直到第二天早上 5 点多学生起床。虽然有相关规定要求宿管员夜间定时巡查学生宿舍，但却存在执行难和不到位的情况。在夜晚长达 6 个多小时的时间里，学生处于无任何监管的状态。有学生给校长写信反映，在那无监管的 6 小时里，学生有说闲话的、玩手机的，甚至有玩扑克的、吸烟的。最可怕的是，有一次上铺学生吸烟，把没熄灭的烟蒂随手扔下后就睡觉了，而烟蒂恰好落在下铺学生的被子上，烟头引燃被子，多亏浓烈的烟气呛醒学生，才急忙起身灭了火，没有造成学生伤亡。可见，这个时段存在极大的安全隐患。

手机对学生的影响是极大的，虽然我校明确规定学生在校不允许带手机，但仍有痴迷手游或社交软件的学生，抵不住诱惑将手机偷偷带到学校。在教学区有教师监管，他们只能在夜间蒙着被子玩手机。长此下去，除了耽误学业，还容易沾染不良思想而步入歧途。

学生的留守背景造成了教养的缺失，大部分学生个人修养不高，习惯了高声喧闹，随口说脏话，对同伴也不友善，往往是只顾自己，不顾他人。而在空间较小的宿舍里，学生极易发生摩擦，甚至采取动手打架的方式来解决问题。由于生活习惯不好和卫生管理能力的欠缺，学生宿舍环境脏、乱、差。地板上随处可见果皮、食品袋等垃圾。学生有时离垃圾桶很远就把泡面碗扔向垃圾桶，油腻的汤汁溅到了地板和墙上。洗漱后的脏水也不及时倒掉。床铺上被子乱成一团，床单、枕巾灰黑油腻。窗台上洗漱用品和饭盒、零食袋乱堆一气。储物柜里物品杂乱，甚至有把垃圾塞柜子里的。晾衣绳胡拉乱设，毛巾无序乱挂。宿舍墙面上不文明涂鸦的情况严重。

由于使用年久加上质量不好，学生用的高低床整体破旧且发生变形，有的床腿锈蚀严重而长短不齐，短腿部分只能垫些木板，床容易摇晃，学生极有可能摔下来，是一个很大的安全隐患。

(二)思想基础

1. 宿舍管理与践行校训结合

高中生的成长过程中，生活环境很重要。讲究个人卫生，搞好值日工作，都是个人素养的一种体现，可以说，讲卫生是和"善"息息相关的。我校校训中的"向善"代表着育人的方向，"向善"即趋向于善，亲近善的所在，例如，亲近有益的经典之言，亲近善良美好的行为。在集体生活中，追求整洁、舒适的生活环境，构建和谐相处的同学关系，既是求"美"也是向"善"。"向"表示一种内心的倾向，"向善"是一种见贤思齐的心态。在宿舍管理中渗透校训中的"向善"理念，引导学生讲求卫生和整洁，营造人人讲卫生、讲文明、讲和谐的氛围，有助于学生的善行积累和素质提升。

2. 宿舍管理和育人理念结合

"净"是育人工作很重要的一环。孟德斯鸠说过，美必须干干净净，清清白白，在形象上如此，在内心中更是如此。保持寝室、身体、衣着等的干净、整洁，应该是即将成人的高中生必需的习惯和素养。干净是人的最基本素养，也应该是立德树人最起码的一个环节。要引导学生树立干净意识，从身边小环境着手，从宿舍床铺、地面、窗台、储物柜、垃圾筒等小处做起，逐步养成良好的卫生习惯，让这种习惯化于心、践于行。

(三)问题导向重拳整改

为了消除安全隐患，2015年暑期学校更新了宿舍硬件设施。开学后，针对学校宿舍管理上的问题，学校上下一起发力，重拳出击，从人员到制度，从纪律到卫生，狠下功夫，两休秩序日渐好转，学生卫生习惯逐渐养成。

1. 更新宿舍硬件，除隐患促干净

为了消除宿舍旧有铁床的安全隐患，学校通过招标，采用个性定制方式重新设计了高低床，保障结实耐用，安全系数高。同时，对宿舍全部墙面整体粉刷，重新铺换了地砖，统一架设了橡胶外皮的钢丝晾衣绳，宿舍面貌焕然一新。在新的环境下，学生的卫生意识更加强烈，宿舍卫生面貌随之大为改观。

2. 清理楼管室，定夜巡制度

首先，清理楼管室，生活住宿用品全部清出。楼管室只配备一个办公桌和一把椅子，不再配床铺。清退不负责任的宿管员，重新选聘认真负责的50岁左右的宿管员。要求晚上11点之前宿管员不断巡视，管理维持晚休纪律。晚上12点后要巡查不少于三次，每次巡查必须间隔30分钟以上，时间不少于10分钟，挨着窗户朝宿舍内观察，杜绝学生玩手机、吸烟等现象。第二天由宿管督查老师查看宿舍监控，监督宿管员的夜巡情况，这样就彻底化解了晚休6小时的安全隐患。同时，每天早上学生起床时段和午休期间，要不间断巡查，搜查刀具、棍棒之类的危险品，并做好记录，以杜绝学生打架等事件发生。

其次，修改完善各种制度。从实际出发制定和完善了《实验高中学生管理细则》《宿舍管理员职责》《实验高中学生宿舍管理内务标准》等规章制度，全面明确了学生宿舍相关管理办法。例如，针对学生两休时关上门栓，当宿管员发现学生可能玩手机时却进不去宿舍，等敲开门后，手机已被藏起来而很难查找的情形，我们要求学生"两休"时间里只能闭门，不许锁

门,若发现有锁门的将进行扣分处理。

3. 年级楼管融洽合作,培养学生生活习惯

针对宿舍卫生脏乱差的状况,我校采用"细则管理后面推,正面引领前边带"的思路来解决。

首先,提高认识。年级主任、班主任要正确认识宿舍卫生这一问题,宿舍求净与上课求学不矛盾,对学习是起促进作用的。宿管员与班主任不是敌人而是队友,宿管员认真负责管理了,班主任就可以将更多精力用在教学上。宿舍管理不仅是楼管的事,有了班主任的配合,才能达到更好的效果。

其次,严格落实《实验高中学生管理细则》。对乱扔果皮、包装袋,不倒脏水,地面不干净,床铺不整齐,两休时间说话等违纪行为按细则规定严肃处理。在宿舍卫生整改初期,要求宿管员每天在每层楼上找一个脏、乱、差的典型宿舍,反馈到年级,由年级安排该宿舍学生停课,回宿舍整理。同时,借鉴其他学校的先进经验,禁止学生将饭菜(包括泡面)带到宿舍,只允许带牛奶、水果和不带汤汁的包装食品。保证床铺整齐,柜子、被子位置固定,每一个细节都尽力做到精益求精。经过一个月的整顿,学生宿舍华丽转身,变得干净而整洁。

再次,正面引领,宣传激励。我们在"最美实验"系列里推选出"最美床铺""最美宿舍",并将这些"最美"图片制作成版面在全校展示。同时,努力开辟多种宣传途径,对内对外树立我校学生公寓管理的良好形象。除校园宣传栏之外,开辟微信宣传渠道,多管齐下的宣传得到了广大家长和社会各界的认可,也进一步激励了学生求美向善的卫生习惯的养成。

(四)管理初见成效

经过三年整改,我校的宿舍管理和卫生状况赢得了各界赞誉,而且迎来了一批批客人。

2017 年 9 月 27 日下午乡宁一中考察我校。2017 年 10 月 26 日上午浮山三中参观我校。2017 年 11 月 7 日襄汾一小参观我校。2017 年 11 月 23 日分管教育的李副县长到我校调研。县教科局高中股每学期开学来我校检查工作,对我校宿舍管理都给予高度评价。

三、结语

通过三年的不断努力,我校的宿舍管理得到了校内外一致好评,已经成为我校一大特色。当然,宿舍管理工作还要注意如何坚持下去的问题,就像我校校训"向善笃学,久久为功"所彰显的一样,我们在引导学生求净求美、向善向上的路上也要长久地下功夫!

由一本书引发的心育文化

——学校管理创新案例

山西农业大学附属学校　刘志荣

　　学校管理是校长实现办学目标、落实办学理念的重要手段。担任校长19年来，我始终在遵循教育规律的前提下，寻找更有效的管理方法并科学实施，做到事事有人管、人人有事做，人尽其才、物尽其用。偶然间阅读到一本书《第56号教室的奇迹》，认识了雷夫·艾斯奎斯，从此更坚定了我正面引导师生的信心。当学生第100次犯错时，我们第101次告诉他什么是对的，对教师亦是如此。教师这个团队是非常特殊的文化人，尊重和信任可能是我们相处的最好方式，交心方能浇心，最终达到教化人心的目的，为此我提出了"交心、浇心、教心"的心育文化，来滋养师生的心田。

一、案例一：天天经典，天天"悦读"

　　那是我在太原市三十中当校长时的事情。2018年1月，学校启动了天天经典诵读活动，由我校青年教师在喜马拉雅平台共读美国著名教育学家雷夫·艾斯奎斯的《第56号教室的奇迹》，全校教师、学生和家长共同聆听、分享。

　　《第56号教室的奇迹》的作者雷夫是美国著名的教育学家，他创造了轰动全美的教育奇迹，被称为"天才与圣徒""当代的梭罗"。他创新的教育方式，把学生变成了热爱学习的天使；他热情的学习态度，把教室变成了温暖的家，他的学生如同着迷一般每天提前两小时到校，放学数小时后仍不愿离去。我校经典诵读活动选择阅读这本书，是希望学生可以收获受用一生的技巧、高尚的人格和坚韧的信念；教师可以像雷夫一样富有教学技巧并且充满能量，成为好的导师，成就学生一生的奇迹。

　　在喜马拉雅平台上，青年教师诵读上传，教师、家长收听分享，使得更多的人了解了雷夫，对教育有了更深刻的理解；希望能够通过共读一本书来提高教师的理论水平，打造和谐团结的教育氛围，使每位教师都力争成为好老师。一个人遇到好老师是人生的幸运，一个学校拥有好老师是学校的荣光，一个民族源源不断地涌现出一批又一批的好老师则是民族的希望。共读一本书活动推出后，教师热情高涨，时常就书中的观点进行讨论，在教研活动时更是话题不断。教师共同阅读一本书，突破了学科的边界，打破了以往不同年级不同学科教师之间联系不太紧密的局面，使全校教师更加团结，工作氛围更加和谐，更加有益于各项工作的开展。

　　共读经典活动不仅对师生可以起到积极作用，对促进家校合作也十分有利。家校合作是学校教育关注的重点之一，如何引导家长去正确关心孩子是教育工作者的难题之一。雷夫在书中提到许多家庭教育的知识，许多家长通过诵读有了一定的理论知识，学会了更好地与孩子沟通，为孩子创造了身心愉悦的学习环境，紧密了家校联系，推动了家校合作。

　　诵读活动的开展给全校师生带来了收获：青年教师通过诵读，在教育理论方面有了长足的进步,学到了许多教学的方法与窍门;年长的教师通过收听,教学观念转变得更为先进;许多学生在第 56 号教室励志故事的激励下,鼓足干劲,主动学习,学风蔚然一新;家长们听到 56 号教室中家校合力成就学生的故事,深受启发,主动提出要学校增设第二晚自习,并由家长轮流看管,学生学习效率大大提高。

刘洪源老师感慨颇深:"首先,我认为听喜马拉雅电台的人不计其数,在喜马拉雅平台读书的人也数不胜数,然而一个团队共同读一本书,我还是第一次听说,所以我觉得这是我们的一个创新之举。每天晚上 9 点美好的声音总是与我们如期而至,这种仪式感已经成了大家的一种期盼。俗话说,一件简单的事情做好了就不简单,我从中学到了大家的坚持和精诚合作的精神。"

刘老师每天都会给学生义务补课,她教的初中数学让学生特别着迷。她说自己想和雷夫一起创造道德教育的奇迹,她学习雷夫在开学之初就把"六阶段"教给学生,并不期待学生立即应用在自身行为上,但常对学生说"我们可以做得更好"。她日复一日地用爱和智慧滋润着学生的心灵。从她班上走出来的学生都爱学、善学。她对我说:"校长,只要把入学能考20 分的学生交给我,毕业时一定让他及格。"如此朴实的话语中无不透出她的自信和对这份事业的爱。她不挑剔学生,只想让他们做到更好,相信只要坚持,这些道德标准就会深深地根植于学生的心中。

"我倾听到的是快乐。这种读书形式非常具有时代性。我觉得这种共享的读书形式就像一种可以自主选择的自助餐。如果有充裕的时间,就可以通过聆听享受更多的教育故事;如果时间匆忙,仅用五六分钟就可以享受一个短小的教育故事。雷夫提到第 56 号教室之所以可以成就奇迹,不是因为多了什么,而是因为少了恐惧。他用信任取代害怕,做孩子可以信赖的依靠,打造没有恐惧的教育。这点使我受益匪浅,从前我脾气暴躁,时常冲孩子发火,导致孩子很少和我交心,而且性格有点怯懦。雷夫老师使我醍醐灌顶,我打算改变自己与孩子相处的方式,努力成为他的朋友、他信任的人。"学生家长收获到的更多。

天天经典诵读活动进行了半年之后,青年教师身上发生的变化十分明显,无论是参报各类竞赛,上报一师一优课的自我否定式的多次录课,还是积极撰写论文,在各个方面都异常积极主动。我想不能否认雷夫的标杆作用,天天接触雷夫,天天被他的教育情怀所熏陶,天天被他的教育智慧点拨着,润物"有"声地让我们悄然发生着变化!

喜马拉雅遇见了太原三十中,三十中人"悦读"着《第 56 号教室的奇迹》,感动着自己,触动着学生,牵动着家长……

二、案例二:我们创造教育的奇迹

我在担任农大附属学校校长后开通了读书平台,在推送分享的基础上,增加了教师接龙点评,点评引发了附属学校工作群里的热议,让"爱"和"没有恐惧"的理念更加具体、生动,收到的成效也是令人振奋的。

2018 年 9 月 17 日,在我担任农大附属学校校长的第四天,在楼道里巡看时,一声突如其来的"嗯"的巨喊吓到了我,不一会儿又一声,寻声才知是七年级 32 班一名刘姓学生生病了。询问班主任才知,班里同学们已经习惯了,刘同学从小学就生病,为此还在 2018 年上半年休学了,于是我密切关注。国庆过后的第一个周四我和政教主任值班,我俩谈到了他,都觉得他的病情越来越重,据说这个病天一凉就会加重,我们便开始数他的叫声,一分钟之内就喊了七八声。我当即召集班主任、政教主任和副校长开了碰头会，商量如何帮助刘同学。老师们的意见是趁病还有治的机会，抓紧劝其父母带孩子看病，大家一起来做家长的工作。下午4点就请来了孩子的妈妈（大学教授），妈妈一脸严肃，不苟言笑，政教主任把孩子的情况讲了一下，建议为了孩子的未来应尽早治病。妈妈反复强调一直在治病，但必须让孩子上学，这是他的权利。班主任说，刘同学已经影响了全班的教学，班级所在楼层和相邻楼层都有反应，希望她能尽早带孩子看病。妈妈态度坚决，坚持要继续正常上学，强调孩子的权利。我坐不住了："老师您好，恕我直言，您可以讲一讲孩子发病治病的过程吗？""四年级开始出现面部抽搐，后来发展到肩背抽搐，再后来就不自觉地叫，孩子的病叫抽动症，有一些器质性影响，也有心理问题，正在用药，现在药效越来越不明显了，时好时坏。""不好意思地问一下，您每天会对孩子笑吗？您抱过孩子吗？""心理医生也说我了……""我认为孩子的病和家庭环境有密切关系，问题看似出在孩子身上，实则是父母对孩子关心不够，或者和孩子相处的方式有问题，您是不是对孩子太严厉了？""原来是严厉，但现在没什么学习要求了，只要他健康。"妈妈说着就哭了。"既然想解决问题，我的批评您能接受吗？下次和孩子爸爸一起来，而且你俩要高度一致地去爱孩子、教孩子。""他爸爸在外地。""说一句不中听的话，你们夫妻关系好吗？有没有把自己的情绪宣泄给孩子？""您说对了，为此心理医生也批评指导了我们，我们现在在改变。小时候孩子爸爸由于心情不好经常打孩子，现在好多了，只要爸爸在他就不叫。"只要爸爸在他就不叫，难道这叫声是可以控制的吗？这也许就是我们解决问题的开关。经过长达三小时的沟通，我们分析认为，孩子的病是心理问题，不只是吃药能解决的，要进行心理治疗。说干就干，我要求班主任继续做好班级同学的工作，教育学生互相理解、包容、帮助。同时我和各科老师沟通，一要特别关注孩子的心理状态和学习情况；二要尽可能让他融入班级，绝不能特殊处理，和所有同学同一个要求、同一个标准完成学习任务，让孩子的心有安放之处，把班级氛围营造好。我和政教主任张老师及任课教师在孩子有一点点进步时就及时鼓励表扬，合适的场合就抱抱他，给他竖个大拇指。一次我帮他收拾课桌，顺势搂着他的肩说："你要做一个强大的人，我认为你是可以控制自己的，加油！试一试。"不断重复地明示、暗示、疏导，孩子在课堂上的表现越来越棒了。就在孩子的状态好转之时，10月18日我收到了告状信，要求这个孩子离开班级，确保正常的教学秩序，还全班同学一个正常的课堂秩序。大家沟通后，都感觉很为难。一边是需要帮助同时也看到了希望的刘同学，一边是一群渴望学习和望子成龙的家长们。作为校长，我该怎么办？舍哪头都不对，都不符合政策规定，也不符合做事原则。我们一方面将我们的努力和收到的成效上报大学，回复家长，求得广大家长的理解和支持；另一方面积极帮助刘同学，继续引导全体任课教师坚持用爱和包容帮助孩子，用我们的善良唤醒全班同学，我们一起向善向上，明理明智。就这样，孩子奇迹般地改变了，叫声小了，有时一天只喊几声，比原来一节课的频次都少。这大大鼓舞了全体师生和家长，刘同学也逐渐自信起来。之后参加了全校的诗歌朗诵会，他一次也没有叫。不仅如此，他的期中、期末考试成绩也连续提升。这个惊喜教育了我们所有人。

第二个学期开学，我收到了孩子妈妈的微信，说孩子痊愈了，这个喜讯激励了我们所有人。我们付出的爱、智慧和耐心，终于有了回报，治愈了孩子，成长了教师，拯救了家庭，这就是我们最成功的教育，也是我们创造的教育奇迹。

积极推进精细化管理，不断提升教育教学水平

怀仁市第一中学校　仝贵军

对于一所正在发展中的县级中学而言，生源是有限的，师资力量相对稳定，而最富有弹性和张力的是管理。有人曾说，"管理的空间有多大，教学质量提升的空间就有多大"，这话虽然有一定的夸大性，但也从一个侧面说明了管理的重要性。

现代管理学认为，科学管理有三个层次：第一个层次是规范化，第二个层次是精细化，第三个层次是个性化。精细化管理的基本特征就是重落实、重细节、重过程，从而达到重质量、重效果，其模式可以表述为"常规＋细节＋过程"。近年来，我校的管理逐步从规范化步入精细化，围绕精细化管理进行了一系列有益的探索和实践，推动了学校的科学发展、优质发展与内涵发展。

一、"一个根本"：坚持立德树人

习总书记曾说，要把立德树人融入思想道德教育、文化知识教育、社会实践教育各环节，贯穿基础教育、职业教育、高等教育各领域。党的十九大报告提出，把立德树人作为教育的根本任务，培养德智体美劳全面发展的社会主义建设者和接班人。多年来，我校坚持"德育为首、教学为主、五育并举、全面发展"的宗旨，以"志存高远，脚踏实地，基础厚实，全面发展"作为培养目标，确立了"以德立校，依法治校，科研兴校，质量强校"的内涵发展战略，精准发力，精细环节，精心过程，全方位落实立德树人的根本任务。

二、"两个支撑"：制度和干部

（一）制度是学校精细化管理的依据

制度是学校的政策，也是学校精细化管理的依据。尤其是在学校这样一个知识分子集中的组织里，只有通过制度管理，才能收到效果，才能保证学校在任何情况下都正常运转。怀仁市第一中学校（简称"怀仁一中"）于 20 世纪 90 年代提出依章治校，近 30 年来，各种制度与时俱进，不断完善，但基本遵循以下原则。

拟定制度时，力求师生广泛参与，这样制度的可执行力才高，因为定制度的过程就是教职工理解制度、提高制度亲和力和凝聚力的过程。制度的出台是民主的、人性的，而执行制度则是刚性的。制度的威信是在执行制度过程中树立的。好的制度能推进学校机制的完善，而好的机制又是制度产生效果的基础。一项科学的制度既能从学校的实际出发，又能对学校的近期发展和远期目标的实现有前瞻性和指导性作用。针对学校的特点，制度要刚柔相济，既要有限制性制度，又要有激励性制度，对每位教职工的工作预设一种期望行为。制度要与时俱进，由问题倒逼改革，在规范行为中得以完善。

（二）干部是执行者与维护者

制度需要能担当、不徇私情的人去履行，做到奖罚分明，令行禁止；干部既是制度最忠实

的执行者，又是制度严肃性的维护者。

（1）制度面前人人平等。学校下发的处罚单中出现干部的名字在怀仁一中是一件再平常不过的事情，干部的工作有了失误要问责，分管的工作出现问题也要承责。

（2）干部要起示范作用，学校的"少数关键"就是干部，"头雁效应"发挥得好不好，直接影响着教师队伍凝聚力强不强、战斗力高不高。在怀仁一中，有学生的时候一定有老师，有老师的时候一定有领导，这是一个传统，也是一个规矩。

（3）干部的工作要置于一个公开的平台之上。怀仁一中干部管理除常规的例会外，还建有各个层面的干部微信群，每位干部的工作情况置于一个公开的平台之上，能促使每位干部去发现问题和解决问题。

三、"三个着眼点"：精、细、实

（一）狠抓常规，在"精"字上提要求

教学常规是教学规律的体现，是对教学过程最基本的要求。把常规做实就是优秀，把常规做精就是创新。

（1）精心规划顶层，以前瞻化眼光规划学校，以全局性理念经营学校。在这一思想指导下，近年来，学校先后出台了近期和中期规划、学校章程等一系列纲领性文件，对学校发展进行了顶层布局。

（2）精心设计每一次活动，把每一次活动都做成精品。连续两年，怀仁一中毕业典礼的视频点击量都上万，2018年达到26000余次，整齐有序、气势恢宏的场景给每一位毕业生都留下了终生难忘的影响。

（3）精心做好每一天常规。班主任每天跟班，从早预备、上下午自主课到午预备、晚预备，但跟班只是一种形式，重要的是在跟班过程中做一些实实在在的工作，观察学生的学情，检查指导学生预习情况，做好学生思想工作等。每次课间活动放广播前，先放《歌唱祖国》，进行爱国主义教育。上午学生跑完操还要回教室做眼保健操，对时间必须精准估算，包括学生从操场出的时间、上教学楼的时间、上卫生间的时间，这样算下来才能保证学生既不过分紧张，又能一环接一环地做好运动。

（4）用精准的语言表述制度。"零食出教室，暖瓶离座位，水杯下课桌"就是安全教育、卫生教育、纪律教育的具体化，用简明具体的要求代替说教，精准明白，便于执行。

（5）精确树立时间观念。每一位学生要根据学校的作息时间表学会管理分配自己的时间，要在规定时间内完成规定任务，提高时效，用好每一分钟。衡水中学成功的原因之一，不就是学生从早到晚一天的每一个时段、每一点细碎的时间都得以最有效的利用吗？

（二）着眼细节，在"细"字上下功夫

精细化管理的目标是实现"人人有事做、事事有人管、件件能落实"的良好态势。这就要求明确管理责任，细化管理过程，落实管理制度，在"细"字上下功夫。

（1）"细"是人的一种性格，但更是制度要求的结果；从长远看，也是一个单位文化的积淀。制度要从职责抓起，职责不是一个简单的岗位名称的表述。怎么做、什么时间做、按什么程序做、做到什么程度、谁来检查等要有时间表、路线图。不管你在哪个岗位，职责一目了然；不管谁来检查，程序清清楚楚。《怀仁一中管理干事工作流程》规定了每个人、每一天、每个时段的具体任务，包括任务地点、执行时间、任务流程、事情处置等，从而确保了学校每个

课间活动安全有序。

（2）校园无小事，事事关育人。这话已成了教育工作者的一句口头禅。然而在日常工作中我们的教育工作者却常常忽视了学校的小事，其实一所好学校没有多少轰轰烈烈的大事情，都是最平常的小事的积累。古人有"一屋不扫，何以扫天下"，江苏省有名的精细化管理典范栟茶中学的治校的理念是"扫地，也要扫出天下第一"，这里除了追求一流的意识之外，也包含着从小事做起的理念。

（3）大处着眼，小处入手。"能把最简单的事情千百遍地做好就是不简单，能把大家公认的容易的事情反复做好就是不容易。"这是怀仁一中每个人耳熟能详的一句话。多年来，我们就是将德育内容的侧重点放在生活中不乱扔纸屑、不随地吐痰、佩戴胸卡、穿统一校服、上楼靠右行、打饭排队、剩饭剩菜入盘、轻拿轻放餐具上；放在按时到班，认真听讲，积极参与课堂讨论、展示，认真完成作业，规范试卷上；放在尊敬师长、善待同学、热爱学校、学会感恩上。

（4）教学常规是教学工作的生命线，而"备讲批辅、到研坐评"又是常规工作的核心。一个"备"就包括课前备课、教研活动后结合学案二次备课、结合学生完成学案情况反馈三次备课、课后反思等环节，把每个环节做细了，课就上好了。一所学校的执行力就是发展力，就是创造力，只有不折不扣、狠抓落实，把思路变为行动，把行动长期坚持，才能创造成绩。

（三）注重过程，在"实"字上做文章

精细化管理最终要落到实处，其关键不仅在于制定精细化管理制度，还在于扎实管理的过程。

（1）"实实在在做人，踏踏实实做事"，"说了算，定了干"，严格按程序做事、按要求办事、按制度行事就是注重过程，就是"高标准落实"。

（2）走动式管理是扎实过程的关键。坚持"三深入"——深入备课组、深入教室、深入学生，干部要从办公室走出来，走进备课组、教室、公寓、餐厅、操场甚至厕所等，耳听为虚，眼见为实，只有走出去，才能避免形式主义、官僚主义、拍脑袋想问题；但走出去不是一种形式，重点要体现在发现问题、解决问题上，落实在管理上，如果仅仅走出来而不看、不想、不管，那就是形式主义，不如不出来。

（3）人本化服务是扎实过程的动力。学校的各项工作都体现在服务上，领导服务教师，教师服务学生，政教、后勤服务教学，我们将其概括为"四转"：领导围着教师转，教师围着学生转，学生围着学习转，全校围着教学转。这种"转"不是空转，而是服务，服务师生，服务教学。学校配备数量有限的空调，优先让备课组和教室使用。教师要按时上课、上自习、监考，如果错过了吃饭时间，餐饮中心要第一时间把营养餐送到教师手中。

（4）考核评估是扎实过程的保障。没有考核就没有过程，推动工作的开展与创新离不开考核与评估。学校的工作安排到哪里，考核评估就跟到哪里，将教师的工作与考核直接挂钩，使之在公平、公正、公开的考核制度中创造性地开展工作，向一线倾斜，向优秀倾斜，让"有作为就有地位"的意识深入人心。

张瑞敏曾说，只要找到路，就不怕路远。精细化管理的出路在于持之以恒，精益求精，把管理过程和校园文化接轨，使之最终转化为一种特有的校园文化符号。在未来的日子里，我们将继续沿着学校成长与发展的轨迹，不断发现问题、解决问题，创新管理，引领学校向更高水平发展。

突出人文管理，构建和谐校园

太原市第四十八中学校　王更生

校长的主要职责和精力是管理学校。学校是在先进的办学理念和切合实际的管理实践交互作用下不断发展的。办学理念是学校发展的灵魂，它决定着学校的管理思想和原则，决定着学校的发展方向。校长对学校的领导，本质上是办学思想和管理思想的领导。

太原第四十八中学校（简称"48 中"）是 2002 年才成立的一所完全中学，建校之初学校领导就一直思考该用什么样的管理思想和策略治校的问题。48 中的教师主体是全省公开招考的优秀教师，应该说这批教师队伍整体专业素质精良，为 48 中后来的发展打下了坚实的人力资源基础，但其最大的问题是什么呢？教师来自五湖四海，外地教师就占了三分之二之多。他们的生活习惯不同，价值观不同，原属学校管理的烙印也不同。大部分教师个性强，对学校、对领导尚未建立起归属感、认同感，也尚未形成有战斗力的教师团队，如果不能在一段时间内完成队伍的磨合，就可能形成一盘散沙的局面。同时，校长应该有这样的教育抱负和理想：教育应该回归人本思想，因为教育就是为人而存在的，为人的发展而存在的。教师为学生的发展而存在，校长为师生的发展而存在，校长工作最大的意义就是通过经营教育而为广大师生搭建发展平台，把学校办成广大师生快乐学习、工作的理想场所。基于这样的认识，我们提出了"以人为本，善待师生，多元发展，人人成功"的办学理念，强调对人的关爱与尊重，强调人的全面发展和多样化的需求，强调人的成功感和幸福感，当然也强调对人的严格要求，因为对人的严格要求，也是对人最大的善待。这样的办学理念的提出，不但对凝聚全校人心为新生的学校共同奋斗起到巨大的感召作用，而且使坚持科学与人文管理相交融的管理思想成为必然选择。现代管理思想认为，科学的管理应当包括科学管理和人文管理，这是现代管理发展的趋势。管理的艺术，就在于巧妙地把科学管理与人文管理结合起来，使之成为提高管理水平、扩大工作效益的"双翼"。正是基于这种认识，我校通过大量的管理实践，逐步形成了以科学管理、人文管理为主要管理思想的特色，并且，我们始终认为最人文的管理也是最科学的管理。我校的人文管理主要表现在以下几方面。

一、真正树立尊重教师的情怀

学校管理者，特别是校长，要充分认识到教师是学校真正的主人，在某种程度上是教师成就学校，学校成就校长，因而要充分尊重教师的劳动，理解教师的艰辛，才能找准学校管理工作的定位和方式，体现管理的情感。在这方面，校长是关键，管理队伍的作风建设是核心。校长以什么样的态度对待师生，干部也会以什么样的态度对待师生。这不仅需要管理理念的转变、教育观念的顿悟，还对管理者的文化素养、人文修为提出更高的要求。

二、对师生全心全意地服务

在人文管理中，必须转变管理职能，变管理为服务。管理者要全心全意服务于教学，全心全意关心教师的生活，为教师千方百计办实事、解难事，而且要注重细节，在全校营造出浓浓的人文关怀的氛围。例如，建校多年来，学校通过多条渠道为广大教师筹措房源，基本解决了广大教师的住房问题，使教师能够安居乐业；我们得到附近三附小、育杰幼儿园领导的支持，彻底解决了教职工子女上小学难、入园难的问题。我们还制定了"六必访"制度：教职工遇到大事小情，校领导一定会出现在教师面前；教职工过生日，校领导送蛋糕；每年春节，学校领导都要给教职工家属写热情洋溢的慰问信；每年端午节、中秋节等节假日，学校为住校生包粽子、做月饼，班主任到学生宿舍与学生共度佳节；学校在高考期间为学生提供免费餐；特别是每一学年结束的时候，学校不仅召开各种会议认真总结工作，而且通过各种形式征集广大师生的意见、建议，经过梳理，将其作为新学年向教职工承诺的实事，并一一加以落实。

三、对教师事业发展的关注、支撑

这是人文管理的核心。教师最大的成功感来自事业上的成长和认可，因此，学校对教师专业化成长的建设是人文管理的最大着力点。48中教师来校时，大多比较年轻，综合素质强，也都有建功立业、证明自己的事业心，但专业化发展的眼界和高度不够，因而学校特别注重在专业化建设上为教师搭建成长平台。一方面，通过加强校本研训、个人行动研究，全力支持外出学习等努力促进教师的专业化成长。另一方面，在激励评价机制上，突出专业化发展优先的思想，如外出学习上专业化发展优先，评优选模上专业化发展优先，奖金分配上专业化发展优先，特别是职称晋升上专业化发展优先。

四、学校决策的民主化

学校实施民主化管理，不仅有助于让教师真正感受到主人翁的地位，也是学校管理水平、决策水平高低的重要体现。要做到这一点，就必须充分相信群众、依靠群众，同时要真正发挥好教学委员会、工会、教代会等组织和团体在民主治校中的作用。这么多年来，学校始终保持民主治校的清醒意识，在所有涉及教职工切身利益的问题上，如分房、职务晋升、评优选模、干部选拔，特别是涉及学校改革发展大计的问题，始终坚持民主公开的原则，走民主集中制的道路，事前充分酝酿，最后教代会审议通过。建校11年来，我们始终坚持每年召开一次教代会，而且针对学校各个发展阶段的重点进行讨论，不搞形式主义，不走过场，有力地推动了学校民主管理进程，促进了学校稳步发展，也逐渐使广大教职工真正感受到了主人翁的自豪感和责任感。

五、制度建设方面的人文光芒

学校管理离不开制度建设，制度建设离不开硬管理的力度，但在制度建设的立意和出发点上，我们始终认为，管理不是束缚人、约束人甚至压制人，而是如何调动人、发现人、引导人、激励人，引导与激励人向善、向美，引导人全面完成本职工作。因此，在制度建设上我们始终坚持在底线管理基础上，重实绩，重激励评价的原则，摒弃不必要的繁文缛节，优化管理环节，减轻教师的负担。例如，最近一次教代会的主题是优化管理环节，减轻教师的负担，对学校一些重大管理制度进行优化，出台了新的教师年度考核方案。用新的方案评价教师，只要教师师德良好，工作量达标，教育教学业绩达标，就基本能拿满分。这一方案鼓励的是大多数人。

　　总之，这么多年来，48中实施科学化管理，突出强化人文管理，取得了不错的效果。最主要的表现是在队伍建设上，干部队伍、教师队伍逐渐打上了学校应有的文化烙印，进而促进了学校教育教学质量的稳步提高。更重要的是，人文精神和和谐的校园氛围越来越成为48中校园文化的符号，也将成为学校进一步发展的不竭动力。当然，人文管理内涵丰富，我们水平有限，仅是一些粗浅的尝试，和兄弟学校相比，差距还很大，但只要保持对教育本真的理解，保持对教师职业发自内心的热爱，保持对事业的不懈追求，学校管理一定会折射出人文的光芒。

浅谈校长的民主管理

孝义四中　武鹏旺

民主是社会主义国家的本质属性和内在要求，是党的民主集中制的基础，是社会进步的标志。学校民主管理是教育政策法规对学校管理的具体要求，也是对教职工心理需求的积极适应，是学校管理史上的精华。

充分发扬民主，密切联系群众，相信群众，依靠群众，可以让群众意识到自己在学校的重要地位，激发他们的荣誉感、责任感和事业心；可以把群众的个人目标与学校集体目标统一起来，明确工作动机；可以使干群彼此沟通，相互理解，融洽关系，增强团结；可以集中群众的智慧，纠正办学思想的偏差，堵塞具体工作中的漏洞；也可以使学校领导班子始终保持联系群众、勤政廉政、谦虚谨慎的工作作风。古往今来。任何一个成功的校长，无一离开民主；而一个专制校长的背后，教职工的精神被禁锢，个性被贬抑，绩效降低。因此，作为学校领导核心的校长，必须尊重群众意愿，实行民主管理。

一、实行民主管理，校长要树立角色意识

我国学校现在实行校长负责制。校长是学校行政系统的最高决策者和指挥者。校长是学校的法人代表，对外全权代表学校，对学校各项工作全面负责。但是，校长负责制与发挥领导集体的作用是密不可分的。若没有领导集体内部的严格科学分工，就不能发挥领导集体的作用，不能形成学校领导集体的强大的整合力量；若没有教职工的参与，校长将会陷入孤军奋战、孤掌难鸣的局面。校长应该发挥党组织的政治核心作用，发挥工会、教代会等的民主参与、管理和监督作用。在这种管理网络中，校长与群众就形成了一个多维体，校长是多种角色的复合。

（一）领导者角色

校长是学校的"领袖"，领导学校工作。从心理学角度看，领导是一种通过人际关系对被领导的个人或组织施加心理影响，从而调动其积极性，发挥其能力，引导其发展方向，使之在一定的条件下，为实现共同的组织目标而努力的过程。这种人际关系除具有丰富的教育性和高尚的道德规范性外，还具有民主平等的性质。所以，校长要强化职务责任意识和民主意识，掌握更丰富的信息，孕育更深刻的思想，形成独特的工作风格，使自己在德、才、学、识方面具有"吸引人跟着干的魅力"。

（二）组织者角色

校长是学校全面工作的组织者。校长要统筹全局，科学谋划，挖掘人、财、物等要素的潜能，保证学校计划、实施、检查、总结等管理环节正常运行，实现办学效益的最优化。具体来说，校长要做好两方面的工作：第一，遵循因事择人、用人之长、职能相称、严格要求的原则，做到知人善任，合理安排工作。第二，在民主平等的基础上协调各种人际关系。在协调干群关系问题上，领导不仅要有高尚的品德和渊博的学识，还要平易近人，善于听取群众的心声。

在协调群众之间的关系问题上，领导要设身处地、审时度势、秉公办事，并为群众情感交流提供机会。

(三)教育者角色

校长是教师。一方面，校长要与学生建立新型的师生关系，发扬教学民主，促进教学相长。另一方面，校长要强化普通公民意识，来不得半点特殊化。校长也是有血有肉的人，渴望与教职工推心置腹地交流。

(四)服务者角色

校长是上级政策的执行者，也是学校和师生利益的维护者。校长既要为教学服务，又要为师生服务。校长要强化这一公仆意识，尊重教职工，服务于教职工，接受教职工监督，确保教职工的主人翁地位。其一。校长必须按照章程向教代会报告工作，教代会决定的事，校长及其他行政人员必须认真执行，不得擅自更改，并向教代会报告执行情况。其二，校长要随时听取群众的意见。

二、实行民主管理，校长要科学用权

校长的职位权力(法定权力)分为两类：一类是一般法定权，如决策权、人事权、财经审批权。它是学校管理活动中经常运用的必要手段。另一类是奖励权和惩罚权，其是前一种权力的辅助和保证。

校长为了提高管理效能，用权要合乎组织法规、群体规范和一般的社会历史背景所限定的范围，超出这一范围就不合法，就属于滥用。

(一)用权方式要适当

校长的领导方式大体分为集权式领导和参与式领导。集权式领导表现为权力高度集中，领导者的中心地位突出。参与式领导表现为领导者有重大问题的处理权，其余权力按职权范围授予他人。集权式领导能保证效率，保证决策的执行不走样，但其束缚了其他领导干部的手脚，压抑了他们的积极性和创造性，也容易造成下属的不满。而参与式领导体现的是民主精神，但易造成"议而不决"的现象，不能适应紧急情况。校长要灵活运用领导方式，"急用威，缓用德"。

(二)用权要讲求实效

如果校长用权频频失误，不能给学校工作带来成效，就会削弱其管理权力的作用。

管理心理学认为，领导的实质是一种影响力。校长的影响力除了以上所述职权性影响力外，还包括非职权性影响力。非职权性影响力来自领导者自身的品德、学识、才干、情感等人格魅力。它在整个影响力中占主导地位，起决定作用。如有的校长虽然决策正确，却无法安排人去执行，造成"说话无人听"的困难局面。因此，校长要注意两种影响力的作用，使其互相交融，综合地起作用。

校长科学地用权还包括对国家的教育政策法规、教育规律等必须不折不扣地遵守，容不得讨论和商量；校长对学校和学生负责的意愿也应坚定不可动摇。这就要求校长把握方向，明确思路，不要一谈民主就让群众各行其是、"百花齐放"。

三、实行民主管理，校长要自觉地限权

校长是学校权力的中心，但校长不能随心所欲，对其权力要有所监督和制约。校长要保

持正确的政治方向,自觉地遵守各种政策法规和学校的各项制度,尊重社会公德,遵循教育规律。同时,校长还必须做到以下"两个尊重"。

(一)校长要相信和尊重其他行政领导,帮助他们树立威信

学校工作千头万绪,校长不能事无巨细,大权独揽,而应理顺关系,明确职责,使自己与其他行政领导主动互补,相辅相成,互不干扰。

(二)校长要尊重教职工的意愿

教职工是学校的绝大多数,是学校的智慧和力量所在。校长只有虚心听取教职工的意见,才能保证决策的正确性和顺利执行。如果校长的决策来自教职工,教职工会积极、主动地执行。如果校长的决策遭到教职工反对,则有两种情况:一是决策本身是错误的,那么这种决策需要修正或抛弃。另一种情况是决策本身是正确的,只是决策不被教职工所理解,那么这种决策不能强制执行,否则易导致干群关系僵化,情绪对立,最终事与愿违。在这种情况下,校长必须就决策的原因和可能出现的结果向教职工进行说明,让教职工理解,争取教职工的支持。

受社会历史背景等的影响,学校民主发展有一个过程,校长要认识自己学校民主发展的状况,要积极适应这一状况,并努力促进民主继续向前发展。只有这样,我们的教育才会是民主的教育、鲜活的教育、和谐的教育。

"尊重为本"的教育在学校管理中的探索与实践

寿阳县第一中学校 　闫永军

在国家全面深化教育改革的背景下，如何推进学校教育改革，主动适应经济发展新常态，促进教育内涵发展？寿阳县第一中学校（简称"寿阳一中"）以"尊重为本"为核心价值，提炼出"尊重教育规律提质量，尊重师生成长共发展"的教育理念，将国家教育方针与育人目标、学生发展、教师成长融为一体，落实了立德树人的根本任务，促进了学校和谐发展。

一、"尊重为本"的教育特点

（一）悠久的历史渊源

孔子提倡有教无类、因材施教；陶行知提出热爱学生就是尊重学生；杜威主张教育要尊重儿童身心发展的特点，尊重儿童的兴趣、需要。这些教育思想的核心是尊重规律、尊重人格、尊重差异，把对自然认知规律的尊重、对学生的尊重视为重要原则。借鉴尊重教育的思想，总结尊重教育的实践经验，对于当下"以人为本，面向世界"的教育发展有着重要的参考价值。

（二）鲜明的时代特征

2005 年，联合国教科文组织正式发布的可持续发展教育实施纲要中明确提出可持续发展教育归根结底是创造一种价值观，这种价值观的核心就是尊重。2010 年《国家中长期教育改革和发展规划纲要（2010—2020 年）》提出"德育为先，能力为重，全面发展"的战略主题。因此，提升国民的创新素养和实践能力，成为新时代全社会的共识和迫切要求，"尊重为本"的教育理念是顺应世界教育发展和国内教育改革的总趋势而涌现的富有活力、具有创新意识的新理念。

（三）传承的文化价值

寿阳一中秉承"自信、尊重、勤奋、创新"的校风，让每个学生都得到充分的尊重，每个学生都懂得尊重别人，激励着一批又一批学子自强不息，成己成才；让每位教师都得到充分的尊重，每位教师都尊重教育，鼓励教师在自己的岗位上潜心教学，培养出一届又一届优秀学子。学校提出"尊重为本"的教育思想正是基于百年老校的办学历史和深厚的文化积淀，激发了学生为远大理想勤奋学习和教师履职尽责干好本职工作的热忱，增强了师生全面发展的积极性、主动性，构建了尊师、重教、文明、健康、和谐的校园文化，提升了学校的办学品位和教育教学质量。

二、"尊重为本"的教育实践

百年大计，教育为本。教育承载了社会进步、民族振兴的希望。"尊重为本"的教育实践，高度凝聚了学校的育人特色、文化品位。学校探索尊重学生成长、尊重教师发展、尊重课堂质量、尊重学业提升的教育新路径，形成了校有特色、教育特点、学有特长的教育新格局。

（一）德育特色构建的行动原则

秦承"让每个孩子全面发展"的办学理念，学校充分重视对学生的道德情感和道德品质的培养，充分重视学生的道德品质的形成过程；在德育实践中，发挥诗教引领作用，开展道德讲堂活动，逐步形成锤炼学生品德修养的德育特色。

1. 诗教引领的德育文化

鉴于中华经典诗词丰富的德育思想，我校发挥中华经典诗词的德育教化和引领作用，将系列化德育内容贯穿于学生的古典诗词诵读、欣赏、创作中，在文化传承中融入德育教化，在德育中体味文化意蕴，走出一条"文化引领，以诗化人，以诗教润泽学生全面发展"的德育实践特色之路。

从德育深度践行诗教引领一体化。学校在高一、高二年级成立诗词创作兴趣班和诗词创作实验班，教授古典诗词写作知识，指导学生诗词创作，提升学生诗词鉴赏和创作水平。学校以高中古典诗词基础篇目为基础，在高一年级开展了全员古诗词早间诵读和鉴赏、课间操诵读活动，形成人人诵读古诗词、个个感悟诗词味的学习氛围；有效利用校园文化节、改革开放40周年、国庆节等时间节点开展诗词创作活动，形成良好、浓郁的诗教氛围，涌现出大量以歌颂祖国、感恩亲人、尊敬师长为主题的优秀诗词作品。

学校为充分发挥诗教的德育价值，组织师生开展课题"中学经典诗词润泽学生全面发展的实践研究"；承担了教育部、国家语委"十三五"规划重大课题"中华通韵"的实验教学任务。经典诗词的文化魅力感召、影响和激发了我校广大师生对诗词学习、创作的兴趣，几十位爱好诗词学习和写作的老师和学生发起成立了以"传承中华经典，普及诗词常识，服务教育大局，歌颂时代发展"为宗旨的寿阳一中博雅诗社，创作出大量优秀作品并展示在诗廊中，让全校师生共欣赏、共品味。

从德育广度构建诗教引领一体化。环绕校园、清新悦目的人工湖，颇具文化气息的诗园与展现师生诗词作品的诗廊形成一体，营造了我校浓郁的诗教文化氛围。学校组织编写了《博雅诗社苏教版教材诗词教案集》和《博雅诗社师生诗词作品》校本读物，编写校本教材《寿阳一中中华诗词教学教材》，使师生修习传统文化，厚积人文底蕴，陶冶道德情操，提升修养和品质。

在"德诗互融，以诗化人"的教育实践中，学校通过中华优秀经典诗词对学生进行德育教化，以此达到润泽学生心灵的目的，引导学生树立正确的世界观、人生观和价值观，提高学生的道德修养。

2. 道德锤炼的实践体悟

学校以社会主义核心价值观为统领，以德育为重要阵地，利用道德讲堂搭建思想道德建设的新平台。

道德讲堂方式班级化。将品质教育的主阵地设在班级里、课堂上，走进教室，走进课堂，贴近学生，贴近思想，形成"把握三个维度，不同领域主讲人"模式。

道德讲堂内容学生化。以"贴近学生思想，贴近学生生活，找准学生心灵触动点"为宗旨，学校把道德讲堂的内容概括为四个方面：以"文明礼仪"为核心的社会公德教育，以"诚信友善"为核心的个人品德修为教育，以"健康阳光"为核心的心理健康教育，以"励志成才"为核心的理想信念教育。如我校高二年级的502班邀请晋中市书协会员李二忠、学校诗社社长李爱新进行中华优秀传统文化教育讲座;高二482班、483班则邀请县人民武装部政委以"国防和我们息息相关"为题,从国防的宏观讲到微观,用翔实的数据、精美的图片为学生讲述了未来战争等。

道德讲堂选材生活化。围绕"用身边的人讲身边的故事,用身边的人讲自己的故事,用身边的故事教育身边的人"的主题,突出故事性、真实性,来达到以情感人、以理导人的效果。497班邀请学生家长、省军区民兵装备库主任带领品读毛泽东的《七绝·改西乡隆盛诗赠父亲》等几首诗词,从伟人的品格中感悟道德的精神力量;有的班级则邀请学校资深教师主讲高考备考的心态调整,贴近学生高考的实际情况;有的班级从"寿阳好人"常慧珍的故事切入,用身边的榜样感染学生。

学校通过开设道德讲堂,把孝悌、忠信、礼义、廉耻和爱国、敬业、诚信、友善等社会主义核心价值观融入每个学生的思想中,充分发挥学生在思想政治建设中的主体地位,使得学生的道德认知和道德情感在主动体验中发展。学校组织编写《"道德讲堂设在班级"专题教育活动资料汇编》,展示学生道德品质和文明素质的提升。

(二)课堂教学实践的核心理念

教育的核心是课程,主阵地在课堂,新课程改革的核心理念之一是以人为本。以这个核心理念为基础,我校实施"三五二"课堂教学,关注学生的全面发展。

1. 形成个性发展的课堂模式

"三五二"课堂教学,尊重和凸显学生的主体地位,突出课前、课中、课后"三环节":课前以自主学习为前提,课中以问题解决为主线,课后以学习反思为落脚点;"五个步骤":以学案自学、交流展示、合作探究、巩固落实、反思感悟的学习方式,针对不同层次的学生,依据学习内容难易设置不同的问题,在"学生寻疑,小组答疑、辩疑,教师点拨释疑,当堂训练测疑,课后反思悟疑"的每一过程中不断达成学习目标;"两个支撑",即学案和小组,在学案自学、小组互学的学习模式下,教师以学定教,以学研学,给足学生自主学习、主动思考、合作互助、交流提高的时间,积极创造条件让学生以主人翁的态度自觉参与课堂学习活动。

2. 打造生命成长的高效课堂

"三五二"课堂教学,坚持以"学"为中心,关注学生的"在学习"和"真学习",尊重学生自主学习的权利,重视每个学生每个环节的学习状态与发展姿态,尊重每个学生的学习和思维方式,给予学生自主学习和自由争鸣的时空,激发学生主动探究的意识和终身学习的愿望。在课堂评价上,采用生成性、多元性、鼓励性和发展性评价等措施,体现出对学生个性的尊重,从而激励每个学生实现全面而有个性地发展,实现学科育人的目标,学校三个年级的学生逐步形成自信、勤奋、善思的学习品质,学有所行,学有所获。

"三五二"课堂教学中,师生之间互相尊重,师生关系和谐;学生尊重课业,提高了学习的积极性,促进了学习成绩的提高;教师尊重课堂,激发了对教学的钻研热情,提高了课堂教学效率。学校在课堂教学改革的实践中,形成大量优秀教学案例,并组织编写了《"三五二"课堂教学探索与实践》。

(三)教师队伍建设的重要法则

教师是学校发展的第一生产力,是学校的第一品牌。教育者是"尊重为本"教育理念的传承者、践行者、创造者、传播者。

1. 把握教师成长的方向

全员学习成长。学校为广大教师搭建交流、学习的平台,通过"走出去、引进来"的动态教育科研,全员赴山东等地研习,学习借鉴先进的教育理念和管理经验,拓宽教育视野。邀请本地及外省、市名校专家来校听课、评课,依托专家指导,深入研究教育教学,不断提高教师的专业水平和教研能力。

组织分类培训。学校根据发展需要和教师个体发展需求,采用分类实施、分层推进、按科培训的培训策略,面向不同群体开展培训。干部培训:校内思想政治培训和管理实践培训相结合。班主任培训:校内每月一次集体培训;利用国家级教育平台全员培训,如2018年暑假,组织全体班主任参加国家教育行政学院的培训,采用线下全员集中培训与线上网络研修相结合的方式。学科专业专项培训:学校每学年参加省、市组织的九大学科专业培训,促进了教师专业素养的全面提升。

教科研一体化。充分发挥名师的学术引领作用,利用语文、数学、物理、地理四个名师工作室带动教研工作的主动性、积极性和规划性,营造浓郁深厚的学术研究氛围;以课题研究为抓手,开展"备课组内小课题,教研组内大课题,跨学科示范课题"课研活动,目前学校已完成国家级课题"基于核心素养下的'三五二'课堂教学"的研究,地理组、英语组的省级课题正在进行中,不断打造学习型、研究型教师队伍,促进教育教学高质量发展。

2. 营造人文关怀的氛围

组织各类活动。教师良好的心理素质不仅会影响教育教学效果,还会影响学生的心理健康发展。学校重视教师的身心健康,积极营造和谐的工作环境,调节教师的情绪,利用各种活动,如摄影、书法、体育比赛,给教师的工作、生活增添了亮色,提升了教师的职业幸福指数,让其在学校这个大家庭里感到轻松。

完善考评机制。教师的劳动成果体现着教师对教育的认同感和归属感。学校以尊重教师的劳动成果、尊重教师的专业能力、提升教师的职业幸福为目标,建立了一套科学、民主、规范的考核评价体系,在评优评模、奖励测算、职称评定、年度考核中,坚持以量化工作细节为方式,坚持以民主通过为原则,坚持公示结果,使教师的每一份付出、每一点提高都得到认可,让每一位教师都能体会到发展的快乐。

学校着力创设"尊重为本"的教育,创建全面发展的育人体系,建设高素质的教师队伍,让每一个人感受到自我生命的尊严,体验到生命成长的精彩,认识到生命自身的价值;让每一个人铸就高尚的品德,具备求知探索的精神,拥有开拓创新的能力,适应未来社会的发展。

教学管理须心动和行动

天镇县第一中学校　袁　权

教育的魅力是创造的魅力，是创造生命发展的魅力。但在一个经济落后的贫困县里，对于大多数家长和学生而言，教育只是其为改变现状而能选择的唯一可靠的方法。因为人们看中教育的功能属性，所以学校成为各方非常关注的地方之一。面对这种压力，普通高中如何经营学校才能满足家长、学生和社会的需求？答案是唯一的，那就是提高教学质量。

对学校而言，教学质量是打造学校品牌的主要途径之一；对教师来说，教学质量是价值追求和良好形象的直接体现；对学生来说，教学质量关系着考试成绩。那么应如何切实提高教学质量？我认为，让每个人都动起来，让教师、学生、家长都动起来，心往一处想，劲儿往一处使，联合起来形成全方位、无缝隙的管理教育，是提高教学质量的有效途径。

一、为了提高教学质量，让教师动起来

现代教育应以教师为主导，以学生为主体。教师在教育中的作用与学生的成长和教育目标的实现有关，因此有必要提高教学质量，提高教师素质，让教师动起来。

(一)加强师德师风建设，让教师心动起来

在一些地方，教师的社会地位和物质待遇较低，但面对外界的诱惑，大部分教师的思想道德状况呈现积极、健康的态势。可以说，师德师风的主流是好的。然而，一些教师的思想也发生了变化，存在一些不容忽视的问题。有的教师在安排教学任务时讲条件，要待遇，讨价还价，斤斤计较；有的教师在课堂教学中没有激情，照本宣科，敷衍了事，得过且过；有的教师教研时不钻研业务，备课不认真。

面对这些问题，首先要建章立制，从制度上加以保证。学校要把师德师风建设列入学校长期工作计划中，成立专门的组织机构，制定贴近本校实际、可操作性强的师德师风建设实施方案，将师德师风考评与教师最关心的职称评定、教研评奖、选拔和干部任用等挂钩，大力推动和表彰在师德师风建设和教学教研上取得突出成绩的教师。对于那些违反教师道德的人，必须坚决执行一票否决制，做到奖惩明确、客观、公正，使师德师风建设真正落到实处。

其次，要时刻关注教师的生活。师德师风建设要和教师的生活联系起来，为他们做好事、做实事，解决他们的后顾之忧。学校每年都要对困难教职工家庭情况进行摸底调查，并建立了困难教职员工档案，实施动态管理，随时添加或删除困难教职员工，确保每一个符合条件的困难教职工都能得到及时救助。只有不断改善教师的生活条件，创设良好的育人环境，为教师提供较好的生活及工作环境，才能让教师心动起来，更好地为教育教学服务。

(二)严格常规教学，让教师行动起来

抓住了教学常规，就抓住了工作的重点；做好了教学常规，教学质量就有了保证。教学常规管理的重点在于每位教师对规范教学的落实。

首先，教学行为的规范，就是在教学的各个环节都要建立相对应的规程制度，对说课、教

学设计、学案、组织教学、课堂教学、使用多媒体、板书、学生作业、自习辅导等方面提出具体可操作的规范要求。其次，要让每位教师严格落实规范要求，抓铁有痕，踏石留印，让规范成为习惯，让规范教学常态化。再次，加大教学检查力度。要想让教学行为规范落实，领导不下深水不行。因此，教学常规检查要求以校长为首的班子成员和教研组长亲力亲为，细致、公平、严格地科学评价、当面交流或集体反馈，发挥督促、激励、鞭策作用。

(三)踏踏实实教研,让每位教师动起来

教师业务素质的提高和专业发展离不开教研，但多数高中教师课程繁重，再加上升学压力，使得学科教研组无教研作用，相反，它被异化为对教师和对年级组日常教育教学进行管理的部门。教学组的活动仅限于开设公开课、示范课、讲座和评估课等，很少开展关于教学问题的专题研讨会。那么应如何开展教研活动，为教学保驾护航呢？

首先，要提高教师对教研的认识，要让教师把教师当作事业来做，而不仅仅把教师当成养家活口的职业，激发教师做好教研的动力。

其次，要从不同层面加强教研，各年级各学科教师都要参加集体备课：课时教研，每天一次，交流备课、上课中的疑问；集中教研，每周两次，由学科组落实，要求保证人数和教研质量，由一位教师主讲，其他教师补充，解决教学中的实际问题，不但针对性强，而且集中了全组教师的智慧，效果较好，每次教研活动都要有活动记录；全校教研，每月一次，由学校教研室、教务处组织安排各种教育研究活动，如教育和教学讲座、公共课堂评估、项目研究、研究性学习、教育理念的领导、教学方法的讨论、教师论坛、校本教材的编写、青年教师培训。不同层面的教研，加强了教学研究。围绕教研开展的一些活动，提高了教研的地位，充分发挥了教学和科研的主导作用。

二、为了提高教学质量,让学生动起来

学校教学质量的提高，主要体现在学生成绩的提高上，这就需要让学生动起来：①改变课堂教学模式，切实体现现代教育思想，"以教师为主导，以学生主体"的思想植根于教师的心中，学案导学，先学后教。②学校要从制度上予以保证。③大力开展各项教育活动，提升学校文化内涵，打造有文化特色的"书香校园"，以优美的环境陶冶学生。

三、为了提高教学质量,让家长动起来

对学生的教育不仅是学校的任务，还要充分发挥家长的作用。现在的高中课程大多数家长都辅导不了，但家长不能认为孩子的教育和自己无关。这不是正确的教育方式。家庭教育在孩子成长中的地位和作用不会被其他教育所取代。家长要在做好家庭教育的同时，充当教师的助手，及时了解孩子在学校的表现，并及时向教师报告孩子在家里的表现，就孩子的兴趣、思想道德修养、心理等方面与教师沟通，以便双方形成合力，让家庭教育成为学校教育的助推力量。

让每个人都动起来，既要心动，又要行动，齐心协力，才能切实提高教学质量，办好高中教育。

矩阵式管理案例

长治市潞城区第一中学校　张鲁威

一、背景

随着普通高中课程方案和课程标准的修订，如何进一步提升学生综合素质，发展核心素养，促进学生全面而有个性的发展，培养学生成为有理想、有本领、有担当的时代新人，是我们基层学校在教育实践中必须面对的现实问题。新高考背景下出现的选课走班、生涯规划指导等诸多新问题，对我们的教学管理、学生管理、综合素质评价等都提出了新的挑战。传统的学校管理体制已不适应这一新的要求、新的变化，针对这一新挑战，我校在教学管理实践中积极探索出了矩阵式管理模式，作为传统职能化垂直管理模式的补充，以期能激活管理体制的活力，调动广大教师参与教育变革的积极性。

二、案例

矩阵式管理模式，即在传统的职能化垂直管理模式下，校委会下设四条纵线——教科线、德育线、办公线、总务线，三条横线——三个年级组。这样就形成了四纵三横的网格化管理模式。在此基础上，教科线下设教学评价办公室、课堂建设办公室、课程建设中心、教师发展中心；德育线下设德育管理办公室、综合治理办公室、实践活动中心、学生发展中心；办公线下设行政办公室、党务办公室、校园文化办公室；总务线下设后勤服务办公室、基础建设办公室、信息化办公室。学校充分利用了矩阵交叉双向管理的特点，在关键节点校委成员牵头，既使学校内部管理分工细化，职责明确，又能实现资源整合，使学校管理具有机动性和灵活性。

(一)分工细化，任务分担

以前，学校的某项工作，分到某个部处，让哪个副主任干，哪个副主任有意见，即便有工作分工，他也觉得是给主任干的，导致工作拖沓、应付、推诿、扯皮。矩阵化以后，原来的一个处室变成三四个项目团队，任务指向明确，责任担当明了。

就拿德育矩阵来说，它下设德育管理办公室、综合治理办公室、实践活动中心、学生发展中心。德育管理办公室的职责是对学生日常行为规范进行管理，让学生学会自我约束；综合治理办公室的职责是对学生进行法制教育，处理违纪生，排查学校的安全隐患，制定应急预案，进行集体安全教育宣传和安全教育实战演练；实践活动中心的职责是为坚定落实立德树人理念，让德育工作落细、落小、落实，校园里的每一项主题实践活动，从活动的设计、安排组织、过程监管到总结表彰等都由新成立的实践活动中心负责；学生发展中心的职责是负责学生的成长记录档案，做好生涯规划教育和指导，确保学生身心健康成长。

如此，德育工作分工细化，任务明确，每一项工作都由项目团队负责，其他三个团队参与、支持、配合。其他矩阵亦然，这样就变原来固化、僵硬、高压的管理为灵活、弹性、高效、合作的管理,各处室中层由原来的上传下达变为一线指挥员,学校管理效率大大提高。

(二)项目引领,精准高效

矩阵式管理的另一个特点是项目引领和自主运行,即在一些关键节点,由校级领导直接牵头,整合全校资源,打破传统垂直管理的壁垒,吸引有特长或兴趣的教职工积极参与。

例如,德育线下的学生发展中心把帮学生树立理想作为他们研究的项目,先用制定生涯规划的方式来解决"我往何处去、怎么去"的问题,帮学生贴身制作个人的生涯规划,做好学生成长记录,然后让学生明确人生的目标和发展的路径,明确自己的职业目标和大学梦想,最终制定出迈向理想大学的具体步骤,点燃学生的学习热情。

(三)横向管理,灵活机动

以前的垂直管理,管理层次多,处室职能化,推进速度缓慢,工作效率低下。如原来对校园文化的凝练和布置工作,由办公室牵头,协调德育处,由语文组精选内容,再由美术组落地实施。如今这项工作直接放到校园文化办公室,一站搞定。管理层级减少,管理幅度加大,使得学校管理信息对称、各环节的信息传递速度加快、管理效能得以提高。

再如,以前对师德师风的评价和考核工作放在德育处。德育处主要和学生打交道,让学生测评教师,主要通过满意度来评判师德师风是否合格。这样很不科学,也不客观,个别教师向学生说一下,可能满意度就会高。如今这项工作由副校长领导,教师发展中心牵头,依据教师成长档案,参考德育的测评结果、办公室的考勤加上教学评价办公室的成绩,综合考评师德师风,以项目引领打通了各线之间的壁垒,灵活机动,客观公正。

(四)集群智慧,群策群力

以前一项任务就是一个主任或一个职能部门的事情,其他人都是帮忙。矩阵化以后,一项任务由一个团队承担,还会得到同一小矩阵其他团队的鼎力相助,因为一荣俱荣,一损俱损。如校园文化艺术活动以前主要是德育处主管,矩阵化以后,由实践活动中心牵头,艺术节就成为一个项目。其他如学科竞赛的组织、师生游园活动、冬季越野赛、元旦晚会、书画摄影展等均由分管副校长协调各方力量,实践活动中心组织有相关特长的教师共同参与,为教师提供发展平台的同时还激发了他们的工作热情。

(五)交叉育人,相得益彰

以前学校的管理是校委会下设教科处、德育处,教科处、德育处下设各年级各班级的垂直管理模式。后来又引进了年级组管理,权力下放,一个年级组就是一所小学校,原来的教科处、德育处成了摆设,教科处、德育处和年级组成了"两张皮",双线管理,教育、教学易脱节。

学校矩阵式管理后,以项目为引领,处室及年级相关人员共同参与。如学生的常规考试工作,由年级组安排考场、监考;由教科线下的教学评价办公室组织协调教师阅卷、进行质量分析;考试结束后,教师发展中心保存教师的成绩,学生发展中心保存学生的成绩。

三、结语

对于一所学校来说,管理工作是落实学校办学理念、育人目标的关键环节,矩阵式管理是我校在传统的学校管理模式基础上,为积极应对新高考带来的变革勇于创新的一次大胆探索。

　　"矩阵式凝神静气谋善策，创新型培桃育李展奇才"，矩阵式管理可能还有这样那样的不足或漏洞，但我们坚信"着力"走得准，把握好方向，选择好路径；"努力"走得快，探索最佳育人模式，为学生提供最优质的教育；"给力"走得稳，坚毅笃行，脚踏实地，不断寻求突破，就能走好每一步。我们坚信，只要有一股中流击水的劲头，有一股以梦为马的激情，有一股敢为天下先的担当，就一定能把我校的教育改革推向纵深。

一路诗歌向远方

和顺县第一中学校　周武生

和顺县第一中学校（简称"和顺一中"）建于 1952 年，现有 38 个教学班，在校学生 1900 人，在编教师 195 人。我于 2017 年 4 月调入和顺一中担任校长至 2020 年 9 月离任。

在担任校长的三年中，2018 年学校高考达线 299 人，达线率为 50.7%，7 人考入清华大学和北京大学；2019 年高考达线 350 人，达线率为 55.5%，6 人考入清华大学和北京大学；2020 年高考达线 386 人，达线率为 61.3%，7 人考入清华大学和北京大学。这些成绩的取得是因为我们的老师有不达目的誓不休的执着，我们的学生有"人生能有几回搏"的拼搏与坚持，在激情教育思想的引领下，在高效课堂的成长中，他们为自己的卓越人生奔波着、追逐着……

一、长缨在手缚苍龙——一个思想统领乾坤

德国诗人海涅曾写道，"思想走在行动之前，就像闪电走在雷鸣之前一样"。在中华大地上，我们一次次地感受到新思想的磅礴之力，思想的力量如月之恒、如日之升，也在我们和顺一中彰显。

我们确立了激情教育的办学思想，明确了"激情教育、卓越发展，培养人生赢家"的办学理念，在激情教育旗帜下，稳扎稳打地完成着各项工作。

二、越往事今朝风流——两大文章传承创新

从历史的山巅回望，我们写入历史的那些成绩，点亮了学校在那个时代的光芒。当我们站在新的起航点时，我们选择了传承，传承学校的厚重文化，传承学校的规章制度，传承学校的特色管理，将所有的优秀传承下去；我们亦选择了创新，和着变革的脚步，迎着时势的需求，在战略上、战术上、方法上、方式上做出了相应的调整，在时代的激流中开辟出属于自己的航道。

三、争朝夕绘独好风景——三大变革催化教学

真理是没有终点的，有的只是不断地开辟通向真理的道路。"去问开化的大地，去问解冻的河流。"诗人艾青借用春天万物复萌说明改革所造就的时代洪流。今天，在和顺一中，我们不断地实践着变革，催化着创新，追寻着真理。

（一）教学"三化"改革

教学"三化"改革，就是学案化教学、自习考试化、作业试卷化。

学案化教学是当代教学的一股潮流，可以提高课堂的学习效率，可以提高学生的学习能力，可以提高教师的教学能力，尤其是教师自己编写学案更能符合学生的实际，能够达到有的放矢、事半功倍的效果。对学案化教学我校已从一个级部试行推广到全校通用，为学校的教学注入了强大活力，使学生的主体地位得以体现，学习效率明显提高。

对自习考试化，我们的做法是语、数、英三科根据需要每周利用自习时间考试 2～3 次，其他各科根据需要每周考 1～2 次。自习考试化提高了时间的利用效率，增强了学生限时训练的能力。教师利用阅卷信息化的手段，每考必批，并且要求当天完成。由于是机阅，既大大节省了时间，又及时提供了分析数据，减少了教师的负担，同时又能让教师迅速掌握学情，将考试的结果适时传送给家长，形成家校互动。自习考试化的实施，让我们收到了一举三得的良好效果。

作业试卷化，即为了增强学生对作业的重视程度，作业以试卷的形式呈现，配合自习考试化，使学生将作业高效地完成于课内。

(二)"三个一日"教学提升工程

"三个一日"教学提升工程，即"一日一学""一日一研""一日一练"。

"一日一学"：同年级同学科教师每天聚在一起集体学习相应学科的教学内容，提升自己。

"一日一研"：每天教师集体研究考纲、试题、教法、学法、拔尖、辅边、课堂流程、教学反思、小结等内容。

"一日一练"：教师每天要主动做练习题，包括每周一套模拟题、每周的周测试题、每课的自习考试题、上课讲授的典型试题等，以做题来提升自己。

为保证效果，我们为每个年级的每个学科提供独立的研学场所，并配有专门的电脑、办公桌椅和签到仪；要求每天上午 9 点 45 分至 10 点 25 分分管年级校长跟进督查、检查考核。

(三)开放课堂教学模式

我校形成了教学元素自由组合的开放课堂教学模式。我们提供了诸如目标、导入、方法、重难点、流程设计、探究展示、小结等十多个课堂元素，教师根据学科课型内容、学生情况等各方面因素，将课堂元素组合成不同类型的课堂教学模式，不拘泥于固定框架，有利于形成不同风格的教学模式。

四、暮色苍茫从容飞渡——四项措施强化管理

"惟其艰难，才更显勇毅；惟其笃行，才弥足珍贵。"只有严格管理，才能用强大的魄力和定力在改革浪潮中实现发展，和顺一中用以下措施升级管理的引擎，使其动力十足。

(一)四项激情活动点燃校园激情

激情晨会：每天早上 6：10，班主任召开以安全和教学为主的激情晨会，总结昨天，安排今天，做到事不隔日。

激情会操：每日的课间操学生集合迅速，口号震天，步伐整齐，排山倒海的口号喊出的是自信，呈现的是师生的精气神儿，激发出的是无限的激情。

激情诵读：分上午的跑操前和下午的眼保健操前两个时段，体现了惜时如金，收获的是学生的成长。

激情助力活动：对每周一的晚自习，学校规定主题，比如自信、诚信、团结、坚持，先由班主任启发，学生抽签上台脱稿演讲，讲观点，讲看法，最后由班主任引导总结。教师的启发为学生指出方向，学生的发言种下思想的种子，结出思想的果实。在这一过程中，学生实现了自我教育、相互教育，教育的功能得以较好地显现。

(二)"三个有效"让管理更有效

抓住有效的时间节点，实施有效管理，如在刚入学、运动会、考试后、家长会、家长开放日

等关键时间,进行深入人心的管理。

抓集体备课、一日一研,教师实施有效办公。

抓空挡时间,一周一测,在晨读、午颂、会操后小测,有效地利用时间。

五、登长城览神州——五种办法提升教师

擘画新的蓝图,需要每一位教师的浓墨重彩。在和顺一中,我们用五种办法帮助教师提升各种技能。

(1)"三个一日"提升工程,修炼教师的内功。

(2)"走出去"博采众长,取长补短。每一位出去学习的教师,回来之后要向同学科其他教师传达学习内容,一人得道,群体受益。

(3)"请进来"传经送宝,示范引领。每学期请市教研室或外省专家来校对全体教师进行新理念、新课标、新教材、新教法等方面的专题培训;请名师来校指导或讲课,与专家同题异构,现学现改。

(4)教师的"三题二体系"建设。

"三题":教师每周做一份高考题,每人都要具备会做并详解高考题的能力;善于归纳总结形成各自的学科专题,并且都能讲专题;每人都要有自己的课题研究。

"二体系":教师都要构建完备的知识体系,同时要总结知识运用体系。

(5)校长带头,每年组织一次分学科的专业知识考试,把成绩留存备案,并报给教科局,在校内一定范围内公开,以考试倒逼教师加强自身素养的提高。

六、萦怀于力岿然于心——六点感悟推进工作

第一,思想力是最伟大的力量,思想是点燃激情的精神旗帜,是梦想的精神支撑。

第二,内生动力是最管用的力量。内生动力让一个人激情永驻,更让一个团队激情焕发。

第三,自信心是最关键的力量。自信心让一个人熠熠生辉,更让一个团队绝顶为峰。

第四,领导的示范引领是最直接的影响力。

第五,环境和氛围是强大的生产力,可以决定成败,决定学校的前进方向。

第六,坚持是可贵的精神,是踏向成功的基石。

装点此关山,今朝更好看。踏着历史的台阶,踩着巨人的肩膀,激情奋斗的和顺一中人正行进在发展的道路上。2015年高考我校取得了10名学生考入清华、北大的骄人成绩。经过无数次的探索,聪慧、勤劳的和顺一中人终于找到了前行的路,那就是以传承坚持和改革创新为双翼,以激情为内生动力,以飞翔为基本方法,向比珠穆朗玛峰更高的地方进发,这条路我们笑称为"天路"。请相信接续奋斗的和顺一中人一定会沿着"天路",一路诗歌行向成功的远方。

以情动人，以境化人，以资留人

——夏县泗交初中关爱特岗教师侧记

夏县泗交镇初级中学　高春红

夏县泗交镇初级中学（简称"夏县泗交初中"）地处中条深山腹地，是一所典型的山区乡镇初中。自从国家实施特岗教师计划以来，先后有 20 余名特岗教师来我校任教。他们在校工作期间，对学校的各项工作都做出了极大的贡献，学校连年被评为"教育教学先进单位"。截至目前，学校仍有 11 名特岗教师奋战在各学科的教育教学工作中。为留住以特岗教师为代表的青年教师，让他们在工作中发挥最大的作用，我校采用了以下做法。

一、以情动人

众所周知，特岗教师到乡村任教后与外界接触的机会变少，很多大龄青年教师难以解决个人问题。因此，校领导化身"红娘"，带着教师参加各种联谊活动，为他们创造互相接触、交流的机会，争取早日帮他们找到属于自己的另一半。

在住房上，学校优先给特岗教师安排居住条件相对较好的教师周转房。有的教师离家较远，几周才回家一次，学校就安排专人在周末为不回家的教师解决吃饭问题，让他们有家的感觉。有的教师反映教师宿舍离厕所较远，学校就多方筹集资金在合适的位置新建了厕所。每到双休日离校时，学校都安排专车负责送、接特岗教师离校、返校。

特岗教师武欣茹，家在河津市，身患腰椎疾病，一发病就疼痛难忍。学校领导和同事看在眼里，急在心里。为了让她早日康复，我开车带武老师去运城、闻喜等地求医问诊，终于使她的病情得到了缓解。武老师的爸爸、妈妈握住我的手连连表示感谢。武老师动情地说："学校对我真好，学校就是我的第二个家！"

二、以境化人

这里的"境"特指青年教师的专业成长环境。几年来，我们一直坚持从以下几方面做好工作。

无论生活如何浮躁，学校始终坚持用正能量对特岗教师加以引导，坚定他们终生从教的信念。学校选派山西省特级教师、山西省学科带头人薛凌老师，山西省劳动模范韩杰民老师，被评为"感动夏县十大人物"的韩相老师和其他几位在山区工作十年以上的老教师，与新招特岗教师结成学习小组，让特岗教师跟随这些老教师不断成长，从心底里把教师当作一生追求的事业。

特岗教师车丽娜在县教科局组织的全县教师"创先争优，爱岗敬业"演讲大赛中，用独特的视角、真挚的情感，赞颂了她身边的教师榜样。一个个生动的实例感动了参会教师，赢得了现场经久不息的热烈掌声。在演讲词里有这样一句话："您，就是我一生的榜样！"这代表了她，也代表了众多特岗教师献身教育的执着追求。

青年人有理想，有抱负。在偏远的乡村奋斗，整天与学生在一起，几乎与外界隔绝，特岗教师的理想与抱负可能会一天天消亡，人可能会渐渐变得平庸。成长无希望，工作无动力。因此，学校在教师培训方面向特岗教师倾斜，给他们提供"走出去"的机会，为他们搭建展示自我的舞台，让他们的才艺得到充分发挥；同时，还让一批有能力、有理想的优秀青年教师尽快走上管理岗位。只有让他们在展示中发现自我，燃起希望之火，他们才会对乡村教育事业乐此不疲。

学校积极鼓励特岗教师参与课堂改革，组织开展技能竞赛，推荐他们参加各级优质课比赛，促使他们尽快成长。短短两年，刘婷换、张苗苗、杨迪、吉建美等青年教师便脱胎换骨，成为学校的教学骨干。来自芮城的特岗教师王二磊说："学校给了我发展的天地，坚定了我扎根山区、从事乡村教育的信心和决心。"

三、以资留人

待遇有倾斜。很多教师坦言留在乡村任教，面对的压力要比在城里多得多。学校为了缓解特岗教师的工作压力，减轻其生活负担，在晋职晋级、评优评模、困难补助等方面都给予特岗教师照顾和政策倾斜。

细节决定成败。工作中，对待新招教师要多一点关心、多一点鼓励、多一点引导，多给他们自由成长的空间，把他们置身于教育的熔炉中，以锻造出一支富有个性、热爱教育的生力军！

有效改造一所薄弱学校

——以平遥县古陶二中为例

平遥县古陶镇第二初级中学校　李锁银

平遥县古陶镇第二初级中学校（简称"平遥县古陶二中"）是一所城郊学校，始建于1996年，于2016年迁入新校址。新校占地50亩，有25个教学班，教师106名，学生1200余名，教学设施较为先进。古陶二中曾经是全县最优质的学校，却由于种种原因教学质量严重滑坡，学生人数也从最多时的2700人减少至1200人，生源结构越来越差，招生越来越困难；而且随着教师只出不进、渐渐老化，教师教育教学理念和技能也渐渐落后，团队关系也不再和谐，学校彻底变成了薄弱学校。带着领导和社会的殷切期望，我来到了这所学校。该怎样起步和突围并最终实现学校健康跨越发展，成了我面对的一个难题。

一、深入了解，远近结合，"刀子"和"梅子"都需要

古陶二中自1996年建校后，辉煌了十几年，又低迷了十几年，其中必有重大原因。了解的多少决定工作方式的优劣，措施是否恰当决定工作的成效。

第一，了解学习。结合来这所学校之前的了解，加上来了一个学期的看、访、谈、研，我对学校的情况渐渐明了：古陶二中的优势是正式教师多、基础设施比较先进；劣势是老病教师多，职业倦怠现象严重，教学质量下滑，学校口碑不佳，生源质量差；机遇是学校由镇办初中提升为县直初中，校长职级制改革中更换了校长，给了家长和教师希望；挑战是其他学校也组建了新的领导班子，和诚、铭全等私立学校也开始高调招生。八年的省市名校长工程学习以及全国优秀校长高级研究班的学习让我明白，学校遇到这种情况在全国不是个例，有过这种遭遇的省内省外的校长同学为数不少，所以我一边继续通过网络、书籍等加强学习，一边和全国的校长同学交流、研究，积极寻求破题之法。

第二，我在了解和学习的基础上确定了"党建引领、争取支持、扭转校风、搅活人心、统一知行、内强业务、外树形象、首战必胜"的"八大战略部署"。

第三，依据部署，一是积极向局领导、服务区社区村委、家长等汇报学校情况，争取了教师、政策、物质、舆论等的支持，提振了师生的信心；二是着眼近处"动刀了"，关闭了影响校风、教风、学风的小卖部、食堂，修订了涉及教师切身利益的考核、评模评优、晋升职称等方案，让大家体验到公平、公正，扭转了校风人心；三是变革了年级管理模式，调整了人事分工，起用了省市教学能手，做到了"专业的人干专业的事"；四是为教师提供优美的办公环境，公示了政策、制度，推动全校教师去关注学校、关注教学，扶正了教学主业；五是依靠初三团队的智慧和力量，打胜了中考第一仗，用首战即胜鼓舞了士气，赢得了社会肯定，开创了学校发展的好局面。

第四，着眼远处"给梅子"。凝聚全校智慧酝酿了"始于发现，助力成长"的办学理念，确立了"四年办成全市第一所新优质学校"的办学目标和"育学有特长、全面发展、自信有为的

优秀青年"的育人目标。理念是思想的方向，目标是行动的方向，为实现目标，我们制定了《古陶二中四年发展规划》，明确了"发现—展示—自信—成功"的育人模式，构建了六条具体行动策略，让全校上下思想统一、步调一致。

二、只争朝夕，团队作战，落实规划，行动和信心都重要

目标既已明确，战术已然拟定，我们立即吹响了战斗的号角，拉开了"新环境、新管理、新课程、新课堂、新德育、新教师"六大创新工作的序幕。

(一)优化环境，鼓舞自信，提高育人效果

学校出资、教师动手，建设全县最美、最温馨的教师办公室，教师人人"上墙"、人人亮特长、人人被赞赏；师生动手，以"发现、展示"为目的，以小组评价为特色，建设全县一流、学生自豪、家长满意、时时潜移默化育人的班级文化，学生人人"上墙"、人人亮特长、人人被赞赏；领导参与，以"发现、成长"为引领，以"展示师生精彩，激发成长自信"为目的，逐步建设全县优质的校园长廊、门厅版面、楼道文化墙、党建主题栏、团队活动室文化、社团教室文化等，既让全校师生有一个温馨舒适的办公、学习环境，又让"始于发现，助力成长"理念和"发现—展示—自信—成功"育人模式入心、入行，提高了环境育人的效率。

(二)优化管理，培育骨干，沉淀业务模式

一是继续"动刀子"，用半年时间调整了十几个领导岗位，以高标准完成了县管校聘工作，让专业的人干了专业的事；二是组建了职代会，确定了职代会一年一开，支委会、行政会、班主任会、学科组长会、年级例会半月一开的运行机制，让行政管理和业务研讨变成了常态，明显提升了管理效率和教育教学水平，优化了教师教书育人的清风正气；三是变"年级横向管理"为"处室纵向引领＋年级横向管理"，既让管理更靠近教师，又让业务引领更专业、更高效；四是搭建了微信公众号、校报、组织生活会三个平台，做到了处室工作一事一总结、事事有宣传，一月一汇报、月月有小结，一人一做法、人人有套路。新的运行机制对中层干部有新的要求和考验，大家齐心协力，探索前行，逐渐成为业务骨干，也渐渐注重每项工作都要形成套路、做法，渐渐沉淀出教学、德育等工作模式，利于学校逐年完善提升。

(三)优化课程，抓实常规，提高教学水平

一是投入人力、物力、财力建设了校本课程，完善了三级课程，为不同的学生铺设了不同的自我发现之路、自信之路、成才之路；二是改革了课堂教学和常规管理，"小组合作"班班见行动，"走下讲台、组织课堂"人人在实践，"课堂观摩、师徒结对、学科教研、名师讲座"月月有收获，"备课重实效、作业重批阅、成绩在辅导"渐渐成习惯，"青年教师踊跃参加教学比赛"慢慢有氛围。改变的过程就是提升的过程，改变的过程就是全校教师正心务本、重拾尊重、付出换来硕果的过程。

(四)优化德育，探索模式，提高育人质量

一是学习《中小学德育工作指南》，初步形成"一五六五"德育工作模式，即明确一个目标、五项内容、六条途径、五个保障，逐渐在工作中实践完善；二是实施校园文化建设工程，出台《县直古陶二中学生一日常规细则》，建设班级文化，培养学生团队合作、自信拼搏等精神；三是实施重大节日教育工程，开展"我和我的祖国"主题教育，"青春、奋斗"主题升旗教育以及校园广播主题宣讲、跑操励志教育等活动，激发学生的爱党、爱国、爱校热情，让社会主义

核心价值观深入人心；四是实施协同育人工程，组建家委会，召开家长会，形成合力；五是定期召开班主任经验交流会，大家共同交流，取长补短，使班主任工作焕发出生机和活力；六是开展研学旅行活动，充分利用平遥丰富的人文、自然资源优势，让学生走出学校、走进平遥、走向晋中，在交流与实践中、在自然和社会中得到成长。

(五)党建引领，团队作战，取得喜人成绩

一年来，学习党章、学习习近平新时代中国特色社会主义思想成为我校的工作常态。通过学习，全校上下提高了认识、坚定了信念、鼓足了干劲。经过全校全体教职工一年的开拓创新，我校班风、学风、教风大有改善，师生精神面貌焕然一新，教学成绩显著提高。2020 年我校中考成绩喜人，一举跃进全县前三；初一招生新增三个班，创古陶二中近年来招生人数新高，古陶二中重新赢得家长和社会的认可。教师们在省、市、县各级竞赛中频频获奖，学生在社团中各展风采。学校荣获"示范型党组织"称号，县委县政府领导来学校指导、表扬，更加鼓舞了全校师生的士气和干劲。市级领导几次来我校督察，肯定了我校办学理念先进、办学有新举措、成效显著，为今后继续推进发现教育、取得更大的成效奠定了坚实基础。

用发现教育引领，依靠团队力量创优，改造薄弱的古陶二中，在思考和行动中虽初有成效，但建设平遥最好的、全市优质的学校才是古陶二中人矢志不渝的奋斗目标。我们就是有决心、有信心心往一处想、劲儿往一处使，咬定目标，奋力拼搏，争取一年更比一年好，要用最快的速度让古陶二中成长为一所优质的学校，为平遥的教育优质均衡发展尽最大的努力！

分层优化创佳绩，精准发力促双赢

介休三中　李志强

介休三中（简称"三中"）是一所传统名校，学校全面推行核心素养，在教研教改、德育、艺术教育、综合实践活动方面走出了自己的特色之路，以良好的校风、教风、学风，显著的教育教学成绩和鲜明的办学特色成为学生欢迎、家长信赖、社会满意的学校。

2018年中考我校捷报频传，各项指标都刷新了历史纪录，总体成果创我校历史最高水平，创介休教育历史新高。

在同行人士惊喜惊叹之余，我们也在思考，也在总结，也在不断地探索。三年来，全体师生齐心协力，强化管理，全力以赴提升整体质量，力争实现"1+1＞2"的宏伟目标。这三年，我目睹、亲历了奋斗历程；这三年，我们全体师生静心定慧研根本，精打务实抓质量，群策群力，共沐变革，不骄不躁，成绩斐然。正如习主席所说，光荣与幸福是靠奋斗得来的。

三年来，培育大批量的优秀学生是学校教育的关键。在狠抓整体提升的同时，关注不同层次学生的需求，让他们更加出类拔萃是教师的工作重点。日常教学中，培养学生"我要学、我会学"是最有效的教学方式。"让优秀成为习惯"成为全体师生的座右铭，为了实现这一目标，全校师生团结一心，稳定和谐，精准发力，共谋发展。

一、目标引领，勤奋途中方向明

（一）教育管理改革的东风吹生了优秀学生

介休三中能够取得优异的成绩首先得益于教育机制的改革。晋中市教育局对学校工作考核评价方案进行改革，重点考察各学校的"升学及格率和均分"，真正体现了素质教育的理念。这一举措、这一导向性评价，再一次引导我校教育面向全体学生，教学的重点由培养部分优秀学生转向促使全体学生优秀，教师关注的目光直达学困生。具有优秀传统的三中学生处于人人努力学习求上进的状态中，他们相互熏陶，相互激励，目标明确，个个向优秀的方向迈进。在整体提升的过程中，我校引导学生发挥同伴互助的力量，消除了学困生，激发了优秀生，他们你追我赶，互助友爱，携手走向卓越。

（二）文化传承魅力的雨露滋养了优秀学生

介休三中有着深厚的文化底蕴，是一所传统名校，优秀已然成为一种工作习惯。早在20世纪90年代初，三中的成绩在介休市就名列第一了。近30年中，学校更替了五任校长，招生和中考制度也随着教育大气候的变化发生了翻天覆地的变革。然而一系列大大小小的教育管理制度和学校教育教学的考核评价体系改革，始终未能改变介休三中成绩稳居介休第一名的骄人成绩。

传统名校，文化的传承植根于心。这里的教师秉承敬业、奉献、负责的优良传统，带领学生乘风破浪，努力进取。敬业、奉献是三中人的魂，求实、创新是三中人的根。几代三中人把敬业、奉献、负责视为信仰和行为的准则，形成了一种根深蒂固的三中文化，这种精神财富犹如阳光雨露滋润着一代代三中人。每一位三中人对学校集体荣誉的维护、对教师职业的敬重早已与他们的人格融为一体。"撸起袖子加油干"是每一位三中人的工作的常态，"敢于担当责任"是每一位三中人的意识。这些，是我担任三中校长三年以来最深的感触，也是对我影响最大、助我成长最快的因素。

二、分层优化，精准发力促优秀

（一）基础夯实无缝隙，全面发展是硬道理

优秀学生的培养非一朝一夕的事，那是三年乃至九年学校教育的成果，是教师日日坚守、处处关注、事事指导、实实在在、扎扎实实用汗水和智慧培育出来的。从发放入学通知书到领取毕业证书，三个学年，教师对学生的教育与培养无缝隙衔接，自始至终负责到底。

无声楼道的创建、舞动青春广播操的训练、《琵琶行》《弟子规》《大学》《中庸》的经典诵读、"成长的脚印"系列社会实践活动、国家课程校本化、中考体育的专项训练，无一不渗透着全体师生的汗水和智慧。

学校还利用升旗仪式、表彰大会、校运动会、开学典礼、军训、运动会开幕式等形式多样的大小集会对学生进行心理教育、思想教育、道德教育，帮助学生树立远大理想，阳光向上，做一个全面发展、富有特长的优秀中学生。

（二）整体托举无断层，人人进步是真教育

学生成绩的提高，教师队伍建设是关键。我校的优质教育就是让班与班之间、人与人之间、学科与学科之间均衡发展，全面提升，消除断层。我们分三步开展行动实践研究。

1. 抱团前行，强化团队意识

在"我们都是三中人"的和谐氛围中，我们通过培养教师的大团队意识、强化小团队的作用，年级人、学科人、班级人、小组人抱团作业，形成合力，实现目标。例如，学生、家长、教师抱成一团，相互借力，共同努力，在学生教育方面开辟了新局面；老、中、青管理人员抱成团，相互影响，一起加油，在年级管理方面打开了新思路；骨干教师与年轻教师抱成团，言传身教，在教学研究方面实现了新突破；班主任与任课教师抱成团，互相鼓励，在班级管理方面探索新方法。教育教学目标明确，齐抓共管，师生携手一起成长。自主学习，合作探究，展示交流，反馈评价，在提高学生整体素养方面富有实效。为此学校开展了"认领孩子"活动，从建立认领关系、签合约、订计划、提目标到考核，我们绝不会"让一个孩子掉队"！

2. 捆绑评价，实现合作共赢

为了简化团队管理，学校出台了一系列抱团考核评价方案和细则，设立了多种奖项，以鼓励师生协作进步。有"模范奖""标兵奖""优秀奖""进步奖""最佳搭档奖""优秀班集体奖"，等等，指标分配到各班级，师生捆绑评价，一荣俱荣，大大地提升了班级及格率和优秀率，学校整体教学水平自然上升。

为了促进青年教师迅速提升教育教学能力，我校还特意设立了"师徒考核奖"，在徒弟获得进步或获得荣誉的同时也为师傅增加分数，充分发挥了传、帮、带的力量，真正做到了"一群人，一件事，一起拼，一定赢"。

3. 分层托举，达成整体提升

为了提升教学成绩，我校把分层优化的管理模式推广到教研课改和教育教学管理的各个环节。

首先是师资水平的分层优化。学校根据教师的入校时间、年龄结构、教学水平，分类分组，有针对性地开展教研活动。在每周五天的教研活动中，通过集体备课、讲示范课、互评课、说课、磨课，直至打造出一节节优质课、精品课，大家出谋划策，共享资源。

每逢测试结束，学校都要组织优秀教师介绍经验，从"双基"的落实、优生的培养、时间的合理调配、作业的分层优化等多方面指导帮助中青年教师。为了提升青年教师的专业素养，学校还开展了青年教师演讲赛、教学技能比武赛、经典诗词诵读赛、爱岗敬业演讲赛、最美教师宣讲会、师徒经验交流会、书法摄影作品展示会等多项活动，全方位、多渠道提升全体教师的教育教学能力，为其实现跨越式提升打下了坚实的基础。

其次是学生培养的分层优化。学校依据学习成绩高低，学习、掌握知识的快慢，心理、习惯的养成等对学生进行分组分层优化。针对不同层次学生及家长召开总结会、分析会、座谈会、协作会。对后进生，动之以情，晓之以理，想方设法帮助他们提升学习能力。

学校通过定期举行知识竞赛、阅读竞赛、数学竞赛、口语竞赛等各类综合活动，锻炼学生，培养学生，促使学生全面发展。

再次是学生家长分层优化。学校的教育离不开家长的密切配合。因此，我们建立了家校合作站。各班班主任对家长分层分类，通过开展各种大大小小的讲座培训、优秀家长座谈交流会，提升家长教育孩子的整体水平，为培养更多的优秀学生搭桥铺路。

三、巧妙加油，冲刺路上不"熄火"

（一）抓尖培优出奇招

介休三中始终把教育的焦点聚集在全体师生身上。我们常常以激励表扬为抓手，巧妙地为学生加油助力，让大家在冲刺路上不"熄火"。通过"红旗台""祝贺信""小视频""大版面""光荣榜""加油站"等一系列表彰项目，给足学生发展的平台，让学生在一次次鼓励中增强内动力，主动学习。"走红毯"已经成了学校每次评价奖励的"特色大餐"。为了迎接每一次"走红毯"，全体师生用心设计会场、选取音乐、设计颁奖词，目的在于激励所有教师、学生、家长都能走上红毯，享受殊荣。

而我校的"申请荣誉，目标引领我成长"活动，改革了评价标准，完善了评价办法，建立了引领学生自我发展的评价机制，让评价这把标尺多元化、个性化。每个学期开学初，学生会根据自己的实际情况，为自己制定一个目标，种下一颗希望的种子，然后付诸行动。为了自己的目标，学生自我约束，自我教育，自我改进，自我完善，直到超越自我。他们本着"我要进步"的思想，培养了自我管理的能力，养成了自我教育的好习惯，使智慧潜能和才干得以发挥，使核心素养得以提升。

（二）齐抓共管效率高

初三学年是中考冲刺的关键阶段，也是要求学生精益求精的最佳时段。学校加强组织领导，成立年级优生培养领导小组，组建了由校长牵头的工作组，教师、定时间、定地点、定科目，对学生进行分层教学、专项训练、具体指导，精准发力，帮助学生走向卓越。

教育境界新局面，前路漫漫奋力拼；继往开来初心在，业广惟勤功惟志。

一切伟大的成就都是不断奋斗的结果，一切伟大的事业都在继往开来中推进。新的时代，我们将不忘初心，踏歌启程，趁改革东风，建特色学校，培优质学生，创教学佳绩，促进教学管理和教育教学实践实现"双赢"。

用标准引领学校内涵发展

翼城县里砦镇里砦初级中学校　刘　峰

　　课堂教学改革的推进,不但需要先进理念的引领、政策制度的保障,也需要扎根于实践土壤的研究与行动。我校从 2012 年起开始推进高效课堂改革,但是改革的实效不甚明显,主要问题有:①高效课堂落地难,教师在操作过程中遇到许多困难。例如,学校以成绩作为各项考核的第一标准,片面追求升学率;教师拿着新课标,用着老教法;学生依然被动学习。②课程建设落地难。学校关注课程改革,但缺乏课程规划,对课程实施目标、学校发展目标、学科建设目标、教师与学生生涯发展目标等缺少整体规划;对如何依据学校实际实现国家课程校本化,如何依据学生需求和学校实际能力开发并实施校本课程,如何科学制定学校课程实施方案缺乏认识、缺乏行动。③教师专业发展难。相当一部分教师的专业发展水平不能与改革需求相适应,如教师发展动力不足、新旧教育思想的矛盾、新旧教学方法的矛盾、教师个人身心健康的失衡。

　　创建特色学校有利于解决上述问题。

　　特色学校的创建就是要以习近平新时代中国特色社会主义思想为指导,在党的坚强领导下,全面贯彻党的教育方针,落实立德树人根本任务,面向全体学生,在全面提高教育教学质量的前提下,充分发挥本校的优势,选准突破口,以点带面,通过不懈的努力,逐步形成自己学校的独特风格,形成自己的学校文化,办出特色。特色学校不但要形成有个性的办学风格,而且要产出优秀的办学成果,产生良好的育人效应。因此,我们认为中小学特色学校的基本内涵主要体现在四个方面:一是学校具有先进的办学理念、切实可行的育人目标、优良的办学传统和丰厚的文化底蕴;二是在学校发展理念、学校文化、课程教学、学生活动与发展指导、师资队伍建设与教育科研等方面形成特色,取得系列科学成果;三是学校特色创建在学校发展规划和年度工作计划中有充分体现,相关特色创建工作覆盖面广,师生普遍参与并获得良好发展;四是学校特色创建遵循一定的路径,明确本校的特色定位,逐步形成有别于其他学校或者优于其他学校的独特、优质、高效且相对稳定的办学风格、发展方式、育人模式。

　　里砦初中为贯彻国家全民健身计划、响应"足球进校园"的要求、培养"艺术＋特长"的新型人才,根据临汾市政府《关于统筹推进县域内城乡义务教育一体化改革发展的实施方案》要求,全面落实立德树人的根本任务,促进学校特色建设工作,建设足球学校。

　　足球学校创建经历了三个阶段:首先,学校拟定创建方案,营造浓厚的足球运动氛围,提升师生进行足球运动的热情,选派体育教师外出学习培训,提升足球竞技技能,学生人人配备一个足球,做好了充分准备。其次,针对不同年级开设针对性足球课程,实现足球教学系列化、系统化,形成可持续发展的足球梯队建设。组建班级、年级足球队,丰富足球教育活动内容,激发学生的足球潜能,构建全员参与的学习交流平台。组织校内足球对抗赛,评选"足球之星",每月一次,建立竞争激励机制,培养"逢一必夺,逢冠必争"的体育精神,提升社会影响。再次，学校举办了校园足球文化节，设立足球教学开放日，形成学校、家长、社会三结合的足球教学格局。组建学校足球队，采取"请进来，走出去"的开放姿态，与兄弟学校、社会各界足球爱好者搞好足球交流与对抗比赛，提升竞技能力，进一步扩大社会知名度，打造校园足球品牌。足球学校的创建，普及了足球教育，提升了师生的体育素养，形成品牌效应，进而实现了"学校有特色，办学有风格"的目标，进一步推动了学校素质教育的实施，促进了办学水平的整体提升。

作为一所农村初中，我们要紧跟时代的步伐，以先进的理念、扎实的知识、科学的方法推动学校进步，努力提高教育质量和办学水平，促进学生全面发展，为学生的个性发展提供平台，为学生的一生奠基，进而促使学校向特色学校、品牌学校、高品质学校发展，为美丽乡村建设贡献力量。

学校管理中要渗透以人为本的思想

浑源县示范中学校　宋常忠

人本理念是新课标的主要思想内涵，所以学校管理中应当提倡以人为本。在以人为本思想引导下，学校、教师和学生应当是平等的，因而应对教师开展教育、学生接受教育过程中的个性发展和共性发展给予高度重视。这也意味着校领导所面对的挑战更大，所以校领导应当更加深入贯彻落实以人为本的思想，将学校管理的相关工作做好，这也是确保学生收获理想和成绩、学校整体提高教学质量的不二法门。

一、学校传统管理存在的问题

我国学校拥有一套比较健全的传统管理制度与实施准则，管理者按照相关章程运行即可，教师与学生都按照准则按部就班地操作，没有不一致可言。该管理模式死板，束缚和限制了教师的个性化教学，导致许多教师对学生采取填鸭式教学；该管理模式使学生变得非常被动，个体差异也显示不出来，致使学生学习成绩和整体素养得不到有效提升。

二、以人为本思想下的学校管理策略

我国学校管理中缺少以人为本的思想，学校领导习惯性地扮演着学校管理所有环节的安排者与控制者的角色，甚至在某些学校中校领导说的任何事情都是对的，师生只能照做。学生时期是养成主动学习的习惯、形成终生学习思想的关键时期。如果能让学生享受学习过程，那么学生会对知识孜孜不倦；相反，如果学生的个性得不到发展，学习压力只增不减，时间长了学生就会不愿意学习，这会对学生一生的发展产生不利影响。由此，在学校管理中以人为本异常重要。

三、加强校园文化建设，注重人文关怀

学校的文化建设包括精神文化和物质文化两个方面：其一，精神文化处于核心地位，主要注重人文关怀和精神境界的修养。以人为本的学校管理观念和教育观念，注重学生和教师在教学活动中的真实心理感受和体验，侧重于给予个人必要的精神鼓励和慰藉，让学生和教师在温暖的大集体中学习和工作。其二，校园环境以及相关的教学设备是校园物质文化的主要组成部分，为教学活动的顺利实施以及学校的管理提供了必要的物质保障。校园对学生而言，充满人文关怀的校园环境给学生提供了宽松、自由的空间，有益于学生高尚情操的培养，对学生的身心健康也非常有利。

学校管理坚持以人为本，这是教改的必由之路，亦是解决教育管理相关问题的关键。要想真正做到以人为本，学生、教师与校领导必须团结协作，要重视教师和学生的需要与个性表达，最终促进学校管理质量的大幅提升。

创新学校管理，发展适性教育

灵石县静升镇初级中学校　宋学武

2019 年 8 月 5 日至 11 日，山西省中小学名校长高级研修班集结宁波，进行了为期一周的跟岗学习活动。学习的时间虽然不长，但宁波教育的发展和学校管理中的创新意识令我感慨颇多，久久回味。具体有以下几点体会。

一、学校经营中的心理调节

心理调节一般用于心理医生对病人的心理治疗，但随着社会压力的增大，其被更为广泛地应用于社会的各个领域。学校的主体是师生，他们该做什么、怎么做，都成为学校管理需要面对的问题。怎样才能使师生自如、轻松、幸福、快乐地生活、工作、学习？这就要从心理调节入手。

心理调节，就是使学校的工作环境更加温馨，使师生的心情更愉悦，师生的工作状态最好、工作效率最高。

二、学校建筑中的构造理念

学校的硬件建设，往往是由校长授权副校长或施工队全权设计处理，建筑一旦落成，有可能弊病百出。宁波市蓝青小学的建筑理念，给了我们一个很好的启示：学校校长，既是一把手又是 CEO。

蓝青小学的建筑理念是学校所有建筑设备都要做到把孩子放到正中央。这给了我许多建筑管理方面的崭新认识：设计校园时校长要在第一时间参与；方案设计做得越细、越到位，后期施工时苦头吃得越少；在校园建设中要体现以生为本的思想。正如蓝青小学校长沈斌所说，"我是一个教育的疯子，一定要把学校的方方面面经营打理得更好"。

三、学校危机管理中的法律意识

在学校日常管理中，我们时常会遇到各种矛盾、纠纷、疑难杂症。通过这次培训，我认识到：随着社会法制的完善，要落实依法治校的管理方略，以法律武器维护师生合法的权益，救学校于"水深火热"之中，还校园一片宁静。

社会生活中并非所有公民都能做到知法、懂法、守法，特别是面对学校的是是非非，我们应如何应对？这次培训也使我找到了答案。

(一)做好学校管理中的危机工作

1. 迅速着手处理

①一把手及时到达现场。②及时报告上级主管领导。③第一时间对受害人进行救治。④第一时间通知家长。⑤切莫急于追责。⑥及时安抚。

2. 迅速隔离危机

迅速隔离危机，就事论事，不要波及其他方面。

3. 收集有关资料

①在危机处理上要双管齐下，一方面到现场积极处理，安抚和救助受害者。另一方面进行资料积累工作。②学校不能做无限责任公司，要收集证据，用事实说话。

4. 做好危机公关

(1)任命新闻发言人，负责接待媒体记者。①提供背景资料，介绍发生危机的详细材料，介绍已经采取的措施。②所有师生和媒体打交道要坦然，要有礼貌地面对。

(2)态度诚恳，切忌用"无可奉告"等语言。

(二)学校危机管理的准则

1. 入门准则

①"黄金时间"准则，抢家属、抢时间、抢媒体、抢现场。②保护弱者准则。③"说"比"做"还重要的准则。

2. 最高准则

①不要一人死扛、硬扛。②要争取政府、社会资源的帮助，共渡难关。

四、学校文化建设中的国学经典

国学经典进校园，已成为如今学校教育教学中不可缺失的重要组成部分。

(一)阅读内容

国学经典不能和中国的传统文化混为一谈，应取其精华，去其糟粕，可以北京师范大学出版社出版的初中国学读本为主，兼容人民出版社推荐的中外名著。

(二)阅读法

可采用诵读法、精读法、研读法。

(三)进校路径

家校联动，教学相长，知行合一。

国学经典是中华文化之基，弘扬优秀的传统文化，应让国学走进校园，渗入课堂，浸润每位师生的心灵，让中华民族几千年的文化精髓代代相传，并成为伟大祖国的立国之本。

五、学校发展中的适性教育

宁波市鄞州实验中学，提倡适性教育，即让每个孩子遇见最好的自己。这启发我思考：教育应如何培养人？

实际上，我们的教育是为了每个孩子健康而有个性地成长。育人目标是让每个孩子做到眼中有师长，心中有担当，脸上有笑容，身上有特长。学校的发展目标：一是面向全体学生全面提升教学质量；二是进行适性教育，全面提高综合素质并张扬学生的个性。概括地说就是按教育规律办学，面向全体，促进每个学生的发展。

学校管理纵有千方百计，仍然需要我们静心深思。愿我们的学生发展得更好，人生更加精彩。

最好的管理莫过于示范

晋中市榆次区第五中学　闫汉卿

孔子云:"其身正,不令而行;其身不正,虽令不从。"作为一名校长,在管理中,我信奉的是"管理就是示范,管理就是做出榜样"。

一、镜头一:校园里

校园是我家,维护靠大家。干净整洁的校园里,偶然也会有不和谐的音符在跳动。当眼前突然出现一片碎纸时,我总是毫不迟疑地将其捡起,送它到该去的地方。即使发现了一小粒瓜子皮,我也要把它捡起来攥在手心里。那天偶遇一块儿粘在地板上的口香糖,我先垫上卫生纸使劲抠,最终是用指甲把黏性很强的口香糖清理掉。许是我的弯弯腰、伸伸手感染了学校的每一位教职员工和学生,我校的师生面对杂物不仅不丢不弃,还会主动捡起。就连门卫、保安也常常弯腰捡起校门口被风吹进来的杂物和落叶。于是大家都生活在一个干净、整洁、温馨的校园里,学习、工作其乐融融。

一日之计在于晨,我已养成早早到校的习惯。每天早上 7 点,我会站在校门口迎候每一位师生的到来。教师们不仅没有迟到的,还很早就到。我们互相感动着,彼此激励着,因此孩子们也无一人无故迟到。身教重于言教呀!

二、镜头二:操场上

去年冬天的那场拔河比赛仍然让我记忆犹新。那是初二年级 113 班与 116 班决战冠、亚军,我兴奋地加入了孩子们的啦啦队,还当起了 113 班的总指挥。(因为感觉 113 班实力稍差)比赛开始了,我和孩子们用尽浑身的力气呐喊着:"一二,加油! 一二,加油!"在我的指挥下,决战双方势均力敌,那条红线一直稳稳地在中线附近晃动,双方队员互不相让,龇着牙,咧着嘴,使劲号叫着。班主任、任课教师和我一样激动兴奋地呐喊着:"一二,加油! 一二,加油!"那场比赛足足持续了五分钟,最后我指挥的 113 班依然输掉了。孩子们却哭着对我说:"谢谢校长,校长真给力!"那一场指挥我不知用了多大劲儿,嗓子喊哑了,两臂和胸前的肌肉也疼了好几天。记得在总结表彰会上,政教主任说:"三个年级历时三天的拔河比赛,不仅是力量与意志的较量,更是同学情、班级情、师生情的凝聚,为赢者喝彩,为输者点赞,为我们的校长和老师们的热情与激情点赞!"每天的大课间时间,我总会给孩子们做摆臂示范,和他们一起跑步。于是,每天大课间跑步时,全体校领导、班主任都和孩子们一起跑,孩子们跑得更起劲了。榜样的力量无穷呀!

三、镜头三:课堂中

校长要想了解教情、学情,深入课堂是最佳途径。我们全体校级领导挤时间一同听推门课。还清晰地记得期末复习阶段,我们校领导一同听了九节推门课,并对各位教师的课给予了客观、中肯的建议。听课中，我们发现有的复习课效率比较低，但化学老师韩丽梅的复习课是高效课堂。她的课堂充分体现了教师为主导、学生为主体这一教育理念，小组合作，"兵教兵"在这堂课中运用自如，学生在一种愉悦温馨的情境下，不但学到了知识，而且增强了合作能力，培养了良好的动脑、动口、动手的学习习惯。听了那节课，我们全体领导非常兴奋，在一起评议了整整两个小时。那一刻，我们感受到教育管理的充实与快乐。我们感叹道：即使成不了教育的专家，也一定要成为管理的行家。

在我的带领下，全体校领导包学科参与教研活动，一日一公开等活动也都真正落地。记得 2019 年 10 月教研主任在工作群中做出了这样的安排："我校的一日一公开活动开展得如火如荼，由于听课教师太多，教室小无法容纳，为了不影响教师上课、师生互动，我校一日一公开活动挪到四楼大会议厅，请上课教师提前做好准备。"

我们校领导还不定时巡查课堂，发现课堂的亮点和问题，在工作群中进行真实反馈。每逢期中、期末考试，领导们对每场考试都要进行真巡查、真反馈，教师们都按中考的要求认真监考。

我校良好的校风、教风、学风在潜移默化的示范引领中逐渐形成。

多年的校长工作实践，让我真正明白了教育家苏霍姆林斯基所说的，"校长对学校的领导首先是教育思想的领导，其次才是行政的领导。教育思想体现在千百件各种各样的小事中，以求从门卫到校长都来实现教育思想"。相信我们的以身示范一定会逐渐形成学校的文化，一定会达到管理的最高境界——文化管理。

揣摩"读心术"，做教育哲思者

——我在学校管理中的实践和创新

阳城县次营镇中学　张粉平

一、拆砖毁墙与扶砖上墙

我当校长的第一站，是一所中心学校。刚到这所学校，我就知道我遇到了一个大麻烦：教师没交生活费已经三年了。通过了解我才知道，出现这样的状况是源于前任校长的"好心"。因为有教职工子女在学校上学，校长考虑到小学生饭量比较小，所以也就"开恩"，让教工子女在灶上吃饭，而不出生活费。后来由于领导和教师之间的一些矛盾，一部分教师就拿这件事情作文章，他们这样推论："有些教师和子女两人吃饭出一人的生活费，那我一个人吃饭，是不是可以不出生活费？"所以，他们开始不交生活费，慢慢带动所有的教师都不交生活费。久而久之，教师们已经三年没有交生活费了。作为新校长，如果不处理好这一件事，不将三年的生活费收起来的话，那我新规定的生活费也将收不起来。

面对这一紧急现状，全体动员会我已开过，没有成效；借助教育局的外力，也收效甚微。如何解决这一难题？我想到了拆墙的场景：只有一个锥子，要拆一堵墙，如何拆？可以先用锥子挖出一块砖，只要有一块砖松动了，那一堵墙也就松动了，也就是要寻找突破口。

面对一群看起来铁桶一样的教师，他们的突破口在哪儿呢？我想到了中层领导。他们的职务是由教育局任命的，他们一定会在意教育局对此事的看法以及可能会对他们的处理措施。（因为这件事已经在全局引起了反响）找准他们的弱点，我召开中层领导会，就这件事给他们讲道理，指出厨房的饭不论好吃不好吃，既然已经吃了、消费了，就应该交生活费，并就这件事在教育系统的影响和他们陈述利害关系。最终，所有中层领导上交了生活费。搞定了中层领导，我开始做党员的工作，然后是教研组长的工作。最终，用了两周时间，所有教职工的生活费全部结清。

这件事给我的启示：寻找软处进攻，突破"防心"，拆一块砖，就推倒了一堵墙。面对管理过程中可能遇到的群体性事件，我们要认真分析，抓关键所在，攻其关键，才能攻下一片。

我们在管理的过程中，肯定还会遇到极少数难管分子。他们有时不接受指示，甚至会当着其他教职工的面顶撞校长。这种教职工直接影响着校长的威信和工作的顺利进行，不可小视。对于这部分人，我采用的方法是真诚待人。对于他们的发难，不自乱阵脚，但也不打击报复，了解他们的需求，有原则地创造条件来满足。人心都是肉长的，我以我的"诚心"，换来的是他们的"同心"。

刚到次营中学，有一位教师经常在网上以教师、家长、社会人员等身份来抹黑学校，甚至在公开场合鼓动一些教师来反对学校的一些决策。对于这样的教师，我想起了汪志广教授的一句话："团结能人干成事，团结小人不坏事。"对于这些身处基层的教师，虽然他们兴不起大的风浪，但是任由他这样下去，也绝对会给学校的管理带来一些麻烦。对于这样的教师，我必须要把他团结过来。

路遇这位教师，我会微笑着和他打招呼；开会，我会有意对他的工作进行表扬；节假日值班遇到，我会请他吃饭。一年以后，他变了，变得关心学校声誉，积极、主动地承担工作。可见，用诚心对待异心，可将其转为同心。

二、融冰

升级考试中，一个男教师考试作弊，作弊的手段让我非常气愤：阅填空题，不论学生填什么结果，只要有字，就给分；其次是打分时，本来得 8 分，他给写成 10 分，凭空多加 2 分。初当校长，血气方刚，看不得教师中存在这样的问题，处理事情也不考虑后果，一怒之下，我将这位教师调离本校，调到了另一所更边远的学校。没想到，他的对象也在我所在的学校工作，这位女教师恨上了我，她将所有不满发泄在我身上：开会时，她故意迟到早退；安排布置工作，她不理；对学校的工作，她故意找碴；甚至我从她身旁走过，都能听到她在背后对我的故意唾弃。

她对我的敌对行为，我很能理解，我真心包容她对我的不敬，并客观对待她的工作：我找她谈心，讲道理，推荐她当模范，创造条件让她上职称，等等。最终我用了三年的时间将她那颗冰冷的心捂热，现在，我们成了朋友，她也成为我在那个学校工作期间得力的班主任和语文老师。

人心都是肉长的，只要有爱兵如子的统帅，就会有尽心竭力的士兵效命疆场。管理人员面对矛盾，必须得有"包容之心"，用"真心"冰释前嫌，最终将换来"忠心"。

教师和校长是一对矛盾体，但这种矛盾不是不可调和的。对于和我们有矛盾的教师，若采取打压、调离的方式，其结果只会是"野火烧不尽，春风吹又生"；但若"投之以桃"，则一定会"报之以李"。适时地对教师进行感情投资，"真心换来诚心，热情换来激情"，我们的关怀就如点点甘霖滋润教师的心田，往往会收到春风化雨般的奇妙效果。

三、用统一的"尺子"衡量

校长们都知道，学校对教师考核最容易引发怨言的就是不使用同一尺度。但现实是，由于教师的工作性质不同，必然存在着不能统一考核的问题。

第一类难以考核的是非考试科目教师。由于他们所教学科不参加中考，所以他们的教学成绩一般采用评议方式考核。评议打分，肯定不会超过考试科目的教师的得分。加之这类教师人数少，每次讨论考核办法时，他们的意见最容易被冠以"少数服从多数"而被忽略。长此以往，影响他们评职称，损害的是他们的切身利益，也影响他们工作的积极性。我们专门就这个问题重新组织职代会成员进行讨论，调整考核方案，最终通过折算的方法解决了这个问题。例如，用他们艺术节参演节目所获得的奖项等级来折算教学成绩，获市一等奖相当于考试科目教师第三名的教学成绩，获市二等奖相当于考试科目教师第五名的教学成绩，获市三等奖（或县一等奖）相当于考试科目教师第七名的教学成绩。

第二类难以考核的是学校中层领导。他们的工作分工不同，兼代科目也不同。中层领导起着承上启下的桥梁和纽带作用，是校长的左膀和右臂，如果对他们的考核不能够体现公平的话，也会成为校长工作中的障碍。

以往对中层领导的考核，也多是评议考核。因为初中有中考任务，所以往往是教导主任的评议分数要比政教主任高一些。但近几年，由于安全和德育工作抓得比较紧，政教处的责任和工作量也大了许多。若按照中层轮流得高分这个办法，会打击好好干工作的中层领导的积极性。面对这个现状，我们调整思路，通过多次讨论，最后统一制定出领导考核方案。考核由三部分组成：一是教育局每年督导检查，对各科室的工作量化评分，这个评分，我们拿来和对比校对比，用和考核教师一样的计算方法算出每个领导的得分。二是领导兼课，教考试科目的，和其他教师一样计算考试成绩；教非考试科目的，由教师评议打分（非考试科目的评议分必须低于考试科目得分）。三是对于各处室的日常管理，由教师评议打分。三部分赋予不同的权重，总和即为领导的教学成绩得分，其他的考核与教师相同。

同一个单位，不同的岗位，衡量的标准不同，得到的结果往往不公平，失去了公平，也会失去人心。面对这种现状，我们要调整思路，寻求统一的尺子，为教职工创造公平竞争的机会。

公平合理的竞争机制，能减少"怨心"，会给教师努力的动力和施展才华的舞台，让他们对学校有认同感和归属感。

四、我搭台，你唱戏

一棵小树苗，要长成一棵参天大树，适当的土壤和环境是起决定性作用的。学校的教师组成，不是由校长决定的，要想将这些现有的教师培育成参天大树，校长就必须给他们创造条件。

我们学校的教师，爱岗敬业，善于创新，但由于地处偏远山区苦于没有展示的平台。结合我们学校"五彩教育"主题，我们确定校风为"百家争鸣，百花齐放"，对教师的课堂教学提出了"百家争鸣，百花齐放"的要求，要求我们的教师以个人或者教研组为单位，根据各学科的不同性质，归纳和总结各自学科的教学方法或课堂教学模式，并且创造各种条件将他们的成果往外推送。

2018年3月，我校历史学科的"初中历史表格＋专题快速学习法"荣获山西省基础教育成果二等奖。

有了历史学科的带动，全校教师信心倍增。目前，他们"八仙过海，各显神通"，像物理老师燕韶锋的"两实教学法"、语文老师牛建平的"读说写三环课堂教学模式"、语文老师牛莉丽的"板块教学模式"、道德与法制老师武菊芳的"问题导学教学模式"、历史老师郭光会的"一手一表一专题历史快速学习法"都已初具模型，而且也已通过实验取得了较好的成绩。

目前，除了课堂教学，我们还在教师中开展了学生作业改革实验，如语文的微写作、英语的趣味配音、道法的思维导图作业、历史的视觉笔记作业、物理的综合实践作业，也得到了同行的认可。学校的教学改革轰轰烈烈，呈现出欣欣然的景象。

校长要重视为教师提供良好的发展空间，为他们提供舞台，帮他们树立信心，他们才能展露出雄心，才能跳出优美的舞蹈。舞台有多大，人的能力就有多大。

五、走近一步，温暖彼此

老子曾说："天下难事，必作于易；天下大事，必作于细。"作为校长，我们必须着眼于细微，勤于在细小的事情上与教职工沟通，从而改善上下级的关系。

作为女校长，我更注重以情感人。例如，再强壮的人，当身体不适时，心理就会特别脆弱。我校的一位老教师生病了，在他住院期间，我仅是打电话问候了一下，他就很感激，给我回了一条微信:"杨柳电话来问候,心中严寒尽暖冬……你的帅气将把我们学校影响得杨柳飘香。"(我的微信昵称是"杨柳依依")后来,他退休了,但当他听到学校中考取得好成绩后,特意在微信中写诗祝贺:

贺杨柳

喜闻中考捷报频,
扬吾校威燃师情。
杨柳年年绽新蕾,
神采次营摘金银。

当我有幸被确定为山西省名校长培养对象后,这位老师也在第一时间发来祝贺:

为我校名校长点赞

杨柳今又絮飘新,
次营中学秀芳馨。
五彩教育启后人,
轰动省厅震威名。

我善于从细微小节入手,温暖师心,建立友谊。每逢教师节、中考成绩放榜、元旦、过年,我都会在微信群中发红包,和教师共度节日,共享温馨和喜悦。

初到次营中学,总务主任要把我安排在小餐厅吃饭,我拒绝了。我不光在大餐厅吃饭,而且和一帮教师挤在一块吃饭,边吃边聊,还偶尔开个玩笑,我们像一家人。成了一家人,才能让教师敢于敞开心扉,才能让我们听到基层的声音。如果我们校长真的把自己作为"校长",作为这个大家庭中的"家长",而不是家庭中的一员,那我们真的就成了高高在上的"聋子和瞎子"了。

2020年年终,县教育局到我校进行领导测评,我校领导的民主评议得分是小组中的最高分,教师对学校领导的评价非常高。

总之,在学校管理中,改变那种"以管人为中心"的管理,代之"以人为中心"的管理,尊重师生的人格,关心师生的情感,用我们的真心、诚心、爱心去换教师的同心、忠心。只有这种以人的发展为根本、为人的发展服务的学校管理才能真正达到"管是为了不管"的最高境界,才能达到强、大、优的办校目的。

中学校长管理中的刚与柔

侯马市第五中学　张建辉

校长是学校的一把手,也是学校中最重要的管理人员,他对学校的任何决策都会影响学校的发展以及变化,不管学校是倒退还是进步,是快速发展还是缓慢发展基本上都是由校长来决定的。对此,校长应采用刚柔并济的制度给学生及教师创造更加有利于发展的氛围,注重管理中的一些小细节,不断将自身的管理思维进行拓展。

一、从全局出发,进行科学性的决策

校长不光要具备专业的授课能力、开阔的眼界,还应具有一定的全局意识,对学校的发展规划进一步完善,对学校未来的发展方向进一步明确,不断拓展学校未来的发展道路。

要想进行科学的决策,首先应该做的就是把握全局。校长不需要对每一件事情都充分了解,也不需要对学校的各项内容都了如指掌,但是应该对学校中的人员进行了解,对学校的各项物品心中有数。只有这样,校长才能对学校的管理内容进行科学布局。

虽然刚性的管理思维具有一定的优势,但如果大家一直绷着一根弦,那么时间长了这根弦势必会断裂。针对这样的情况,校长在日常管理过程中应该把握全局,校长应该根据一些实际情况,将刚性管理思维以及柔性管理思维综合运用,善用柔性的管理模式,使师生能够感觉到学校的一切管理都是基于学校未来的发展而进行的,从而使学校实现良性发展。

二、以人为发展核心,善用人才

(一)决策的时候以人为核心

从理论上说,制定学校管理制度是校长的责任,但是为了能够更好地进行管理,满足大家的基本需求,学校在制定管理制度的时候可以征求学生以及教师的意见,使大家都能够参与学校管理制度的制定。这一管理方式就是一种柔性的管理模式。但是管理制度的最终决定权还是属于校长的,校长应该根据学校发展的基本情况从大局入手确定管理制度,并不断创新管理制度。

(二)用人的时候以人为核心

校长在选用人才的时候应该以人为核心,保证人才选用的科学性和公平性。选用人才时,应以教师自身的条件为基础,不能因为校长自己的喜好而选择,要保证选择的教师能够符合学校发展的基本需要。校长可利用刚性的管理手段选拔人才,运用柔性的管理手段对人才进行鼓励,使其能够将自己的优势完全展现出来。

(三)对学生的刚与柔

校长应该加强对学生的管理。在课堂教学中应以学生为核心,善用刚柔并济的方式进行学习氛围的创设。例如,对学生穿校服这件事的管理要人性化。中学生本就处在一个不愿受约束的年纪,有一些规定虽然能够将学生的行为进行约束,使学生能够形成正确的"三观",但是原先的管理模式太过刚性,对于学生天性的释放十分不利。对此,校长可以采用柔性的管理方式,允许学生在几天中穿自己喜欢的服装,只要不是奇装异服就可以。在这样刚柔并济的管理模式之下,学生得到了全面发展的机会。

三、和时代发展相结合,积极开拓创新

现代社会的发展速度越来越快,教育改革的发展也日新月异。现行的教育改革明确提出了基本方向以及原则,但是在实际操作中还需要观察学校的执行能力以及校长是否将改革理念及相关措施进行了充分理解,并根据学校发展的基本情况推行改革内容并进行创新。校长的创新性思维能够弥补学校发展过程中的一些漏洞,并以此形成比较先进的管理理念,使学校能够在这样的背景下不断发展和完善。校长并不需要将原先的制度、管理方法和理念完全抛弃,而应在其基础上批判地继承,并且结合学校的实际情况以及教育改革的方向和措施对管理制度进行创新。

四、结束语

校长应不断学习相关管理理论,将理论应用于实践并进行反思,从中总结管理经验。科学的管理理论能够将校长的管理水平进一步提升,使用刚柔并济的管理模式能够使教职员工和学生感觉到关怀,不至于在刚性的管理制度下感觉不到人情的温暖。

坚持立德树人为根本，创新素质教育模式

——"1237"学校管理模式研究与探索

普明中学　张一兵

教育是国家进步和民族振兴的基石，是国家综合实力的重要评价标准之一。党的十八大以来，以习近平同志为核心的党中央高度重视教育工作，把教育摆在优先发展的战略地位。作为教育工作者，如何不断提高教育质量，办好人民满意的教育，落实立德树人的根本任务，培养德、智、体、美、劳全面发展的社会主义建设者和接班人，是我们始终在思考的重要问题。

新形势下，内涵是学校发展的核心竞争力。因此，我们根据实际，找准学校的定位，自主设计了"1237"学校管理模式，这是我校管理团队结合我的管理经验，经过学习、借鉴、思考、研究、实践形成的一套比较科学的学校管理模式。

一、"1237"学校管理模式形成的背景和原因

从教育的本质和时代要求看，教育需要精细化管理、高效信息化发展。

教育是一个多元的系统工程，需要多方密切配合、和谐协调才能科学发展，教育的要素中，又有很多要素不在一个层面，彼此存在差异，因此，根据教育的系统构成，我们形成了"1237"学校管理模式。

二、什么是"1237"学校管理模式

"1237"学校管理模式的全称是"1237 维度德育养成素质教育封闭学校管理模式"，即"一个中心""二维互动""三元集合""七维度"。

(一)"一个中心"——学生

以学生为中心这一目标要坚决树立，不能动摇。现代教育提出"一切为了学生、为了一切学生、为了学生的一切"，学校的所有决策、工作的方法和目标、采取的策略措施都是围绕这个中心——学生——来进行的。

(二)学校所有人、事、物达到和实现"二维互动"，协调发展

其内容包括四个层面：第一，办学理念中成人与成才的二维结合。说实话，所有学生不一定都成才，但必须都成人。上学不仅是知识的积累过程，还是心智、品质、认识、思维等形成、发展和成熟的必需步骤。所以我们既要集中精力保证可成才的学生科学成长成才，又要尽我们所能保证全部学生成人。第二，学校建设中软件建设和硬件建设的二维结合，也就是学校的文化建设和基础建设协调配套、有序进行。第三，三套系统的二维结合。三套系统是什么？即学生—学校、教师、家长为一套系统，学生—教学、文化、活动为一套系统，学校—教师—学生为一套系统。学校的一切规章制度、事项安排都是这三套系统的组成部分。第四，学校形象和办学质量的二维结合。我们既要外塑形象，又要强调质量，这是我们办学的条件。

（三）"三元集合"

首先是教师、家长、学校的三元结合，要做到分工明确，目标统一，三方互动交流联系密切，三方与学生建立二合一的关系，使学生感觉到在家与在校一个样，时刻有人在关心他、关注他、关爱他、呵护他、指导和引导他、要求他、监管他、教育他、培养他。

其次是教学、文化、活动的三元结合，要做到三方互动协调、互相渗透、互为促进，三方与学生建立二合一的关系，使学生不管参与哪一方都是在学习和进步，学生在每一时间段都有与之对应的一方。

再次是学校、教师、学生的三元结合，这是学校运转最重要的核心。三方要互相支持、尊重和配合，形成互生互推的关系。这三套系统促使学生自信、自立、自强。

（四）"七维度"

"七维度"就是学生、教师、学校、家长、教学、文化、活动七个元素。

"1237"学校管理模式是一个管理体系。它使教育成为一个闭路系统，最终目的就是使学校形成教师能教、想教、乐教和学生能学、想学、乐学的教育教学环境和氛围。我们的奋斗目标是：在学生培养上，既要注重学生成才，又要注重学生成人，力求实现成人与成才齐头并进。在教学质量上，既要追求学生成绩，又要追求学生素质，力求实现成绩与素质相得益彰。在办学方向上，既要今天的"综合素质"，又要明天的"持续发展"，力求实现今天和明天不偏不废。

三、"1237"学校管理模式的创新原理和核心要义

（一）创新原理

"1237"学校管理模式的创新原理就是把学校置于教育的全社会背景下，分为七个构成要素，切割成分系统进行管理，理顺和高效处理相关事项，促成管理既细化又明确，减少了系统内耗。它把教育的基础、过程、目标紧密地结合在一起，相互的黏合剂就是建立的关系，体现了教育的影响和推动作用，渗透和彰显了教育不是注满一桶水，而是点燃一把火，教育就是一棵树摇动一棵树，教育就是一朵云推动一朵云，教育就是一个灵魂唤醒另一个灵魂，教育就是社会的良心，教育就是爱与责任。

（二）核心要义

该模式的核心要义是三个系统的科学运转。首先三个系统独立运转，平等平行，更好地落实了德、智、体、美、劳全面发展的要求。学校、教师、学生这一系统是原本意义上或者是常态思维下的学校教育，在真正的教育中，这一系统只是教育的一部分，要做好教育仅仅做好这部分是不够的。学校、教师、家长这一系统主要是指家校联系。农村学校的家校联系一部分是传统意义上的家校合作，一部分体现着学校与社会的关系运转，还有一部分是对家长的教育，这是最重要的，因为农村的家庭教育严重缺失，这也是把这一组独立成为一个系统的原因。在文化、教学、活动这一系统中，三者同等重要。整个系统给予学生自信、自强、自立的能量和能力，在爱与责任、奉献与担当下为了学生成人、成才打基础。

四、"1237"学校管理模式实施的路径

通过梳理、研究和分析相关问题，我们形成了这一模式的实施路径，就是"1234 四步骤工作法"，既"一个中心""两个并重""三个抓手""四项措施"。

(一)"一个中心"就是理念文化

根据"1237"学校管理模式形成学校的管理理念，让学校的整体运作遵循这一模式，逐步完善，渐进深入，科学推进，创新发展，最后形成学校独特的管理文化，进而指挥和协调学校高效运转。

(二)"两个并重"是指虚实并重、内外兼修

学校发展既要内求质量，又要外塑形象；既要道德修养，又要品质修为；既要真抓实干，又要推广宣传；既要肯干会干，又要扩大影响。内外兼修，虚实并重。任何一个方面缺失，都会给学校发展造成致命的打击。

(三)"三个抓手"即德育活动、高效课堂、特色家访

1. 德育活动

德育在农村教育中很容易被忽视，但调查发现，农村教育恰恰迫切需要德育，因此我们开展了丰富的德育活动：传统文化进校园、科技活动进校园、纪念日活动、主题活动等，既让学生参与了活动，也使他们开阔了眼界，更促使他们热爱学校，进而影响了他们的学习态度。

2. 高效课堂

首先，学习、研究、实践、教研教改使得教师了解、认识高效课堂，进而掌握高效课堂，推进高效课堂的实施；其次，让学生适应高效课堂。只有同步提高质量和效率，高效课堂才能实施。

3. 特色家访

家访前要做计划，列出家访的内容和措施。因为面对的家庭、村庄不一样，其习惯、村风也不一样，所以对应的措施也不一样。家访要做的工作：首先是教育和普及家庭教育的知识和办法，其次是了解学生学习生活中存在的问题和根源，再次是宣传和推广学校的办学。这样做既可保生源促提高，又可造影响扩招生。

(四)"四项措施"是指机制创新、氛围引领、体系建设、督导检查

1. 机制创新

学校应以小环境的迅速革新提效带动大环境的逐步创新发展。转变育人观念，通过学习，提高认识，形成"人人都能成功，人人都能成才"的教育理念。做到"三全管理"：全员管理，即从校长到教职员工，每个人都是教育工作者，人人都要研究教育工作；全面管理，即从德、智、体、美、劳各方面对学生进行思想道德教育；全程管理，即从学生每天起床到晚休，从学生入校到周五放学都要有明确具体的要求。促进"四育人"即教书育人、管理育人、服务育人、环境育人的协调发展。

2. 氛围引领

提高全员教育认知，优化环境管理。营造人性化的学校大环境，注重无形环境的营造，学校上下一心，齐抓共管。校长要充分认识德育工作的重要性，让全体教师明确德育工作人人有责，事事负责。创设个性化的班级小环境，加强常规教育的管理，开展形式多样的游戏活动、主题活动。构建学生健康成长的微环境，不管是德育工作，还是教育教学都要以人为本，符合学生的年龄特征和认知规律。

3. 体系建设

加强沟通，提升互信，促进和谐，构建学校、家庭、社会三位一体的全面教育体系。学校

教育，师德为魂。教师的职业道德是教师的灵魂，是一切教育工作者的基本道德规范和行为准则。家庭教育，家教为先。学做人的道理比学知识更重要，更能决定人的一生。学知识与学做人需有机统一。社会教育，实践为主。学生校外活动比重大、接触面广，是教育工作中难度最大的一环。学校是个"小气候"，学生的思想道德水准，可以说取决于社会这个大环境。这个体系的建立，既改变了学生的微环境，又改变了学校的小环境，更影响了社会大环境。

4. 督导检查

实行量化管理，加强督导检查，促进学校工作的进一步完善和改进。坚守的原则：科学性原则，按照教育规律和青少年成长规律，构建科学的教育工作评价指标体系，保证实施过程和结果的科学性。导向性原则，正确引导中小学校育人为本的目标，切实加强和改进学校教育工作，促进学校不断提高教育管理水平，促进学校可持续发展。

五、"1237"学校管理模式实施的效果

通过实施这一模式，学校的面貌、形象和社会影响得到改善和提高，在全县学生人数普遍下降的情况下，我校是唯一一所学生人数不降反增的学校，社会影响力超过部分城区学校，甚至有城区学生下乡来我校就读。学生的成绩、文明程度都有明显的进步。建立了一套科学的师德考核办法，采取领导测评、教师互评、学生参评、家长联评相结合的办法，六年来无一人师德考核不合格。同时，搭建发展平台，开展课题研究，加强校本培训，提高教师的教育理论和研究水平，教师业务取得长足的进步，有多名教师获省级、市级、县级嘉奖。

总之，创新就是出路，坚持就是胜利，付出自有回报，努力是我们的责任与义务。我们始终坚持走中国特色社会主义教育发展道路，落实立德树人的根本任务，从自身所处的地域环境和学校的发展实际出发，以"1237"学校管理模式为主要抓手，不断提升自身的办学能力和教学质量，为学生提供优越的教育环境，为社会提供优秀的人才，培养全面发展的社会主义建设者和接班人，办好人民满意的教育。

汇聚动力源，开启助推器

——长治市潞州区康园中学"动车组"管理模式探析

长治市潞州区康园中学　赵　文

长治，一座和谐、幸福、美丽的宜居城市，以其独特的城市环境和文化多次蝉联"全国文明城市"。这里山清水秀，人才辈出，特别是 2019 年市委、市政府推出的基础教育改革"十大行动"，更是在全国产生了广泛影响。在这片神奇的土地上，有一颗璀璨的教育明珠——潞州区康园中学。近年来，我校以优越的办学条件和优质的教育质量，备受上党古城人民的青睐。

我校创建于 2008 年，是一所九年一贯制公办学校，现有在校学生 2900 余名，教职员工 170 余名。多年来，我校坚持先进的办学理念，以人才为支撑，向管理要效益，规模不断扩大，设施日臻完善，质量逐年提高。2019 年以来，在新一届领导班子的带领下，我校创新发展思路，加大改革力度，以"教师注重引领引导，学生张扬个性特长，学校彰显鲜明特色"为目标，积极探索"动车组"管理模式，使学校走上了可持续发展的快车道。

一、借鉴动车原理，实施"九大工程"

所谓"动车组"管理模式，就是借鉴动车组的工作原理，遵循有序开放、自主创新、尊重意愿、反思质疑、以人为本、共建文化的原则，确立共同的价值取向和奋斗目标，使学校的每一个组成部分都成为学校发展和前进的动力。一年来，我校围绕立德树人的根本任务，全力实施"九大工程"，全方位推进各项工作，目前已取得初步成效。一是党建引领工程。通过强化宣传，提高了党员积极参与党建品牌建设的积极性和主动性，不断梳理党建活动思路，充实活动内容，打造工作亮点，形成了鲜明的党建特色。二是德育铸魂工程。重新构建了德育工作总体框架，根据学生的年龄和身心特点，突出思想政治课、学科渗透德育的主渠道、主阵地作用，依托丰富多彩的德育活动，促进了学生良好行为习惯的养成。三是文化涵养工程。为增强师生的文化自信，真正让中华优秀传统文化在师生的心中扎根，学校改进校园文化长廊布置，增加传统文化元素，营造出浓厚的校园文化育人氛围。《弟子规》等传统篇目进入了校本课程，书香校园和学习型校园创建工作持续开展，图书角、漂流书、学生社团、校园电视台、足球、游泳、书法、国学文化课程、创客教育、机器人教育、3D 打印等活动异彩纷呈。四是教师成长工程。学校以打造一支"有理想信念、有道德情操、有扎实学识、有仁爱之心"的教师队伍为目标，与全体教师签订了师德师风承诺书，选树教师中的先进典型，努力讲好新时代教师故事，展现新时代教师风采。与此同时，进一步细化教师考评体系，以提升教师教学业务能力为主线，广泛开展教学竞赛、教育科研、听课评课、"青蓝工程"、信息技术运用、名师工作坊等活动，一批师德高尚、业务精湛的优秀教师相继涌现。五是家校共育工程。成立了家长委员会，设立家长开放日，通过讲座、家访、家长微信群、家长会、家长告知书等多种形式，密切家校联系，转变家长的观念，提升家庭教育水平，打造出潞州区家校共育的"新高地"。

六是管理创新工程。坚持以人为本,着力构建"动车组"管理模式,进一步优化科室配置,建立了科学高效的管理体系;完善管理制度,明确责任分工,强化科室职能,落实主体责任,使各项工作实现了有章可循、有章必依。七是服务保障工程。坚持以教育教学为中心,以制度保障、后勤保障、技术保障、科研保障为支撑,托起全方位管理的"四梁八柱",加强以优培优,保障教师的科研教学和课题研究的时间,促进学校教学科研水平提升。八是质量提升工程。把常规教学工作抓深、抓细、抓实,坚持面向全体,提升全员素质,力争用三年时间,使教育教学质量跻身全区龙头行列,并在实现良性循环的基础上,向全市、全省义务教育一流名校的目标迈进。九是安全护航工程。守好安全底线,突出安全育人,找准薄弱环节,排除安全隐患,加强周边治理,创建平安校园。学校连续五年获得长治市、山西省"平安校园"称号,而且是长治市第一批国家级防震减灾教育示范基地。

二、模块组合竞争,激发全员活力

我校运用"动车组"管理模式,坚持以教师为主导,对全体教师进行模块组合,构成"全动力管理部门""全动力年级组""全动力学科组""全动力班级""全动力保障组",让每一模块都具备自主发展的权利,并与同模块构成竞争关系,通过相互竞争达到超标准完成任务的目的。行政处室的职能由管理变为服务,有效减轻了教师本职工作以外的负担,使他们有更多的时间和精力钻研教学,改变了过去那种"等、停、靠、慢",缺乏创新、创造意识的惰性思维,以制度保运行,以创新促发展,以激励保动力,有效激发了全体教师的工作积极性。

初二年级是初中阶段的转折期,学生一旦掉队,就很难在初三跟上。已有12年教龄的初二年级语文教师史素芳感慨地说,有的学生已经形成了自己的学习和行为习惯,加上教师教学工作之外的管理工作任务较重,自己确实有一种"心有余而力不足"的感觉,但学校实施"动车组"管理模式后,压力变小了,明显感觉自己有一种想要大展拳脚之势。初二年级数学教师鲍娟娟更是兴奋地说,为教师"松绑"后,大家的工作积极性被调动起来,创造力也提高了,干得更起劲了。新冠肺炎疫情时期,初二年级组教师主动进行线上"家访",将学校的教育理念延伸扩展到家庭教育中,与学生、家长共同找差距、补短板,受到了学生及家长的普遍欢迎,促进了学生的科学发展。

三、凝聚核心动力,确保高效运行

"动车组"管理模式中的核心动力源是"双向多动力"。一是指纵向放权,从制度上解放束缚教师发展的枷锁,即"增自主"——将处室、年级组、学科组、班级的自主权适当放开;"画红线"——增加教师自主权的同时,明确教师从教行为的底线和红线;"明方向"——全校上下形成合力,当主人,共荣辱;"加开放"——增强全员的开放竞争、团队合作意识。二是指横向竞争,形成班级比、科目比、年级比、学校比的局面,从原来的推着跑变成教师自己跑。

2020年4月以来,为切实减轻班主任和一线教师的工作负担,各科室工作人员主动请缨,每天轮流为广大师生检测体温。由于疫情影响,2020年的中考延期一个月,本应7月11日放假的小学部教师,选择以集体备课的方式"陪伴"初中部师生直至中考结束。小学部教务处郭洁主任说:"这是大家的一致决定。我们小学部、初中部是一家人,陪伴是最长情的告白!"在2020年期末表彰会上,初三年级组全体教师凭借自己敢拼敢闯的工作劲头、满腔激情的工作热情和脚踏实地的工作作风,被评为"优秀全动力年级组"。面对2020年毕业班时间紧、任务重、受疫情影响学生成绩波动、社会期待值较高等种种因素，他们不计个人得失，超负荷工作，确保毕业班学生打赢中考攻坚战，为"动车组"的高效运行树立了一个"标杆"。

四、发展个性特长，彰显办学特色

人才的可持续发展是学校追求的目标。"动车组"管理模式运行以来，学校各方面工作较过去有了质的飞跃，特别是在发展学生个性特长方面，注重有教无类、因材施教，促进了学生的全面发展。

（一）能说会唱

让每一个学生能说标准的普通话和进行流利的英语对话。通过特色"二课"活动，为每一个学生提供展示自己特长的平台。2020年5月，六年级李自强同学在山西省少儿英语大赛中，获得了少儿组会话一等奖的好成绩。

（二）能跳会游

使每个学生掌握一门跳高、跳远、跳绳等田径类、竞技类技能，为中考体育项目打下坚实的基础。每一个在康园就读的学生都要参加游泳课程的学习，使85%的学生学会游泳。目前，我校游泳队已经成为长治地区颇有名气的一支队伍，连续六年获得长治市校级游泳队团体第一的好成绩。

（三）能写会画

使学生能写一手漂亮的汉字，熟练掌握绘画基础，通过弘扬国学文化，激发学生的课余兴趣，为学生的长远发展打牢基础。参加2020年高考的孙之言同学，艺考成绩为全市第三名。他深有感触地说："我对绘画的兴趣和功底源于在康园的学习，学校的美术'二课'是我的绘画启蒙，特别感谢老师们不计得失的付出。"

（四）能奏会艺

使学生能演奏一种乐器，会一门技艺。目前我校共开设了十种吹弹乐器的课程，并增设了劳动技能课程，一批适应未来社会发展的实用型、创新型人才将从这里扬帆远航。

潮平两岸阔，风正一帆悬。长治市潞州区康园中学正以崭新的姿态，自信而坚定地向着信息化、现代化、高质量、示范性、有特色的一流名校的目标迈进！

基于数字校园建设，提升学校智慧管理水平

五寨县第四小学校　郝建文

五寨县第四小学校（简称"五寨四小"）成立于 2005 年，占地 29.5 亩，现有 24 个教学班，1306 名学生，在编教师 98 人。校园环境优美，文化建设主题鲜明，学校先后配备了校园管理资源服务平台、班级管理电子系统、人人通教室、创客教室、数字触摸一体化黑板、录播教室、学生自助阅读系统，建设标准化学生计算机机房 1 套，购置教师办公用电脑 90 台，安装有人脸识别系统、校园广播系统、数字校园监控系统等安全防护系统，教育教学设施基本完善。如今学校各项管理体系更加完善，师生信息素养不断提升，信息化工作成效显著，智慧校园管理模式和经验日趋成熟，教学质量不断提升。

一、管理上注重协同治理

学校在坚持传统管理的基础上，积极推进智慧化管理，深化校园管理资源服务平台在管理中的作用，通过信息化手段使校园管理更加安全、高效、便捷。

（一）人文管理与智慧管理相融合，实现了日常管理精准化

过去，教师请假、调课、报修都是拿着审批单找各个领导签字，程序烦琐、费时费力；现在，无须找人，只要通过系统审批，几分钟就可以实现。教师上下班或出入校园，门禁刷脸系统就会自动记录，并上传到管理平台，完成对教师的上下班考核。

立足数字校园建设，学生以电子学生证为载体，实现所有功能统一账号管理，实现了门禁系统、图书借阅、家校互动、信息查询一卡通。校园监控全覆盖，班级课堂动态、学生课间活动即时通过云视频传输到管理人员手机终端，可随时随地掌握有关动态，并及时进行反馈，实现了日常管理的精准化。

（二）校内管理与家庭管理相融合，实现了家校沟通实时化

家校共育，沟通为先。畅通渠道，方能形成教育合力。家长可以随时登录校网，浏览学校的网页，了解学校动态，查询学生成绩，给班主任留言，给校长建议。每个教室门口配备一个电子班牌，班牌上的内容有课程表、值日表、班级动态、优秀作文展示等栏目。同时，班级任课教师通过校园网络平台推送作业，学校通过班级系统及时反馈学生在校的表现。学校针对管理平台上家长的留言与建议，及时解决家长关心的敏感问题，有效地促进了家校互动，充分调动了家长参与学校管理的积极性，使家校联系更加便捷、高效。有一次，我去检查经典诗文诵读情况，走到一年级一班的门前时，发现学生诵读得朗朗上口，表情专注，节奏分明，抑扬顿挫，画面甚是美好。我随即拿起手机，将这一画面及时传到班级系统。家长看到后纷纷留言，对学校落实经典进校园的做法表示赞同。数字校园环境下家校融合，使得学校的各项工作更加透明，也越来越得到家长、社会的认可。

（三）多元主体与信息互通相融合，实现了校园管理全面化

过去，教师对学生的管理大多局限于视线范围内，对看不到的情况，教师不能及时进行

管理和教育。记得 2020 年第一场大雪后，一年级四班的几个学生在操场尽情玩耍，似乎忘记了上课铃响，正好一位路过的管理老师发现了，随即拿出手机及时抓拍，通过管理平台直接发给班主任。在班主任得到信息的同时，政教处的管理教师也看到了抓拍的画面，迅速在班级扣分管理一栏中做了相应的处理，班级考核积分瞬间生成，减少了以往核算班级积分的烦琐程序，极大地提高了工作效率。协同多元主体的管理模式真正实现了人人有事管、事事有人管的良好局面。

二、教学资源上加强协调

学校不断加大教育信息化的硬件配备和软件建设，同时，注重教学理念、教学模式的创新探索，不断摸索信息技术与课堂教学的深度融合，增强教学供给的多样性和学生学习的主动性，使广大师生从教育信息化的建设中受益，并将素质教育的要求落到实处。

(一)硬件建设与软件建设相融合，助力教师的专业化成长

学校在更新原有校园网络机房的核心交换机、防火墙、服务器等网络设备的基础上，将原来的 100M 专线网络光纤升级到 200M，连通 24 间教室及教师办公室的电脑，实现了校园无线网络全覆盖，提升了网络承载能力，基本满足了教学科研和管理对网络设备的需求，为建立一站式的智慧校园软件平台打好了基础。为实现对各个系统的网络支撑，配备了专用信息技术设备储存空间，保证所有系统数据实时、长久地储存。完善的硬件设施为教学活动的开展提供了强有力的支持，软件系统也为开展教学活动呈现了丰富的可视性资源。学校先后引入软件系统 10 余种，教师可以根据教学的需要，检索现成的资源，整合储备资源，为进一步提高教学效率创造了必备的条件。学校在添置软硬件的基础上，陆续制定了《学校教师信息化提升方案》《学校教师信息化考核方案》等管理制度，同时邀请专业人员对教师进行了多场次的信息应用能力提升培训。软硬件的深度融合，加速了教师的专业化成长步伐。

(二)内部资源与外部资源融合，开拓教师的教学视野

学校不断优化教学环境，积极融合内外教学资源。目前，学校利用录播系统，累计录制精品课 300 余节，精品微课 90 余节，共积累校本视频资源 600G。通过校园网络平台，教师进入资源云平台后，可观摩名家课堂视频，下载有关教学课件；浏览互联网页，了解最新教育资讯；利用多媒体录播系统参与网上晒课，积极参加"一师一优课、一课一名师"活动，实现了优质资源共建共享，开拓了教师的教学视野，提升了教师的专业化水平。为促进内外资源的有效融合，学校将教师对网络资源的上传和使用纳入常规考核范畴。

(三)课内教学与课外教学融合，丰富了育人形式

我校在开足、开全国家课程、完善学校课程体系建设、打造高效课堂的同时，积极创新特色课程建设，做到课内教学与课外教学相融合。根据学生特长发展需求，学校积极丰富社团活动的形式和内容，开设书法（软笔、硬笔）、舞蹈、合唱、国画、泥塑、围棋、古筝等社团，所有社团活动的专用教室都配备智能一体机，教师可在校网资源库或相关网站浏览、下载有关内容，不仅拓展了实践活动的广度，还加大了活动的深度，提高了活动的精度。譬如，围棋社团活动时，教师打开电子棋盘讲授内容，不仅直观形象，还有即时语音评价，跟传统棋盘对比更形象、更有趣味性；音乐社团教室装有移动扫码点歌系统，活动时只需打开手机扫扫二维码，所要歌曲立刻呈现，声音、图像、歌词一应俱全，演奏唱、伴奏唱尽收眼底，让教师组织活动得

心应手。为加强学生在社团活动期间的管理，教师要将每次参与活动的情况做成短视频上传班级平台，使班主任对学生的到位情况、活动实效了如指掌。每学期末，教导处随机调取社团活动指导教师系统中的备份实况，便可对活动时效做出客观评价。校内教学与课外教学相融合，极大地丰富了育人形式。

三、育人成效上落实融合，教学教研水平、师生信息素养同步提升

立德树人是根本，教育教学质量是生命。相对于过去一支粉笔、一张嘴的传统教学手段，数字校园建设是一场教学手段的巨大变革，给学校教学、教研带来全新的突破。

（一）教学形式更多样，教学内容更丰富

数字校园建设以来，课堂教学的管理方式也发生了一系列的变化。一年级以识字教学为主，使用统编教材后，学生的识字量比以往要多。如何加强课堂教学管理，提高学生识字效率呢？以往我们的老师要把认识的字写在黑板上，识字时还要组词，以帮助学生理解字的意思，老师的字不一定很规范，读音也不一定很准确；况且在这个过程中，个别喜欢做小动作的学生可能会走神；也因为教学形式的单一，易造成学生视觉的疲劳，降低识字的效率。使用触摸一体机后，识字教学变得有声有色，标准的读音、规范的书写、逼真的画面、多样的识字方式始终吸引着学生的目光，大大减少了以往组织课堂秩序的频率，降低了管理的难度，打造出一节节轻负、高效的优质课堂。同时，在信息教育环境下，教学内容丰富，课堂教学的容量得以增加，师生互动频率增多，教学形式更多样，教学内容更丰富。目前，我校正在推广智慧教室，课堂上学生回答的问题通过系统提交，正确与否立见分晓，学情分析瞬间完成，老师以此对学生及时开展有针对性的培优辅差，使教学形式更具个性化。

（二）教研过程的实效与教学质量的提升实现双赢

教研是教学质量和老师自身成长的源泉，我校紧紧围绕高效课堂开展教研活动，积极构建更加开放与实效的网络教研管理模式。录播系统将课堂实况全程自动记录，在教学研讨时，可通过回放课堂实录来研究教学过程中各环节的得失。借助教学资源平台，老师参与网络评课活动，其他老师将自己的课堂教学评价在系统留言板块中及时表达。这样既节约了组织的时间，又避免了当面点评的尴尬。通过校园平台，教学团队可以进行教学经验的共享传播、问题的多点求解、难题的集中攻关，形成切实可行的集体备课—老师上课—课后反思—共同提升的教研模式。老师在集体备课时，相互交流，把教学中的重、难点知识和易错知识做成微课，及时上传资源平台，极大地方便了学生使用。六年级有一名学生，父亲是司机，母亲是家庭妇女，父母对教育十分重视。孩子到了高年级，父母想辅导孩子，但自己又力不从心。升五年级时这名学生的数学成绩仅有 70 分左右，但六年级上学期的期中、期末考试成绩均突破了 90 分，老师很是惊讶。最后老师在上传的微课点击率里找到了答案，原来这名学生针对自己不懂的知识在家长的监督下坚持观看老师上传的微课视频。教研过程的实效与教学质量的提升实现了双赢。

（三）提高老师与学生的信息化素养水平

在数字校园建设的大背景下，我校始终把提升老师信息素养作为工作重心来抓，目前老师的信息化水平基本能胜任日常的教育教学。我校 98％的一线老师通过了学校组织的信息能力考核。同时学生信息素养也得到同步的提升，课堂教学中全体学生可以在一体机上按

老师的指令完成板演、展示任务，课后可通过网络独自查找资料、整理数据。

　　我校的教育信息化管理工作还处于不断建设和发展阶段，还有很多地方需要完善。下一步，我们将在不断提升智慧管理的基础上，积极推进校本课程建设数字化，逐步健全校本资源库体系；依托网络学习空间，开展与片区兄弟校的资源共建、共享交流活动；通过开展相关技能应用培训，进一步提升老师的信息技术应用能力；积极组织老师开展信息技术与课堂教学融合等教育教学活动；依托数字化平台，以教学名师等为引领，加强校本优质示范课的建设，提高利用信息技术服务基础教育教学的能力。我校将继续立足数字校园建设，使学校智慧管理水平再上一个新台阶。

新形势下小学校长个性化管理分析

方山县大武镇中心校　李　荣

当今社会，各行各业都呈现繁荣发展的态势。在这样的时代背景下，我国的教育事业做出了不少新的尝试，特别是小学教育的教育模式发生了翻天覆地的变化。当代的小学教育模式已经全面革新，教学手段更加人性化、多样化。本文主要针对小学校长个性化的管理工作进行了深入的探讨。

一、学校开展个性化管理的重要性

(一)开展个性化管理能提升学生的综合素质

随着教育的改革，素质教育已经成为我国教育的重点。素质教育以创新为中心培养学生的创新能力，而在传统教育模式下培养学生的创新意识非常困难，因此学校要开展个性化管理。小学作为初始教育阶段，更应该实施个性化管理。贯彻落实素质教育个性化管理就是依据学生的兴趣特点为学生提供丰富的课程，进行不同的培养。校长应根据学校自身的情况进行个性化管理，从而有效地培养学生的创新能力，提升学生的综合素质。

(二)开展个性化管理才能创办特色小学

随着社会的进步，竞争无处不在，学校之间也存在着竞争。学校越来越多，家长在为学生选择学校时都会进行多方考量，以求自己的孩子可以得到更好的教育，因此校长要找到自己学校的发展特色，以此提高学校的竞争力。特色学校不是要求学校特立独行，而是要求学校要有个性化的教学理念、创新的管理方式和新型的办学模式。学校要想有特色，就需要根据自身的特点、文化传统和校内学生的状况，顺应时代发展要求开展个性化管理，使学校和教师提高教学质量，让学生得到更好的发展。校长作为学校的最高决策人，要做出最适合学校发展的决策，实行个性化管理，让学校向特色化方向转变，进而创办特色小学。

二、小学校长进行个性化管理的策略

(一)转变教育观念，个性化组织管理者

校长是学校的核心管理人，但管理策略的落实需要经多层、多方面的管理人员，因此，实施个性化管理策略，校长需要转变教育观念，科学、合理、个性化地组织管理者，为管理策略的实施奠定良好的基础。在实际管理中，校长要树立以人为本的管理理念，构建以人为本的管理体系，促使管理者充分认识到以人为本理念的重要性。例如，校长可以组织教师集体学习，定期开展交流活动，或者组织教师前往名校参观学习，逐渐转变教师的教育观念，促使教师真正了解以人为本的教育理念，为实施个性化管理确定方向。校长也要重新定义教师的角色，突出教师在教学中的主体作用，认真分析教师与学生的需求，结合学校情况对教师结构进行调整。同时，树立良好的校长形象，拉近校长与学生、教师之间的距离，构建新型的师

生关系。在制定学校管理策略时，要结合学校实际发展情况，接纳教师与学生的建议，并依据其意见制定符合学校发展情况的个性化策略与方针，建立个性化的管理制度，而不是完全仿照或借用其他学校的管理策略。并且，在具体制定与落实时，要引导教师参与其中，可以通过搜集建议与意见了解教师所想，然后对教师的意见进行归纳与总结。在新形势下，在策略的落实与实施过程中，如果出现问题，要结合实际情况对管理策略进行优化与更正，在不断优化与改革中打造高效的个性化管理策略，实现学校个性化管理水平的提升。此外，为更好地实施学校管理、创建良好的校园环境，学校可以向学生家长询问建议，引导其参与学校管理，以此强化学校的管理理念，实现学校个性化管理体系的构建。

(二)明确管理目标，进行信息化管理制度构建

校长在进行管理实践的过程中需要明确管理目标，使工作流程无缝衔接，以发挥个性化理念的作用。在网络和科技发展的时代，校长的管理要与时俱进，通过信息平台进行教师、学生及其他工作人员的数据更新，为管理过程中的数据查找节省时间。校长要引导学校各部门在明确校长管理目标的基础上重视信息化制度的建设，在学校内营造和谐、高效的管理环境，以提升校长的管理水平，真正发挥校长的管理作用。

(三)建立健全依法治校的管理制度

大到国家，小到学校，都离不开法律的规范和保护，特别是在校园暴力和侵害发生的时候，依法治校就能发挥它强有力的制约作用了。校长要积极完善校园内的监督管理制度，向学生和教师进行普法教育。在校园生活中，教师和学生都要严格遵守法律法规，拒绝校园暴力和其他违法乱纪行为的发生。

(四)完善小学生的安全风险管理制度

小学生的自我保护意识较薄弱，校长要及时评估校园环境中的各种风险，努力完善安全风险管理制度，保护小学生的人身安全。例如，在上体育课时，很多年久失修的体育设施有可能产生危险，所以，维护好体育设施，确保正常使用，也应纳入校园管理工作中，切实保护小学生的安全。同时，对于住校的学生，也要加强宿舍环境和饮食安全的监管，消灭安全隐患，为小学生提供安全、无风险的学习、生活环境。此外，校车的安全问题也深受人们的关注，学校要做好安全乘坐校车的宣传工作，提高小学生的安全意识，规范校车的乘坐制度。

面对当前教育发展的新形势，小学校长作为小学管理系统的决策人，必须拥有先进性的管理理念，学习现代化的管理手段和思想，结合学校的实际情况，制定出科学、合理的个性化管理制度，对学校进行全面的个性化管理，实现新课程改革的教学目标，大力促进学校全面发展。

树服务之心，创特色之路

襄汾县第三小学校　原　将

每当一个个活泼的身影从身边闪过，我都会感慨生命的美好、茁壮和蕴含的丰富潜能。从走进襄汾县第三小学校（简称"三小"）的第一天起，我就在心里默默地对自己说：我是来服务的。为学生服务——奠基学生七彩的人生，为教师服务——引领教师幸福成长，为学校服务——不断提升学校的品牌。两年多的时间里，我朝着这一目标一直在努力。

一、强化服务管理，引领学校发展

一所学校的发展是在管理有序的基础上不断成长进步的，我把学校管理定位为以服务促进教师和学生的发展的学校管理机制。学校的每一项管理制度都要将教师的发展、学生的发展和学校的发展紧密联系在一起。现在我校主要运用民主制度和人文管理相结合的方法强化服务管理。

民主：学校的管理制度坚持民主化制定，以工会、教代会为依托，发挥教职工的主人翁作用，共同完善学校的规章制度。虚心接受来自各方的合理意见与有效建议，使每位教师成为学校管理的主人。制度：大家共同制定的规章制度一定要严格执行，人人平等。人文：努力关注、关心每一位教师，思想上要引导，体制上要激活，生活上要关心。

二、打造专业团队，提升发展空间

来到三小后，我依靠学校一支好中选优、优中拔尖的名师群，带领教师走上了创特色谋发展的探索之路，2016年秋季学校成立了特色文化小组。

（一）观念有特色——为学校的发展正确导航

我们抓住家乡被誉为"人类之源"的丁村人与优雅古朴的丁村文化遗址、被评为"国家之源"的尧都古城和人文气息浓厚的陶寺遗址等资源，借助承担省"国学经典诵读"课题研究的平台，秉承"让每一个孩子享受成长的快乐，让每一位教师享受成功的幸福"的办学宗旨，明确"办规范加特色学校，育合格加特长人才"的办学目标，循着"经典文化与丁陶文化结合，传统文化与现代文明交融"的思路，确定了"礼仪修身立人，文化陶冶心灵"的特色学校文化建设主题，并修改了校歌，提炼了校训、校风、学风。全校师生以办学目标为导向，全面开展了特色学校建设的各项工作，无论是课堂教学还是校园活动都散发着浓郁的时代气息。

（二）物质文化显特色——为学校发展打造名片

在"礼仪修身立人，文化陶冶心灵"特色文化引领下，我要求学校各部门将校园文化和课堂教学、德育有机融为一体，展现和谐之美。为此，学校创设了多种环境文化。

（1）精心布置校园墙体文化，彰显学校特色。例如，校门内外两处电子屏滚动播放经典诗词、励志名言等，师生一进门就浸润在经典文化与丁陶文化中；校园中的大型展示墙上，

200 名"四好少年"风采照及他们的作品均在那里展示。

（2）走廊文化建设主题鲜明，教育理念深入每一位师生心中。

（3）班级墙体文化集中体现本班的精神。每个班级都以"礼仪修身立人，文化陶冶心灵"创建班级特色及班风、班训、读书专栏，让每个学生都有进步、成功的机会，时时处处感受到文化、礼仪的无穷魅力。

（三）培植精神文化——提高师生素养

精神文化建设是校园物质文化建设的核心内容，也是校园文化建设的最高层次。一是以博大精深的国学经典和源远流长的礼仪文化为核心，引领师生读经典书，做有根人，做文明人。上学期，我们不仅召开了常规的经典诵读比赛，还组织我校教师参加县文化馆举办的读书演讲赛，八名教师分别获一、二、三等奖，成绩骄人。读得多、背得多、听得多，师生的文化底蕴自然就厚实了。同时，让师生在平时的生活实践中积累、内化、展示中华礼仪，如称谓礼仪、尊师礼仪、坐立行走礼仪、升旗礼仪。二是以悠远古朴、人文气息浓厚的丁陶文化为基础，提升师生爱家乡、爱祖国的感情。2020 年端午节前夕，我校组织 100 多名师生前往丁村参加爱国主义教育实践活动，丰富多彩的活动不但培养了师生们的爱国主义情怀，而且传承了优秀的民族文化。三是以校本课程为拓展，编撰校本教材。四是构建《阳光少年成长记录册》以为学生建档立案。

（四）第二课堂显特色——为学生快乐成长加餐

我校开展了形式多样的校队活动和班本活动，每周四为活动时间。学校成立了校合唱团、英语活动小组、巧巧手、舞蹈队等学生团体；班本活动的形式是同年级一主题、一班一内容、一月一个系列。全校师生人人参与，不但发挥了师生的特长和潜能，而且让学生在动手、动口、动脑的过程中，培养了正当的兴趣和爱好，发展了创新能力。

三、建设成长工程，构筑幸福校园

构筑幸福校园就是要让教师有学习的热情，加快教师成长的步伐，促进教师整体素质的提升。

我校通过"双提升"成长工程努力打造幸福的教师队伍，主要从以下几个方面着手。①业务提升：构建专家引领、同伴互助、自主学习的教师培训机制。学校实施教师培训工程，多次邀请知名教育专家、市县教研员到校讲座，深入课堂，指导课改。创造机会让教师"走出去"参加各种形式的学习活动，积极学习新的理念，借鉴适合本校实际的成功经验，少走弯路。②精神提升：好的精神面貌给人积极向上的信号和正能量，我们提出了"关爱多一点，奉献多一点，幸福多一点"的理念和口号，成立了各种活动小组。在各项活动中，我们不需要达到专业化的效果，但要保证合作、互助、尽力、有价值感和幸福感。

群星竞相闪烁，方有夜空的美丽。在校长的岗位上，我深刻地感受到：校长虽有年龄、学历、水平之分，但要建设一所好学校，唯有静下心来思考，沉下心来做事，潜下心来工作，常怀服务之心，才是做好校长的真谛。"办规范加特色学校，育合格加特长学生"，是我们三小人不懈的追求。我会继续加油，脚踏实地，努力迈上新台阶，创造更安全、更和谐、更积极向上的学习氛围和工作环境，让每一位三小的教师感受到大家庭的温暖，让每一位三小的学生感受到成长的快乐！

如何做一名新时代合格的小学校长

大宁县城关小学　张如山

有人说，在学校的舞台上，校长是领跑者，校长跑得多快，教师就会跟着跑多快，学校发展也就有多快；还有人说，校长是船长，是掌舵者，学校这艘航船是否能够乘风破浪，达到理想的彼岸，全靠校长。因此，要办一流的学校、办一流的教育必须要有一流的校长。那么，如何才算是一流的校长呢？我在校长的工作岗位上走过了 25 个年头，我认为，一流的校长应该发扬三种精神，具备三种能力，抓好四项工作。

一、三种精神

(一)爱岗敬业,具有无私奉献的精神

作为一名校长，其应热爱党、热爱人民、热爱教育，有把自己的一切献给社会主义教育事业的赤诚之心。有了这颗心，就能保持清醒的头脑，端正办学方向，不断增强全面贯彻教育方针的自觉性；有了这颗心，就能在逆境中经受住考验，自强不息，勇于创新，勇于探索，永远向前；有了这颗心，就会有"先天下之忧而忧，后天下之乐而乐"的坦荡胸怀，任人唯贤，在学校工作中克己奉公，无私奉献。

(二)作风朴实,具有团结协作的精神

具有优良朴实的作风是校长必备的条件，也是校长最重要的修养。校长应具有理论联系实际、批评与自我批评、密切联系群众、发扬民主、勤俭办学的作风。只有这样，才能凝聚教职工的工作热情。校长要为教师开辟参与管理、施展才干的舞台，要善于调动他们的积极性，听取他们的意见。依靠群众，充分发挥集体的力量才能管理好学校。

(三)与时俱进,具有开拓创新的精神

创新是一个民族进步的灵魂，是国家兴旺发达的不竭动力，这就要求校长要有创新意识，敢于跳出旧模式，积极探索，大胆改革，改进管理方法和教法，努力开发学生的创新潜力和教师的教育观念。21 世纪是知识经济的时代，这就要求校长在其位谋其政，与时俱进，勤奋工作，无私奉献，不断学习，以身作则，提高管理能力和业务能力，具有蜡烛精神，努力在自己职责范围内为一方教育的发展和振兴做出自己的贡献。

二、三种能力

(一)不断学习,要有较高的业务能力

校长不仅要做"管理上的能手"，还要是"教学上的高手"。成为这样的校长，群众才会由衷地佩服你，才能成为教学中的"领头羊"，才能得到广大教师的支持。在学习上，校长除了要参加上级主管部门开展的正常业务培训外，还要经常学习教学杂志上刊登的外地的先进教学经验和方法，并坚持写业务学习笔记，坚持参加听、评课等各种教研活动。同时还要有走出教育看教育、走出学校看学校的能力，力求教育和社会有效接壤，达到与时俱进的办学效果。

(二)思路清晰，要有较强的管理能力

有什么样的校长就有什么样的教师，有什么样的教师就会有什么样的学校。校长负有组织和管理学校全盘工作的责任，有权对学校各项工作进行决策和运筹。好的决策，就是学校领导和群众集体智慧相结合的产物。因此，校长要精心设计工作任务并从多种方案中找出最适合本校实际的方案，写出计划，以便顺利实施。

(三)率先垂范，要有较强的引领能力

作为一名合格的校长，不论其年龄如何，都应是学生的师长、教师的益友。这就对校长在教育、教学、工作、生活等各个方面提出了更高的要求。从教育人，从培养学生成为社会主义事业接班人的要求来讲，校长应是学生学习和敬仰的楷模。因此，校长在学校一切教育和教学活动中的一言一行，都必须严于律己，身正是范。凡是要求学生和教师做到的，校长必须率先做到。小学生正处在长思想、长知识、长身体的重要阶段，模仿性、可塑性很强，先进的榜样就是无声的力量。因此，校长率先垂范，树立榜样，就是寓教于实际行动之中，这样才能起到"润物细无声"的教育作用。

三、抓好四项工作

(一)抓教育思想的引导工作

校长应花大力气引导教师对党的教育方针从理论高度和具体实践层面有清醒的认识，使教师在各自的工作中处处以方针为指导，树立全面发展的价值观念，既抓智育又抓德育，既抓智力因素又抓非智力因素，既抓为本地经济建设服务又抓学校工作，以提高办学质量为目标，牢固树立为学生终身学习与发展奠定基础的观念。

(二)抓办学思想的落实工作

在办学指导思想方面，确立以依法治校、民主办学、科学育人、按规律办事为指导思想。办学思想的确立，关系到学校发展的走向，关系到培养接班人的质量，更重要的是，它是贯彻党的教育方针、实施素质教育的保证。

(三)抓管理体系的制度建设

为了确保教育方针的贯彻和素质教育的全面实施，学校应建立团结、和谐、强有力的管理系统。从目前学校的实际出发，校长设一正两副为宜，下面建立四处一室较为合乎实际。每个处室是一个指挥系统，每个系统都有一名领导分管，独立、认真地做好本职工作。

(四)抓学校发展的规划制定

校长应根据社会对教育办学的需求和本校实际，围绕办学目标与方向，提出并制定学校发展五年、十年规划，确定好学校发展的具体步骤。规划必须是高起点的，同时又是切合实际的。符合客观需求的规划，可以鼓舞全体师生精神，激励全体师生意志；也会统一教师的思想，使教师用实际行动为规划奋斗，在奋斗中寻找自己的位置，满足各自的成就感。

一位好校长就是一所好学校，一所好学校必须有优秀的教育教学管理体制和一流的教育教学质量。这并非易事，它需要管理者付出更多的时间、精力和辛劳，需要承受更多的压力、挫折和责任，需要始终站在教育的前沿把握先机，以人为本探索培养高素质创新型尖子人才的新思路。

社

会协调力：合作育人

维护学生合法权益，促进学生健康成长

太原市育英中学校　黄步选

长期以来，一些违反《未成年人保护法》、侵犯未成年人权益的事情屡见不鲜，无论是家庭、学校还是社会，都没有真正把未成年人放到依法保护、不得侵犯的高度，而是以"严管"和"爱"的名义，严重侵犯未成年人的权益。不仅是在相对落后的农村地区，即使是在现代化的城市中，侵犯未成年人权益的现象仍然普遍存在。因此，作为未成年人聚集的学校，更要把未成年人权益保护放在十分重要的地位。太原市育英中学校作为一所省级重点中学，在未成年人权益保护方面做了很多有意义的工作，取得了非常好的效果。

一、深入宣传贯彻有关青少年权益保护的法律法规，优化校园成长环境

(一)开设法制教育课

我们在初一、初二、高一、高二年级每周开设一节法制课，其他年级定期开设法制讲座，对学生进行法制教育，使其树立法制意识，做到知法、懂法、守法，做有理想、有道德、有文化、有纪律的社会主义事业的合格建设者和接班人。

(二)开展法制教育活动

学校经常开展法制教育活动，聘请法律顾问，邀请法律专家进校园做法制工作报告。特别是在每年 12 月 4 日法制宣传日前后，学校组织"法制教育周"活动，发动学生社团举行各种法制教育图片展和法制教育小报展，学生自编自演法制剧，宣传法制精神，普及法律知识，提高法制意识，学会运用法律武器维护自身权益。

(三)进行法制宣传

利用墙报、板报、广播等青少年喜闻乐见的形式进行法制宣传，倡导文明健康的生活方式、娱乐方式，增强学生的鉴别能力，使其自觉抵制反动、淫秽、色情、暴力和封建迷信，远离黄赌毒和违法犯罪。经常利用班会、团会开展法制知识竞赛活动，提高学生知法、守法、用法的能力，提高自我保护能力，让学生知道无法无天无前途，知法守法好生活。

二、加强师德教育，提高广大教职工的法制意识，依法从教

学校将保护未成年人权益放在了突出位置，坚持育人为先、德育为首、立德树人，加强教师职业道德教育，严格规范教师从教行为，严禁体罚和变相体罚学生，严禁侮辱学生。同时加大师德考核工作力度，实行"一票否决"制。两年前，一名班主任因为对学生实施变相体罚，经学校批评教育仍然不改变，拒绝向学生和学生家长认错，而遭到学校辞退。此后，学校再无违反教师职业道德的现象发生，广大教师都能够严格执行国家法律法规和学校有关规定，爱岗敬业，关爱学生，教书育人，为人师表。

不歧视问题学生和后进生。我们把在学习和行为习惯方面存在严重不良习惯的学生称

为"问题学生"。平时学校有专门教育转化问题学生的教育管理制度，对他们进行积极的帮扶转化教育。学校要求全体教职工，特别是班主任要把问题学生的教育转化工作上升到稳定学校教育教学秩序、为社会培养合格公民的高度，要认真填写问题学生成长档案，并经常与问题学生交流思想，掌握他们的思想动态，时刻关注问题学生的发展变化，对于他们的进步要及时给予表扬，使他们树立信心，巩固转化成果。学校利用班主任例会组织老师们学习交流经验。在问题学生教育转化问题上，我们在不断总结、反思，互相促进，共同提高。我们编写了关于"问题学生"成长纪实的书《足迹》（教师篇）、《心语》（学生篇），是我校师生集体智慧的结晶。

三、积极构建学校、家庭、社会相结合的教育模式，形成保护未成年人权益的合力

学校成立家长委员会，每个年级每个学期至少组织一次家长开放日活动，邀请家长走进学校，走进课堂，了解学生，了解教师，了解学校，与教师和学校一起研究学生，教育并保护学生的各项权益，促进学生更好地发展。

学校每学期邀请省城知名家庭教育专家为家长学校上课，培训家长，使其树立正确的人才观，掌握正确的教子方法。父母是孩子的第一任老师，母亲的素质决定了民族的未来，孩子是家庭的希望、祖国的未来，这些是我们经常与家长交流并时刻提醒家长的。

学校积极协调公安、交通、文化、工商等有关部门，整治学校周围的环境。

学校建立家庭经济困难学生帮扶救济制度，校长带头为家庭经济困难学生捐款、捐物。

持续加强教师家访工作，加强家校联系，化解家校矛盾，及时发现并解决学生成长中的问题。

四、改革课堂教学，提高课堂教学的有效性，提高学生的学习兴趣，使学生将更多的精力放在学习上

我们经过认真学习思考和实践积累，总结出预习展示、精讲点拨、合作探究、巩固训练、评价检测"五环节自主学习"新课堂教学模式。该模式的突出特点是面向全体，真正实现了以学生为中心，学生的学习自觉性、主动性大大提高了，课堂教学的有效性得到了提升，学生的学习成绩也有了明显进步。经过全体教师的积极实践，在太原市组织的全市新课堂教学模式优秀成果评比活动中，我校的"五环节自主学习"新课堂教学模式荣获一等奖，得到了教育局领导和专家的一致好评。学校教育教学成绩突出，连续多年获得太原市初中教育教学质量优异奖、高中教育教学质量优异奖。学生学习成绩的提高，极大地调动了学生文明、健康、向上的积极性，使他们把主要精力集中到了学习上来，增强了自觉抵制不良风气影响的能力。

五、改革学生评价制度，促进学生全面发展

我们改变学生评价制度，从学习成绩、管理、体育、艺术、外语、科技、文学、劳动、守纪、孝敬长辈等多个方面进行综合评价。每学年都要评选一批在某方面表现优秀的"星级学生"，人数占学生总数的60%以上，并举行隆重的表彰大会，让更多的学生感受到成功的喜悦，促进了学生主动发展、全面发展。

我们像呵护小树那样维护学生的权益，像对待自己的孩子那样保护学生成长。经过努

力，学校教学井然有序，学生学习的积极性提高，法纪意识增强，文明向上，行为规范，德、智、体、美、劳全面发展，各方面素质都得到了提高。学校荣获了多项省、市各级各类奖励，被评为太原市文明单位、市民身边好学校、太原市青少年维权岗活动先进集体。

守法必须知法，有权还需维权。在当前社会改革发展的大潮中，抵制各种诱惑、维护青少年的合法权益是学校教育刻不容缓的任务，也是推卸不掉的责任。我们将继续努力做好学生权益保护工作，关注学生身心健康，开动脑筋，科学施教，促进学生健康成长，为国家培养更多合格的社会主义事业建设者和接班人。

浅谈农村家庭教育的重要性

晋城市泽州县第二中学校　马冠军

人一生的教育是一项系统的工程，是由家庭教育、学校教育和社会教育组成的。其中，家庭教育是一切教育的根本。俗话说，人性如素丝，染于苍则苍，染于黄则黄。作为孩子赖以生存的温馨港湾，家庭对孩子一生的影响不可谓不大。正如苏霍姆林斯基所说，学生在家庭教育中学修养，如果没有好的家庭教育，那么不管教师付出多大的努力，都收不到完满的效果。

如今，我国也逐渐开始重视家庭教育，认识到了家庭教育在孩子学习与生活中的重要作用。当前，家庭教育特别是早期家庭教育已经引起社会各界的广泛重视。从中国国情来看，无论是人口数量、家庭数量还是中小学生数量，农村都占绝大多数，因此家庭教育的重点在农村。此外，从城乡建设的差别和家长的素质差异来看，家庭教育的难点也在农村。

随着经济的发展，农村家长外出务工、创业等的人数增多，但农村家庭教育与城市家庭教育的差距逐步拉大。很多农村家庭对孩子"只养不教"，家庭教育的缺失，严重影响孩子的身心健康，使学校教育和社会教育捉襟见肘，事倍功半，因此家庭教育在农村被提出显得尤为重要。

一、农村学生家庭教育现状

（一）受大环境制约，家长存在认知短板

1. 农村经济落后，对教育认识片面，功利性强

由于经济相对落后，很多农村家庭生活压力较大，家长忙于生计，没有精力顾及孩子的学习，甚至没有家庭教育。还有部分农村家庭因贫困又走向另一个极端，对孩子期望值过大，希望子女能通过读书，考上大学，靠脑力劳动获得较高的经济收入，把教育看成一种"跳龙门"的功利行为，过度看重学习成绩的好坏、名次的位置，从而忽视了教育本身的价值取向，忽视了健全人格和良好行为习惯的培养对孩子终身的影响。家庭教育目标的偏离，使不少家长落入"重身体轻心理，重智育轻德育，重物质满足轻精神需求，重智力因素轻非智力因素"的功利性误区。

2. 受传统观念影响，形成双重标准，教育失衡

受重男轻女传统观念的影响，在农村家庭教育中，许多家长持双重标准。在教育投入方面，男孩读书一般无后顾之忧，而女孩初中毕业后家里一般便不再供其上学，而是要求其外出打工挣钱养家。在家庭教育方面，对男孩关注多，对女孩几乎不关注。部分农村家长由于儿时条件限制，放弃了理想或机遇，所以总是把自己的理想和人生期望强加于子女身上，盲目地为子女设计未来，由自己主观意志包办，限制子女的自由发展，致使子女缺失决断能力或形成叛逆心理，使其失去本该有的快乐童年。

3. 就业形势严峻，造成"读书无用"论，放弃教育

近年来，大学生就业形势严峻，造成了"毕业即失业"的严酷现实，加之现在培养大学生家庭负担较大，这对于收入不多的农村家庭来说是一个沉重的包袱，甚至使许多农村家庭"因教致贫"。高投入与低产出的不平衡现象，使得许多讲求实惠的家长产生了"读书无用"的思想，降低了培养子女的热情，甚至希望子女快点长大，初中毕业了就可以外出打工挣钱，养家糊口，因此对于学校教育持放弃思想，对家庭教育更是毫不在意。

(二)受客观条件制约，家长无力承担教育责任

1. 文化素质偏低，教育盲目性大

由于自身文化素质较低，有相当一部分农村家长虽希望自己的孩子将来能有出息、能出人头地，却又不知道怎样引导、教育孩子，平时忙农活、忙家务，对孩子的学习和身心健康不懂如何关注，甚至有的家长平时让孩子信马由缰，但见孩子考试成绩不佳，便"一股脑儿算总账"，对其进行打骂。所以他们虽有"望子成龙"之心，却无"教子成龙"之方，这是农村家庭教育的普遍现象。

2. 独生子女较多，增加教育难度

随着计划生育的实施，农村很多孩子也是独生子女，作为家庭的"希望"，父母对其溺爱娇惯在所难免。往往父母省吃俭用也要千方百计满足孩子的需要，造成孩子任性、自私、虚荣心强，不仅易导致孩子以自我为中心、极度依赖家长、蛮横放纵等，还增加了家庭教育的难度。

3. 留守儿童增多，隔代教育问题凸显

随着经济发展，为了改变家庭条件，很多农村家庭中的父母外出务工，教育子女的任务就落在祖辈的身上。大多数老人对孩子无原则地满足，甚至出现过分宠爱、过多照顾、过度卫护的"三过"现象，易导致孩子任性、自私、虚荣心强，增加了教育难度。家庭的隔代教育往往含有很大的溺爱、娇宠成分，留守孩子无法接受正常的家庭教育。

(三)受自身能力制约，家长过分依赖学校

大多数农村家长自身素质不高，没有接触过家庭教育的相关知识，不能正确认识家庭教育的作用，认为教育是学校、教师的责任，自己只负责孩子的吃、穿、住、行。甚至大部分农村家长认为教育孩子是老师的事，与己无关，把教育子女的责任完全推给了学校，学校成了他们的"救护站""110 服务台"，自身对孩子的教育"顺其自然"，没有明确的要求。

由于家庭教育知识缺乏，又限于经济条件和信息的不流通等因素，相当一部分农村家长不懂得如何正确教育子女，或纵容放任，或苛刻要求，教育方法简单、粗暴，教育能力欠缺，孩子的教育完全依靠学校进行。

二、农村家庭教育的重要性

"望子成龙，盼女成凤"是普天之下为人父母者最大的心愿。著名教育家苏霍姆林斯基指出："有一种包罗万象的最复杂和最高尚的工作，对所有人都是一样的，而同时在每个家庭中又各自是独特的，不会重样的工作，那就是对人的养育和造就。"教育孩子是每个家长的责任和义务，父母的言行会对孩子的成长产生潜移默化的影响，起"润物细无声"的作用。所以，必须重视和加强家庭教育，为其注入新的内涵。良好的家庭教育是优化孩子心灵的催化剂，也是培养高素质人才的必备条件。在决战脱贫攻坚、实施乡村振兴战略中，不能忽略乡

村教育的短板，农村家庭教育更不应成为乡村教育的洼地。从这个意义讲，让家长知道农村家庭教育的重要性、懂得农村家庭教育的规律、掌握农村家庭教育的科学方法，对更好地进行农村家庭教育的重要性不言而喻。

三、如何做好农村家庭教育

近年来，中共中央、国务院以《关于进一步加强和改进未成年人思想道德建设的若干意见》和《国家中长期教育改革和发展规划纲要（2010—2020年）》为指针颁布的《全国家庭教育指导大纲》和2018年6月1日山西省发布《山西省家庭教育促进条例》，为我们做好农村家庭教育指明了方向。

（一）转变观念，营造良好的家庭教育氛围

实践证明，和谐的生活环境、教育环境中的孩子不但自信心强、心情愉悦，而且人格和智力都能得到快速发展。所以，为孩子营造良好的育人环境，是孩子健康成长的必要保障，也是合格的父母的责任和义务。家庭成员之间建立一种平等的、良好的关系至关重要，父母之间、父母与孩子之间应该建立一种平等的关系，父母对孩子应该多一些关心和包容，要从心理上正视孩子、接纳孩子，才能接近孩子，才有机会对孩子进行教育。

（二）提高能力，理解和尊重孩子内心的想法

家长是孩子的养育者、引导者，家庭教育的好坏取决于家长的教育素养。父母是孩子的第一任老师，其优秀的素养和特长往往也会影响孩子，因此好的家庭教育开展的前提是提高家长自身的素质。

在家庭教育中，家长自身素质的提升尤为重要。这需要家长学习相关的知识，尤其是心理学知识。只有了解孩子的教育，才是成功的教育。我们很多家长经常把自己的想法、决定强加于孩子，不管孩子接不接受。出发点虽好，但教育孩子是一个长期的过程，我们更应该考虑一下孩子的想法。农村地区现在呈现出一种状况：孩子越到高年级越不愿意和家长沟通，这是因为孩子有自己的想法了，害怕家长会对其批评、指责或者惩罚。因此，就挫折教育而言，不应该超过必要的限度，要适量进行挫折教育。

此外，家长应该让孩子知道你是理解他的，是愿意沟通的。当孩子做出正确的事的时候，家长要及时给予表扬和肯定；生活中也要积极征求孩子的意见和建议。孩子是很在乎家长的想法和做法的，家长如果在生活中只做不说，那么和孩子的沟通会越来越少，到最后甚至没有沟通。只有家长注意提升沟通能力，孩子才愿意倾诉，甚至对家长的说法、做法比较信服。

（三）家校合作，开展和谐有效的农村家庭教育

家长的配合是学校教育得以顺利开展的重要前提。每学期举行家长会是学校工作的重要内容。学校充分利用这个机会向家长汇报教育、教学等方面的工作，班主任也要同家长进行充分的交流，同时也可让家长委员会或者家庭教育做得较好的家长进行经验交流，进而促进家长与学校、家长间的沟通。

此外，在家校合作的基础上，可由学校组织家长进行家庭教育的相关培训。例如，利用春节前后农民工已返乡的时间办好家长学校，科普家庭教育和知识，引导家长重视家庭教育，学习家庭教育方法，让家庭教育的星星之火逐渐燎原。只有这样才能促进家长与学校的

教育要求保持一致，才能使家长真正在行动上支持学校。

其实自古以来，我国就不乏家庭教育的范例，如孟母三迁。现在随着教育的发展，大家已经普遍认识到家庭教育的重要性，但鉴于实际情况的限制，家庭教育特别是农村家庭教育的发展任重道远。不过我相信，我们今日所作农村家庭教育之探讨，必将为明日农村教育之进步奠定基础，星星之火，可以燎原。

如何解决教育连续性与学段阶段性之间的矛盾

——谈北京新学道晋中书院的素质教育

北京新学道晋中书院　彭继平

一、各学段的教学任务及现存的主要问题

我国的基础教育分为三个学段：小学、初中和高中，它们各自承载着不同的教育使命，担负着不同的教学任务，承担着各自学段不同的学生培养目标。

小学阶段是基础教育的起始学段，是初中教育和高中教育的基础阶段，也是学生身心健康发展的开始阶段。因此，小学阶段是为学生全面发展打基础的重要阶段。小学阶段既要让学生打好读、写、算的基础，又要推进素质教育，还要让学生初步具备动手和动脑的能力，为实现学生的全面发展奠定基础。

初中教育衔接小学教育和高中教育，具有承上启下的作用。初中阶段的主要任务是让学生掌握科学文化基础知识和基本技能，发展智力，增强体力，培养高尚的审美情趣，养成良好的思想品德，形成科学的世界观。此外，这一学段还应培养学生具有一定的自学能力、动手操作能力，使学生学会运用所学知识分析问题和解决问题。

高中阶段是基础教育的最高学段，具有综合性，对学生全面发展所需具备的素质提出了更高的要求。高考是对高中教育的一次重要检测，更是对学生综合素质的考察，既包括对知识、能力、心理素质的考察，还包括对理想、信念、胸怀和格局的考察。因此，学生在这一阶段不仅要学习文化科学基础知识，形成基本技能，还要掌握科学合理的学习方法和思维方法，培养良好的心理品质、顽强的毅力、拼搏奋进的精神。

综上，小学、初中和高中各自承担着不同的教学任务和培养目标，各学段的校长及教师也熟知自己所处学段的主要教学要求，但对于下一学段学生发展需要具备哪些素养、需要本学段做哪些准备比较模糊或未曾考虑。加之实际教学中，由于三个学段大多分别属于三个不同的学校，各个学校在制定发展计划和培养目标时，也仅仅立足本学段学生的发展，不能从全学段出发来考虑学生所需要具备的素养。结合北京新学道晋中书院教学教研的实践，我们认为，当前基础教育各学段发展存在的主要问题具体如下。

（一）小学教育：忽视语文素养的培养

当前，我国的小学教育普遍存在忽视培养学生语文素养的问题。从全学段看，语文素养的重要性集中体现在初中和高中，在高考中体现得更为明显。伴随新一轮高考改革的逐步进行，大语文时代已然来临，"得语文者得天下"已成事实和共识，语文已经成为最重要、最基础的一门学科，而阅读又是语文中最重要的一环，"得阅读者得天下"已被越来越多的人提及和重视，同时语文学习对其他科目也具有重要作用。

但是，很少有人知道，语文的功底和基础都在小学，语文的学习属于"童子功"。小学生的年龄大多为6～12岁，正值记忆力发展的黄金阶段。语文教学应该充分利用这一年龄阶

段的优势让学生记一些有价值的东西。但是目前的小学教育对语文素养的重要性认识不足,对语文素养的培养重在小学认识不到位,在实际教学中往往忽视对学生语文素养的培养,最终错过了培养学生语文素养的关键阶段,这是当前小学教育存在的最大问题。

(二)初中教育:刷题现象严重

初中阶段的学习,学生所学科目增加至八到九门。在中考成绩的压力下,部分家长过于注重阶段性分数,导致多数学校为了抓中考成绩而引导学生大量刷题。

刷题是一种在短时间内快速接触大量题目,用尽量短的时间读懂题目然后解题的方法,刷题侧重于题目的数量而不是完成的质量。机械性地刷题具有非常大的弊端,刷题只是在大量重复已有的逻辑和思维模式,巩固的只是学生的计算能力和记忆能力,而学生的逻辑能力和抽象能力无法得到培养和锻炼。长期刷题会导致学生思维僵化,遇到题目不再去分析这道题的目的性,不会再去判断它属于哪个题型,不会再去思考每一步的做题步骤,而是通过记忆套题。刷题的负面影响远不止这些,过量刷题,还会泯灭学生的个性、限制学生的兴趣,最终导致学生到了高中竞争力明显降低。

(三)高中教育:课业压力大,学生后劲不足

高中教育是学生步入大学前最后一阶段的教育,也是学生最为关键的一段受教育的历程。高考是对学生综合素质的考察,不仅考察学生的知识、能力、心理素质,还考察学生的理想、信念、胸怀以及格局。这就对学生提出了更高的要求,需要学生学会自主学习、合作学习以及自我展示。

高中教育是在小学和初中基础上进行的教育,受前两个学段教育的影响比较大。可以说,学生在前两个学段形成的基础和养成的素养决定着他们在高中学段的提升高度。但是由于当前小学教育长期忽视学生语文素养的培养,初中教育又过分注重刷题,导致部分学生在高中阶段思维僵化,失去学习兴趣,学习主动性不足,最终造成学生在高中学习后劲明显不足。

二、教育连续性与学段阶段性之间的矛盾

(一)教育具有连续性

教育的连续性,是指小学教育、初中教育和高中教育是连续的、前后相继的过程,前一学段的教育对后一学段的教育具有潜在影响,后一学段教育的发展受前一学段教育的制约。从教育实践及学生长远发展来看,各个学段并不是割裂和孤立的,前一学段对后一学段具有潜在的影响和制约,后一阶段学生成长的素质往往是在前一阶段基础上培养出来的,学生在前一学段形成的素养和习惯在潜移默化中影响着他们在后一学段的学习。

(二)教育连续性与学段阶段性之间的矛盾

学段的阶段性,是指小学教育、初中教育和高中教育受实际情况影响,往往分属于三个不同的学校。三所学校在制定学校发展计划及学生培养目标时,通常只会立足本学段的要求,更多考虑或只考虑本学段的发展需求,不能站在全学段去制订培养计划,所以基础教育三个学段的阶段性特点非常明显。

综上,教育连续性与学段阶段性之间的矛盾成为当前我国基础教育中存在的主要问题。正视教育连续性与学段阶段性之间的矛盾,要求各个学校在制订发展计划时首先要立足全

学段，从真正的素质教育出发，充分考虑未来社会发展需要学生具备的素养，而不是只追求学生在本学段的考试分数；否则，基础教育培养出来的学生就不是全面发展的人，也不是社会需要的人。

三、北京新学道晋中书院的素质教育

党的十八大提出了新时期党的教育方针：坚持教育为社会主义现代化建设服务、为人民服务，把立德树人作为教育的根本任务，全面实施素质教育，培养德智体美劳全面发展的社会主义建设者和接班人，努力办好人民满意的教育。

未来社会需要什么样的人才，人才为赢得竞争需要具备怎样的素质，是学校发展应考虑的第一要素。北京新学道晋中书院成立于2016年，是一所集小学、初中、高中于一体的全日制寄宿制学校。在实际办学中，学校始终坚持素质教育的办学导向，严格贯彻落实党的教育方针，既要求学生学习文化科学基础知识，又注重学生其他素质的全面发展和提升，以最终实现学生全面发展。

我们认为，真正的素质教育一定不是唯学习、唯成绩的，而应该是符合教育规律和学生身心发展规律的。北京新学道晋中书院的教育立足全学段考虑学生的长远发展，不仅注重让学生掌握科学文化基础知识，还注重良好素质的培养，如顽强的毅力、拼搏的精神、乐观向上的心态、健康的体魄以及勤奋努力的精神，这些都是学生高考乃至未来发展必须具备的良好素质。

同时，学校在教学中非常重视培养学生的"四商"：智商、情商、德商、逆商。智商定基础，情商定广度，德商定高度，逆商定远度。在具体的课程设置上，北京新学道晋中书院把"四商"培养融入各学科中，潜移默化中使学生接受教育，已经形成了独特的办学特色，具体表现在四个方面。

（一）深厚的国学经典加海量的课外阅读

部编本语文教材总主编温儒敏曾说，高考语文最后要实现让15％的人做不完。所谓的语文难，难在三个方面：阅读跟不上＝做不完，没有海量阅读＝不会做，不积累古诗文＝重点变二本。

从近几年各地高考出题趋势来看，大语文概念非常突出，课外拓展内容增多，重视传统文化的积累，所有题目都在默默考查学生的"阅读速度＋阅读能力"。语文的基础在小学，语文素养必须从小学开始培养。基于这样的考虑，北京新学道晋中书院在语文课程设置上开设了国学经典课程，还要求学生大量阅读课外名著，扩大阅读量，深厚的国学经典外加海量的课外阅读是学校最大的办学特色。

国学经典是几千年历史文化沉淀下来的精华，是先贤的智慧结晶，在启智、养心、修身方面具有重要意义。小学生正处于记忆力的黄金阶段，通过开设国学经典课，让学生记忆有价值的内容，不断培养学生的语文素养。

海量的课外阅读是学校语文课程的又一重要特点。让学生进行海量的课外阅读，不仅可以使学生增长知识，开阔视野，陶冶情操，培养并形成良好的阅读习惯，还可以进一步巩固学生在课内学到的各种知识，提高学生的认读水平和写作能力。

在具体的课程设置上，小学一至六年级上午第一节课为国学经典课，每学期学习1万字国学经典内容，要求学生会背其中的7000字；要求学生每周读一本书，扩大阅读量。初中课

程设置每周两节经典课。

(二)加强人文礼仪培养

孔子曰：“不学礼，无以立。”礼仪是一个人乃至一个民族、一个国家文化修养和道德修养的外在表现形式，是做人的基本素质，更是一个人内在修养和素质的外在表现。

让学生讲文明、懂礼仪，培养文明礼仪的行为习惯是学生健康成长的需要，更是走向社会进行交往的必备素养。北京新学道晋中书院的第二大办学特色就是开设人文礼仪课，学校配有专门的人文礼仪老师教授学生礼仪知识，这不仅是全面实施素质教育的要求，还是培养学生情商的一种重要方式。

智商决定录用，情商决定提升。因此，情商已不仅关系一个青年人的成长道路，还关系一个人的事业成败，乃至一个人在工作领域的潜力和发展。因此，我们的教育不仅要重视提高学生的智商，让学生掌握各种科学文化基础知识，还要注重培养学生的情商，提高学生学习和生活的幸福指数。

(三)重视体能训练

北京新学道晋中书院自成立以来就非常重视学生的体能训练，特别重视体育课。学校的体育课分为体育和武术两种课型。小学每周两节体育课、三节武术课，以速度、耐力、灵敏、协调等身体素质练习为主；初中每周两节体育课、一节武术课，以中考项目等为练习科目。

学校通过这些课程的设置将身体锻炼作为主要手段，以增进学生健康为目的，强调素质教育的均衡发展。我们期望达到这样的效果：一是有利于增进学生身体健康，健康的身体是学好知识的前提。二是有利于提高学生的心理健康水平。体育不仅有助于改善学生的情绪状态，消除心理疲劳，还有助于心理健康。三是体育有利于促进学生的智力开发。体育可以通过身体的运动和平衡，锻炼相关的注意力、观察力、判断力以及随机应变能力和实践思维能力。四是有利于培养学生的意志品质。意志品质既是在克服困难的过程中表现出来的，又是在克服困难的过程中培养出来的。学生在体育锻炼中越是克服困难就越能锻炼意志品质。

(四)外语学习从听和说开始

英语教学的基础在小学和初中。北京新学道晋中书院从学段的整体性出发，在小学段就非常重视抓学生的英语基础，坚持外语学习从听和说开始。听是输入，说是输出，英语学习要从输入开始积累，再到输出，让学生学会表达。

学校的英语课程以新概念英语为主，以国家教材为辅，遵循英语启蒙“听、读、背、抄、默、译”六字学习法，配合以“听、读、说、演、写”等教学活动。

在课程设置上，英语课每周5～6节，周一到周四每天确保英语听、读30分钟，周末每天至少保证听、读1小时英语原版书。

真正的素质教育不但强调学生的学习成绩，而且以提高学生各方面的素质和能力为目标，以促进学生的全面发展。北京新学道晋中书院自成立以来始终立足素质教育的高度，在提高学生文化课成绩的基础上，在各学段通过丰富多彩的活动和形式全面培养学生的各种能力。

对山区县城学校学生流动的一些思考

永和县第三初级中学　刘贵鹏

近年来，随着经济的快速发展及城市化进程的推进，人民群众生活水平显著提高。人们越来越意识到教育与人的生活水平、社会地位、个人成就之间的直接关系，"望子成龙，望女成凤"，子女接受高质量的教育俨然成为中国每个家庭最为关注的焦点问题。

教育是机遇的基础，学习机会均等与否和学业成绩的优劣与个体未来的经济收入能力、社会参与程度相关。为追求更好的教育，社会上对择校的热度从来不曾减退，山区县城等欠发达地域的学生也纷纷加入择校的洪流之中逐步外流，而且人数呈现出逐年上升趋势，虽然政府和教育部门采取了不少措施，但效果甚微。学生盲目流动还存在治标不治本的问题，甚至导致县城学校难以生存的局面。经过多年的教育实践和反复思考，现就山区县城学校学生流动的原因、带来的危害以及应对策略谈一些粗浅认识。

一、山区县城学校学生大量流动的原因

（一）随父母到城市学校就学

伴随着我国经济的快速发展，城市为庞大的外出务工人群提供了大量的就业机会。欠发达地区特别是发展相对滞后的边远山区外出务工人口基数庞大，随迁子女接受教育的需求愈加突出。县域内家庭收入较高的不少家庭选择迁入二、三线城市，其子女随之到相应城市就读。

（二）家庭收入增加和家长观念的转变

一是随着经济快速发展和我国全面建成小康社会步伐的加快，大部分家庭不但解决了温饱问题，而且迈向了小康，收入稳定增长，逐步提升的家庭经济收入为将孩子送到省市级学校提供了一定的经济基础。二是不少家长年轻时没上过学或仅上过几年学，学历低，知识少，在社会上没少跌跟头，认识到了知识的重要性。市区学校的条件相对于县城学校要好得多，家长认为孩子成才必须到条件好的学校学习，"不能让自己的孩子输在起跑线上"。他们想尽一切办法将孩子送到条件更好的城市学校就学，并不在乎花多少钱。三是家长看到同村或亲戚家的孩子、自己孩子的同学到市区学校读书，产生攀比心理，"望子成龙，望女成凤"的需求被显著放大。他们主观上认为，"别人去市区学校读书一定比在县城学校强，别人能去，我家孩子也能去"；"若不把孩子送出去读书仿佛对孩子有所亏欠，甚至让他低人一等，在别人面前抬不起头来"。就这样大家一窝蜂地把孩子送到市区学校，哪所学校升学率高、管理严格、生活条件不错，自然就成为家长关注的焦点。加之自媒体的推波助澜、微信群的信息互动，家长的从众心理越发明显，想尽办法将孩子送进心仪的学校。

（三）城市间教育发展的不均衡

一般来讲，省级城市的办学条件和办学水平高于市级，市级的高于县级，县级的又好于

农村,虽然国家努力在缩小城乡差距,使区域内教育教学条件基本达到均衡,但省、市、县、乡之间的差异是客观存在的,因此农村学生流向城市、县级城市学生流向省市级城市的现象也就显而易见了。

(四)省市级学校的跨区县招生

由于城乡发展不平衡,私立学校多集中于省市级城市,且办学条件较县级城市优越,县级城市民办学校分布较少。在经济利益的驱动下,部分省市级民办学校规模无序扩大,未能严格按照国家规定划片就近招生,为山区县城学生择校提供了机会。这样,山区县城学校的不少学生经过考试等选拔方式流入省市级学校。

(五)现行高中招生政策的影响

现行高中生尤其是重点高中多集中于市级城市,招生政策明显向市区学校倾斜。60%以上的家长和学生就是冲着市区高中这块诱人的"蛋糕",想方设法在初中阶段甚至小学阶段就将孩子送入市区就读。这样一来,市区初、高中"门庭若市",而部分县城初、高中"门前冷落车马稀"。

(六)当地学校的发展步伐缓慢

无论是学校管理、办学条件、师资力量还是教育教学质量,很多县乡学校都未能紧跟时代发展的步伐,生源质量、家长重视程度、社会关注度的差异成为山区县城学校发展的掣肘,加之优质生源的外流,山区县城学校愈加难以满足广大家长的需求。因此,在学校管理相对松散、师资队伍成长较慢、学生生源质量较弱、升学率较低的情况下,学生流动成为必然。

二、学生大量流动带来的危害

(一)制约县域经济发展

以本地及周边地区为例,将学生送到省市私立学校上学,平均每年每生需要 3 万～5 万元的费用,以每个县从初中到高中学段按照每年 1000 名学生在外就读进行计算,一年就有3000 万～5000 万元资金流向外地(家庭其他隐性支出不计入内),这对于经济欠发达、财政收入较少的县城来讲,不亚于釜底抽薪,严重影响生产生活投入,直接制约当地经济发展。

(二)加重家庭经济负担

山区县城广大居民平均收入本就不是很高,如果孩子在当地学校就近入学,花费很少,不会影响家庭正常的生产生活;如果孩子到私立学校就读,花费很大,而且从初中到大学至少需要 10 年,以每年 3 万～5 万元支出计算,一个孩子需要 30 万～50 万元的教育投入。这对于一个农民家庭来讲负担过重,对于工薪阶层家庭这也是一笔不小的开支,因此,好多家庭根本无暇顾及买房、买车等其他支出,甚至孩子外出求学造成不少家庭的经济困难。

(三)造成学校恶性发展

流动的学生大部分是家庭条件较好的、综合素质较高的学生,留下来的大部分是综合素质处于中等以下的学生,无论是学生的学习习惯、学习成绩,还是家庭对教育的重视程度、培养教育水平都相对较弱。在这样的生源情况下,学校哪怕加倍努力,教育的效果往往还是事倍功半,自然造成家长对山区县城学校越来越不认可,学校公信力逐年下降。好学生送出去的越来越多,周而复始,恶性循环,使山区县城学校的发展举步维艰,就连生存都难以维系。

(四)影响学生身心健康

《义务教育法》规定,人民政府应当保障适龄儿童、少年在户籍地学校就近入学。而现状是大量山区县城学校的学生流向市区,年少的学生过早地背上行囊、离开父母外出求学,他们自理能力不强、心理尚未成熟,面临不熟悉的生活环境和高压的竞争环境,有的迎难而上,有的难以适应,有的回原籍就读但很难再赶上来,给他们的健康成长带来不少隐患。在外就学一般是半个月或者一个月放假一次,孩子和父母相处、沟通时间越来越少,使家庭的教育作用逐渐淡化,特别是个别民办学校为赢得社会声誉,盲目追求升学率,把不少孩子训练成答题考试的机器,缺少了对自信、自主、自强、自立的培养,使孩子们越来越模式化、教条化,只会念书,不懂人情世故,社会适应能力下降。

三、应对学生大量流动的策略

山区县城初、高中学生流动的原因是多方面的,给社会的和谐发展带来了严重影响。实践证明,择校流动越大的市区,整体教育水平越落后。各级政府、教育主管部门应积极行动起来,尽快刹住这股歪风。

(一)严格执行教育法律法规

各级政府、教育主管部门应制定相应的措施,认真执行《教育法》《教师法》《义务教育法》等法律法规,让义务教育阶段的学生就近入学。对于确实需要转学的学生按相应的学籍管理办法执行;对于超范围和乱招生的学校,要追究当事人的责任。

(二)努力完善高中招生制度

市区的重点高中包括民办高中招生指标不应无规则地向县城及乡镇学校分配,应根据各初中毕业班人数确定招生指标,尽量做到公平、公正、公开,使大部分学生能留到本县就读。让县域学校留住优质生源,为地方教育的发展壮大保存后劲。

(三)全面规范市区学校规模

严格根据市区常住人口数量确定学校规模,其增长速度应该是合理的,决不能出现办好一所学校而拉垮数所学校、办好市级学校拉垮县级学校的现象,这样重点公办学校和民办学校就不会因无序扩规而造成师资严重不足、办学条件跟不上,而山区学校和市区薄弱学校也不会因大量学生外流而导致教师剩余、办学资源严重浪费的现象。

(四)转变衡量学校教育质量的评价标准

降低升学率在考核学校教育质量及办学水平中的权重,以面向学生发展、提升学生综合素质作为考量各级学校教育质量及区域教育发展水平的重要指标,扭转当下仍存在的高升学率必定等同于好的教育的教育评价观和高学历必然等同于高素质的人才评价观。

(五)不断提高县域学校办学水平

一是进一步加大对县域学校的投入。政府应积极筹措资金,不断加大投入,逐渐改善县域内学校的办学条件,努力缩小城乡学校的差距。二是进一步提高县域内教师待遇。在住房、交通、医疗、福利、绩效、奖励等诸多方面为教师提高待遇,让优秀教师能安心在学校工作,静下心来搞教学研究,只有这样,才能实现县域内学生就近入学,从而逐步减少学生流动。三是进一步改善师资队伍结构。教育行政部门应借着国家对贫困地区设置特殊岗位的有利契机，招聘优秀师范院校毕业生到县域学校工作，缓解本县学校教师年龄偏大、学历偏低、知识老化的状况，并通过定期培训、开展教学研究、实行县管校聘、评选名师等方式，全面提升教师的业务水平，为留得住学生打造一支过硬的教师队伍。四是进一步加强学校精细化、科学化管理。管理出效益，管理出质量，只有学校办好了，才能留得住学生。五是积极转变唯分数评价教育教学质量的做法。倡导和鼓励多元化的学生成长性评价；学校教育教学的目标与指向回归到培养学生全面发展的基本面，回归到立德树人的根本目标上来；转变教师考核中学生成绩占主导的考察方式，消解长期的应试教育评价观对教师的教学积极性和创新积极性的挫伤，营造良好的教学、科研生态，鼓励教师在教学中面向全体，因材施教，有教无类，解下套在师生身上的分数至上的桎梏和枷锁。六是进一步深化教育体制改革。学校要在教育行政部门的统一领导下，大刀阔斧地进行改革，包括在岗位设置、制度建设、文化建设、评价机制、特色创建、绩效奖励、课堂教学、学生管理等诸方面制定切实可行的实施方案，严格推行，使区域内所有学校逐步迈入持续稳定、健康向上的良性发展轨道。

　　总之，山区县城学校初、高中阶段学生流动的原因是多方面的，治理工作也不是一蹴而就的，需要市县政府、教育主管部门、学校以及社会各部门综合施措，多管齐下，打好组合拳，积极采取得力措施控制学生流动，使城乡教育均衡发展。

讲好未来的教育故事

——赴深圳培训学习有感

运城市平陆县直初中学校　宋建国

东方风来满眼春。三月的深圳,春意盎然,郁郁葱葱,恰如它的别名"鹏城"那样似鲲鹏展翅,生机勃勃,充满着力量,孕育着希望。

在山西省上下"改革创新,奋发有为"大讨论深入开展得如火如荼之际,根据国家教育行政学院的安排,3月17日至27日,我们来到深圳这座改革开放的前沿阵地培训学习,其间,聆听了八位专家的讲座,分享了11位校长的治学之道,到五所初中跟岗学习,亲身感受这座开放之城、科技之城、创新之城、青春之城面向未来的教育——以生为本,人人共享;以能为基,学用并举;以育为主,家校携手。这是一种高水平的普惠教育,是一种高规格的领航教育,是一种高质量的未来教育。

面向未来的教育,是以人为本的教育。学校的功能就是把自然人培养成社会人,要以人为本,把人的需求、人的成长、人的发展作为第一要务,并以此作为方向和使命,用灵魂唤醒灵魂,用温暖感染温暖,用美好成就美好。福田区莲花中学倡导"让学生坐在驾驶的位置",明确教师的作用是降低孩子的学习困难程度。校园文化定位:培育而不打造,传承而不标新立异,有温度,有高度,有人情味,突出"展示""遇见"。福田区教科院附中的课堂遵循忆、讲、习、示、评五步教学,每个环节有规定的时间,推广使用学习纸(学案),要求学生做到多提问、多夸奖、多活动、多评价、少埋怨。广州市第一中学立足有人性地办学,以学生为本,以让学生成人为本,致力于办活的教育、亲切的教育、让学生喜欢的教育。

面向未来的教育,是既现代又传统的教育。此行跟岗的学校设施设备先进,教育理念前卫,智能化程度高,具有全球化的视野和人类命运共同体的格局,给我们带来的是现代化的冲击;各校普遍重视阅读和书法教学,传承经典文化,厚植中国根基,涵养家国情怀。前海港湾小学校长罗朝宣为我们描绘了未来学校的六大特征:一是绿色、智能和泛在互联的基础设施,二是集成、智慧、因变的新学习场景,三是灵巧学习及创新的赋能场,四是开放融合的学习生态,五是创新的知识和信息网络拓扑结构,六是人工智能融合的教师。

面向未来的教育,是注重学习能力的教育。联合国教科文组织编著的《学会生存》中有一句名言:"未来的文盲,不再是不识字的人,而是没有学会怎样学习的人。"深圳市教育局副局长王水发认为,课堂革命以学生为中心,以学习为主线,以学情为依据,以习得为重点,以思维发展为目的,实行先学后教,让学生学进去、讲出来、写下来,甚至做出来。推行家长终身学习行动,建立三个家长群体:第一个群体的家长教育分婚前、育前、学前,第二个群体的家长教育分幼儿园家长教育、小学家长教育、初中家长教育、高中家长教育,第三个群体是隔代家长;依托家长学堂,分层分类培训,构建联动网络,落实家长"不培训不上岗"。

教育是一项面向未来的事业,今天的教育就是明天的经济,就是明天的社会发展。我们学校近年来在面向未来的教育方面也做了一些有益的探索:从2010年开始把阅读作为课程写入课表，每天下午开设一节阅读课。2017 年迁入新校后每班每周在图书馆上一节阅读课，满足学生的个性化阅读需求。从 2013 年开始，每年举办一次少年模拟法庭、一次群英辩论赛、一次校园超市，培养学生的实践能力与合作精神。从 2014 年起每年举办一次教学开放周活动，邀请广大家长走进学校，走进课堂，走近师生，全方位了解学校的教学、管理、文化、环境，实现家校互动，建立家校共同体，让家长成为校内人，成为教育同路人。2017 年我们开启少年党课红色育人新模式并写入校本课程，固定教学内容，初一年级重点进行规则意识和团史、党史教育，初二年级重点进行责任教育和普法教育，初三年级重点进行新时代中国特色社会主义教育和前途理想教育，传播党的声音，传承红色基因，探索核心价值观教育的有效途径，让学校成为坚持党的领导的坚强阵地。2018 年成立了 21 个社团，包括舞蹈、合唱、器乐、篮球、足球、乒乓球、羽毛球、文学社、书法、绘画、剪纸、诵读、航模、英语口语等，学生根据自己的志趣爱好加入社团，结识新朋友，学到新本领。

学习不觉春已深，绝知此事要躬行。深圳之行，是我向春天进发的研学之旅，也是我与未来相约的教育故事。

管控校园危机，促进和谐发展

朔州市朔城区第四中学校　张步全

确保师生安全、防控校园危机，可谓校长肩上的千斤重担。如何防患于未然，冷静应对、从容化解校园危机，考验着校长的智慧。我认为，应该从以下几方面着手。

一、建立危机预警机制，完善风险防控体系

发展和平安是办学的两大主题，校园安全牵动着无数家庭的神经，不但关系到学生的成长，而且关系到学校的可持续发展。目前，校园安全的内涵和外延比历史上任何时候都丰富，时空领域比任何时候都宽广，内外因素比任何时候都要复杂，我们必须坚持总体校园安全观，以师生安全为宗旨，增强忧患意识，做到"安而不忘危"，保持清醒头脑，强化底线思维，有效防范校园风险。

（一）明确危机特征，精准施策预防

危机是一种会引起潜在负面影响的具有不确定性的大事件。校园危机是由于学校外部环境突变或内部管理失常使学校办学陷入一种危及生存与发展的严重困境。校园危机具有存在的普遍性、较强的隐蔽性、爆发的紧急性、发生的公开性、结果的不可预测性等特征，所以我们要强化危机意识，消除侥幸心理，谨防思想麻痹，把防危机保安全的意识根植于师生脑海中。我们要时时讲安全，师生在校讲安全，学校放假讲安全，一年中从始而终、一以贯之讲安全。要充分运用有效宣传载体，宣传安全知识；要通过师生喜闻乐见的节目宣讲安全，如快板书、顺口溜，不拘一格。要滴灌式地培养学生的安全防范意识，让关注安全成为学生的一种思维方式和生活习惯，使学生从内心深处认识到安全的重要性，凡事多从安全的角度考虑，做到内化于心、外化于行。因为危机多为突发性的，我们在平时就准备了应急排险工具；因为其后果的不可预测性，要加强对危机处置人员的专业培训。

（二）完善危机管理体系，提高危机应对能力

学校要成立危机管理应对小组，制定危机管理预案，构建由校长领导、统一协调、分工负责的学校应急管理体系。应急小组成员应覆盖学校领导、中层管理者、教师与学生的代表，最好提前物色或者吸收法律、管理、心理咨询、传媒等专业工作者。应急小组下设办公室，对应急事宜进行统一协调，并专门负责日常信息的收集整理，针对不同类型的危机事件指定不同的科室牵头负责，形成各司其职、各负其责、分工合作的组织体系，提高应对危机的能力。

（三）建立危机预防机制

建立危机预防机制，要建立健全科学合理的安全管理制度，明确安全责任，让每个岗位都有安全人。加强门房保安巡逻值班制度，加强管理人员值班和教师值勤制度，确保无缺岗现象，定期排查校园安全隐患，一旦发现异常情况立即整改到位。加强对教职工的教育，杜绝对学生的体罚和变相体罚。几年来，我校在安全工作制度方面下了几步棋：一是放学时

段、重点场所加强教师值勤、管理人员值班,课间班主任巡查和学生值勤相结合。上课期间,任课教师亲笔填写班级日志。实行人车分流,划定了学生校园行进路线,加强对各个时段人流密集处的蹲守。二是建好班级安全屋。班集体是校园架构的基本单元,是学生校园生活的基本形式。几十个年龄相仿、性格各异的学生朝夕相处,要保证安全就必须强化班级层面的安全,要增强学生的法律意识,保护学生隐私,呵护留守儿童和单亲孩子,关爱体质特异的学生,提高学生的安全警惕性,做好班级安全预警,时刻绷紧安全之弦,克服侥幸心理。三是要给学生戴上安全帽,强化对学生的安全教育,积累安全知识,提升他们抵御风险的能力,包括对学生进行心理健康教育、防止意外伤害教育、防止踩踏教育、预防食品中毒教育、防治流行病教育、防止网络伤害教育等。四是给教师系好安全带。有一种校园伤害是专门针对教师的,我们要增强教师的自我保护意识,确保在学生管理工作中不出现教师伤害事故。提倡教师通过控制个人情绪,做好批评学生的善后工作来减少师生矛盾,要通过寻求领导支持来挽回针对教师的舆论伤害,通过撰写教育手记来规避家长的无端责难。教师和家长发生矛盾后到专门开辟的处理室去解决,处理室有录音、录像、监控设备,要有至少一名中层管理人员在场。五是要给事故加个安全阀。在日常的管理工作中,坚持从小事做起,不忽略对于校园安全具有威胁的一丝因素,坚持每天检查,收集详细资料,建立以实际情况为依据的危机预防库,未雨绸缪,及时排除,力争将危机事件扼杀在发生之前。

(四)制定危机应对预案,做到沉着从容

校园危机临头,如果心里有数、手上有招就能为将来的危机管理提供必要的支持和便利,倘若拖延推诿、反应不当就会陷入被动,以致产生不堪设想的后果,从这一点来讲,要有效管控危机,制定应对预案显得尤为必要。

预案要对突发性校园危机发展的不同阶段进行不同的分类,对其处置方法要做较为详细的描述。应急预案要包括总则、应急组织体系及职责、应急响应、善后与恢复四大部分。应急响应部分要对学校危机进行详细分类,依据事件严重与可控程度,分为特别重大事件、重大事件、较大事件和一般事件,并要根据级别提出事件响应程序。只有制定切实可行便于操作的应对预案,我们才能在管控校园危机的过程中赢得转机。

二、直面危机迅速介入,科学应对,综合施力

虽然最成功的危机管理应该是在危机潜伏期预防和解决危机,但是天不遂人愿,校园危机还是发生了。为此,校长作为学校的法人代表要积极应对,更要讲究策略,使危机转化为胜机。

(一)启动预案,及时上报

我们作为校长遇事要沉着果断,保持清醒的头脑,一旦发生突发事件,应迅速启动预案。接到报告后,在学校管理领导小组的指挥下,要调整学校精兵强将和有应对突发事件能力的人员分工合作,且赋予应急管理人员特别的权力,落实领导决策,避免多头指挥,协调学校各部门的应急响应行动,形成及时、快捷、畅通的信息互通网络;同时如实向上级行政主管部门上报危机现状和学校应急处理进展情况。

(二)先入为主,收集证据

校园危机发生后,应安排专人保护好事故现场,避免人为移动或损害;学校须掌握第一

手材料，留存各种记录，全面积累证据，以备后期积极协助有关部门调查取证；分析已掌握的信息，初步确认相关行为与危机之间的因果关系，积极研究，提出对策。反之，若经验不足，没有及时收集相关证据，会导致后期责任认定不准确，延误危机处理，给学校带来更大的负面影响。

（三）引导舆论，公布真相

一旦校园危机发生，关于危机事件的消息，难免在网络上传播，会引起社会大众的普遍关注，甚至会以讹传讹，扭曲真相，给学校应对和处置危机带来诸多不利影响。学校要按照预案，经主管部门批准，确定新闻发言人，力争在四小时内发出学校的声音。坚决禁止随便找一个人出来说话，更要避免个人捅了娄子让学校声誉受损。要提供给新闻媒体全面、真实、客观的信息并予以公布，以正视听。学校对媒体以礼相待，不卑不亢，态度要坦诚，语言要平和，信息要真实，唯有如此，才能为进一步处理校园危机奠定基础。

（四）依靠组织，注重协调

学校作为业务部门，有时在应对较大的校园危机时力量有限，无法独自应对，为此全校要坚定地相信和依靠上级党组织，充分发挥党组织的领导核心、战斗焦点作用，积极争取各级政府机构和各类社会力量的支持，加速危机的处理和化解。

（五）情理结合，快速处置

校园危机发生后，校长若无出差必须第一时间到达现场，对于危机中受到伤害的当事人，无论责任在谁，都要进行救治，第一时间通知家长。其次，在后续的处置中，对伤害事故的责任认定、处理方式，要坚持适当原则，依法据理，合理赔付。学校要了解和掌握当事人家庭的基本情况和主要社会关系，与家长建立有效、积极的联系，抓住主要矛盾，锁定主要谈判对象，注重沟通方式和谈话技巧，并及时提供物质、医疗、精神上的帮助，快速处理，避免夜长梦多或引发其他连锁性事件。

（六）控制局面，迅速隔离

校园危机发生后，校长要始终围绕危机"化小、化了"的终极目标而开展工作，要就事论事，不能因为某一方面的问题而波及其他方面。与之同时，及时与警方、医院、卫生防疫部门联系，让他们发表权威讲话，始终保持学校处理危机的主动地位。要进行人员隔离，把危机事件中特别是伤害事件中的事故相关人员隔离到不影响学生学习和生活的区域中，把学校教职员工划分为处理危机人员和维持日常工作人员，以使学校正常的教育教学和生活秩序免受干扰。

三、善后处理及时跟进，消除影响全力恢复

校园危机发生后，学校在上级有关领导的关怀下，在政府职能部门的密切配合下，在前期做了大量艰苦细致、卓有成效的工作后，危机局面得到有效管控，随之，善后处理要及时跟进。在这个阶段性过程中，需要注意以下几个方面。

（一）及时干预，平复情绪

危机过后，特别是恶性事故或严重自然灾害过后，师生心中往往会留下严重的阴影，甚至会造成严重的心理疾病，学校要及时组织力量对师生进行心理干预，要运用心理学相关理论和技术对处于心理危机中的师生及受害人亲属进行有目的、有计划、全方位的心理辅导和

心理咨询,帮助其平衡已严重失衡的心理状态,调节其冲突性的情绪和行为,降低、减轻或消除可能出现的危害。

(二)患难与共,兄弟相怜

一所学校发生校园危机后要通过多种渠道赢得其他学校,特别是同一区域不同类别学校的理解、同情与支持。同一区域的不同类别的学校,也要积极正确发声,给予发生校园危机的学校道义上、精神上、信誉上的支持。可是实际生活中,有些学校的个别中层以上管理人员落井下石,幸灾乐祸,借机大肆贬损危机中的学校,使危机中的学校遭受"煮豆燃其,相煎也急"的创伤。作为同一战线的兄弟学校,危机面前,需要的是报团取暖,而非冷眼旁观、飞短流长。

(三)学校担责,政府主导

在危机局面趋于稳定时,学校需要勇于担当,继续在善后处理中展现出主动作为的姿态。政府部门也应该给予危难中的学校一种特别的关爱。这时候,学校最担忧的是孤立无援,最渴盼的是同舟共济,最需要的是上级行政部门协调社会各方面。

(四)厘清责任,交代公众

校园危机也是一种公共危机,公共危机往往是一种令人关注的情境,相关事件的处置、相关人员的处置结果更是备受关注。学校在处理校园危机后,要主动配合政府有关部门,厘清责任,对于引发危机具有不可推卸责任的教职工,要实事求是,依法依规,给予合情合理的、严肃的处理,并把处理结果及时公布于众,消除危机对公众心理产生的微妙的影响。

(五)反思总结,完善机制

学校在危机消除后,应组织有关人员成立调查组,对危机的发生、发展、处置过程进行详细的调查。在严肃调查的基础上进行认真的总结,检讨处置方法,消除危机隐患,评估应急预案的实施情况,认真梳理平时学校在预防危机过程中存在的疏漏、失误,及时进行整改,向学生、家长做出必要的说明,取得大众的理解,维护学校的形象和声誉,使负面影响降到最低。

从某种意义上讲,一所学校要凭教育教学成果出名很难,一位校长单凭辛苦工作和科学治校出名也并不容易,但一所学校若爆发一次校园危机,这所学校及校长就"名驰千里",会引来如潮非议。在办学竞争异常激烈的今天,一所学校的信誉输不起,一所学校的危机出不起,但只要我们思想上高度重视安全,增强危机意识、底线意识、红线意识,不抱侥幸心理,主动而为,善作善为,就一定会系好校园安全的"第一粒扣子",我们的校园就一定会更安宁、更和谐、更美好。

乡镇初中建设

——用真心实意做好教育工作

大同市云冈区西韩岭学校　赵利东

2017年2月，我被调到云冈区西韩岭学校任校长。在此之前，我已担任农村学校校长十多年，感受最深的是2010年1月至2017年1月任云冈区口泉乡辛寨中学校长的工作经历。辛寨中学是一所典型的农村学校，有"三差"：师资差、办学条件差、生源差，"三难"：愁于经费、困于管理、苦于招生。

辛寨中学，由于地处偏远农村，交通不便，教师不愿意来，来了也留不下，师资情况在云冈区初中中是最差的。因为是村办中学，乡不好管，区没法管，办学条件也很差。2010年1月，全校共有学生270名，生源很差。这样一所"三差"学校，面临着农村初中的三大难题：愁于经费、困于管理、苦于招生。但这些情况在我的任期内，通过区、乡及教科局的大力支持和我校领导组的共同努力，得到了全面的改善。

一、愁于经费——夯实发展的物质基础，"巧妇要为无米之炊"

有钱家好当，没钱家难当。辛寨中学的家更难当。因为是村级中学，学校除了办公经费外，几乎无任何其他经费。学校需添置的教学设备、校舍维修、用电、用煤、供暖等方面的费用，没有纳入财政预算，只能靠学校协调解决，经常因为经费短缺影响正常教学。

（一）冬季取暖用煤

因为辛寨中学是村办中学，所以冬季取暖用煤没列入财政计划。我多次软磨硬泡，通过教育局与区、乡两级政府多次协商，最终解决了这一问题，保证了师生的日常上课不受影响。

（二）早、晚自习费用

辛寨中学是一所农村寄宿制学校，早、晚自习教师必须跟班辅导。教师晚上不能回家，加班加点，总得给点自习辅导费吧。辛寨中学付给教师每节课16元，已是一笔巨大的开支了，学校千方百计节省其他开支，才勉强保证自习辅导费足额按时发放。每当我每天看到老师们全身心投入自习辅导工作中的身影，总觉得辛寨中学的老师虽然不富有，很需要钱，但不计较钱，他们更多地考虑的是学校、学生，他们是一群精神富有的老师！

二、困于管理——继承和发扬辛寨中学"教书育人爱岗敬业，造福一方兴我中华，吃苦在前享受在后"的精神

学校存在的许多问题，归根到底是由教师的职业道德水平和业务素质水平不高引起的。教师职业道德水平的高低，决定着学校的发展水平。如何磨炼教师的意志，让教师在现有条件下，通过扑下身子干，改变学校面貌，是办好学校首先应该解决的问题。

在农村学校管理中，光凭各种制度，工作往往很难落到实处，甚至会适得其反。当时，我很迷茫。在请教老校长李占梅后，我得到了他老人家的真髓"教书育人爱岗敬业，造福一方

兴我中华,吃苦在前享受在后",从此这就变成了我的人生格言,也成了我治学的座右铭。辛寨中学是经过一波三折才生存下来的,要想发展必须全员参与管理,织广、织密、织牢管理网络,才有可能见成效、出成绩。

2012年4月,区教育局局长来我校视察校舍安全工作,指出了我校的教师办公场所和学生食堂存在的一定的安全隐患,教导我安全无小事,学生的安全大如天,必须立即整改,并当场表态由局里筹措资金进行改造。

(一)红砖铺路,无私奉献

教师的办公场所和学生餐厅改造完成后,由于资金紧缺,周围环境建设滞后,整个校园地面高低不平,尘土飞扬,每当下雨遍地泥泞,严重影响了学校的正常教学秩序。学校多次召开领导小组会议,最后决定,由学校先自行筹措资金进行改造。为了节省资金,领导带头率领老师利用课余时间,历时一个星期,大干苦干,硬是铺就了一条10米宽的道路。领导、老师们的手磨破了、起泡了,但看到修好的路,看到学生们走在上面脸上洋溢着轻松和快乐,表现出的对老师们的深深感激和敬意,倍感欣慰。这不正体现了李占梅老校长始终倡导营造的"教书育人爱岗敬业,造福一方兴我中华,吃苦在前享受在后"的辛寨中学精神吗? 这条路虽然看上去高低不平,还有点歪歪扭扭,但这条路足以体现辛寨中学全体教师要把学校越办越好的坚定信念和无私奉献、积极向上的美好师德。

(二)改造餐桌,凝心聚力

2012年秋季开学,辛寨中学的学生人数突破了600人,原来的旧食堂只能容纳当时急增的学生就餐。校领导经过多次研究,决定分两步走:一是错开就餐时间,二是改造餐桌。错开就餐时间好说,改造餐桌,钱从何来? 还是自己动手丰衣足食吧。我们把原有的餐桌全部移出食堂,拆下原有餐桌的桌面,又到库房挑选了60多个废弃的学生课桌,然后把原有餐桌的桌面固定在课桌上,加工成新的"餐桌"。我和副校长刘琛、总务主任倪志光三个人用了整整一天的时间,连拆带卸,重新组装起了60个新的"餐桌"。虽然我们三个人手上磨起的水泡变成了血泡,但看到学生同时就餐的场景,我们倍感欣慰,一切都是值得的。

(三)废旧立新,不等不靠

2016年春季,由于学校发展的需要,需砍掉操场上的老树,修建新的操场,并重新在操场边种上新树。由于经费短缺,我又和同志们一道,亲手完成了砍老树植新树的任务。面对现实,迎难而上;不等不靠,想方设法解决问题,这也正是辛寨中学由弱变强的原因。

三、科学管理,质量立杆见成效

教师的职业道德水平提高了,学校管理还得讲科学、讲方法。

(一)绩效工资与职称评定

公平就是生产力,就是动力。奖励性绩效工资的发放,实际已成为影响学校发展的重要因素。我校的职称评定工作,公开、公平、公正。我任职校长以来,评中级职称的老师有12名,评高级职称的有4名。在职称评定上,我校一贯秉承先一线再二线后领导的原则,杜绝了同事之间矛盾的产生,体现了公平,做到了先人后己。

(二)全员管理,成效显著

学校高度重视对老师的人文关怀、人性化管理,随时关注教师的一言一行,了解教师的工作、思想变化和生活状况，真心实意地帮助教师解决后顾之忧，使他爱学校、爱学生、爱事业，能满怀热情地投入工作。他们干劲十足、任劳任怨、辛勤耕耘、无怨无悔。于霞老师是体育专业毕业的，由于学校一直缺少教师，所以就让于霞既教体育又教政治。她勤学多问，刻苦钻研教材，习题做了一本又一本，查了无数辅导资料，一边学习一边教书，她带的2010届、2013届、2016届学生，中考政治成绩都是南郊区第一名，确实像我们习惯说的"用小米加步枪完成了飞机、大炮完不成的任务"。幸体老师教三个班的数学课，轻伤不下火线。他查出了高血压、糖尿病，抓上中药在办公室煎着喝，从不误课，并坚持作业全批全改。

（三）对后进学生不嫌不弃

在农村学校中，后进学生多。我们深知只有把更多的心思、更多的精力放在后进学生身上，使更多学生认可，学校才能生存下来，才有可能发展起来。2013级学生幸珍珍，家住辛寨村，先天智力发育不良，连自己的名字也不会写。就是对这样一个学生，学校明确要求班主任、任课教师、每位领导决不能嫌弃，更不能放弃。由于老师们关心幸珍珍同学的生活，经常激励、表扬她的一点点进步，经常与家长联系沟通，幸珍珍同学每天基本上能按时到校、正常上下课了，有事也懂得找老师、同学帮忙。就这样，幸珍珍同学圆满度过了三年的初中学习生活，不仅学会了写自己的名字，还学会了一些文化知识和生活技能，并于2016年6月顺利毕业。精准帮扶后进生，使每个学生在原有的基础上得到最大的发展，一个也不能丢，一个也不能不管，达到了均衡发展，这是农村学校教育工作的根本要求。

（四）班主任进教室办公，效果良好

辛寨中学在常规管理上大胆尝试。2015年秋季开学，辛寨中学尝试让班主任进教室办公，一是能随时了解任课教师的上课情况，克服了教务处常规管理抽查的弊端；二是能随时关注学生的课堂表现和思想动向，真正实现深入了解学生和学情，为因材施教、改进教育教学方法、控制学生流失打下基础。经过几年的努力，学校克服了种种困难，不断改进、完善工作，目前收效良好。

四、苦于招生——从严务实，突破招生难题，狠抓考试纪律

区教育局领导曾多次在会议上强调："学校工作既要有数量，又要有质量，数量就是学生人数，质量就是教学成绩。面对南郊区被市直学校、城区学校、矿区学校、怀仁学校包围的现状，如何让学生进得来，留得住，出得好？哪一项上不去也不行，特别是我们的初中，面临严峻挑战和考验。"

辛寨中学抓办学质量，就是从突破招生难题和狠抓考试纪律入手的。

（一）突破招生难题（招生经验）

从2010年到2015年，辛寨中学招收七年级人数分别为132人、230人、270人、230人、220人、218人。到2013年，我校已经开始控制招生人数，严格按照教育局批复的四轨制办学，实现了到怀仁上学的我区学籍学生全部转回，外籍学生主动到我校就读。

2012年，辛寨中学已摸索出一整套招生办法。总的来说，即"走近千家万户，说尽千言万语"，"服务家长，造福百姓，改变农村孩子命运"，"校兴我荣，校衰我耻，关心集体，爱我学校，增强老师和学生的社会实践能力"。

首先，校领导与招生老师幸学云、武桂兰、于霞、刘琛多次谈话谈心，共同研究招生工作。

其次,召开全校招生工作会议,详细布置招生工作任务:①走访周边小学,掌握信息,进行宣传;②发放广告,收集各班招生信息;③全面动员在校学生、老师以及毕业的学生,发动所有的亲朋好友、邻居、同学宣传招生;④通过学校、老师、村民、家长、学生了解更多小学毕业生的信息,了解每位小学毕业生家长的性格、思想、意见,了解每个小学毕业生的成绩、意向等;⑤入户动员。

(二)突破招生难题(招生行动)

攻坚克难,圆满完成招生任务。就拿 2012 年的招生来说,2 月 23 日(农历二月初二),辛寨中学刘琛、于霞、幸学云三位老师,冒着春雪,用两天时间走访了五法、羊坊、郊城、仝家湾、太村、肥村、南村、冯庄、北村、马辛庄、落里湾、甘河几所周边小学,掌握了 360 名六年级毕业学生的信息。面对周边学校的竞争,从 2 月 25 日到 4 月 5 日,幸学云、武桂兰、于霞、刘琛老师,为了完成招生任务,节假日不休息,不吃午饭,不午休,刮风下雪不停步,走村串户见家长。他们身上落满了尘土,嘴上起了水泡,但脸上始终保持着微笑,因为他们要为广大农村的家长服务、为孩子服务,因为他们是辛寨中学的老师,因为他们心里有一个坚定的信念:一定要完成学校超 200 人的招生任务。为了扩大我校的社会影响,为下一年招生营造良好的社会环境,我校还分别于 4 月 15 日、4 月 28 日、5 月 12 日分别在博盛学校、郊城小学、汇林学校三次散发广告。截至 2012 年 9 月 5 日,我校已招收初一新生 230 名,圆满完成了 2012 年招收 200 人的招生任务。2013 年 8 月 15 日,我校提前一周开学,慕名到我校的学生、家长络绎不绝,经考试我校共招收初一新生 270 名,其中我区就读怀仁小学的学生转回 51 名,这是我校历史性的突破。

招生取得的成绩,归根到底是由于学校的严格管理和优秀的教学成绩。因此,为了学校的持续发展,我校狠抓考试过程的管理。

(三)表彰优秀,营造学习风气

树立"严是爱,松是害"的理念,狠抓每学期两次月考和期中、期末四次考试,并对三个年级成绩前五名优秀学生进行表彰,每生每次奖励 100 元,引导学生好好学习、天天向上,营造校园学习风气,鼓励学生立志成才,改变命运。

(四)狠抓考试纪律(严格考试纪律,杜绝弄虚作假)

每次考试,学校从命题、保密、监考、阅卷、登分到质量分析,都按中考要求对待,确保考试各环节周密、严格,确保成绩真实。因为我们深知,只有考试抓严了,才能找出日常教学存在的真毛病,才能为后边解决这些问题指明改进的方向。学校只有杜绝了考试作弊,学生才会老老实实地学,教师才会实实在在地教,教风、学风、校风才能真正地正。考试成绩是教师了解学情,反思、改进课堂教学,真正做到因材施教的基础。

(五)学生独立完成作业,确保教学质量

学校严抓作业质量,形成学生独立完成作业、独立思考的良好习惯,培养学生良好的意志品质,真正实现堂堂清的教学目标。以往学生做作业,教师批作业,根据批改情况反映一节课效果好坏的做法,已出现了很多问题。因为随着时代的发展,能够帮助学生解决完成作业时遇到的困难的渠道太多了,实际上学生并没有独立完成作业。为了解决这一问题,我们经过长期的思考、研究,决定讲新课前拿出五分钟,教师出与作业类似的题,让学生分别上黑板做(全员轮流),教师现场查看完成情况,对学生不会的题老师再讲,逐步让学生形成独立

完成作业的习惯,也确保了教师教学堂堂清,促进了教学质量的提高。

五、以身示范,发挥校长的引领作用

(一)学生早操

我在辛寨中学当校长这几年,除出差开会外,每天早上6点前必到校。每天,我的工作从督促住校生起床开始,对学生起床、整队、跑步、点名我亲自抓,天天如此,月月如此,年年如此。学生在辛寨中学上学三年,我领着跑了三年早操,不仅锻炼了学生的身体,更重要的是使学生养成了吃苦、守时、守纪的良好习惯,为学生一辈子的发展打下了坚实的基础。

(二)食堂就餐

我校抓学生食堂就餐纪律并逐步形成了一个优良传统:先学生,后老师,学校领导最后吃,"同甘共苦,师生同心"。学校领导和老师们每天监督学生的就餐纪律,使学生养成了杜绝浪费、文明用餐、讲秩序、共同维护就餐环境的好习惯。

(三)学生离校

每逢周五放学,学校领导和所有班主任主动在校门外指定位置疏导学生安全离校。周边的跑校生晚上9点30分下晚自习后,我每天送距离学校2千米的大路辛庄学生过大运路和208国道,长年坚持,风雨无阻。一个农村校长可能没有本事让老师们有一个舒心的环境,但有能力让老师们有好的工作心情。要做好校长,必须多为他们着想。在辛寨中学,学生第一,老师第二,校长最多是第三。在辛寨中学,校长首先是个好总务主任、好传达员、好教导主任,然后才是一名好校长,因为农村学校没钱办事,没人干活,校长不领着干能行吗?在农村就要不怕辛苦,不怕累,为了学校的发展,脚踏实地,勇于奉献,就是要吃苦在先,享受在后,早到校,迟离校。我不需别人理解,因为我觉得在这个岗位就应该这样干,我相信这样干的农村校长有很多。我常说:"一名没有架子、朴实无华、肯干、不计个人得失的校长,本身就是一种宝贵的管理资源。"

(四)学校成绩和个人荣誉

我在辛寨中学担任校长七年,用真心实意感动了老师,开辟了良好的校园环境,质量立校的格局基本形成,学校真正走上了有内涵的可持续发展之路。七年来,辛寨中学的中考成绩在全区一直名列前三名,39名学生考入了大同一中、同煤一中、大同二中等重点高中。2017年2月,被调到云冈区西韩岭学校任校长后,我不忘初心,牢记使命,继续秉承"辛寨精神"一如既往。2017年9月,我被评为大同市优秀校长;2017年12月,我成功入选山西省名校长培训工程。目前,我在西韩岭学校的工作开局良好,学生人数由2017年2月的430人增加到现在的2010人。

最后,用曾在辛寨中学就读初中现已从北京大学博士毕业的幸华杰同学的一句话表达我对辛寨中学的感受:"辛寨中学的设施并不高级,但辛寨中学的老师是可亲可敬的!"

最让我难忘的一封信

——用心办爱的教育

垣曲县逸夫小学   柴积辉

在我的书橱里,珍藏着一封两年前学生写给我的信。

每当拿出这封信,思绪就被拉回到 2016 年的暑假。每当想起,久久不能自已。那年,为了加强家校之间的联系、进一步提高我校的教学质量,我校利用暑假组织了一次家访活动。作为活动的组织者,我也积极地参与其中。

早上家访任务分配完后,我和安国平副校长一起去了陈村,挨家挨户了解学生在家里的表现、生活环境等,触及学生更真实的情况。当走到初三(2)班学生李雪雪的家门口时,我被震撼了。

拐进一条坑坑洼洼的小巷,一座破烂的砖房映入眼帘,室顶的瓦片东一片、西一片,好像随时要被风刮跑一样。走进屋里,黝黑的土墙在诉说房子年代的久远,屋里用布隔成了三小间,每个小间里只有一张旧木床、一个盛放着衣物的箱子,屋子里挤得连下脚的地方都没有。李雪雪是我校的学生会主席,考试成绩在年级里数一数二,每天脸上都挂着灿烂的笑容,非常招同学和老师的喜欢。在这之前,我万万没想到,在她的身后竟然是这样的家庭。

看到这样的情况,我心里很不是滋味。走的时候,我把衣服兜里所有的钱都拿出来,希望能给这个家庭一点帮助。虽然钱不多,但也是我的一点心意。她的父母几番推让,但最终还是在我的坚持下收下了。回校后,我把这件事讲给老师们听,老师们都表示同情,也反馈了一些他们知道的情况。我建议学校团委号召大家为像李雪雪这样困难的学生捐款,大家你五十我一百地共捐了 3000 多元钱,校团委按照各班报回的困难学生人数,进行了不同程度的救助。

本以为这只是一件普普通通的小事,但在教师节这天我收到了李雪雪的来信,在信中她反复诉说着对我的感激。这引起了我的反思,作为新时代的教育者,应该办什么样的教育?我想应该是爱的教育。

鲁迅先生说,什么是教育,教育就是爱。爱是生命与生命的沟通过程,是教师与学生共同度过的特殊的生命历程,是教育的基础,更是师德之魂。教师只有关爱学生,才会依法执教,才能赢得学生的尊重与信任;才会爱岗敬业,乐于奉献,竭尽全力地去教育学生;才会自觉自愿地约束自己,规范自己的言行,更好地为人师表。我要办的正是这样的教育。

有了想法之后,最重要的就是付诸实践。为此,我校专门召开了"爱的教育"研讨会。在会上,我把李雪雪给我的信和全校老师进行了分享,大家都被这件事触动了,纷纷表示在以后的教学中要用爱去感化学生。我们规定,每个班级依据学生的性格特点和爱好,把每五至七名同学分成一组,由一名老师结对帮扶,这名老师既是他们学习上的良师,又是生活上的益友,在食堂与学生同桌吃饭,随时利用课下时间进行集体或个别谈心,做他们控辍保学的责任人;要求老师在课堂上改变教态,做到不当众批评学生,多引导,多鼓励,用激励法去调动学生学习的积极性,并把这项工作纳入教师日常工作量化考核之中,形成我校"爱的教育"的常态化管理。

慢慢地,我发现学校悄悄地发生了一些变化。课堂上,老师对学生有了更多的耐心,学生也更加积极了;课下,学生见了老师,更多的是礼貌的问候。学生与学生之间更多的是友好相处,哪个学生有困难了,会有更多的同学来帮助他,每个人都有了进步。

2018年元旦,我组织学生进行了"我心目中的最美教师"演讲及评选活动,老师在学生的掌声中满脸笑容地走上领奖台,他们捧在手里的是奖牌,更是学生的信任。相信在这样爱的教育里,华峰初中定会创造更大的辉煌,为舜乡教育贡献新的爱的力量。这就是一封信带来的改变——用心办爱的教育。它将会一直藏在我的心中,时时刻刻激励着我,不忘初心,砥砺前行。

文化先行,课程重建,成就学校新的发展

忻州市兴原实验小学　李建华

山西省忻州市兴原实验小学建校于 1952 年,前身是一所铁路子弟小学,2004 年归忻州市教育局直属管理。半个多世纪,历经风雨,学校几经迁址,有传承,有困惑,有审视,有转变……一所老校的发展将找寻什么样的支点?

一、文化建设,夯实学校课改基础

60 多年来,学校虽形成了一些办学思想、做事风格、治学精神,但在文化建设方面却没有进行很好的梳理与传承。学校没有校徽,没有校训,没有达成共识的相对固定的办学理念,使得老校似乎由于历经变迁而出现了一些莫名的倦怠。学校新一届领导班子上任后意识到首先要做的事就是要带领教师从梳理学校文化入手,抓人心的凝聚力。

学校将育人目标定位为"让每个孩子享受终身成长的快乐",建立了以"爱"为主题的校园文化系统。"爱满天下"是办学理念,"唤醒爱、表达爱、创造爱"是校训,"做一个有爱的人"是校风,"爱生命、爱生活、爱学习、爱集体、爱合作"为教风、学风。在此基础上,学校向全校教师、学生、家长随机发放征求意见表,动员大家一起思考该如何"爱生命、爱生活、爱学习、爱集体、爱合作"。意见表收回几百份,老师、学生、家长围绕这"五个爱"都做了一定的思考,然后学校建议各班结合本班征求意见情况,围绕"五个爱"建设自己的班级文化。这样,以"爱"为中心的校园文化呈网格状覆盖到学校学习生活的各方面,爱的精魂渗透到师生思想行为的每个角落。

没有爱就没有教育,经过师生共同梳理、建设的文化系统,渐渐改变了师生的思维方式:自省多了,埋怨少了;欣赏多了,指责少了;行动多了,非议少了。在文化建设的过程中,每个人似乎都在反思自己身上的问题,定位着自己的价值,找寻着学校发展的方向。聚拢人心,以爱育爱,60 年老校开始焕发出春天般的生机。

二、模式研究,带动全校课程重建

文化立魂,行动跟进,主题阅读、高效课堂等新形式纷纷进入我们的教学。理论培训,外出观摩,学校多次组织教师参加主题阅读课题组的培训学习,派教师轮流外出体验学习。征集意见,集体讨论,全校拟订了我校课堂模式——"一一三三"高效课堂教学模式,即"一种文化,一块黑板,课堂预习、展示、反馈三流程,学情测评三上板"。在这种模式下,学校确定了七种基本课型为全学科通用课型。

单元导学课:低年级以集体备课时学科组绘制的单元思维导图为载体,教师引导学生整体感知一单元的教学内容。高年级在导学的过程中由教师指导学生自主绘制完成单元思维导图,旨在让学生对单元内容进行整体梳理,让学生初步感知知识的逻辑关系,思考自己需要探求的问题,明确学习重点,明确主要的学习方法。

自主预习课：在单元导学课的基础上，学生分组预习，通过批注、写画、读记、思练完成预习，自主掌握基础知识，合作解决可以解决的问题，同时记录疑难问题。

问题释疑课：主要解决预习课上各组集中提出的问题。课前由学生将本组问题写在黑板上，共性问题由教师点拨解决，个性问题通过组间交流、互学互讲、教师指导来解决。这样，通过教师引导点拨、小组合作探究，问题得以解决，知识体系得以建构，达到了提升学生综合能力的目的。

基础训练课：对教材中要求掌握的基础知识进行集中训练，通过上板、展示、组间挑战，对基础知识进行反复再现、巩固、强化。

拓展延伸课：将所学知识向整个学科延伸，向生活延伸，广泛积累课外知识，深化所学知识的意义，从深层次激发学生学习的动力。

展示分享课：以学习小组为单位，自行设计展示一单元的学习内容，深化单元主题，将课堂知识引向生活，"鼓励自主创新，尊重个性选择"，让所有学生都有表现的机会。这是最受学生喜欢的一种课型。在这种课上，我们能感受到学生的创造力，感受到小组团结协作的魅力，感受到学生站到教室中央的光荣与自豪。追求精彩，张扬个性，这种课型是最好的平台。

测试讲评课：对一单元内容进行总结回顾，以考试形式进行检测评价，发现问题，指导教学。

除了这些基本课型，各学科还根据学科特点开发了个性化的课型，如语文的整体识字课、以文带文课、读写联动课、阅读积累课，数学的概念课、运算课、解决问题课、活动实践课，英语结合语文的课型设立的听力训练课。

模式、课型的确立，对教学工作起到了极大的指导作用，学生动起来了，课堂程序更优化了，教学效率大大提高了，校本课程的开发、运行得以实现。目前，我校已成功开发了20多门校本课程，每到周五下午，学生就走出自己的教室，来到各自喜欢的社团，国学、剪纸、舞蹈、足球、合唱、科普……有着相同志趣的学生聚在一起，体验着生活，享受着充满爱与自由的教育。校本课程的开发，极大地丰富了学生的校园生活，提升了校园文化品质，加快了老师的专业成长。

三、家校联动，助力课改健康运行

学校的工作离不开家长的理解与支持，而进行课堂教学改革，最大的阻力可能来自家长。

为使学校工作有突破、上品味，我们努力争取家长的支持。每学年初，我们都要向全校家长发放校本教材《家长必读的100个小故事》。这些故事有的来自经典教育片段，有的来自家校工作例子，更多的是专家点评、分析家校合作的重要性的相关内容。教师在平时工作中发现了类似的例子，总是及时收集发送到学校指定的邮箱，期末整理出来作为下一年的家校合作校本教材的内容。每年推送的这100个小故事，可谓是家校工作的润滑剂。家长对学校工作理解了，偶有矛盾也能包容了，对家长教育重要性的认识提高了，都各尽所能加入对学生的教育中，为教育工作助力。

学校课改以后，有些家长不理解，写信给校长："我们都是念过书的，老师不好好讲，放手让学生学，这叫不负责，会害了学生，毁了学校……"沟通才能得到理解与信任，学校组织了"围观课改"全校家长会。会上，学校中层以上领导深入各班，向家长讲述什么是真正的教育，讲课堂上谁是学习的主人，讲什么是好课、什么是好老师，讲应试教育的弊端……为了让家长有更切身的感受,领导拿具体课例与家长分析什么时候应让学生自己学、什么时候小组合作学、什么情况下老师介入讲……会上学生展示课改成果,或背诵,或表演,或点评,或质疑,或上板……一个个课堂小片段震撼了家长,看着昔日见人不敢张嘴的自家小孩站上讲台落落大方、自信满满,那种喜悦、自豪与享受早在脸上写出来了。家长会颠覆的是应试教育模式下走向社会的家长的教育观,建立的是以人为本、以学为中心的教学观。

为了使家长更有效地参与教育,学校充分发挥了家长委员会的职能。校本课程开发出来了,有特长的家长可以优先被聘请为义务辅导员;学校的种植园,由家长带领孩子们参与种植,有经验的家长为孩子们示范指导;学校把专业型家长请进来为学生做关于安全教育、健康教育的专题报告,进行实地演练……校门打开了,围墙无形了,办学格局更宽阔了,家长们纷纷走进校园,重新建构着自己的教育观,课改渐渐深入人心。课改不仅改变了学生的学习状态,更改变了好多家长过去的行为方式,家长们开始主动学习、反思,教育效果可想而知。

家长给学校写信说:"师生的友爱和善良让人很感动,健康的心灵比知识更重要,孩子们每天生活在这样有爱的环境中是幸福的,这背后不知学校、老师付出了多少心血,我们感谢这样的校园!"

四、学生变化,扬起课改自信的风帆

教育归根到底要满足于学生成长。课改让学生的学习状态和精神面貌发生了巨大的变化。

排排坐变成了小组围坐后,小组成员人人有分工,个个都重要,后进生在我们学校往往承担着"小组发言人"的角色。独学、对学、合学、上板,小展示、大展示,学生站在了课堂的中央,学得不亦乐乎。过去课上的"调皮鬼"不见了,"瞌睡虫"飞走了,笑看学生的成长,教师再也不用为一节课反复组织教学烦恼了。让学习发生在学生身上,我们做到了。

课改以后,学校的规章制度、纪律公约深入人心。校园文化、班级文化、小组文化改变着学校的气质,改变着师生的灵魂,苍白无情的惩戒代之以润物无声的文化,激发学生发自内心地爱自己、爱小组、爱班级、爱学校、爱祖国……好的公民难道不该这样产生吗?老子眼中最好的管理——"功成事遂,百姓皆谓,我自然",正逐渐在我们学校实现。

任何教学改革都不能以牺牲学生的学业成绩为代价。学校课改后,成绩没有如有些人所担心的那样下降,相反,研究课改越深的"明师",他们所带学科的成绩变化越大,后进生明显少了,高分生明显多了,更重要的是成绩背后学生的负累、家长的辛苦、教师的操劳也少了,我们笑称这是"成绩的含金量"高了。

建设家校学习共同体，构建家校合作新形态

——立足新时代的家校协同育人实践与思考

忻州市云中路小学 宋丽芳

习近平总书记在全国教育大会上指出，办好教育事业，需要家庭、学校、政府、社会密切配合。家庭是人生的第一所学校，家长是孩子的第一任老师，要给孩子讲好"人生第一课"，帮助他们扣好人生第一粒扣子。进入立德树人的新时代，面对越来越自信、有个性的"00后""10后"，家校之间如何更加顺畅、有效地协作，如何给予家长有效指导和帮助，是当前值得我们思考的课题。作为以文化人、以文育人的重要场所，学校当传承文化、创新文化，以优秀的学校文化影响家长于无形，熏陶师生于无声。历经47年的实践与沉淀，忻州市云中路小学以"云中文化"为核心引领，通过本真教育、厚实发展、差异发展、感恩教育，全力构建家校学习共同体，把学校和家庭紧紧联系在一起，共同把学校建成了人人相互学习、共同成长、心心相印的学习教育场所。

一、建设家校学习共同体，家校是合作主体

家庭和学校是对个体成长影响最大、最直接的两个场所，学校与家庭理所当然都是教育活动的主体，两者之间是主体与主体的关系，具有平等性特征。由此，相互沟通、分享交流成为家校学习共同体的首要特点。但在很多情况下，学校与家庭之间并非平等关系，经常是学校居高临下，家长小心翼翼。长此以往，在家校协同育人中，学校和家庭各自的主体责任边界愈发模糊不清。

众所周知，家庭教育对孩子起着潜移默化的作用，人的行为习惯、个性特点等都在家庭中初步形成，不同的家庭环境和背景造就了不同性格、不同气质的孩子。显然，家庭、家长的责任边界是由两方面相辅相成：其一，要给予孩子温暖的呵护、照顾，将其抚养成人；其二，要给孩子传递正确的价值观，培养健康的行为模式、情感特征。而学校教育只是在家庭教育基础上的系统社会教育，是家庭教育的延伸和发展。学校、教师最重要的责任是要使学生德、智、体、美、劳五育并举，以育人为本，全面发展素质教育，本着和谐共生的原则，与家庭、家长配合、结合、融合。

育人者必先自我教育、自我发展，然后才能完成影响、促进孩子成长的重要任务。没有教育者——教师、家长等成人的发展，就谈不上被教育者——孩子的发展。一个好学的家长，带动的是一个孩子的学习自觉。一个上进的教师，也一定会带领孩子找寻到更多教育的真谛。在学习路上，教师和家长既是监督引导者，也是同行者。他们带给孩子的不仅是榜样的示范，也是成长的信心与爱的陪伴，将会更好地促进孩子享受学习的过程、享受成长的乐趣。家长和教师要有针对性地开展家校共育，给孩子提供精准的家校共育指导，帮助每个孩子找到最合适自己的成长方式。

建立家校学习共同体，就是要实现家校平等、共促双赢。学校利用家长的资源为教育服

务,家长在参与学校活动中体现自身的价值。忻州市云中路小学一方面建立了每月至少举行一次家长课堂的家长学校工作机制,开展了一系列家庭教育活动,为家长在家庭教育方面提供更加专业、有效的帮助和指导,增进了家庭与学校的沟通交流,从而更好地构建起学校、家庭、社会"三结合"育人网络,促进学生健康和谐发展;另一方面,成立校级、年级、班级三级家长委员会,进一步拉近了家长与学校之间的距离,调动了家委会参与学校管理、共促学校发展的责任意识,在家庭和学校之间架起了一座沟通的桥梁,使家委会工作更具实效性和持续性,切实体现了家校携手、共促发展的办学宗旨。此外,我校还通过开展家长开放日活动等各种家校沟通渠道,丰富学校指导服务内容,及时了解和反馈学生思想状况和行为表现,帮助家长树立正确的教育理念,提高家庭教育水平和教育智慧。

二、完善家校协同育人机制,协同是工作重心

当前,家校协同育人已经成为一种教育发展趋势。为实现家校同频共振,更好地推进协同育人,需要构建家校学习共同体,达成家庭、家长和学校、教师的有机融合。其中协同机制的建立和完善极为关键,一方面,学校既要积极调动家长参与家校协同育人的积极性,更加明晰自己参与的形式和内容;另一方面还要不断拓宽家长参与协同育人的渠道和平台,更加真实、全面地陪伴孩子成长。

(一)叩开家门:让学校指导家庭教育

学校作为家庭教育的接力员、协同者,不仅要厘清家校主体的责任,更要以学校育人文化引导家长树立正确的家庭教育观念,合理确定对孩子的成长期望,掌握科学的家庭教育方法,促进孩子健康、快乐地成长。

云中路小学地处忻州城区东部城乡接合部,周边是破产倒闭厂矿企业的老旧小区,外来人口多,城市居民与农村居民相互混杂,不同职业类型、不同生活方式、不同信仰、不同价值观念以及不同文化素质的人群形成强烈的对比。居住人员大多是下岗职工、进城务工人员,家长文化程度普遍不高(初、高中学历占80%以上),平时忙于生计奔波,无暇顾及子女教育,家庭教育意识淡薄或家庭教育方法不妥,以致很多学生在习惯养成和学业成绩方面存在问题。

基于此,学校先后邀请了忻州市妇联、关工委家庭教育专家库成员、忻州市心理学会会长、忻州父母大学讲师、常春藤读书会书友、山西名校长、兄弟学校家庭教育团队、本校优秀家长,分年级、分层次、有针对性地开展了15次家长课堂。针对高年级家长开展如何培养孩子自主学习能力、如何教会孩子自我管理、如何和孩子沟通等讲座;针对中年级家长开展如何建立亲子关系、如何爱孩子等专题讲座;针对低年级家长开展如何做一名合格的家长、一年级家长应该怎样做、如何培养孩子的行为习惯、如何让孩子爱上阅读等讲座。

此外,对成功家庭教育经验的挖掘和分享,往往也是推动更多家长实现再成长的有效方法。云中路小学借助信息网络平台坚持开展家庭教育指导,鼓励专家型家长分享教育心得;通过"父母了解班级动态"以及"晒出我和父母间的贴心事"等课后作业,拉近亲子间的关系,有效帮助家长学会了多种有效的亲子沟通方式,让家长和孩子能听到彼此的心声。

(二)叩开校门:让家长助力学校教育

家庭是孩子的第一所学校,学校则是孩子成长的加油站。叩开校门,就是为了帮助家长了解学校,更好地实现家校协同育人。叩开校门,是为了让家长走进学校,更加真实、全面、

近距离地观察孩子在校学习、生活情况，全程陪伴孩子成长发展。我校设有家长委员会办公室，由家长委员轮流值班办公，参与学生管理；此外，我校共有家长志愿者500余人，每天都可以看到他们身穿黄马甲忙碌的身影。每日上下学期间，志愿者便有序地到校门口做交通护学员，在教学楼内做楼道安全员，在教室内做班级管理者。志愿者在校门口指挥车辆，疏导交通，默默为孩子们筑起一道安全通道，虽然可能来不及吃饭，但幸福的笑容却始终挂在脸上，大家因为孩子而拧成了一股绳，已经站成了云中路一道亮丽风景线。

云中路小学在定期开设家长开放日的基础上，还创造性地邀请家长参与学校各年级不同主题、不同形式的教育实践活动，从更多视角去观察、评价自己的孩子。比如，邀请一年级家长参加"争做新时代好队员——小小追梦人"入队仪式，共同见证孩子里程碑式的成长；二年级家长志愿者组织二年级学生开展"小小飞行员"太原尧都机场研学活动，满足孩子们多方面的发展需求；三年级家长志愿者组织三年级学生开展"我们是社会主义接班人——小小知青下乡记"社会实践活动，回忆过去，了解历史，实践体验，开展劳动教育。学生体验磨豆腐、火灶烧饭、独轮车运粮等趣味活动的同时，培养了团结协作、吃苦耐劳的精神。四年级家长志愿者带领四年级学生到"遗山故里"韩岩村，开展了"致敬经典——走近元好问"研学活动，让学生拓宽视野，认识忻州名人，感受书法魅力，树立文化自信。五年级家长委员会组织五年级学生到位于左权县龙泉乡西瑶村的太行龙泉营地，开展"龙泉雨林自然探索"红领巾研学活动，参观了龙泉国家森林公园和榆社化石博物馆，受到多个媒体的关注，引领了忻州市研学旅行的开展。六年级家长志愿者通过"缅怀革命先烈，传承红色基因"祭扫活动的开展，引导广大师生树立和坚持正确的历史观、民族观、国家观、文化观，培养爱国之情，砥砺强国之志，实践报国之行。

三、构建家校合作新形态，育人是最终目标

让学校叩开家门，让家长叩开校门，最终的目的就是形成彼此信任、支持的教育合作，更好地助力孩子打开"心门"，唤醒最有价值的自我教育。在长期有效的家校协同育人过程中，学生丰富了知识，增长了见识，综合素养得以提升；家长能够参与教育教学，了解学生；教师则获得专业成长，能够更好地投身教学。

云中路小学立足"云中文化"底蕴，崇尚自然，尊重个性，以"尊天性"的态度、"展个性"的途径、"育灵性"的目标，建立主题活动月育人机制，培育个性突出的阳光学子、全面发展的时代少年，实现在活动中育人、在体验中成长。2020年3月，我校开展了"学习传承雷锋精神，争做四品八德少年"的学雷锋系列活动，大力弘扬雷锋精神，丰富了校园生活，促进了学生全面发展。4月，学校立足"传承红色基因，争做时代新人"主题教育，通过开展"红领巾爱学习""致敬经典——走近元好问"研学、"世界读书日"亲子诵读等活动，深入落实习总书记关于传承红色基因的重要指示精神，教育引导青少年自觉把传承红色基因贯穿于树立和践行社会主义核心价值观的实践中。5月，我校开展了"争做新时代好队员——小小追梦人"一年级入队仪式，"少年心向党，追梦新时代"六一文艺表演等活动。6月，我校着重开展了"作家进校园"、硬笔书法大赛、毕业典礼等活动，拓展延伸了成长课堂。9月，我校在新学期开学之际，重点策划了"孔子诞辰日暨首届读书节"，在每个学生的心中种下传统文化的种子，使其树立做好传统文化的继承人、争做新时代的好少年的思想。为迎接和庆祝中国少年先锋队第70个建队日，10月，我校开展了"大队委换届竞选"等建队日系列活动，进一步激发了

少先队队委的责任感、使命感，激励更多的少先队员弘扬少先队的优良传统，促进人人争做新时代好少年、人人为学校争光的良好校风的形成。11月，我校开展了"戏曲进校园""中华魂"演讲比赛、亲子趣味运动会，拉近了学校与家庭的距离，促进了学校教育与家庭教育的协调发展，为孩子们的成长共同撑起一片美丽晴朗的天空。

回望过去，我校以立德树人为家校协同育人之"魂"叩开了三扇门，实现了每一个孩子的自我成长，家长的教育意识和水平日益提高，学校的大教育协同机制愈发成熟。相信在学校和家庭的助力下，会有更多孩子成就自己的完美人生旅程，成长为德、智、体、美、劳全面发展的社会主义建设者和接班人！

家校共育德育途径之探索

——学校德育管理创新案例

祁县示范小学　　原建华

一、案例介绍及分析

祁县示范小学是省级德育示范校、山西省文明礼仪教育体验校、晋中市国学教育基地校。2015年7月之前，这是一所享誉全县的百年名校。2015年9月，这所百年名校从巅峰一下子跌至谷底，其主要原因是为了缓解城镇化建设带来的就学压力与主城区内上下学期间的交通压力，在当地政府的主导下，学校与新城区的一所新建小学进行了分流，分流后的示范小学由原来的十二轨制缩为六轨制，生源服务区也随之大幅度调整，主要服务于周边的三个城中村和一些进城农民工子女。当时，学校分流后主要面临的问题有两个：其一，教师年龄结构严重不合理。为了顺利分流，在政府的主导下，学校年轻的骨干教师、优秀教师全部被调配到新学校，剩余的80名在编教师中50周岁以上的老教师就有30名，其余教师年龄均为45岁左右，青年教师寥寥无几。其二，生源质量明显下降。分流后的生源大部分来自个体经营户和农民工家庭，主要特点为家长学历相对低（基本为初、高中毕业），家庭教育水平不高。大部分家庭存在隔代教育现象，习惯养成教育意识淡薄，教育职责完全依赖学校、依赖教师。以上两个问题的同时出现，紧张了师生关系，增加了家校矛盾。大部分家长对学校教育不能有效配合，个别家长甚至与学校处于对立状态，只要孩子有一点点问题，就去学校找老师、找校长，甚至无理取闹。

"校长在不在，我们要进去找校长。"20多名家长在校门口与保安僵持着……这是2015年秋季开学不久的一天，我刚到校门口撞到的一幕。情况紧急，为不致事态扩大，我赶紧把20多名家长请到了小会议室，还未坐稳，大家便你一言我一语列数了班主任兼语文老师的数十条"罪状"。其中一位家长更是霸气十足，扬言如果不换老师，她就鼓动家长让孩子罢课，我明显感觉家长们怨气十足，家校关系似乎到了不可调和的状态……此事刚解决不久的一天中午，准备下班回家的我，刚出校门，便被毕业班的五位家长围了上来，反映英语老师的问题，同样要求调整英语老师，如果不答应他们就召集全班家长围攻学校，一点都不顾及教师的情面，也根本不在乎学校的声誉，更不考虑学校的实际。

接下来相当长一段时期内，类似的家长群访事件时有发生，这波刚走，那波又来，这既对教师造成了一定的心理压力，又给学校带来了负面的社会影响。为尽快走出这种困局，我们通过家长会、学校行政会、班主任会、教研组长会等途径，组织家长代表、全体教职工进行分组讨论、分析反思，针对问题进行梳理整改，并给教师提出了要求：使自我反思成为常态，在不断提升职业素养的同时，与家长保持持续有效的沟通，争取赢得家长的理解与信任。经过讨论，我们梳理发现，除内部师资力量薄弱外，造成这一现象的另一个原因是家校教育理念有差异，家长学历偏低，家庭教育观念淡薄，导致家庭教育缺失。分流后学校的生源基本是个体户或进城务工人员子女，家长整天忙于生计，既没有时间陪伴孩子，也没有时间教育孩子，更有甚者，把孩子直接托付给了"小饭桌"，导致大部分家庭无科学、有效的家庭教育。然而，恰恰是这样的家庭，对孩子通过接受教育来改变家庭现状、改变孩子人生的意愿非常强烈，他们对享受优质教育的需求显得更为迫切，他们把孩子的教育职责全部寄托在学校、老师身上，因而，情急之下，便出现了一次又一次的群访事件。

二、问题解决策略及过程

2017年，我校有幸成为"中国好老师"公益行动计划基地校，为针对性地解决学校存在的问题，我们把家校共育作为课题研究，组织老师积极参与"中国好老师"公益行动计划开展的各项活动，通过专家引领与学习兄弟校的经验，正式开启了我校家校共育德育途径的探索研究。

（1）办好家长学校，提升家教水平。家庭是人生的第一课堂，父母是孩子的第一任老师。鉴于对家校共育重要性的认识，学校在综合分析校情、学情的基础上，为实现家校教育的"同频共振"、有效提升片区内家庭教育水平、让所有家长接受教育，我们加强了家长学校的建设。工作中，主要从两方面抓起：其一，统一目标，明确理念。祁县示范小学家长学校的办学目标为"把家长学校真正办成家长向往的精神园地、提升公民素养的培训基地，让家长学员进得来、留得住、学得好"；办学原则为"孩子入学，家长入校；孩子毕业，家长结业；"办学宗旨为"共享教育理念，提升共育水平，凝聚教育合力"。其二，建章立制，突出重点。学校坚持以制度建设为保障，先后建立八项规章制度；以师资队伍建设为重点，培养、评聘专、兼职教师十名；以课程建设为突破口，形成了线上、线下两套课程体系。

如今，祁县示范小学家长学校制度完善、管理规范；由本校教师、外聘专家等组成的家长学校师资队伍更趋于专业化；每学年学校还定期开设16课时的家长面授培训课程；在"互联网＋教育"的大背景下，学校成为全国"家校共育数字化项目"试点校，每周为全体家长提供一小时的网络培训课程，形成了集中与自学相结合、线上与线下相补充的家庭教育培训课程体系。每次聆听专家讲座，家长学员认真记笔记，积极互动，表现出了极高的学习欲望。目前为止，我们依托"家长学苑"与网络培训学习平台，培训家长6万余人次。注重家庭、注重家教、注重家风，以优良家风带动社会的良好风气，祁县示范小学家长学校在认真落实这一教育思想过程中，体现了义不容辞的责任与担当。

（2）搭建共育平台，凝聚家校合力。在全面提升家庭教育水平的同时，为使家庭教育与学校教育有机结合，学校多渠道搭建家校共育平台。主要体现在四个方面：一是建立健全家委会组织。每学年开学初，学校组织全体家长进行新一届学校、年级、班级三级家委会换届选举工作。学校依托各级家委会每月召开一次家长会，融洽了家校关系、师生关系、亲子关系，增进了相互间的理解，彼此多了一份信任与配合，少了一些指责与埋怨。二是建立家长驻校办公制度。每天有两名家长义工走进学校，完成规定的"六个一"驻校办公任务，即通过听评一节课，在了解学科教学理念的同时，对课堂教学现状进行客观评价；通过与任课老师和班主任的沟通交流，全面了解班级管理理念；通过对校园的一次全面巡查，帮助学校进行安全教育隐患排查；通过参与学校"两操一活动"，充分体验活动的快乐，感悟活动的意义；通过与学校值日领导座谈，全面了解学校办学理念；通过对学校提一条合理化建议与意见，有效参与学校管理。三是建立家校习惯养成评价机制。八大习惯家校互评机制的建立，让德育工作渗透家庭，融入生活，联通学校。首先是结合小学德育工作重点，学校制定了统一的习惯养成教育标准，出台了具体的评比方案与评选细则。其次是在日常学习、生活中，家庭与学校结合八大习惯的标准与要求，针对学生表现进行过程性记录评价，在此基础上，家校联合每周一次小结，每月一次汇总，根据班级汇总评比结果，每班推荐两名班级习惯之星参加学校组织的八大习惯之星月评选活动。这样，通过过程与结果相结合的德育评价机制，促使孩子们在自主管理中自我约束、自我提升、自我成长，逐步养成良好的学习、生活、礼仪等习惯。四是搭建亲子共学平台。亲子共学活动的开展，旨在让父母与孩子在学习交流中互勉共进，在感悟、体验中增进感情，营造和谐的家庭育人环境。主要从两个方面实施：一是邀请家长走进学校，集体参与学校的教育活动。如每学期一次的家长开放日活动中，组织全体家长走进校园，走进课堂，全方位观摩孩子的学习生活环境和成长变化；每学年一次的少先队入队仪式和毕业典礼仪式，我们都会请新队员家长和毕业生家长共同参与活动，让家长在关键节点陪伴、见证、感悟孩子的成长；每学年一次的校园文化艺术节期间，我们邀请部分家长，观赏并参与艺术作品展览和艺术节目展演的评比。二是设计亲子共学实践活动。如为培养学生的阅读习惯、提升阅读能力、强化课外阅读实效，学校设计了亲子共读活动，每学期向家长推荐两本必读书，让父母与孩子在阅读中共享乐趣，全面营造浓厚的家庭书香氛围。在每一次读书心得征稿活动中，家长们认真撰写，踊跃投稿，为孩子们做出了示范与榜样。

（3）注重实践体验，增强共育实效。德育源自生活，德育回归生活。为增强习惯养成教育实效，学校特别注重家校一体的德育实践活动，引导孩子们树立正确的人生观、价值观、世界观。重点从三个层面实施：一是家庭层面，要注重德育的实践性。为真正提升德育实效，充分发挥家庭实践的重要作用，我们依托"家校共育数字化项目"试点校的优势，利用网络平台，每周开展一次不同主题的家庭实践教育活动，让孩子们在实践操作中锻炼动手能力，培养创新能力，形成良好的道德品格。同时，我们提议家长利用节假日带孩子走出家庭，走向社会，走进科技馆、博物馆、敬老院、孤儿院，共同参与社会实践活动，引导孩子从小树立小公民意识。二是学校层面，精心设计研学实践活动。为使学校教育与社会教育相结合，利用好社会教育资源，学校结合地域文化特色，精心设计了四条研学实践路线，即"保护环境，爱我湿地"研学实践行，"讲好晋商故事，弘扬晋商精神"研学实践行，"体验农耕文化，培育劳动精神"研学实践行，"关注特色产业，品赏玻璃文化"研学实践行，使学生走进德育基地，走进晋商大院，走进大自然，走进企业，在实践中弘扬晋商精神，增强劳动意识，培育爱国情怀。三是社会层面，争取社会关怀。在县关工委的关心下，学校邀请"五老"队伍走进校园、走进"家长学苑"、走进课堂，紧密结合社会主义核心价值观，为学生、为家长开展了不同主题、形式多样的教育培训活动。一年一度的清明节祭奠先烈活动中，老革命、老干部与学生一道，缅怀先烈，讲述革命故事，在孩子们幼小的心灵中播撒红色的种子。

三、成效与总结

有探索就有创新，有创新就有发展。教育亦如此。我校面对学校分流后的实际问题，不气馁，不退缩，始终坚信办法总比困难多。特别是在"中国好老师"公益行动计划组织引领下，我们把德育放在优先发展的位置，因为抓德育就抓住了育人的根本。三年的创新实践，我校家校共育模式初具特色，得到了家长的认可，同时也得到了上级主管部门的充分肯定。学校总结的"构建协同育人模式，增强三全育人实效"工作经验，在2018年度获得了教育部的肯定与推广。2019年5月24日，中国关工委、山西省关工委相关领导来我校调研，对我校的家校共育工作给予了充分的肯定与赞赏。

　　总之，学校德育工作的实施与管理是学校工作的重中之重。如何做好德育工作，绝不是学校一厢情愿就能做好的事情。对家长持续的教育，不仅是为了学生的成长，还是为了全社会的共同发展，真正体现学校应具有的大教育观，切实履行应负的社会教育职责。因而，我们必须把家庭教育、社会教育、学校教育融为一体，在"三位一体"的合力教育下，才有可能培养出三观一致的合格人才。相信，在我们持续不断的创新实践中，在"中国好老师"公益行动计划的持续指导下，我校以家校共育为抓手的学校德育管理途径将会更规范、更科学、更系统、更有效。

为留守儿童筑巢

中阳县培英小学校　张秀珍

2000年，在国家大力提倡民办教育的大好形势下，全国各地陆续出现了许多民办寄宿制学校。我所在的学校，是小县城唯一一所寄宿制小学。学校最初只招收县城学生，实行小班容精致教育。但随着社会经济的发展，越来越多的农民外出务工，转到我校的留守儿童也越来越多，与此同时，许多单亲孩子和后进生也相继转来，学校在当地被称为"三多"学校。

面对这些一个学期也和父母团聚不了几次的特殊学生，怎样才能教育好他们呢？

一、创设环境，关心爱护

（一）打造温馨的宿舍，用色彩温暖心灵

心理学家认为，色彩与儿童的心理及情绪有着相当大的关联性，是一个灵敏的指示器。我们抓住这一点有的放矢，利用色彩调节儿童的心理，既可用颜色诠释儿童内心的状态，又可运用简洁有效的色彩引导方式，培养其良好的审美习惯和正确的价值观。我校大部分留守儿童是由爷爷、奶奶监护的，监护人通常只给孩子物质上的满足，而忽略了行为习惯的养成。这些孩子自由散漫，没有时间观念，不遵守规章制度，心灵好似灰色的。学校把女生宿舍刷成粉色，把男生宿舍刷成蓝色，并张贴各种儿童喜欢的图片美化宿舍，让学生觉得自己生活在一个快乐的家中，心里多了一份安全感。

（二）选用细心的宿管，用慈爱温暖心灵

著名教育家蒙特梭利在《有吸收力的心理》一书中指出，对于儿童来说，最好的环境就是父母本身。我校的留守儿童大多是由祖辈管教，这些老年人往往以他们自己成长的经历来教育和要求孙辈，思想观念保守，教育方法简单。由于长期不和父母生活在一起，得不到父母的关爱，留守儿童在成长过程中出现了诸多问题。漫漫留守岁月使一部分留守儿童的亲情观念日渐淡薄。由于父母教育角色的缺失，留守儿童独立生活的能力欠缺，意志薄弱，有的内向、孤僻、渴望亲情；有的脾气暴躁、易冲动、渴望理解。特别是在生活中遇到困难时，经验、能力、心智的局限性使得他们脆弱无力。针对这类问题，学校在选用生活老师时，特别注重选用一些有爱心、性格温和的中年妇女。她们喜欢孩子，有爱心，为他们洗衣、盛饭、洗脸、梳头，经常与他们聊天，渐渐地，孩子们的脸上有了笑意，快乐起来。

二、加强管理，精准帮扶

（一）建立详细档案，不遗漏一个孩子

留守儿童是学校这个大家庭中的特殊群体，为此，学校应把留守儿童的教育作为专项工作，常抓不懈。每学期开学之初，班主任要对新进本班的留守儿童进行调查摸底。各班级都

建有留守儿童个人档案，学校统一部署管理。档案资料基本反映了留守儿童各方面的情况，包括姓名、年龄、道德品质、行为习惯、兴趣爱好、智力水平、性格特征、学习动机和态度、学习能力和方法、与代管人的融洽程度、与打工父母的沟通情况等；监护人的基本情况，包括姓名、年龄、文化程度、性格特征，重点是监护人如何对孩子进行管教；留守儿童父母的基本情况，包括姓名、年龄、文化程度、工作单位及工种、经济收入情况、对子女的希望要求、与子女联系沟通情况等。建立留守儿童信息库，班主任每周记载一次学生的日常学习和生活情况，每月进行一次家访并及时做好记录，使留守儿童感受到始终有人关爱。

(二)成立儿童之家，用现代手段填补爱

由于父母长期不在身边，一些留守儿童的亲情观念淡薄，因此学校建立了儿童之家组织，由大队辅导员负责，每月开通一次亲情电话，让孩子与家长通电话，每月给家长写一封信，弥补这些孩子亲情上的缺失。同时，学校也给每位留守儿童的家长寄去《致留守儿童家长的一封信》，强调联系和沟通的问题，要求他们平时多给孩子写信、打电话，让他们了解孩子在学校、家中的表现。这种做法使孩子真切地感受到父母对自己无微不至的关心，在心灵上得到了安慰，对自己父母的看法也发生了改变。

(三)举办各种活动，填补爱的空白

爱是教育的基石，对于长期生活在"孤独城堡"中的缺少父母关爱的留守儿童来说，必要的活动也能使他们获得温暖前行的力量。每年3月，学校会开展"我与春天有个约会"的踏青活动，专门组织这些孩子走出校园，走进大自然，放松心情。爱是教育的前提，教育应把爱放在中心位置。每年6月1日，学校会举办主要参与者是留守儿童的文艺晚会，与他们共同欢度自己的节日。安全上时刻提醒、生活上提供帮助、心理上细心观察、学习上多予指导、交往上鼓励融入等措施的实施极大地减少了他们的孤独和寂寞，慰藉了他们残缺的感情，使他们始终能保持积极向上的心态。

(四)面向未来，开发构建多元课程

留守儿童的家庭经济状况都不太好，加之父母常年不在家中，根本不可能参加课外培训班。针对这种情况，学校在开齐、开全国家课程的基础上，开发音乐、绘画、书法、武术、篮球、剪纸等各类课程，全方位提升学生的文化素质，也为将来生存习得一技之长打下了基础。

同在蓝天下，你我共成长。留守儿童的父母用自己的劳动和汗水为社会的发展做出了贡献，他们的未成年子女理应受到社会的关爱。让我们共同努力，为留守的孩子筑一个温暖的巢。

现代学校家校共育创新例谈

——阳泉市郊区实验小学管理创新案例

阳泉市郊区实验小学　赵秀枝

阳泉市郊区实验小学成立于1982年，是阳泉市郊区建校最早的一所区直小学。建校30多年来，在历任校长的带领下，学校不断探索，勇于创新，不仅经历了从规模发展到内涵发展的巨变，而且教育教学质量逐年提升，学校曾荣获"山西省首批省级示范校""山西省义务教育示范校""山西省素质教育示范校""山西省体育传统项目学校""山西省语言文字规范化示范学校""山西省创建平安校园先进单位""阳泉市文明学校""阳泉市科技示范校""阳泉市基础教育课程改革先进集体""阳泉市艺术教育特色学校""郊区素质教育示范校""郊区义务教育优质学校"等荣誉称号，是全区师生非常向往的一所优质品牌学校。

但是近十几年来，由于校长更换频繁，学校没有明确的办学理念和办学目标，没有确立整体的可持续发展思路，导致内部管理效率不高，教师专业发展动力不足。同时，由于学校领导不重视家长学校的创办，家长队伍缺乏相应的家庭教育知识培训，多数家长教育理念陈旧，家教水平低下，不但不积极配合学校教育，而且受社会大环境的不良影响，经常和学校及老师发生冲突，致使家校关系极为紧张，甚至到了对立的境地。在这种氛围下，教师的职业幸福感和荣誉感荡然无存，工作热情和工作积极性也随之下降，严重影响了学校教育教学质量的全面提升，学校办学声誉逐年下降，学生流失严重，社会满意度较低。

如果说教师是太阳底下最光辉的职业，我们要说，家长是太阳底下最灿烂的社会角色；如果说教师燃烧自己照亮了别人，默默地奉献了自己的一生，我们想说，家长才是真正无私地为孩子的成长肝胆可鉴的可亲可敬的人。我们深知，家庭是社会的基本细胞，是孩子成长的第一所学校，家庭教育直接影响着孩子的健康成长。然而在竞争日益激烈的社会中，很多家长过分关注孩子学习成绩的提高，忽略孩子良好行为习惯的养成，忽略孩子高尚道德情操的熏陶，忽略对孩子如何做人的教导。我们也知，家长由于缺少科学的家庭教育方法遇到了"望子成龙心切、教子成才无方"的困惑，但我们很庆幸，庆幸我们在办学过程中，意识到了家庭教育的重要性，于是我们将家长学校的创建作为一项常规工作来抓，在全面推进素质教育的进程中，努力探索一条家长学校教育新途径，为培养孩子良好的道德情感和行为习惯、转变家长家庭教育观念、提高家长家教水平、努力建设家校共育的现代校园家庭文化开展了一些工作，也取得了较好的效果，具体如下。

一、家长学校创建模式

近年来，我们确立了"1124"家长学校创建模式，以和谐的家校共育氛围的营造为宗旨，以家长学校和家长委员会的建设为抓手，开展了系列实践活动，用以引导和提升家长的家教素养，努力建设家校共育的现代校园家庭文化，成效显著。

"1"——明确一个宗旨，即家长学校创建宗旨为主动介入，科学引导，营造和谐的家校共育氛围,构建良好的现代校园家庭文化,以促进学校办学品质的全面提升。

"1"——健全一个管理机构,即建立健全家长学校校务委员会和家长委员会。

"2"——强化两支队伍培训,即强化校级家庭教育指导师队伍和家长队伍的培训。

"4"——搭建好四个平台,即多元的家校交流平台、固定的实践体验平台、多样的才艺展示平台和隆重的表彰激励平台。

二、具体实施措施

(一)转变观念,提高认识,确立家长学校创办宗旨

家庭教育与学校教育的不同之处在于,家庭教育重在对孩子思想的启迪和灵魂的塑造,并且是对孩子终生负责的,这也就决定了家庭教育的文化责任。正如习近平总书记所说,家庭是社会的基本细胞,是人生的第一所学校;要注重家庭、注重家教、注重家风。因此,我们将我校家长学校创建的宗旨确立为主动介入,科学引导,营造和谐的家校共育氛围,构建良好的现代校园家庭文化,以促进学校办学品质的全面提升。

(二)加强管理,健全机构,构建家长学校的有效运行机制

学校不仅成立了由校长、书记、分管校长、退休教师代表及家长代表组成的家长学校校务委员会,还成立了一个校级家长委员会和16个班级家长委员会,制定了《实验小学家长委员会章程》《实验小学校务信息公开制度》《实验小学领导接待日制度》等20余个相关规章制度,有力地促进了家长学校工作的顺利开展和规范运行。

(三)强化培训,提高能力,确保家庭教育理念和知识在学校普及应用

一方面,我们非常注重校级家庭教育指导师(即班主任队伍)的培训,具体方式有选拔优秀班主任参与区妇联组织的家庭教育和养成教育专题培训,有四名班主任通过考试取得"全国养成教育指导师"证书;每学期定期组织两次班主任队伍的主题研讨;通过课题研究,引领班主任队伍教学水平的提升。

另一方面,我们也非常注重对家长队伍的培训。在家长队伍的培训上,我们除了听取国家和市区一些家庭教育宣讲团专家的报告、为家长购买家庭教育教材外,还组织每学期两次的全校性家长会上的普及培训。可以说,我校家长在对家教新理念和家庭教育方法的学习上,参与率和普及率均为100%。

(四)搭建平台,实践体验,让家长在参与活动中潜移默化地得到教育,提升素养

1. 搭建多元的家校交流平台

有效的家校沟通不仅可以增进家长与教师间的相互了解,更主要的是能使家长及时了解学生在校的表现,让教师更全面地了解学生发展的家庭背景(包括家庭的自然结构、家庭气氛、家长的教育价值观、家长的教子方法、家庭的困难及问题等)以及学生存在问题的真正原因,便于双方及时调整和改进教育方法。我校家校沟通交流的平台有很多,如召开家长会(每学期两次全校性家长会)、教师家访(每学期两次)、家长访校(随时进行)、微信群交流(随时进行)、"校讯通"沟通(随时进行)、校长信箱(每周开启一次)、家长委员会座谈会(每学期一至两次)。借此,教师可以适当地向家长宣传、介绍家庭教育的重要性和有关家庭教育的科学知识和方法,引导家长采取科学的家教方法配合学校教育,共同担负起教育子女的责任。

2. 搭建固定的实践体验平台

为了让学生有机会享受到丰富的教育资源，让学生在学习书本知识的同时，打开一扇了解社会、参与生活的窗，同时也为家长提供一个了解学校、了解学生、服务学生的机会，学校做了两方面工作。一方面学校开设了"魅力家长课堂"的校本课程，即让家长以孩子班级校外辅导员的身份走进校园，登上讲台，把自己的职业特点、企业文化、兴趣爱好、特长才艺、生活阅历、人生智慧等一一展示给孩子们。从去年开始，这个课程已经进入我们的课程表，每班每周一节，规范开设。另一方面，我们在每年的体育节和艺术节中设有"家长助教团"岗位，让家长积极参与活动的组织和管理；开展了教学开放日活动，所有年级的所有课程均向家长开放，让家长和孩子共同听课，和老师共同研讨，这样，家长在实践体验中，不但展示了自我、建立了自信、为自家孩子赢得了荣誉，而且深刻体会了老师工作的辛苦与不易。

3. 搭建多样的才艺展示平台

家校是一体的，教育空间也是无限延伸的。我们多次组织亲子活动，增强了家校双方的互动体验，增进了家长与孩子的亲情，提高了校园德育的激情。如教学开放日的"亲子共课堂"活动，我们邀请家长走进新课改课堂，家长在亲子互动过程中做到知己知彼，进而达到因材施教，尽展所长；寒暑假期间的"亲子共读书""和孩子一起话家风"活动，让家长和孩子进行读书竞赛，对家风、家训进行提炼总结，营造学习型家庭氛围，在这样的环境中，孩子心情舒畅、精神振奋，容易产生愉快的情绪体验和积极向上的学习需要；另外还有"亲子共健身""亲子演讲""亲子表演""亲子共游戏"活动，让家长在和孩子的共同活动中，了解孩子的兴趣爱好和身心发展的规律，进而达到科学培养孩子兴趣特长的目的。

4. 搭建隆重的表彰激励平台

为了充分发挥家长的促进作用，鼓励他们能积极主动地参与学校管理，我们还制定了相应的激励评价办法，通过表彰奖励来调动家长的积极性。如每年的"六一"表彰活动中，我们会大张旗鼓地表彰评选出的"家校共育模范家长"和"教子有方好家长"；又如在每年的"中华魂演讲"活动中，表彰"亲子演讲组合"获奖家庭；在每年体育节中，要对参与"亲子健身"项目获奖的家庭进行表彰奖励；还组织进行了"实验小学首届智慧家长"的评比表彰。另外我们的校报《阳光报》也开辟家长栏目，实时选取一些优秀的家长读书体会、教子经验等发表，广为宣传。实践证明，这些表彰激励平台的搭建，为营造家校共育的校园文化氛围发挥了积极的助推作用。

总之，对于学生来说，教师和家长都是教育者，只有两者的教育观念、教育方法相统一，才能形成教育合力，才能真正发挥教育的作用。一所好的家长学校，不但是传播先进的教育理念、提高广大家长"为国教子"能力的有效途径，而且是提高家庭教育质量、加强未成年人思想道德建设的重要阵地。因此，加强家长学校创办模式的研究，创新家校共育策略，是现代学校管理改革的永恒主题。在今后的工作中，我们将不断探索，不断改进，努力密切家庭教育与学校教育、社会教育的关系，从而使家庭、教育和社会三者的教育更加和谐统一，为学生的健康成长发挥应有的作用。